भारत में पंचायती राज एवं राजनीतिक दल

भारत में पंचायती राज एवं राजनीतिक दल

डॉ. रामभाउ बलीराम भाकरे

इशिका पब्लिशिंग हाउस

जयपुर दिल्ली

इशिका पब्लिशिंग हाउस

ए -25, "गणेश सदन", गली न. 4, आदर्श बस्ती,
बी.एल. हाउस के पास, टोंक फाटक,
जयपुर-302018 (राजस्थान) भारत
फोन : 0141-2761280, Mob. 9887532741
Email: ishikapublishinghouse@yahoo.in

दिल्ली कार्यालय : 102, प्रथम मंजिल, 'सत्यम हाउस'
4324/3, अंसारी रोड़, दरियागंज, नई दिल्ली - 110 002
फोन : 011-45652440

ISBN : 9789382629917

टाइपसेटिंग : बी.एस. कम्प्यूटर्स, जयपुर

मुद्रक : थॉमसन प्रेस, नई दिल्ली

अनुक्रम

प्रस्तावना

भारत के राजनीतिक आंदोलन का प्रारंभ उन्नीसवीं शताब्दी के उतरार्द्ध में प्रारंभ हुआ। इस आंदोलन का नेतृत्व शिक्षित वर्ग ने किया। इस वर्ग को दो उपवर्ग में बाँटा जा सकता है। दोनों ही उपवर्ग में सरकार सर्मथक और सरकार विरोधी भावनाएं मौजूद थी। सरकारी नीतियों की आलोचना के आधार पर ये दोनों उपवर्ग दो गुटों में विभाजित थे। एक गुट की ब्रिटिश सरकार में बहुत अधिक आस्था थी जबकि दूसरे गुट इसके खिलाफ थे और वे भारतीयों की आत्मसम्मान चाहते थे। प्रशासकीय सेवाओं में भारतीय और अंग्रेजों की नियुक्ति का आश्वासन 1833 ई. के चारों एक और 1858 ई. की घोषणा में दिया गया था। इसमें कहा गया था यह नियुक्ति बिना किसी भेदभाव के होगी। लेकिन ब्रिटिश सरकार अपने इस वादे पर अडिंग नहीं रह सकी और पूर्व की भांति ही भेदभाव जारी रहा जिससे भारतीयों में उसके प्रति रोष व्याप्त हो गया। फलस्वरूप राजनीतिक चेतना के लिए संस्था की स्थापना की गई।

राजनीतिक चेतना जाग्रत करने में अंग्रेजी शिक्षा का महत्वपूर्ण योगदान रहा। इस शिक्षा के प्रसार से विभिन्न पश्चिमी देशों के राजनीतिक विकास तथा चिंतन का ज्ञान सरलता से उपलब्ध हुआ। इटली, ग्रीस (यूनान) में हुए विदेशी सत्ता के विरुद्ध संघर्षों का वर्णन प्रेरणादायक सिद्ध हुआ। स्वतंत्रता, सामानता और प्रतिनिधित्व के सिद्धांतों को लेकर आरंभ हुई फ्रांस और अमरीका की क्रांतियों के विषय में ज्ञान उपलब्ध हुआ। विश्व के अन्य देशों में हो रहे आर्थिक और राजनीतिक परिवर्तनों के विषय में जानकारी पैदा होने से भारतीय नेताओं को एक विस्तृत दृष्टिकोण विकसित करने में सहायता मिली।

भारतीय संविधान की उद्देशिका के सम्बन्ध में यह जाना जाता है कि यह संविधान निर्माताओं के विचार को जानने की कुन्जी है। जब संविधान के निर्वचन में गतिरोध उत्पन्न होता है तब संविधान की उद्देशिका के आधार पर निर्वचन किया जाता है। केशवानन्द भारती बनाम केरल राज्यवाद में उच्चतम न्यायालय ने कहा था कि उद्देशिका में वर्णित महान आदर्शों के अनुसरण में संविधान का निर्वचन सविधान के अनुच्छेद को नीचे उल्लेखित किया गया है।

प्रस्तुत पुस्तक को ज्ञानवर्द्धक बनाने का हर सम्भव प्रयास किया गया है। पुस्तक की भाषा सरल व सुबोध रखी गई है। पुस्तक की रचना में विभिन्न लिखित व अलिखित स्रोतों से मदद ली गई है जिनके लेखकों व प्रकाशकों के हम आभारी हैं। हम आशा करते हैं कि पाठक इस पुस्तक का अध्ययन कर लाभ प्राप्त करेंगे।

डॉ रामभाउ बलीराम भाकरे

1

भारतीय लोकतंत्र का गठन

अंग्रेजी साम्राज्य के विस्तार से भारत के लिए अनेक प्रकार की आपत्तियों तथा असुविधाओं का जन्म हुआ, परन्तु धीरे-धीरे भारतवासियों में जागरूकता उत्पन्न हुई और अपने को समझने के लिए विभिन्न प्रकार के आन्दोलन करना प्रारम्भ कर दिया। भारत के कुछ व्यक्तियों में राजनीति का विकास हुआ। ये इंग्लैंड के इतिहास और राजनीतिक विकास से अवगत हो गये। इस शिक्षित मध्यम वर्ग को दो भागों में बाँट सकते हैं—पहला वह शिक्षित वर्ग, जिसने सरकारी सेवाओं में भर्ती होना अथवा सरकार से संबद्ध होना अपना लक्ष्य निर्धारित किया। दूसरा वह जिसने वकालत अथवा पत्रकारिता को अधिक पसंद किया। दोनों उपवर्ग अपने लक्ष्य प्राप्ति से समाज में प्रतिष्ठित और सम्मानित हो सकते थे। दोनों में ही सरकार समर्थक और सरकार विरोधी भावनाएँ थीं। अंतर केवल इतना था कि सरकारी सेवाओं में स्थान प्राप्ति से वंचित वर्ग की आलोचना को सरकार उनके असंतोष और निराशा का परिणाम समझकर उसकी अनदेखी करती थी। दूसरे उपवर्ग द्वारा सरकार विरोधी भावनाओं तथा आलोचनाओं की अभिव्यक्ति को निराशा का प्रतीक नहीं कहा जा सकता था। इस उपवर्ग के सदस्य सरकार की नीतियों को उसके कथित उद्देश्यों की कसौटी पर जाँच कर उनके दोषों को स्पष्ट कहते थे। पत्रकारिता के माध्यम से उन्होंने सरकार की नीति के लक्ष्य, गुण और दोष से अपने देशवासियों को परिचित कराया।

भारत में राजनीतिक जागरण

संपूर्ण भारत ब्रिटिश प्रशासन के स्वार्थपूर्ण कार्यों और नीतियों से त्रस्त था। पूरे देश में इनके विरुद्ध आन्दोलन किए जा रहे थे। इसी क्रम में देश के कुछ विद्वजनों ने प्रशासन की राजनीतिक गतिविधियों में भाग लेना शुरू किया। इस प्रकार धीरे-धीरे देश के विभिन्न हिस्सों में राजनीतिक जागरण की शुरुआत होने लगी। इस राजनीतिक जागरण के पीछे कई कारक उत्तरदायी माने जाते हैं। कुछ प्रमुख कारकों पर निम्न प्रकार प्रकाश डाला गया है—

समाचार पत्रों का योगदान

राजनीतिक चेतना के विकास में समाचार पत्रों की भूमिका कम नहीं रही। 19वीं सदी के प्रारंभ यानी कि 1857 के पहले समाचार पत्रों की संख्या तथा महत्त्व कम था। 1857–58 ई. के विप्लव के पश्चात् अंग्रेज अधिकारियों द्वारा भारतीय भाषाओं के समाचार पत्रों की ओर ध्यान देना आरंभ किया गया। फलस्वरूप 1863 ई. में 'रिपोर्ट आन नेटिव न्यूजपेपर्स' सरकार द्वारा संकलित की जाने लगी। इन समाचार पत्रों की संख्या, प्रसार और प्रभाव में भारी वृद्धि होती रही। अंग्रेजी शिक्षा के फलस्वरूप उपलब्ध राजनीतिक अधिकारों का ज्ञान समाचार पत्रों के माध्यम से सामान्य जनता में फैलाया जा सका। बंगाल में ऐसे अंग्रेजी समाचार पत्रों जिनके स्वामी अथवा संपादक भारतीय होते थे, की संख्या अधिक थी लेकिन पश्चिमी भारत (महाराष्ट्र) में भारतीय भाषायी समाचार पत्रों की संख्या तथा शैली अधिक प्रभावशाली थी। इनमें सरकारी नीति की आलोचना तीव्र होती थी। पंजाब और उत्तर पश्चिमी प्रदेश (आधुनिक यू.पी.) के समाचार पत्र कम प्रभावशाली थे। सरकारी दृष्टिकोण इन समाचार पत्रों के प्रति कठोर होता गया क्योंकि इन समाचार पत्रों द्वारा राजनीतिक शिक्षा सामान्य जनता तक पहुँचाई जा रही थी। यद्यपि इन समाचार पत्रों की प्रतियाँ अधिक नहीं छपती थीं फिर भी वे अधिक लोगों तक पहुँचती थीं। अंग्रेजी प्रशासन के अन्याय, प्रजातीय विभेद, आर्थिक शोषण और प्रशासकीय सेवाओं से भारतीयों को वंचित रखना आदि विषयों पर पर्याप्त चर्चा इन समाचार पत्रों में होती थी। अंग्रेजी साम्राज्य के परिणामों पर भारतीय भाषायी समाचार पत्रों में यह मत भी व्यक्त किया जाता था कि अंग्रेजी साम्राज्य भारतीय जनता को नैतिक, आर्थिक और मानसिक पतन की ओर ले जा रहा था।

ब्रिटिश प्रशासकों एवं अधिकारियों के सामने भारतीय समाचार पत्र एक मुसीबत बना हुआ था क्योंकि इन पत्रों द्वारा अंग्रेजों की कथनी व करनी के अन्तर का पर्दाफाश किया जाता था। नौकरशाही के सदस्य आलोचना सुनने के अभ्यस्त नहीं थे। इसलिए वे विचारों की अभिव्यक्ति पर प्रतिबंध लगाना चाहते थे। अंतत: लिटन ने उनके प्रभाव में आकर वर्नाक्यूलर प्रेस एक्ट 1878 ई. में पास कर दिया और अपनी नीति से राजनीतिक जागरण को उन लोगों तक पहुँचाने में सहायता दी जो अभी तक उससे अप्रभावित थे। यह अधिनियम अंग्रेजी रंगभेद, प्रजातीय विभेद नीति का स्पष्ट और सबसे सरल उदाहरण था। वर्नाक्यूलर एक्ट का विरोध निश्चित संवैधानिक रूप से किया गया—सभाएँ आयोजित करना, सरकार को ज्ञापन देना, इंग्लैंड संसद में सदस्यों को प्रभावित करना आदि। 1878 ई. के पश्चात प्रेस और समाचार पत्रों का राजनीतिक जागरूकता फैलाने में योगदान उल्लेखनीय हो गया।

अंग्रेजी शिक्षा की भूमिका

राजनीतिक जागरण को देशव्यापी बनाने में अंग्रेजी शिक्षा को सबसे प्रमुख सहायक तत्त्व माना जाता है। अंग्रेज प्रशासकों तथा ईसाई मिशनरियों की आकांक्षाओं की अपेक्षा अंग्रेजी शिक्षा के परिणाम अधिक व्यापक और दूरगामी रहे। इस शिक्षा के प्रसार से विभिन्न पश्चिमी देशों के राजनीतिक विकास तथा चिंतन का ज्ञान सरलता से उपलब्ध हुआ। इटली, ग्रीस (यूनान) में हुए विदेशी सत्ता के विरुद्ध संघर्षों का वर्णन प्रेरणादायक सिद्ध हुआ। स्वतंत्रता, सामानता और प्रतिनिधित्व के सिद्धांतों को लेकर आरंभ हुई फ्रांस और अमरीका की क्रांतियों के विषय में ज्ञान उपलब्ध हुआ। विश्व के अन्य देशों में हो रहे आर्थिक और

राजनीतिक परिवर्तनों के विषय में जानकारी पैदा होने से भारतीय नेताओं को एक विस्तृत दृष्टिकोण विकसित करने में सहायता मिली। समस्त देश में एक ही शिक्षा पद्धति होने से एकता और समान लक्ष्यों और आकांक्षाओं को प्रोत्साहन मिला। विभिन्न प्रांतों के नेताओं की चिंतन प्रणाली अधिकांश अंशों में प्रायः समान थी और उनमें परस्पर विचारों का आदान–प्रदान सरलता से हो सकता था। अंग्रेजी पढ़ा–लिखा वर्ग समस्त देश की जनसंख्या के अनुपात में अपवीक्ष्य अल्पमत से अधिक नहीं था लेकिन प्रभाव और नेतृत्व संचालन की दृष्टि से यह वर्ग उत्तरोत्तर व्यापक बनता गया। समाचार पत्रों, शिक्षा संस्थाओं के संचालन और वकालत में इसी वर्ग का प्रभाव था। अन्य विचारधाराएँ न तो इतनी व्यापक थीं और न ही संगठित।

20वीं सदी के कुछ अंग्रेज इतिहासकारों का मानना है कि पश्चिमी दार्शनिकों से व्यक्तिगत अधिकार और स्वतंत्रता के सिद्धांत सीखकर भारतीय नेताओं ने उन अधिकारों की माँग अंग्रेज सरकार के समक्ष प्रस्तुत की। भारतीय राजनीतिक लक्ष्य और चिंतन प्रणाली बहुत अधिक मात्रा में पश्चिमी चिंतन से प्रभावित थी। 19वीं सदी के अंत तक अंग्रेजी शिक्षा केवल उच्च और मध्यम वर्ग के सदस्यों तक ही सीमित थी। इन वर्गों को समाज में प्रतिष्ठा प्राप्त थी। उनके द्वारा प्रस्तुत विचारों को लोकप्रियता भी प्राप्त हो सकी। मध्यकालीन तथा परंपरागत बंधनों को कम करने में पश्चिमी शिक्षा का योगदान उल्लेखनीय था। देश–प्रेम तथा स्वतंत्रता की भावना अंग्रेजी शिक्षा की देन नहीं थी, ये लक्ष्य देश में पहले से व्याप्त थे। अंग्रेजी शिक्षा ने इन लक्ष्यों को प्राप्त करने के लिए एक नई दिशा अवश्य प्रदान की। यह दिशा संसदात्मक प्रणाली और इंग्लैंड में प्रचलित व्यवस्था को भारत में स्थापित करने की थी।

समुदायों एवं संगठित संस्थाओं की भूमिका

राजनीतिक चेतना पैदा करने में समुदायों एवं संगठित संस्थाओं का काफी योगदान रहा है। बंगाल में अंग्रेज व्यापारियों, प्लांटर्स तथा जहाज के मालिकों आदि की संगठित संस्थाओं का सरकार पर बराबर दबाव बना रहता था। उनकी देखादेखी बंगाल में जमींदारों ने 1838 ई. में 'लैंडहोल्डर्स सोसायटी' बनाई। इसने 'ला खिराज' (लगान रहित) भूमि को सरकार द्वारा अपने अधिकार में लिए जाने का घोर विरोध किया और कुछ अंशों में सफलता भी प्राप्त की लेकिन यह संस्था अधिक समय तक कार्य न कर सकी। शीघ्र ही अन्य संस्थाएँ बनीं जो राजनीतिक अधिकारों के संबंध में ज्ञापन प्रस्तुत करती रहीं। ब्रिटिश इंडियन एसोसिएशन कलकत्ता (1851 ई.), मद्रास नेटिव एसोसिएशन (1852 ई.), बंबई एसोसिएशन (1852 ई.) ने तीनों प्रांतों में राजनीतिक जीवन और गतिविधियों में भाग लिया। इन तीनों संस्थाओं में कलकत्ता की ब्रिटिश इंडियन एसोसिएशन अधिक सक्रिय रही। अत्यधिक नम्र और विनीत भाषा में विभिन्न प्रस्तावों अथवा स्मरण पत्रों में इस संस्था ने कुछ सुझाव सरकार के समक्ष प्रस्तुत किए जो बहुधा सरकारी नियम में किसी परिवर्तन से संबंधित होते थे। इन विनीत सुझावों को भी अंग्रेजों के समाचार पत्रों में अंग्रेज विरोधी कहा जाता था। इस संस्था में जमींदारों तथा धनी व्यक्तियों का योगदान अधिक था। 1870 ई. तक यह प्रायः निष्क्रिय बन गई। 1876 ई. में 'दि इंडियन एसोसिएशन' का गठन किया गया जिसका संचालन सुरेंद्रनाथ बनर्जी और आनंदमोहन बोस ने किया।

वर्तमान महाराष्ट्र के मुम्बई प्रान्त में पूना राजनीतिक चेतना का एक प्रमुख केन्द्र रहा। यहाँ पर

अंग्रेजों का प्रभाव केवल नाम मात्र था और बंबई की अपेक्षा संगठन और एकता अधिक थी। 1870 ई. में पूना सार्वजनिक सभा का गठन किया गया। इस संस्था की विशेषता थी कि प्रत्येक सदस्य को 50 व्यक्तियों की ओर से मुख्त्यारनामा प्राप्त करे जिससे यह संस्था अपने प्रतिनिधित्व होने का दावा भली-भाँति कर सकती थी। पश्चिमी भारत में जागरण पैदा करने में इसने अत्यधिक योगदान दिया। इस सभा ने लोगों को न्यायालयों से मुकदमें वापस लेकर न्याय सभाओं की स्थापना के लिए प्रोत्साहन दिया। 1876 ई. में विक्टोरिया को साम्राज्ञी बनने पर बधाई भेजते हुए इसने भारतवासियों को प्रशासन संचालन के कार्य से संबद्ध करने तथा उच्च पदों पर भारतीयों की नियुक्ति की माँग प्रस्तुत की। दिसंबर, 1876 ई. में इसने दिल्ली दरबार के अवसर पर एकत्र भारतीय नेताओं को राष्ट्रीय एकता के लिए प्रयत्न करने का सुझाव दिया। मद्रास प्रांत में गतिविधियाँ कम रहीं। अवध में 1861 ई. में और उत्तर पश्चिमी प्रांत में 1866 ई. में ब्रिटिश इंडियन एसोसिएशन की स्थापना हुई।

भारत के प्रतिनिधियों ने इंग्लैंड में अपने अधिकारों के लिए प्रचार-प्रसार करना शुरू कर दिया। 1866 ई. में लंदन में ईस्ट इंडिया एसोसिएशन स्थापित की गई। इसने इंग्लैंड की जनता और पार्लियामेंट के सदस्यों को भारतीय समस्याओं के विषय में पर्याप्त जानकारी उपलब्ध कराई। लेकिन वास्तविक सुविधाएँ उपलब्ध कराने में इसे कोई विशेष सफलता नहीं मिली।

अंग्रेजी साम्राज्यवादी नीति

1860 ई. के लगभग अंग्रेज विरोधी भावनाएँ अंग्रेजी पढ़े-लिखे वर्ग में प्रायः नहीं के समान थीं लेकिन अगले 20-25 वर्षों में ये भावनाएँ व्यापक हो गईं और अंग्रेज सरकार की नीतियों की मुक्त आलोचना की जाने लगी। यह साम्राज्यवादी नीति प्रजातीय विभेद तथा सरकार की उच्च सेवाओं में समस्त स्थान अंग्रेजों के लिए सुरक्षित रखने में केंद्रित थी। 1858 ई. के पश्चात अंग्रेज प्रशासक भारतीय सामंतवर्ग—जमींदार, राजा-महाराजा आदि—का समर्थन प्राप्त करने को उत्सुक थे। वे 1858 ई. के विप्लव से इतना अवश्य सीख चुके थे कि भारतीय नेताओं को अंग्रेजी साम्राज्य के पक्ष में रखना चाहिए। 1870 ई. के पश्चात् प्रश्न यह था कि भारतीय नेताओं में से कौनसे वर्ग को अपनाया जाए—सामंतीवर्ग अथवा शिक्षित वर्ग। अंग्रेजी शिक्षितवर्ग अपने आपको भारतीय जनता का प्रवक्ता समझता था। इसलिए वह लेजिस्लेटिव कौंसिलों में अधिक प्रतिनिधित्व चाहता था। लोकसेवाओं में अंग्रेजों के समान भारतीयों के लिए अधिकार चाहता था। अंग्रेज प्रशासक भारत को एक उपनिवेश मानते थे इसलिए उसमें प्रशासन का अधिकार अपने लिए सुरक्षित रखना चाहते थे। विभिन्न गवर्नर जनरलों की नीति में मुख्य अंतर इसी बात पर था कि किस वर्ग को अपने पक्ष में किया जाए। रिपन शिक्षित वर्ग को और लिटन सामंती वर्ग को अंग्रेजी साम्राज्य के पक्ष में करना चाहते थे।

उपर्युक्त वर्णित कारणों से अधिकांश भारतीय सन्तुष्ट नहीं थे। इनमें असंतोष पैदा हुआ और धीरे-धीरे उग्र रूप धारण करता गया। 1876 ई. में पूना सार्वजनिक सभा ने भारतीय स्तर पर एक राजनीतिक संगठन बनाने की योजना प्रस्तुत की। घटनाओं का क्रम 1876 ई. के पश्चात् कुछ अधिक वेग से चला जिसके फलस्वरूप एक भारतीय संगठन की आवश्यकता उत्तरोत्तर अनुभव हुई। इन घटनाओं में लिटन की प्रशासन नीतियाँ प्रमुख थीं जैसे वर्नाक्यूलर प्रेस ऐक्ट (1878 ई.), स्टेट्यूटरी

सिविल सर्विस, आर्म्स एक्ट, तथा आई.सी.एस. की परीक्षाओं के लिए आयु की अधिकतम सीमा को घटा देना, द्वितीय अफगान युद्ध का खर्च भार भारतीय कोष पर डालना। रिपन के शासनकाल में इल्बर्ट बिल से संबंधित भारतीय अंग्रेजों का विरोध प्रदर्शन अत्यधिक निर्णायक हुआ। इसने भारतवासियों के समक्ष संगठित विरोध की उपयोगिता सिद्ध की। 1883 ई. में ही सुरेंद्रनाथ बनर्जी ने नेशनल कांफ्रेंस की स्थापना की।

थियोसोफिकल सोसायटी

भारतीय राष्ट्रीय कांग्रेस की स्थापना के बाद बहुत जल्द ही थियोसोफिकल सोसायटी ने कांग्रेस के जन्म का श्रेय लेना आरंभ किया। ह्यूम का थियोसोफिकल सोसायटी से संबंध होना, आलकट का तथा ऐनिबेसेंट का यह दावा कि थियोसोफिकल सोसायटी ने ही कांग्रेस को जन्म दिया, इस संबंध में उल्लेखनीय हैं। उनका तर्क है कि 1884 ई. में मद्रास में थियोसोफिकल सोसायटी के मुख्य कार्यालय में वार्षिक बैठक के समय कुल (17) नेताओं ने परस्पर विचार-विमर्श किया जिसमें एक राजनीतिक संगठन बनाने के प्रश्न पर चर्चा हुई थी। किंतु परीक्षण करने पर इस दावे का खोखलापन स्पष्ट हो जाता है। 1884 ई. में मद्रास सम्मेलन के परिणामस्वरूप किसी कांग्रेस की स्थापना नहीं हुई। उस समय स्वयं आलकट ने राजनीतिक विषयों में हस्तक्षेप से मना किया। 1885 ई. में भी आलकट ने इंडियन नेशनल कांग्रेस के प्रथम अधिवेशन से अधिक महत्त्वपूर्ण थियोसोफिकल सोसायटी का वार्षिक सम्मेलन बताया था। आलकट और ह्यूम में कांग्रेस स्थापना के पूर्व मनमुटाव हो चुका था। इसलिए ह्यूम का एक समय थियोसोफिस्ट होना उस सोसायटी को इस संस्था का जनक नहीं बना सकता।

थियोसोफिकल सोसायटी के स्थापित होने से पहले ही वार्षिक सम्मेलनों की परम्परा प्रचलित थी। ऐनिबेसेंट (जिसने बाद में इस दावे को दोहराया) के कथन में कई परस्पर विरोधी बातें हैं। सुरेंद्रनाथ बनर्जी मद्रास सम्मेलन में 1884 ई. में उपस्थित नहीं थे। यद्यपि बेसेंट उनको उपस्थित बताती हैं। ह्यूम स्वयं उन 17 सदस्यों में नहीं थे और उन 17 सदस्यों में से अधिकांश कांग्रेस के प्रथम अधिवेशन में अनुपस्थित थे। इसलिए 1884 ई. में मद्रास में हुए थियोसोफिस्ट सम्मेलन को कांग्रेस के जन्म के लिए उत्तरदायी नहीं ठहराया जा सकता।

पट्टाभिसीतारमैया भी कांग्रेस की स्थापना के बारे में मात्र इतना ही बोलकर चुप हो जाते हैं कि यह सब रहस्यमय है। यह निस्संदेह सत्य है कि ह्यूम ने इस संगठन की वास्तविक रचना में महत्त्वपूर्ण योगदान दिया लेकिन उसने किन कारणों से प्रभावित होकर ऐसा किया? ह्यूम ने स्वयं यह तर्क प्रस्तुत किया है कि उसने अंग्रेजी साम्राज्य को व्यापक असंतोष के खतरे से बचाने के लिए इस संस्था का गठन किया। इस प्रकार कांग्रेस का गठन अंग्रेजी साम्राज्य के लिए एक सुरक्षा वाल्व के रूप में किया गया। विलियम वेडरबर्न ने ह्यूम की जीवनी लिखने में इस तर्क को दोहराया है। इसी तर्क को आक्षेप के रूप में लाला लाजपतराय ने भी दोहराया है। यह तर्क सामान्यत: स्वीकृत है लेकिन ह्यूम को कौनसे खतरे का और कब ज्ञान हुआ? इस प्रश्न का उत्तर सरलता से नहीं मिलता। ह्यूम के कथनानुसार उसे यह ज्ञान लिटन के शासनकाल के अंत के 15 महीने पूर्व हुआ था। यह भाषा अस्पष्ट तथा संदिग्ध है। 1879 ई. में थियोसोफिस्ट नेता भारत आए थे। उसी वर्ष ह्यूम की पदावनति

भी हुई और लिटन की अफगान नीति, वर्नाक्यूलर प्रेस एक्ट, आर्म्स एक्ट तथा स्टेट्यूटरी सिविल सर्विस नियमों का सामूहिक प्रभाव उसी वर्ष दिखाई पड़ा। ह्यूम ने अंग्रेज विरोधी भावनाओं का अथवा गुप्त षड्यंत्र का वर्णन 1885 ई. में डफरिन के साथ अपनी भेंट में नहीं किया और न ही अन्य किसी व्यक्ति से उसने इसका वर्णन 1886 ई. के अंत तक किया। ह्यूम के लक्ष्य को समझने के लिए ध्यान रखना आवश्यक है कि 1882 ई. के पश्चात् वह गवर्नर जनरल और अंग्रेजी पढ़े-लिखे भारतीय वर्ग दोनों में एक मध्यस्थ बनने के लिए प्रत्यनशील था। इससे दोनों पक्षों में उसका महत्त्व बढ़ सकता था। 1882-84 ई. के मध्य उसने यह कार्य बड़ी कुशलता से निभाया। 1885 ई. में डफरिन के समय में भी उसने यही कार्य करना चाहा। लेकिन डफरिन ने अंग्रेजी साम्राज्य की सुरक्षा के लिए पढ़े-लिखे मध्यम वर्ग की अपेक्षा जमींदार और सामंती वर्ग का समर्थन प्राप्त करना अधिक उपयोगी समझा। इसलिए उसके लिए ह्यूम को मान्यता प्रदान करना संभव नहीं रहा। डफरिन की नीति से शिक्षित मध्यम वर्ग अत्यंत क्रुद्ध हुआ।

फलस्वरूप 1885 ई. में कांग्रेस अधिवेशन में डफरिन प्रशासन की सकारात्मक रूप से निन्दा की गयी। डफरिन तथा भारत भाषीय समाचार पत्रों में 1886 ई. में मतभेद उत्पन्न हो गया। ह्यूम ने लेखक का नाम न देकर दो पुस्तिकाएँ 'दि ओल्ड मैंस होप' और 'दि राइजिंग टाइड' प्रकाशित की जिनमें डफरिन की काफी आलोचना की गई। साथ ही भारतीय समाचार-पत्र संपादकों द्वारा व्यक्त असंतोष की सूचना इंग्लैंड पहुँचती रही। डफरिन से भेंट में ह्यूम ने उन पुस्तिकाओं में डफरिन पर झूठे-सच्चे आरोप लगाने में अपनी गलती स्वीकार की और डफरिन की प्रतिष्ठा बढ़ाने के लिए गुमनाम लेखक के रूप में 'दि स्टार इन दि ईस्ट' पुस्तिका लिखी लेकिन डफरिन ने अक्टूबर, 1886 ई. में भारतीय नेताओं को यह बताया कि 'दि स्टार इन दि ईस्ट' ह्यूम द्वारा लिखी गई। कांग्रेस के कलकत्ता अधिवेशन में ह्यूम से लोगों ने इस बात की पुष्टि चाही। इससे ह्यूम को भारी धक्का लगा और उसने डफरिन को कभी क्षमा नहीं किया। 1886 ई. के अंत में डफरिन और ह्यूम में हुआ मतभेद दूरगामी सिद्ध हुआ। 1887 ई. में ह्यूम ने कांग्रेस अधिवेशन को अत्यंत प्रभावशाली बनाने का प्रयत्न किया। उधर सरकार ने इस संस्था को न मानने की नीति अपनाई। इस प्रकार 1887 ई. के बाद ह्यूम द्वारा डफरिन के संबंध में दिए गए वक्तव्यों की प्रामाणिकता के लिए अन्य पुष्टि आवश्यक है।

ह्यूम के इस दृष्टिकोण को स्पष्ट करने से वे तत्त्व भी स्पष्ट हो जाते हैं जिनसे प्रभावित होकर उन्होंने सुरेंद्रनाथ बनर्जी के साथ नेशनल कांग्रेस की स्थापना के पूर्व अधिक घनिष्ठ संपर्क स्थापित नहीं किया। सुरेंद्रनाथ बनर्जी की ख्याति सरकार के एक असंतुष्ट आलोचक के रूप में थी। 1886 ई. में सुरेंद्रनाथ बनर्जी ने इंडियन कांफ्रेंस को इंडियन नेशनल कांग्रेस में मिला दिया। सुरेंद्रनाथ द्वारा यह कार्य इस तथ्य को गलत सिद्ध करता है कि ह्यूम ने बनर्जी की संस्था को नीचा दिखाने के लिए कांग्रेस की स्थापना की। ह्यूम के विश्वासपात्र भारतीय नेता बनर्जी से भी घनिष्ठ संबंध थे। बनर्जी इतने प्रभावहीन भी नहीं थे कि अपनी संस्था को विवशता में समाप्त करते।

भारत के इतिहास में 1885 ई. का वर्ष भारतीय राजनीतिक जागरण को एक नयी दिशा प्रदान की, यह राजनीतिक चेतना अंग्रेजी साम्राज्य के भक्त बनने और याचिकाओं तथा स्मरणपत्रों द्वारा कुछ अधिकार माँगने की ओर मोड़ दी गई। निस्संदेह कांग्रेस ने अंग्रेजी साम्राज्य के लिए एक सुरक्षा वाल्व

का कार्य किया, जिसकी पुष्टि इस बात से भी होती है कि आरंभ में कांग्रेस के अध्यक्ष के लिए एक उच्च अंग्रेज अधिकारी की ही योजना थी। कांग्रेस में सम्मिलित नेता भारत के लिए यह सौभाग्य की बात समझते थे कि अंग्रेजी नियंत्रण यहाँ स्थापित था। वे अंग्रेजी साम्राज्य की सुरक्षा प्रथम आवश्यकता समझते थे और भारतवासियों के लिए राजनीतिक अधिकारों की प्राप्ति गौण समझते थे। कांग्रेस का आरंभ में स्वरूप केवल इतना ही था। वास्तव में 1885 ई. में इससे अधिक की आशा भी कठिन थी। डफरिन तथा अन्य अंग्रेजी प्रशासक इस सुरक्षा वाल्व को साम्राज्य के लिए एक खतरा कहते थे तथा इसे उग्र, साम्राज्य विरोधी, 'रेडिकल', आदि उपाधियों से सुशोभित करते थे। लेकिन इन विशेषणों का अर्थ समय-समय पर बदलता रहा है। एक निरंकुश, गैर-उत्तरदायी नौकरशाही किसी भी प्रकार के भिन्न विचारों अथवा आलोचना की अभिव्यक्ति मात्र को ही क्रांतिकारी अथवा उग्र समझती है। उस सरकार की दृष्टि में उनकी नीतियों में उन्हीं के लक्ष्यों को साकार न देखना ही अथवा उनकी प्रधानता और उच्चता को प्रश्नसूचक चिन्ह से देखना विद्रोह के समान था। जिस वर्ग को 1885 ई. में उग्र कहा गया, 1905 ई. में वह ही नरम बन गया। जिस नीति को 1905 ई. में उग्र अथवा गरम कहा गया, वह ही 1921 ई. के पश्चात् सामान्य हो गई।

1885-1905 के मध्य कांग्रेस के कार्यों का संक्षिप्त वर्णन

ए. ओ. ह्यूम ने 1885 में कांग्रेस की स्थापना की। उसके बाद हर वर्ष भारतीय राष्ट्रीय कांग्रेस के सम्मेलन भारत के विभिन्न बड़े-बड़े नगरों में आयोजित होते रहे। आरंभ में इस संस्था के सभी नेता अंग्रेजी प्रशासन और साम्राज्य के हृदय से शुभचिंतक थे। उनकी अंग्रेजी शासकों के प्रति अटूट भक्ति भावना थी। वे अंग्रेजी साम्राज्य के विरुद्ध किसी प्रकार का जन आंदोलन आरंभ करने के पक्ष में नहीं थे लेकिन इंग्लैंड की संसद की ईमानदारी में उनका विश्वास अडिग था। वे यह स्वीकार करने को ही तैयार नहीं थे कि इंग्लैंड में ज्ञान होने के पश्चात भी स्थिति नहीं सुधरेगी। इसलिए कांग्रेस की कार्य पद्धति में इंग्लैंड में प्रचार करना अत्यंत महत्त्वपूर्ण था। पार्लियामेंट के सदस्यों को भारत के विषय में ठीक जानकारी देना, ज्ञापन प्रस्तुत करना, विभिन्न विषयों पर प्रस्ताव पास करना ही उनका ध्येय था। प्रजातंत्र और संवैधानिक प्रशासन के सैद्धांतिक ज्ञान में निपुण होने के कारण कांग्रेस के नेता यह विश्वास नहीं कर सकते थे कि इंग्लैंड की प्रजातंत्रीय सरकार भारत में प्रतिनिधित्व को स्थापित नहीं करेगी। उनके किसी भी कार्य अथवा चिंतन से यह नहीं कहा जा सकता कि वे इंग्लैंड के नियंत्रण से पूर्ण छुटकारे की बात करते अथवा सोचते हों।

पूर्व के 20 वर्षों के दौरान कांग्रेस का स्वरूप एक ऐसी संस्था की भांति था जो भारतीय विकास हेतु कई विषयों से जुड़े प्रस्ताव करके अंग्रेज सरकार का उन विषयों की ओर ध्यान आकर्षित करे तथा प्रशासन में सुधार की आवश्यकता स्पष्ट करे। जिन विषयों से संबंधित प्रस्ताव पास किए गए उनका संक्षिप्त वर्णन इस प्रकार है—

1. भारत सचिव की इंडिया कौंसिल को समाप्त करना अथवा इसके ढाँचे में परिवर्तन करके भारतवासियों को उसका सदस्य नियुक्त करना। इस माँग का मुख्य औचित्य यह था कि भारत में अंग्रेजी सरकार के कुछ उदार प्रस्तावों को यह स्वीकार कर लेती थी। इसके अतिरिक्त इस कौंसिल का समस्त खर्च भारत से ही दिया जाता था और वह धन निष्कासन था।

2. भारत में विभिन्न प्रांतीय तथा केंद्रीय विधानसभाओं (लेजिस्लेटिव असेंबली तथा कौंसिल) में भारतीय निर्वाचित सदस्यों की संख्या बढ़ाई जाए जिससे प्रतिनिधित्व प्रशासन को भारत में स्थापित किया जा सके।
3. उच्च लोक सेवाओं में भारतीयों को अंग्रेजों के समान अवसर दिया जाए। प्रतियोगी परीक्षाओं में केवल योग्यता के आधार पर भारत में भी परीक्षाएँ हों और प्रजातीय विभेद समाप्त किया जाए। कार्यकारिणी और न्याय संबंधी प्रशासन पृथक् कर दिए जाएँ। उस समय यह सामान्य विचारधारा थी कि जिला स्तर पर अंग्रेज न्यायाधीश कुशल नहीं थे।
4. अंग्रेजी साम्राज्य की सुरक्षा और विस्तार का खर्च केवल भारत पर ही न डाला जाए, बल्कि इंग्लैंड और भारत में बाँटा जाए।
5. भारत से धन निष्कासन कम किया जाए। इस धन निष्कासन का एक मुद्दा 'होम चार्जिज' (इंग्लैंड में किया गया खर्च) होता था। इस खर्च को समाप्त कराने अथवा बहुत कम कराने के पक्ष में बहुत बार प्रस्ताव पास किए गए।
6. भू-राजस्व की मात्रा कम की जाए, नमक कर घटाया जाए और कृषकों की स्थिति सुधारने के लिए भूराजस्व को स्थायी रूप से निर्धारित कर दिया जाए। इसे प्रति 20 या 30 वर्षों पश्चात् न बढ़ाया जाए। निर्धनता को कम करने के लिए कुटीर उद्योगों को प्रोत्साहन दिया जाए। तकनीकी शिक्षा के लिए अधिक सुविधाएँ उपलब्ध कराई जाएँ।

1885-1905 के मध्य कांग्रेस के कार्यों का मूल्यांकन : 1885 से 1905 के मध्य राष्ट्रीय राजनीतिक चेतना का विकास कांग्रेस की एक महत्त्वपूर्ण उपलब्धि थी। प्रतिवर्ष कुछ दिनों के लिए शिक्षित भारतीय एक स्थान पर मिलकर विभिन्न विषयों पर प्रस्ताव पास करते थे। उन विषयों से संबंधित वाद-विवाद देश के समाचार पत्रों में विस्तार से छपते थे और वर्ष भर चर्चा का विषय रहते थे। यह अपने में एक उल्लेखनीय कार्य था। राज्य कार्यों के प्रति शिथिलता को समाप्त करने तथा लोगों में सार्वजनिक विषयों पर जागरण पैदा करने में कांग्रेस और समाचार पत्रों ने काफी योगदान दिया। इस राजनीतिक चर्चा का एक यह भी परिणाम हुआ कि अंग्रेज सरकार अब रक्षात्मक स्तर पर आ गई अर्थात् वह अब यह भी नहीं कह सकती थी कि भारत की आवश्यकताओं के विषय में ज्ञान नहीं था अथवा जो कुछ वह कहती थी वह ही सत्य था। कांग्रेस में भाग लेने वालों की संख्या में निरंतर वृद्धि और इसके कार्य की प्रशंसा देश भर में होती थी। इंग्लैंड में भी कांग्रेस प्रचार से कुछ अंतर अवश्य पड़ा। यद्यपि संसद का साधारण सदस्य भारतीय प्रशासन में बहुत कम रुचि लेता था लेकिन फिर भी कुछ ऐसे सदस्य अवश्य थे जो भारतीय दृष्टिकोण से सहमत हो गए। इंग्लैंड संसद में भारतीय प्रशासन से संबंधित प्रश्न पूछ लिया जाना अथवा किसी वाद-विवाद में इस पर चर्चा होना ऐसी घटना थी जिससे उस समय कंजर्वेटिव सरकार अत्यंत चिंतित रहती थी। कांग्रेस ने इंग्लैंड की पार्लियामेंट में अपने प्रचार के लिए काफी प्रयत्न किए।

दूसरी ओर यह भी कहा जा सकता है कि कांग्रेस के नेता यद्यपि अंग्रेजी नौकरशाही के भारी आलोचक थे लेकिन साथ ही वे इंग्लैंड सरकार के प्रति अटूट भक्त भी थे और उसके पक्ष को भली-भाँति स्पष्ट करते थे। 'सरकार विरोधी पक्ष' का लक्ष्य उनके समक्ष सदा उपस्थित रहता था।

वे उन सीमाओं से आगे नहीं बढ़ सके जो इंग्लैंड संसद में विरोधी पक्ष के लिए थी। लाला लाजपतराय ने ठीक ही लिखा कि कांग्रेसी नेता उस वर्ग के सहयोग से ही कार्य करना चाहते थे जिसके विरुद्ध वे आवाज उठाते थे। इस आंदोलन की एक कमी यह थी कि अधिकांश नेता सरकार से केवल कुछ सुविधाएँ चाहते थे। इसलिए यह एक जन आंदोलन नहीं हो सकता था। साधारण जनता की वास्तविक कठिनाइयों का बहुत कम ज्ञान नेताओं को था।

इस अवधि में यह केवल एक उच्चवर्गीय आंदोलन ही रहा। स्वाभाविक ही था कि किसी प्रभावशाली लोक आंदोलन का नेतृत्व उस समय कांग्रेस द्वारा नहीं हो सकता था। हालाँकि यह वास्तविक है कि हम कांग्रेस के द्वारा किये गये कार्यों की अति निन्दा करें (और यह हुई भी थी) और यह कहें कि कांग्रेस अधिवेशनों में जनहित अथवा लोकहित के विषयों पर अधिक ध्यान नहीं दिया गया लेकिन वह चर्चा न्यायसंगत नहीं होगी क्योंकि किसी भी दिशा में एक आंदोलन आरंभ करने वालों को बहुत सँभल कर तथा ध्यान से कार्य करना होता है। कांग्रेस आंदोलन का वास्तविक दोष यह था कि उसके नेताओं का अंग्रेज प्रशासकों की ईमानदारी में अटूट विश्वास था। वे यह समझने अथवा मानने के लिए तैयार ही नहीं थे कि अंग्रेज भारत की वास्तविक भलाई नहीं चाहते। वे अंग्रेजी साम्राज्य के सही रूप को समझने के लिए तैयार नहीं थे—दादाभाई नौरोजी (जिन्होंने इस रूप का अनावरण किया) भी यह मानने को तैयार नहीं थे कि अंग्रेजी नीति सोच-समझकर अपनाई गई थी। वे समझते थे कि आवश्यक बोध हो जाने पर अंग्रेज अपनी नीति में परिवर्तन कर लेंगे। यह कांग्रेस आंदोलन की दुर्बलता थी और यह दुर्बलता भी स्वाभाविक थी क्योंकि कांग्रेस का उद्देश्य कुछ राजनीतिक अथवा प्रशासकीय सुविधाएँ उपलब्ध करने से अधिक नहीं था।

अंग्रेज सरकार की कांग्रेस के प्रति नीति (1858—1905) : 1885-86 ई. के बीच डफरिन और ह्यूम संबंधों में मतभेद उत्पन्न हो गया था। 1887 ई. के पश्चात् कांग्रेस आंदोलन और अंग्रेजी प्रशासन में परस्पर संबंध बिगड़ते गए। यह स्थिति भारतीय परिस्थितियों में स्वाभाविक ही थी क्योंकि अंग्रेज प्रशासक भारतीय समानता के दावे को स्वीकार करने के लिए तैयार नहीं थे। डफरिन का दृष्टिकोण बहुत सीमा तक आकलैंड कोलविन के विचारों से प्रभावित था। सर सैयद ने दिसंबर, 1887 ई. में ही कांग्रेस का विरोध किया क्योंकि उनके अनुसार इस संस्था तथा आंदोलन से मुसलमानों के हितों को हानि पहुँचती थी। इससे अंग्रेजी अधिकारियों को सहज ही यह तर्क मिल गया कि कांग्रेस की माँगों से भारतीय जनता के सभी वर्ग सहमत नहीं थे।

यह तर्क पूर्ण रूप से निराधार था कि अगर मुसलमानों ने विरोध न भी किया होता तब भी कांग्रेस द्वारा प्रस्तुत माँगों को अंग्रेज सरकार स्वीकार करने वाली नहीं थी। किंतु कांग्रेसी नेताओं को जिनका अंग्रेज प्रशासकों पर अटूट विश्वास था, भ्राँति में डालने के लिए पर्याप्त था। इसलिए वे इस कमी को दूर करने के प्रयत्नों में लग गए। इसके अतिरिक्त अंग्रेज अधिकारियों ने कांग्रेस द्वारा प्रस्तुत माँगों को इसलिए भी मानने से इन्कार कर दिया कि कुलीन तथा सामंत वर्ग उनके साथ नहीं था और कांग्रेस असंख्य जनता का प्रतिनिधित्व नहीं करती थी। अंग्रेज प्रशासकों ने इन आधारों पर कांग्रेस की बात न मानने का औचित्य प्रस्तुत किया। वास्तव में अंग्रेज उन अधिकारों और सुविधाओं को प्रदान ही नहीं करना चाहते थे क्योंकि वे भारत को एक उपनिवेश की भाँति ही रखना चाहते थे।

ब्रिटिश प्रशासन के सामने मात्र कांग्रेसों की माँग का सवाल ही नहीं था, बल्कि उसके लक्ष्य प्राप्ति में अनेक समस्याओं को पैदा करना भी शामिल था। 1888 ई. में इलाहाबाद में कांग्रेस अधिवेशन के लिए स्थान ही उपलब्ध न होने देना, विभिन्न स्थानों पर सरकारी अधिकारियों द्वारा कांग्रेस में सम्मिलित होने वालों पर दबाव डालना, कांग्रेस को धन देने वालों पर निगरानी रखना आदि, सरकारी नीति का अंग बन गई। सरकारी कर्मचारियों को कांग्रेस अधिवेशन में भाग लेने से तथा उपस्थित रहने से मना किया गया। कुछ प्रांतों के गवर्नर तो यह चाहते थे कि कांग्रेस के वार्षिक अधिवेशनों को भी बंद कर दिया जाए लेकिन यह स्वीकृत नहीं हुआ। 1895 ई. के पश्चात् कांग्रेस के प्रति भारत सचिव, गवर्नर जनरल तथा प्रांतीय गवर्नरों का दृष्टिकोण अत्यंत कठोर होता गया। कई बार यह प्रश्न पूछा जाता है कि अंग्रेज सरकार कांग्रेस के प्रति ऐसा दृष्टिकोण क्यों रखती थी? कांग्रेसी नेताओं को अंग्रेजी साम्राज्य के लिए खतरा क्यों समझा जाता था, जबकि वे पूरी तरह से अंग्रेजी साम्राज्य के प्रति निष्ठा एवं भक्तिभाव रखते थे? इसका उत्तर सरल है। एक नौकरशाही सरकार की नीतियों की आलोचना का परिणाम सामान्य जनता के हृदय से उसके प्रति भक्तिभाव कम करना होगा। निरंतर आलोचना उस श्रद्धाभाव को कम करने में सहायक होगी जो एक विदेशी और निरंकुश सरकार द्वारा प्रशासन के लिए अत्यंत लाभदायक होती है। किसी स्थापित नियंत्रण के विरुद्ध आंदोलन सर्वप्रथम उसकी मुक्त आलोचना से ही आरंभ होता है। इसलिए अंग्रेजी सरकार ने कई नीतियाँ कांग्रेस को दुर्बल बनाने के लिए अपनाईं। भारत में धार्मिक मतभेदों को बढ़ावा देना, मुसलमानों को उनके कांग्रेस विरोध के फलस्वरूप आश्रय प्रदान करना, सामंती वर्ग को उत्तेजित करना, भारतीयों को पश्चिमी शिक्षा की अपेक्षा प्राच्य शिक्षा की ओर आकर्षित करना और कांग्रेस के नेताओं में मतभेद को प्रोत्साहन देना। भारत सरकार की नीतियों को प्रभावित करने अथवा इंग्लैंड में अपने पक्ष में जनमत तैयार कराने में कांग्रेस पूरी तरह से असफल रही।

1892 ई. के इंडियन कौंसिल एक्ट (जो एक प्रकार से 1861 ई. के एक्ट का ही विस्तृत रूप था) के अतिरिक्त किसी भी माँग को अंग्रेज सरकार ने स्वीकार नहीं किया। यद्यपि कांग्रेस के कुछ नेताओं को उच्च न्यायालयों के न्यायाधीश नियुक्त किया गया लेकिन यह उनकी व्यक्तिगत योग्यता के आधार पर था न कि कांग्रेसी नेता होने के आधार पर। अंग्रेजी सरकार की नीति कांग्रेसी प्रचार की अनदेखी करना था। 19वीं सदी के अंतिम वर्षों में कांग्रेस का प्रभाव विस्तार नहीं हुआ और कुछ प्रेक्षक यह अनुमान करते थे कि कांग्रेस स्वतः ही समाप्त हो जाएगी। लेकिन कर्जन की नीतियों का परिणाम यह हुआ कि कांग्रेस आंदोलन में एक नई जान आ गई और नई परिस्थितियों में कांग्रेसी नीतियों का महत्त्व बढ़ गया। सन् 1905 तक कांग्रेस अपने राजनीतिक हकों के संदर्भ में ब्रिटिश साम्राज्य के सामने अपनी माँगों को प्रकट करता रहा। कांग्रेस और अंग्रेजी सरकार में मनमुटाव होना इसलिए स्वाभाविक था क्योंकि कांग्रेस अंग्रेजी सरकार के स्वरूप को ही बदल देना चाहती थी। कांग्रेस ने अपनी माँगों को उचित ठहराने के लिए एक आंदोलन आरंभ किया जिसने सरकार की लापरवाही तथा निरंकुशता को स्पष्ट किया। कांग्रेस में अभी ऐसे नेताओं का प्रभाव अत्यधिक था जिन्हें अंग्रेजी साम्राज्य की न्यायप्रियता में विश्वास था। कुछ घटनाएँ शीघ्र ही ऐसी हुईं जिन्होंने कांग्रेस की उस मान्यता को ठेस पहुँचाई जैसे बंगाल विभाजन, 1902 का शिक्षा आयोग आदि। इन घटनाओं से कांग्रेस के समक्ष एक संकटमय स्थिति पैदा हुई और थोड़े समय के लिए कांग्रेस एक अत्यंत दुर्बल संस्था होकर रह गई।

मुसलमानों में राजनीतिक जागरण : ब्रिटिश शासन की स्थापना होने के बाद सभी भारतीय राजनीतिक समस्याएँ एक जैसी थीं। स्थानीय आर्थिक–शैक्षणिक विकास के आधार पर संभवत: कुछ अंतर हो सकता था। 19वीं सदी के उत्तरार्द्ध में राजनीतिक आंदोलन अंग्रेजों से उन अधिकारों को प्राप्त करने से संबंधित था जो इंग्लैंड में वहाँ के निवासियों को उपलब्ध थे। इस आंदोलन में भारत के सभी वर्ग सम्मिलित हो सकते थे। कांग्रेस अथवा अन्य प्रांतीय संस्थाएँ अंग्रेज भक्ति का दम भरती थीं इसलिए आपस में राजनीतिक हितों के संघर्ष की संभावना कम थी।

19 वीं सदी के अन्तिम दौर में भारतीय मुस्लिम प्रतिनिधियों पर अंग्रेज सन्देह जताने लगे थे। क्योंकि वे 1857 ई. की क्रांति का उत्तरदायित्व मुसलमानों को देते थे क्योंकि वे अपनी खोई हुई प्रधानता को पुन: प्राप्त करना चाहते थे। मुसलमानों के अधिकांश सामंती परिवार राजकीय सेवा अथवा सैनिक प्रशासन से संबद्ध थे। यह सामंती वर्ग 19वीं सदी के पूर्वार्द्ध में अत्यंत दरिद्र अवस्था को पहुँच चुका था। मुसलमानों के जागरण का नेतृत्व अलीगढ़ आंदोलन ने किया। सर सैयद के राजनीतिक चिंतन का लक्ष्य मुसलमानों के कुलीन वर्गों तक सीमित था। यह वर्ग अपनी कुलीनता किसी पूँजी, योग्यता अथवा भूस्वामित्व पर आधारित न बताकर केवल इस बात पर आधारित बताते कि वे मध्यकाल के शासकों के वंशज थे। उनका यह तर्क गलत था क्योंकि मुसलमानों का कोई एक वर्ग समस्त मध्यकाल में शासक नहीं रहा था और 19वीं सदी के अधिकांश कुलीन परिवारों की वंशावली निश्चित रूप से मध्यकाल के शासकों से नहीं जोड़ी जा सकती थी।

वास्तविकता यह थी कि 19वीं सदी के अधिकांश मुसलमान परिवार पहले हिंदू थे जिन्होंने धर्म परिवर्तन कर लिया था। सर सैयद का यह विश्वास था कि मुसलमान इस देश के मूल निवासी नहीं थे, 1870 ई. के बाद पाश्चात्य शिक्षा के प्रभाव से कई भारत के प्रतिनिधि अपने देश में प्रजातंत्र स्थापना की बौद्धिक स्तर पर चर्चा करने लगे। पहले सर सैयद ने प्रजातंत्र की संभावना को बहुत संदिग्ध समझा, साथ ही उन्हें प्रजातंत्रीय सिद्धांत भी तर्कसंगत नहीं दिखाई दिए। उन्हें देश में प्रजातंत्र की स्थापना भी आपत्तिजनक दिखाई पड़ी क्योंकि देश के विभिन्न वर्ग समान रूप से शिक्षित तथा प्रगतिशील नहीं थे। उन्हें एक अन्य आपत्ति यह थी कि संसदात्मक प्रजातंत्र का परिणाम देश में दो दलों का गठन होता है और ये दो दल उनके अनुसार, केवल हिंदू और मुसलमान ही हो सकते थे। यह तर्क अत्यंत भयानक था तथा समस्त राजनीति को सांप्रदायिक आधारों पर ढालने के लिए उत्तरदायी हुआ। इस तर्क ने मुसलमानों के लिए एक भयावह भविष्य की कल्पना प्रस्तुत की। सर सैयद आरंभ में प्रतियोगिता परीक्षाओं के पक्ष में थे—उन्होंने अलीगढ़ कॉलेज में विशेष कक्षाओं का भी प्रबंध किया था लेकिन उन्हें शीघ्र ही यह पता लग गया कि मुसलमान छात्र प्रतियोगिता परीक्षाओं में हिंदुओं की तुलना में अधिक सफलता प्राप्त नहीं कर सकेंगे। गणित और शास्त्रीय भाषाओं के ज्ञान में वे अपेक्षाकृत पीछे रहेंगे। इसलिए 1885 ई. के पश्चात् उन्होंने प्रतियोगी परीक्षाओं का विरोध किया और 1887 ई. में यह तर्क दिया कि इन परीक्षाओं में उच्च कुल के व्यक्तियों को निम्न कुल वालों के अधीन भी कार्य करना पड़ सकता था।

सर सैयद द्वारा कांग्रेस का विरोध : सर सैयद 1887 ई. के पूर्व प्रतियोगिता परीक्षाओं तथा संसदात्मक प्रजातंत्र का विरोध कर चुके थे। इसलिए कांग्रेस स्थापना के पश्चात् इसका विरोध सर सैयद द्वारा स्वाभाविक तथा उनकी विचार शैली के अनुसार ही था। कुछ लोग उनके इस विरोध को अलीगढ़

कॉलेज के प्रिंसिपल, थियोडोर बैक, की देन कहते हैं परन्तु यह वास्तविकता नहीं। सैयद ने किसी के कहने या बहकावे में आकर कांग्रेस का विरोध नहीं किया, बल्कि उन्होंने स्वयं ही इस विरोध में पैर रखे थे। 1887–88 ई. में ही सर सैयद ने कांग्रेस की तुलना एक गृह युद्ध से की। 1888 ई. में सर सैयद ने यूनाइटेड इंडिया पेट्रियोटिक एसोसिएशन की स्थापना की जिसका लक्ष्य इंग्लैंड सरकार को यह आश्वासन दिलाना था कि भारत में बहुत से हिंदू–मुसलमान कांग्रेस के समर्थक नहीं थे। अगले चार वर्षों में इस एसोसिएशन ने कांग्रेस विरोधी प्रचार में काफी कार्य किया लेकिन इसे कोई विशेष सफलता नहीं मिली। 1892 ई. के इंडियन कौंसिल एक्ट से सर सैयद को ऐसा प्रतीत हुआ कि शायद भारत में प्रजातंत्रीय संसदात्मक प्रणाली स्थापित हो जाए। इसलिए 1893 ई. में सर सैयद ने एक मोहम्डन एंग्लोओरियंटल डिफेंस एसोसिएशन की स्थापना की। यह संस्था केवल 4 वर्ष ही कार्य कर सकी। इस अल्पकाल में इसने मुसलमानों के राजनीतिक अधिकारों के संबंध में कुछ मौलिक सिद्धांतों का प्रतिपादन किया जिस पर उस समय कोई विशेष ध्यान भारतीय राजनीतिज्ञों ने नहीं दिया लेकिन बाद में इसके कार्यों और सिद्धांतों को मुस्लिम लीग ने पूरा करने का प्रयत्न किया।

1886 में मुस्लिम लीग ने मुसलमानों के राजनीतिक अधिकारों को उनके ऐतिहासिक योगदान और राजनीतिक महत्त्व के आधार पर प्रस्तुत किया। इसके अनुसार उत्तर–पश्चिमी प्रांत (यू.पी.) में उन्हें हिंदुओं के समान प्रतिनिधित्व मिलना चाहिए यद्यपि उनकी जनसंख्या हिंदुओं की अपेक्षा 1/6 थी। मुसलमानों के लिए सांप्रदायिक प्रणाली के आधार पर पृथक् निर्वाचन पद्धति की स्थापना की माँग की गई। उनके लिए स्थानों के आरक्षण की भी माँग प्रस्तुत की गई। इन सब सिद्धांतों पर एक स्मरण पत्र तैयार किया गया यद्यपि यह सरकार के समक्ष प्रस्तुत नहीं हुआ क्योंकि इसे पहले कुछ वरिष्ठ अंग्रेज शुभचिंतकों के परामर्श के लिए इंग्लैंड भेजा गया। सर सैयद ने मुस्लिम सम्प्रदाय के राजनीतिक अधिकारों हेतु ब्रिटिश साम्राज्य के प्रति उदारता का दृष्टिकोण अपनाया था। वह अंग्रेजों को स्पष्ट बता देना चाहते थे कि भारतीय मुसलमान केवल अंग्रेजों के प्रति ही भक्तिभाव रखते थे तथा वे भारत के बाहर किसी भी मुसलमान राज्य पर अंग्रेजों द्वारा किए गए दुर्व्यवहार से प्रभावित नहीं होंगे। यह सर सैयद की बड़ी भारी देन थी क्योंकि इससे उन्होंने भारतीय मुसलमानों की राजनीति को अन्य देशों से अलग कर दिया। 1877–78 ई. में रूस–तुर्की युद्ध में सर सैयद ने इंग्लैंड की नीति को उचित बताया यद्यपि इंग्लैंड ने तुर्की का समर्थन नहीं किया। 1878 ई. के बर्लिन समझौते को तुर्की के लिए लाभदायक बताया। तुर्की के सुल्तान ने विश्व के मुसलमानों का समर्थन प्राप्त करने के लिए अपने आपको इस्लामी जगत का खलीफा बताना आरंभ किया। सर सैयद ने तुर्की सुलतान के इस दावे को किसी के लिए भी सही नहीं बताया क्योंकि 'खिलाफत' समाप्त हो चुकी थी। भारतीय मुसलमानों के लिए उन्होंने किसी भी बाह्य सुलतान के प्रति कोई सहानुभूति रखना अनुचित बताया। वह यह विश्वास दिलाना चाहते थे कि इस्लामाबाद का भारतीय मुसलमानों पर कोई प्रभाव नहीं था।

हिन्दी और उर्दू भाषा के सन्दर्भ में हुए वाद–विवाद को अलीगढ़ के मुस्लिम प्रतिनिधियों ने राजनीतिक नजर से देखा यद्यपि हिंदी के पक्ष में आंदोलन केवल साधारण लोगों की सुविधा को लेकर आरंभ हुआ था। 19वीं सदी के उत्तरार्द्ध में क्षेत्रीय भाषाओं के विकास और जिला स्तर के न्यायालयों में उसी भाषा को प्रोत्साहन देने की नीति का परिणाम यह था कि उत्तर–पश्चिमी प्रांत में हिंदी समर्थक

आंदोलन आरंभ हुआ। इस समय इस आंदोलन का समर्थन अथवा विरोध किसी धार्मिक अथवा जातीय आधार पर नहीं था। बहुत से हिंदू भी हिंदी विरोधी थे। हिंदी के समर्थकों का तर्क मुख्यत: लिपि पर था क्योंकि उर्दू और हिंदी में भाषाई दृष्टि से अधिक भिन्नता नहीं थी। दोनों के समर्थक उसे साधारण बोलचाल की भाषा कहते थे। अंतर यह था कि उर्दू में फारसी के और हिंदी में संस्कृत के शब्द अधिक थे। सर सैयद तथा उनके समर्थकों ने भाषा की समस्या को एक राजनीतिक प्रश्न बनाया। उनके अनुसार उर्दू के स्थान पर हिंदी हो जाने से मुसलमानों के लिए नौकरी के अवसर और कम हो सकते थे—इसलिए 1880 ई. के पश्चात् उन्होंने मुसलमानों को उर्दू की अपेक्षा अंग्रेजी सीखने पर अधिक बल दिया। सर सैयद के हिंदू-मुस्लिम एकता के विचारों की एक कसौटी उर्दू हिंदी की समस्या भी थी। उन्होंने 1869 ई. में यह स्वीकार किया कि मुसलमान कभी हिंदी पर सहमत नहीं होंगे और अगर हिंदुओं ने हिंदी पर आग्रह किया तो हिंदू-मुस्लिम एकता समाप्त हो जाएगी। दूसरे शब्दों में सर सैयद अपनी शर्तों पर एकता चाहते थे।

राजनीति में सांप्रदायिकता का प्रवेश : पहले भारत के दोनों गुटों में सांप्रदायिकता नाम का कोई तत्त्व शामिल नहीं था। दोनों ही संप्रदाय अंग्रेजों के अधीन रहते थे। कोई राजनीतिक प्रश्न आपस में मतभेद का नहीं था। लेकिन 19वीं सदी के अंत तक यह सब कुछ बदलना आरंभ हो गया। इसका मूल कारण राजनीति में सांप्रदायिकता का समावेश है। सांप्रदायिकता का प्रवेश किन कारणों से और किस प्रकार हुआ? यह प्रश्न विवादास्पद है। इस प्रश्न पर सोचने के विभिन्न दृष्टिकोण हो सकते हैं। हिंदू-मुसलमानों में राजकीय नौकरियाँ प्राप्त करने में मनमुटाव, हिंदू साहूकारों और मुसलमान कृषकों में खराब संबंध, सामाजिक जीवन में भिन्न दृष्टिकोण, जुलूसों में घंटे-घड़ियाल बजाने और मस्जिदों के आगे बाजा बजाने की समस्या आदि भिन्न कारण इस समस्या के लिए दिए जाते रहे हैं। लेकिन ये सब सहायक अथवा उपकारण हो सकते हैं मूल कारण नहीं हो सकते क्योंकि प्रत्येक झगड़े के कारण का उपचार हो सकता था। वास्तविक कारण एक ही था और वह था राजनीति में सांप्रदायिकता का प्रवेश अर्थात् राजनीतिक समस्याओं का हल सांप्रदायिकता पर आधारित करना। भारतीय राजनीति में सांप्रदायिकता का विशिष्ट अर्थ हिंदू-मुस्लिम सांप्रदायिकता से है।

प्रत्येक समुदाय के व्यक्तियों के लिए अपने अधिकारों की माँग व समर्थन करना सांप्रदायिकता नहीं कहा जा सकता है। यदि वे उन आधारों को जिन पर वे अपने हितों को उचित ठहराते हों दूसरे संप्रदायों के लिए भी स्वीकार करने को तैयार हों। इस आधार पर हिंदुओं ने अपने लिए ऐसे हितों का प्रतिपादन ही नहीं किया जिन्हें वे दूसरे के लिए मानने को तैयार न हों। इसके विपरीत अलीगढ़ नेता सर सैयद ने मुसलमानों के लिए उन विशिष्ट अधिकारों की माँग की जिन्हें वे दूसरों के लिए स्थापित करने के लिए तैयार नहीं थे। अर्थात् प्रजातंत्रीय प्रणाली में योग्यता अथवा जनसंख्या अनुपात की चर्चा न करके उन्होंने अधिप्रतिनिधित्व, स्थानों का आरक्षण, सांप्रदायिक निर्वाचन प्रणाली और ऐतिहासिक महत्त्व के आधार पर विशिष्ट स्थान की माँग की। सांप्रदायिकता से यह भी अभिप्राय है कि एक संप्रदाय के हितों की वृद्धि हो और दूसरों के उचित अधिकारों को इससे हानि पहुँचती हो।

उसके अलावा 19वीं सदी के सर सैयद सर्वप्रथम प्रतिनिधि थे जिन्होंने अपने स्पष्ट शब्दों में कहा था कि संसदात्मक प्रजातंत्रीय प्रणाली से भारत में केवल दो ही राजनीतिक दल बन सकते थे—हिंदू तथा

मुसलमान—इसलिए वह सदा यह कहते रहे कि बहुमत अल्पमत नहीं बन सकता। यह सोचने का ढंग सांप्रदायिक था। वह यदि चाहते तो सामंती और पश्चिमी शिक्षा के आधार पर दो दलों का गठन कर सकते थे। लेकिन केवल धर्म के आधार पर राजनीतिक दलों का गठन सांप्रदायिकता थी।

सांप्रदायिकता का निर्णय इस आधार पर भी किया जा सकता है कि किसने समस्त देश अथवा राष्ट्र के स्थान पर एवं अन्य छोटी इकाई को भक्ति एवं निष्ठा का केंद्र बनाया? अर्थात् भारत एक राष्ट्र नहीं है और समस्त भारतीय एक ही कौम के सदस्य नहीं हैं बल्कि इस देश में एक से अधिक कौमें हैं और मुसलमान अथवा हिंदू पृथक्-पृथक् कौमें हैं। इस प्रश्न पर भी विभिन्न विचारधाराएँ हैं। उर्दू भाषा में कौम शब्द का प्रयोग कई अर्थों में किया जाता है। धार्मिक, व्यावसायिक, क्षेत्रीय समूह के लिए भी कौम शब्द का प्रयोग किया जाता है, जैसे पारसी की कौम, जुलाहे की कौम, बंगाली कौम आदि। सर सैयद ने इन सभी अर्थों में कौम शब्द का प्रयोग किया है। वास्तविकता यह है कि कौम शब्द की राजनीतिक व्याख्या का प्रश्न 1885 ई. के पूर्व नहीं उठा यद्यपि उस समय भी सर सैयद ने विभिन्न अवसरों पर मुसलमानों को एक कौम कहा था। लेकिन इस शब्द का प्रयोग धार्मिक समुदाय के रूप में भी माना जा सकता है। वास्तविक व्याख्या राजनीतिक प्रश्नों के निर्णय के समय प्रस्तुत की गई। स्थानीय स्वशासन और निर्वाचन पद्धति के प्रश्न पर 1883 ई. में लेजिस्लेटिव कौंसिल में भाषण देते हुए उन्होंने चुनाव पद्धति का विरोध यह कहकर किया कि, 'भारत अपने में एक महाद्वीप है और इसमें विभिन्न कौमों और धर्मों के लोग रहते हैं...एक ऐसे मुल्क में जैसा कि हिंदुस्तान है...जहाँ विभिन्न कौमें घुल-मिल नहीं सकी हैं और जहाँ धार्मिक मतभेद बढ़े हुए हैं...जब तक कौम और धर्म के मतभेद भारत के सामाजिक और राजनीतिक जीवन के अभिन्न अंग बने रहेंगे—उस समय तक चुनाव का नियम निश्चिंतता के साथ प्रचलित नहीं किया जा सकता।'

सर सैयद के कतिपय वक्तव्यों में हिन्दू-मुस्लिम एकता व भाई-चारे का सम्बन्ध तथा एक ही देश के निवासी होने पर भी बल दिया गया है। बहुत से लेखक उन भाषणों के आधार पर यह सिद्ध करना चाहते हैं कि सर सैयद सांप्रदायिक राजनीति के लिए उत्तरदायी नहीं थे। यह तर्क दो कारणों से गलत है। एक, इसलिए कि सर सैयद ने वे भाषण उन अवसरों पर दिए जब उन्हें अपने अलीगढ़ कॉलेज की आर्थिक आवश्यकता के लिए हिंदुओं से अधिक मात्रा में धन प्राप्त होने की आशा थी। इन भाषणों में उन्होंने सामाजिक जीवन के सामूहिक पक्ष पर बल दिया था और इस क्षेत्र में भी धर्म अलग था। दूसरे, उन भाषणों में एकपक्षीय सहयोग पर बल दिया गया अर्थात् हिंदुओं पर उनकी संपन्नता के कारण यह उत्तरदायित्व लगाया कि वे अपने वतनी भाइयों (देशवासियों) के उत्थान में सहायता करें। उनमें से किसी भाषण में भी उन्होंने किसी ऐसे क्षेत्र की व्याख्या नहीं की, जिसमें उन्होंने मुसलमानों से कहा हो कि वे हिंदुओं का समर्थन करें। हिंदू नेता भी यह जानते थे कि दोनों संप्रदायों का धार्मिक क्षेत्र अलग था शेष अन्य क्षेत्रों में वे साथ-साथ चल सकते थे। राजनीतिक क्षेत्र में कोई धार्मिक प्रश्न नहीं था। 1886 ई. पश्चात् इस बात के परखने का अवसर उपलब्ध हुआ कि क्या सर सैयद मुसलमानों और हिंदुओं में केवल धार्मिक मतभेद मानते थे? क्या वे कौम का अर्थ किसी धार्मिक समुदाय से लगाते थे अथवा इस कौमियत के आधार पर वे विशिष्ट राजनीतिक अधिकार चाहते थे।

उपर्युक्त सवालों का जवाब उनके द्वारा दिये गये एक या दो वक्तव्यों या भाषणों से देना पर्याप्त नहीं

होगा। सर सैयद अत्यंत बुद्धिमान तथा दूरदर्शी नेता थे जो यह समझते थे कि मुसलमानों की प्रगति किस प्रकार हो सकती थी। हिंदुओं से सहयोग लेकर (यदि हो सके) अथवा मुसलमानों की पृथकता की दुहाई देकर (यदि आवश्यक हो) वह मुसलमानों को पुन: प्रगति के मार्ग पर डालना चाहते थे और उन्हें एक दल के रूप में संगठित कर देना चाहते थे। सर सैयद ने 1886 ई. के बाद मुसलमानों के लिए कौम शब्द का राजनीतिक अर्थ में प्रयोग किया क्योंकि उसकी आवश्यकता ही उसी समय हुई थी, इसलिए इसके विपरीत तर्क देना गलत है।

भारत में गाँधीजी का आगमन

महात्मा गाँधी इंग्लैंड में भारतीयों के अधिकारों के लिए संघर्ष कर रहे थे। इसी बीच जुलाई, 1914 ई. में प्रथम विश्व युद्ध प्रारंभ हो गया। ऐसी स्थिति में गाँधीजी ने अंग्रेजी सरकार की सहायता करना अपना कर्तव्य समझा। उन्होंने भारतीयों का एक एम्बुलैंस दल संगठित करने का निर्णय लिया परंतु कुछ समय उपरांत अंग्रेज अधिकारियों से मतभेद उत्पन्न होने के कारण वे इससे अलग हो गए। 1915 में उन्हें अंग्रेजी सरकार द्वारा **केसर-ए-हिंद** का खिताब भी दिया गया। 9 जनवरी, 1915 के दिन जब गाँधीजी भारत लौटे तो भारत के प्रमुख प्रतिनिधियों एवं जनता द्वारा बड़े उल्लासपूर्वक उनका स्वागत किया गया। गोपाल कृष्ण गोखले भारत में उनके राजनीतिक गुरु थे। गोखले चाहते थे कि गाँधी **'सर्वेन्ट्स ऑफ इंडियन सोसाइटी'** में शामिल हों पर इस सोसाइटी के कुछ सदस्यों के कड़े विरोध के कारण गाँधीजी इसके सदस्य नहीं बन पाए। गोखले ने गाँधी से इस समय यह वादा लिया कि भारत में राजनीतिक विषयों पर वे एक वर्ष तक अपना मत जाहिर नहीं करेंगे। वायदे का पालन करते हुए 1915 और 1916 में गाँधीजी ने अपना अधिकांश समय भारत के विभिन्न स्थानों का दौरा करने में बिताया। वे सिंध, रंगून, बनारस और मद्रास आदि स्थानों पर गए। उन्होंने रवीन्द्रनाथ ठाकुर के शांतिनिकेतन की भी यात्रा की और वे हरिद्वार तथा कौमुदी मेले में भी गए। इन सब यात्राओं से यह लाभ हुआ कि गाँधीजी को भारतीयों और उनकी स्थिति के संदर्भ में अत्यधिक जानकारी हासिल हुई। 1915 में ही गाँधीजी ने अहमदाबाद में साबरमती नदी के किनारे अपने आश्रम की स्थापना की थी। यहाँ पर वे अपने निकट सहयोगियों के साथ रहते थे जिनको एक सच्चे सत्याग्रही का प्रशिक्षण दिया जाता था।

इस दौरान गाँधीजी राजनीति से जुड़े मुद्दों पर कोई विशेष ध्यान नहीं दे रहे थे। अधिकांश सभाओं में वे केवल अपने दक्षिण अफ्रीका के अनुभवों और जो विचारधारा उनकी वहाँ पर बनी थी, के बारे में ही बोलते थे। जिस समय एनीबेसेंट ने गाँधीजी से ''होम रूल लीग'' की स्थापना में सहयोग देने के लिए कहा तो उन्होंने यह कहकर इनकार कर दिया कि वे युद्ध के दौरान अंग्रेजी सरकार को परेशान नहीं करना चाहते। गाँधीजी ने 1915 के कांग्रेस अधिवेशन में भी हिस्सा लिया, लेकिन इस समय स्वायत्त शासन जैसे महत्त्वपूर्ण विषय पर बोलने को उन्होंने टाल दिया। कांग्रेस में गरम दल को वापस शामिल करने के जो एकता के प्रयास हो रहे थे उनका गाँधीजी ने स्वागत किया, लेकिन इसके साथ-साथ उन्होंने यह भी स्पष्ट कर दिया कि वे किसी गुट में नहीं हैं। उन्होंने संगठित कांग्रेस के अधिवेशन में हिस्सा लिया, परंतु ऐसे मुद्दों पर बोलने से इनकार कर दिया जिनसे यह अभिप्राय लगाया जा सकता था कि वे किसी विशिष्ट गुट से संबद्ध हैं। यहाँ पर उन्होंने केवल अनुबंधित मजदूरों की भर्ती के संबंध में भाषण दिया और इस प्रथा की समाप्ति की माँग के लिए एक प्रस्ताव पारित किया गया।

भारतीय राजनीति में प्रादुर्भाव

गाँधी जी का सन् 1917–18 के मध्य भारतीय राजनीति में विशेष रूप से प्रादुर्भाव हुआ जो कि तीन स्थानीय समस्याओं से संबंधित था। ये समस्याएँ थीं। चंपारन और खेड़ा में किसानों का संघर्ष और अहमदाबाद में मजदूरों का संघर्ष। यहाँ पर गाँधीजी ने सत्याग्रह की तकनीक का इस्तेमाल किया और अंततः इन्हीं स्थानीय संघर्षों के माध्यम से वे संपूर्ण भारत के नेता के रूप में उभर कर आए।

चंपारन

सन् 1917 में गाँधी जी ने सत्याग्रह का पहला बड़ा प्रयोग उत्तरी बिहार के चंपारन जिले में किया था। यहाँ पर 19वीं सदी के प्रारंभ से ही यूरोपीय पूँजीपतियों द्वारा किसानों, मजदूरों का शोषण किया जा रहा था। यूरोपीय बागान मालिकों ने इस क्षेत्र में 19वीं शताब्दी के प्रारंभ से नील के बागान और फैक्टरियाँ स्थापित की थीं। 1916–17 में चंपारन का अधिकांश क्षेत्र केवल तीन भू–स्वामियों के अधीन था। ये भू–स्वामी–बेतिया, राम नगर और मधुबन जागीरों के मालिक थे। इनमें बेतिया की जागीर सबसे बड़ी थी और उसमें लगभग 1500 गाँव आते थे। भू–स्वामी स्वयं जागीर की देखभाल न कर उसे ठेके पर दे देते थे और ठेकेदारों में सबसे प्रभुत्वशाली वर्ग यूरोपीय बागान मालिकों का था। यहाँ पर असंतोष का मुख्य कारण यह था कि किसानों को भूमि पर स्थाई अधिकार प्राप्त नहीं था। उन्हें बागान मालिकों से जमीन के पट्टे लेने होते थे और ऐसे पट्टे उन्हें इस शर्त पर दिए जाते थे कि वे एक निश्चित भू–भाग पर केवल नील की ही खेती करेंगे। इसके बदले में बागान मालिक किसानों को कुछ अग्रिम धन राशि भी देते थे।

नील की खेती को जिस व्यवस्था के अन्तर्गत किया जाता था उसे तिनकठिया कहा जाता था। इसमें किसान को अपनी भूमि के 3/20 हिस्से पर केवल नील की ही खेती करनी होती थी और अधिकांशतः उसकी भूमि के सबसे अधिक उपजाऊ हिस्से पर उसे नील की खेती करने के लिए बाध्य किया जाता था। तिनकठिया व्यवस्था में यद्यपि 1908 में कुछ सुधार लाने की कोशिश की गयी थी, परंतु इससे किसानों की गिरती हुई हालत में कोई परिवर्तन नहीं हुआ था। बागान मालिक किसानों को अपनी उपज एक निश्चित धनराशि पर केवल उन्हें ही बेचने के लिए बाध्य करते थे और यह धनराशि बहुत कम होती थी। इस समय जर्मनी के वैज्ञानिकों ने कृत्रिम नीले रंग का उत्पादन कर लिया था, जिसके परिणामस्वरूप विश्व के बाजारों में भारतीय नील की माँग गिर गई थी। चंपारन के अधिकांश बागान मालिकों ने यह महसूस किया था कि नील के व्यापार से अब उन्हें अधिक मुनाफा नहीं होगा। परंतु मुनाफे को बनाए रखने के लिए उन्होंने अपने घाटे को किसानों पर लादना शुरू कर दिया। इसके लिए जो रास्ते उन्होंने अपनाए उसमें किसानों से यह कहा गया कि यदि वे उन्हें एक बड़ा मुआवजा दे दें तो किसानों को नील की खेती से मुक्ति मिल सकती थी। इसके अतिरिक्त उन्होंने लगान में अत्यधिक वृद्धि कर दी और कई प्रकार के अवैध कर किसानों पर लगाए।

1916 में लखनऊ में आयोजित कांग्रेस सभा में जब चम्पारन के कृषकों पर हो रहे अत्याचारों की चर्चा हो रही थी उस समय गाँधी जी ने इस मुद्दे पर कोई विशेष प्रतिक्रिया नहीं जतायी थी परंतु अंततः चंपारन के एक किसान राजकुमार शुक्ल ने गाँधीजी को चंपारन आने के लिए बाध्य किया। जब गाँधीजी

मोतीहारी (चंपारन का जिला–कार्यालय) पहुँचे तो उनकी उपस्थिति को जन शांति के लिए एक खतरा समझा गया। उन्हें चंपारन छोड़ने का आदेश दिया गया, परंतु गाँधीजी ने वहाँ की जनता के प्रति अपने दायित्व को समझते हुए इस आदेश को मानने से इनकार कर दिया। तत्काल ही उन्हें गिरफ्तार कर उन पर जिला न्यायालय में मुकदमा चलाया गया। परंतु बिहार सरकार ने कमिश्नर और जिला न्यायालय को यह आदेश दिया कि इस मुकदमे को वापस ले लिया जाए और गाँधीजी को जानकारी हासिल कराने में सहायता दी जाए। इसके साथ–साथ गाँधीजी को भी यह चेतावनी दी गई कि वे कोई बखेड़ा खड़ा न करें। परंतु उन्हें किसानों के कष्टों के बारे में जानकारी हासिल करने की पूर्ण स्वीकृति दे दी गई। सरकार ने ''चंपारन एगरेरियन कमेटी'' का गठन किया। गाँधीजी भी इस कमेटी के एक सदस्य थे। इस कमेटी ने यह सिफारिश की कि तिनकठिया व्यवस्था समाप्त कर दी जाए और इसके साथ ही कई अन्य प्रकार के कर भी समाप्त कर दिए जाएँ जो कि किसानों को देने पड़ते थे। बढ़ाए गए लगान की दरों में कमी की गई और जो वसूली अवैध रूप से किसानों से की गई थी उसका 25 प्रतिशत किसानों को लौटाया जाना था। कमेटी की इन सिफारिशों को 1919 के 'चंपारन एगरेरियन एक्ट' के रूप में पारित किया गया।

यद्यपि यह आंदोलन किसानों की समस्याओं से संबंधित था परंतु गाँधीजी के अधिकांश सहयोगी शिक्षित मध्यम वर्ग से थे, जैसे कि राजेन्द्र प्रसाद, गोरख प्रसाद, आचार्य कृपलानी आदि। स्थानीय महाजनों और गाँवों के मुख्तियारों ने भी गाँधीजी को सहयोग दिया था लेकिन सर्वाधिक सहयोग किसानों और उनके स्थानीय नेताओं ने दिया था। गाँधी जी ने स्वयं वहाँ पर बहुत ही साधारण जीवन व्यतीत किया। वे पैदल या बैलगाड़ी पर यात्रा करते थे और किसानों से उन्हीं की भाषा में बातचीत करते थे।

खेड़ा

गाँधी जी ने अपना दूसरा सत्याग्रह गुजरात के खेड़ा जिले में छेड़ा। यहाँ पर उनकी सत्याग्रह की तकनीक को वास्तव में एक इम्तिहान से गुजरना पड़ा। खेड़ा अधिक उपजाऊ क्षेत्र था और यहाँ पर उगने वाली खाद्य फसलों, तंबाकू और रूई को अहमदाबाद में एक सुलभ बाजार प्राप्त था। यहाँ पर कई धनी किसान थे जो कि पट्टीदार कहलाते थे। इसके अतिरिक्त कई छोटे किसान और भूमिहीन कृषक भी यहाँ पर रहते थे।

सन् 1917 में गुजरात प्रान्त में अत्यधिक वर्षा के कारण खारीपन की फसल तहस–नहस हो गयी थी इसी समय मिट्टी का तेल, लोहा, कपड़ों और नमक की कीमतों में भी वृद्धि हुई जिसने कि किसानों के जीवन स्तर को काफी संकटमय बना दिया था। किसानों ने इस समय यह माँग की कि पूरी फसल न होने के कारण लगान माफ किया जाए। लगान कानून के अंतर्गत ऐसा प्रावधान मौजूद था कि यदि कुल उपज सामान्य उपज के मुकाबले केवल 25 प्रतिशत हो तो पूरा लगान माफ किया जा सकता था। बंबई के दो वकीलों, श्री वी.जे. पटेल और जी.के. पारख ने इस संबंध में छान–बीन की और वे इस नतीजे पर पहुँचे कि उपज का एक बड़ा हिस्सा नष्ट हो चुका था, परंतु सरकार इससे सहमत नहीं थी। खेड़ा के कलक्टर ने यह निर्णय लिया कि लगान माफ करने की माँग का कोई औचित्य नहीं है। सरकारी धारणा यह थी कि किसानों ने यह माँग नहीं की थी वरन् इसके लिए उन्हें बाहर के लोगों ने

भड़काया था जो कि होम रूल लीग और गुजरात सभा से संबंध रखते थे। गाँधीजी स्वयं इस समय गुजरात सभा के अध्यक्ष थे। सच्चाई यह थी कि यहाँ आंदोलन प्रारंभ करने की पहल न तो गाँधीजी ने ही की थी और न ही अहमदाबाद के राजनीतिज्ञों ने। यह माँग तो वास्तव में मोहन लाल पांडे जैसे स्थानीय गाँव के नेताओं ने उठाई थी।

लगान के सन्दर्भ में तहकीकात करने के पश्चात् गाँधी जी ने कहा था कि प्रशासनिक अधिकारियों द्वारा उत्पाद का बढ़ा-चढ़ा कर मूल्य निर्धारित किया गया था तथा कृषकों का यह वैध अधिकार था कि वे लगान न दें। इसमें उन्हें कोई सुविधा नहीं प्रदान की जा रही थी लेकिन सरकार ने इस ओर कोई ध्यान नहीं दिया। कुछ हिचकिचाहट के बाद गाँधीजी ने 22 मार्च, 1918 से सत्याग्रह का प्रारंभ नदियाद में एक सभा करके किया। इस सभा में गाँधीजी ने किसानों को यह राय दी कि वे अपना लगान न दें। किसानों के उत्साह को बढ़ाने के लिए और उनके हृदय से सरकार का भय निकालने के लिए गाँधीजी ने अनेक गाँवों का दौरा किया।

गाँधी जी के इस सत्याग्रह में इन्दुलाल याज्ञिक, बिट्ठल भाई पटेल और अनसुइया साराभाई ने काफी योगदान दिया था। 21 अप्रैल के दिन सत्याग्रह अपनी चरम सीमा पर पहुँचा। 2,337 किसानों ने यह शपथ ली कि वे लगान नहीं देंगे। अधिकांश पट्टाधारियों ने सत्याग्रह में हिस्सा लिया परंतु सरकार ने अपनी दमनकारी नीति के द्वारा कुछ गरीब किसानों को लगान देने के लिए बाध्य किया। इस समय रबी की फसल अच्छी हुई जिससे कि लगान न देने का मुद्दा कुछ कमजोर पड़ा। गाँधीजी यह समझने लगे थे कि किसान सत्याग्रह से थकने लगे हैं। जब सरकार ने यह आदेश जारी किया कि लगान की वसूली केवल उन्हीं किसानों से की जानी चाहिए जो कि उसको दे सकते हैं और गरीब किसानों पर इसके लिए दबाव नहीं डाला जाना चाहिए, तो गाँधीजी ने सत्याग्रह को समाप्त करने की घोषणा की। वास्तव में इस सत्याग्रह का सब गाँवों पर समान असर नहीं पड़ा था। खेड़ा के 559 गाँवों में से केवल 70 गाँवों में ही यह सफल रहा था और यही कारण था कि गाँधीजी ने केवल थोड़ी सी रियायत मिलने पर ही सत्याग्रह वापस ले लिया था लेकिन इसमें कोई संदेह नहीं कि इस सत्याग्रह के द्वारा गुजरात के ग्रामीण क्षेत्र में गाँधीजी के सामाजिक आधार का विकास हुआ था।

अहमदाबाद

अहमदाबाद का सत्याग्रह गाँधी जी द्वारा छेड़ा गया तीसरा सत्याग्रह था। यह सत्याग्रह यहां के मिल मालिकों तथा इसमें कार्य करने वाले मजदूरों से सम्बन्धित था अहमदाबाद, गुजरात के महत्त्वपूर्ण औद्योगिक नगर के रूप में विकसित हो रहा था परंतु मिल मालिकों को अक्सर श्रमिकों की कमी का सामना करना पड़ता था जिससे उन्हें आकर्षित करने के लिए वे मजदूरी की ऊँची दर देते थे। 1917 में अहमदाबाद में प्लेग की महामारी फैली। अधिकांश श्रमिक शहर छोड़कर गाँव जाने लगे। श्रमिकों को शहर छोड़कर जाने से रोकने के लिए मिल मालिकों ने उन्हें ''प्लेग बोनस'' देने का निर्णय किया जो कि कभी-कभी साधारण मजूरी का लगभग 75% होता था। जब यह महामारी समाप्त हो गई तो मिल मालिकों ने इस भत्ते को समाप्त करने का निर्णय लिया। श्रमिकों ने इसका विरोध किया। श्रमिकों की धारणा थी कि युद्ध के दौरान जो महँगाई हुई थी, यह भत्ता उसकी भी पूर्ति करता था। मिल मालिक

20% की वृद्धि देने को तैयार थे, परंतु मूल्य वृद्धि को देखते हुए श्रमिक 50% की वृद्धि माँग रहे थे।

गुजरात सभा के एक सचिव गाँधीजी को अहमदाबाद की मिलों में कार्य करने की दशाओं के बारे में सूचित करते रहते थे। एक मिल मालिक अम्बालाल साराभाई से उनका व्यक्तिगत परिचय था, क्योंकि उसने गाँधी के आश्रम के लिए धनराशि दी थी। इसके अतिरिक्त अम्बालाल की बहन अनसुइया साराभाई गाँधीजी के प्रति आदर भाव रखती थी। गाँधीजी ने अम्बालाल साराभाई से विचार-विमर्श करने के उपरांत इस समस्या में हस्तक्षेप करने का निर्णय लिया। श्रमिक और मिल मालिक इस बात पर सहमत हो गए कि पूरी समस्या को एक मध्यस्थता कराने वाले बोर्ड के ऊपर छोड़ दिया जाए जिसमें कि तीन प्रतिनिधि मजदूरों के हों और तीन मिल मालिकों के। अंग्रेज कलेक्टर इस बोर्ड के अध्यक्ष होने थे। गाँधीजी इस बोर्ड में श्रमिकों के प्रतिनिधि के रूप में मौजूद थे, परंतु अचानक मिल मालिक बोर्ड से पीछे हट गए। इसका कारण उन्होंने यह बताया कि गाँधीजी को श्रमिकों की तरफ से कोई अधिकार नहीं दिया गया था और इस बात की कोई गारंटी नहीं थी कि श्रमिक इस बोर्ड के निर्णय को स्वीकार करेंगे। 22 फरवरी से मिल मालिकों ने तालाबंदी की घोषणा की।

गाँधी जी ने ऐसी परिस्थिति में इस क्षेत्र के बारे में पूरी जानकारी लेने का फैसला किया। उन्होंने मिलों की आर्थिक स्थिति के बारे में जानकारी हासिल की और उनके द्वारा दी जा रही मजदूरी की दरों की तुलना बंबई में दी जा रही मजदूरी की दरों से की। इस अध्ययन के उपरांत गाँधीजी ने यह निष्कर्ष निकाला कि मजदूरों को 50% के स्थान पर 35% बढ़ोत्तरी की माँग करनी चाहिए। गाँधीजी ने मिल मालिकों के विरुद्ध सत्याग्रह प्रारंभ किया। श्रमिकों से यह शपथ लेने को कहा गया कि जब तक मजदूरी में 35% वृद्धि नहीं होती वे काम पर नहीं जाएँगे और शांतिपूर्वक सत्याग्रह करते रहेंगे। अनेक स्थानों पर सभाएँ हुईं और गाँधीजी ने इनमें भाषण दिए। इस स्थिति के ऊपर उन्होंने कुछ लेख भी लिखे।

मिल मालिकों ने 12 मार्च को यह घोषणा की कि हम अपना हड़ताल वापस ले रहे हैं परन्तु हम उन्हीं मजदूरों को काम पर लगायेंगे जिन्हें 20÷ मजदूरी स्वीकार होगी। इसके विपरीत 15 मार्च को गाँधीजी ने यह घोषणा की कि जब तक कोई समझौता नहीं होता वे भूख हड़ताल पर रहेंगे। इस समय गाँधीजी का उद्देश्य यह था कि जो मजदूर अपनी शपथ के बावजूद काम पर वापस जाने की सोच रहे थे उन्हें उससे रोका जा सके। अंततः 18 मार्च के दिन एक समझौता हुआ, इसके अनुसार, श्रमिकों को उनकी शपथ को देखते हुए पहले दिन की मजदूरी 35% वृद्धि के साथ हासिल होनी थी और दूसरे दिन उन्हें 20% की वृद्धि, जो कि मिल मालिकों द्वारा प्रस्तावित की जा रही थी, मिलनी थी। तीसरे दिन से तब तक, जब तक कि एक मध्यस्थ के द्वारा निर्णय नहीं लिया जाता उन्हें 27½% की वृद्धि मिलनी थी। अंततः मध्यस्थ ने गाँधीजी के प्रस्ताव को मानते हुए मजदूरों के पक्ष में 35% की वृद्धि का निर्णय दिया।

रौलट सत्याग्रह

गाँधी जी ने कुछ राष्ट्रव्यापी मुद्दों पर 1917-18 के मध्य विशेष ध्यान दिया था। उन्होंने एनीबेसेंट की नजरबंदी का विरोध किया था और अली बंधुओं (मुहम्मद अली और शौकत अली), की जेल से रिहाई की भी माँग की थी। अली बंधु 'खिलाफत' को लेकर गिरफ्तार किए गए थे। उस समय के अन्य राजनीतिक नेताओं की भाँति गाँधीजी ने सुधार प्रस्तावों में कोई विशेष रुचि नहीं ली थी लेकिन जिस

समय अंग्रेजी सरकार ने रौलट ऐक्ट को पारित करने का निर्णय लिया तो गाँधीजी ने राष्ट्रीय राजनीति में सक्रिय रूप से हिस्सा लेने का निर्णय लिया।

रौलट एक्ट

सन् 1917 में भारतीय सरकार ने जस्टिस सिडनी रौलट की अध्यक्षता में एक कमेटी का गठन किया था जिसका उद्देश्य क्रांतिकारियों के कार्यों की जाँच-पड़ताल करते हुए उनके दमन के लिए कानून प्रस्तावित करना था। स्थिति का जायजा लेने के उपरांत रौलट कमेटी ने कानून में कई प्रकार के परिवर्तन किए जाने का सुझाव रखा। इन सुझावों को ध्यान में रखते हुए भारतीय सरकार ने राष्ट्रीय काउंसिल के सम्मुख दो विधेयक 6 फरवरी, 1919 के दिन प्रस्तुत किये। सरकार का यह दावा था कि पड्यंत्रकारी अपराधों को रोकने के लिए यह विधेयक केवल अस्थायी आधार पर अपनाए जा रहे हैं। ये विधेयक वास्तव में जो प्रतिबंध युद्ध के दौरान लगाए गए थे उन्हें स्थायी रूप देने के उद्देश्य से प्रेरित थे। इनके अंतर्गत अपराधियों पर एक विशेष न्यायालय के द्वारा मुकदमा चलाया जा सकता था जिसमें कि तीन हाईकोर्ट के जज सदस्य होने थे। इस न्यायालय के निर्णय के विरुद्ध अपील का कोई प्रावधान नहीं था और न्यायालयों की कार्यवाही भी खुले तौर पर नहीं होती थी। किसी भी व्यक्ति को बिना वारंट के गिरफ्तार किया जा सकता था या उसकी तलाशी ली जा सकती थी। बिना मुकदमा चलाए ही किसी भी व्यक्ति को दो वर्ष तक जेल में रखा जा सकता था। भारतीय राष्ट्रवादियों की यह धारणा थी कि यह बिल उस गैर-सरकारी और सरकारी जनमत को संतुष्ट करने के लिए लाए गए थे जिसने कि मोंटेग्यू सुधार प्रस्तावों का विरोध किया था।

आंदोलन

सम्पूर्ण देश में इन बिलों की घोर निन्दा की गयी। गाँधी जी ने इन बिलों के सन्दर्भ में आन्दोलन करना प्रारम्भ कर दिया। उनके आधार पर जो शक्तियाँ सरकार को दी जा रही थीं वे खतरे से खाली नहीं थीं और वाइसराय को बहुत पहले से ही आपातकालीन शक्तियाँ प्राप्त थीं। उन्होंने यह भी कहा कि ये ऐसे दमनकारी बिल हैं जो कि सुधारों के सभी प्रस्तावों को रद्द कर देते हैं। गाँधीजी केवल बिलों के प्रावधान के ही विरोधी नहीं थे, बल्कि उस प्रक्रिया के भी विरोधी थे जिसमें कि जनमत की अवहेलना करते हुए इन्हें लागू किया जाना था। 24 फरवरी, 1919 के दिन बंबई में इन बिलों का विरोध करने के लिए गाँधीजी ने एक सत्याग्रह सभा का संगठन किया। इस सभा के सदस्यों ने यह शपथ ली कि वे अत्यंत ही सभ्य तरीके से, जिनका कि निर्णय एक कमेटी द्वारा लिया जाएगा, इन बिलों का विरोध करेंगे और इन संघर्ष में वे सच्चाई का रास्ता अपनाते हुए किसी भी प्रकार की हिंसा से दूर रहेंगे। सत्याग्रह आंदोलन का प्रारंभ करते हुए गाँधीजी ने यह कहा था : ''मेरा यह पक्का विश्वास है कि हमें कष्ट सहकर ही अपनी मुक्ति प्राप्त होगी, न कि अंग्रेजों द्वारा टपकाये गए सुधारों से। वह क्रूर शक्ति इस्तेमाल करते हैं जबकि हम आत्मा की शक्ति।''

इस बिल का सम्पूर्ण देश में विरोध करने के बाद भी सरकार के रवैये में कोई परिवर्तन नहीं आया। सरकार गैर-सरकारी सदस्यों द्वारा इनके खिलाफ मत दिए जाने के बावजूद काउंसिल ने एक बिल पारित कर दिया। 21 मार्च, 1919 के दिन वाइसराय ने बिल को अपनी सहमति प्रदान कर दी।

इस समय उदारवादी नेताओं के गुट ने जिसमें कि सर डी.ई. वादी, सुरेंद्रनाथ बनर्जी, तेज बहादूर सप्रू और श्रीनिवास शास्त्री शामिल थे, गाँधीजी द्वारा सत्याग्रह प्रारंभ किए जाने का विरोध किया। उनका तर्क था कि सत्याग्रह सुधारों की प्रक्रिया में बाधा डालेगा। वे यह भी समझते थे कि आम नागरिक सभ्य तरीके से रौलट ऐक्ट का विरोध नहीं कर पाएगा। ऐनी बीसेंट ने भी सत्याग्रह का विरोध किया क्योंकि वह यह समझती थीं कि ऐसा करना खतरनाक होगा। सत्याग्रह का प्रारंभ करने के लिए गाँधीजी ने देशवासियों को हड़ताल करने को कहा। इस दिन कोई कार्य नहीं होना था। जनता को उपवास रखना था। प्रार्थना करनी थी और इस प्रकार बिलों का विरोध करना था। आरंभ में हड़ताल की तिथि 30 मार्च रखी गई थी परंतु बाद में इसे बदलकर 6 अप्रैल कर दिया गया। विभिन्न क्षेत्रों में और विभिन्न नगरों में हड़ताल को सफलता मिली।

30 मार्च को दिल्ली में हड़ताल किया गया। इस हड़ताल में हिस्सा लेने वाले नागरिकों पर पुलिस द्वारा गोली भी चलायी गयी जिसमें 10 व्यक्तियों की जाने चली गयी और कुछ घायल भी हो गये। अन्य बड़े नगरों में हड़ताल 6 अप्रैल को हुई और जनता ने व्यापक सहयोग दिया। गाँधीजी ने हड़ताल को एक महान सफलता बताई। 7 अप्रैल को गाँधीजी ने सत्याग्रहियों को यह सुझाव दिया कि वे प्रतिबंधित साहित्य संबंधी कानून को और समाचार पत्रों के पंजीकरण संबंधी कानूनों को न मानें। इन कानूनों का विरोध करना, विशेष तौर से इसलिए चुना गया था क्योंकि अन्य कानूनों को व्यक्तियों द्वारा तोड़ने पर हिंसा हो सकती थी। इसके लिए 4 किताबों को, जिनमें गाँधीजी की ''हिंद स्वराज'' भी शामिल थी, जिसे बंबई सरकार ने 1910 में प्रतिबंधित कर दिया था, बिक्री के लिए चुना गया। गाँधी जी 8 अप्रैल को मुम्बई से दिल्ली और पंजाब की यात्रा पर चल दिये। सरकार ने यह माना कि उनका पंजाब आगमन खतरनाक हो सकता है। अत: दिल्ली के निकट गाँधीजी को गाड़ी से उतारकर वापस बंबई भेज दिया गया। शीघ्र ही गाँधीजी की गिरफ्तारी की खबर फैल गई। इससे बंबई में स्थिति तनावपूर्ण हो गई और अहमदाबाद व विदर्भ में हिंसा भी हुई। अहमदाबाद में सरकार को मार्शल लॉ लगाना पड़ा। अन्य प्रान्तों की अपेक्षा सबसे अधिक हिंसा पंजाब में प्रमुख रूप से अमृतसर में फैली हुई थी। अमृतसर में जिस समय गाँधीजी की गिरफ्तारी की खबर पहुँची तो उसी समय वहाँ के दो स्थानीय नेताओं, डॉ. किचलू और डॉ. सत्यपाल को भी गिरफ्तार किया गया था (10 अप्रैल)। जनता हिंसा पर उतारू हो गई और कुछ सरकारी कार्यालयों में आग लगा दी गई। 5 अंग्रेजों की हत्या कर दी गई और एक अंग्रेज महिला से अभद्र व्यवहार भी किया गया। शहर पर से नागरिक प्रशासन का नियंत्रण लगभग समाप्त हो गया।

13 अप्रैल के दिन जनरल डायर ने जलियाँवाला बाग में निहत्थे लोगों की शांतिपूर्ण सभा पर गोलियाँ चलवाईं। अधिकांश लोगों को इस बात की कोई खबर ही नहीं थी कि सरकार द्वारा सभा करने पर प्रतिबंध लगा दिया गया है। जनरल डायर ने बिना किसी चेतावनी के गोलियाँ चलवाई थीं। डायर ने आगे चलकर यह स्वीकार किया कि उसका उद्देश्य मात्र सभा को तितर-बितर करना नहीं था, वह तो जनता को मानसिक तौर से भयभीत करना चाहता था। सरकारी आँकड़ों के अनुसार इस गोली कांड में 379 व्यक्ति मारे गए थे परंतु गैर-सरकारी आँकड़े इससे तीन गुना अधिक थे। 13 अप्रैल की रात को ही पंजाब में मार्शल लॉ लगा दिया गया।

महत्ता

जैसा कि स्पष्ट किया जा चुका है, रौलट एक्ट के खिलाफ आंदोलन किसी योजनाबद्ध तरीके पर आधारित नहीं था। सत्याग्रह सभा केवल ऐक्ट के विरुद्ध प्रचार हेतु साहित्य प्रकाशित कर रही थी या उसके विरुद्ध दस्तखत इकट्‌ठे कर रही थी। एक संगठन के रूप में कांग्रेस कहीं पर भी नजर नहीं आ रही थी। अधिकांश क्षेत्रों में जनता ने अंग्रेजी शासन के विरुद्ध अपनी सामाजिक और आर्थिक शिकायतों के कारण स्वयं हिस्सा लिया था। लेकिन एक बात स्पष्ट है कि गाँधीजी द्वारा किए गए सत्याग्रहों ने विभिन्न वर्गों और समुदायों के लोगों को एक स्थान पर लाकर खड़ा कर दिया था। यह इस बात से भी स्पष्ट होता है कि यद्यपि गाँधीजी ने पंजाब की यात्रा नहीं की थी तथापि इस आंदोलन में पंजाब की जनता ने व्यापक रूप से हिस्सा लिया था। लेकिन यह आंदोलन अभी भी शहरों में ही तीव्र रूप ले पाया था, भारत के ग्रामीण क्षेत्र तक इसका फैलाव नहीं हो पाया था।

आन्दोलन के समय जो हिंसात्मक घटनाएँ घटित हुई थीं, प्रमुख रूप से अहमदाबाद में, उन्हें देखते हुए गाँधीजी ने सत्याग्रह वापस ले लिया। गाँधीजी ने यह स्वीकार किया कि उन्होंने यह आंदोलन शुरू करके एक महान भूल की थी क्योंकि जनता अभी सत्याग्रह के लिए आवश्यक अनुशासन को नहीं समझ पाई थी। परंतु इस आंदोलन का सबसे महत्त्वपूर्ण प्रभाव यह निकला कि गाँधीजी एक राष्ट्रीय नेता के रूप में उभर कर सामने आए। राष्ट्रीय आंदोलन के नेतृत्व में उनकी स्थिति सबसे ऊपर हो गई और वे कांग्रेस के कार्यों को भी निर्णयात्मक रूप दिया करते थे।

गाँधीजी की अवधारणा

यहाँ पर हम गाँधी जी की विभिन्न अवधारणाओं के प्रमुख स्तरों पर प्रकाश डालेंगे लेकिन उन पर व्याख्या करने से पहले यह जानना आवश्यक है कि ऐसे कई प्रभाव थे जिन्होंने गाँधीजी की विचारधारा को उभारने और उसे एक निश्चित दिशा देने में योगदान दिया। अपनी आत्मकथा में गाँधीजी ने यह स्वीकार किया कि उनके अभिभावकों के दृष्टिकोण और उनके रहने के स्थान पर मौजूद सामाजिक और धार्मिक वातावरण ने उनको व्यापक रूप से प्रभावित किया था। उनकी प्रारंभिक विचारधारा को 'वैष्णव मत'' और जैन धर्म की परंपराओं ने विशेष तौर से प्रभावित किया था। गाँधीजी ''भगवद्‌गीता'' से भी प्रभावित थे। इसके अतिरिक्त ईसा के ''पहाड़ पर उपेदश'' (Sermon of the Mount), टालस्टाय, थोरो और रस्किन के लेखों ने भी उनके चिंतन को प्रभावित किया था। लेकिन इसके साथ-साथ उनकी विचारधारा के विकास और दिशा निर्धारण में सर्वाधिक योगदान, जीवन में उनके अपने व्यक्तिगत अनुभवों का था।

सत्याग्रह

सत्याग्रह गाँधीजी की अवधारणा का प्रमुख आधार था। जैसा कि स्पष्ट किया जा चुका है कि गाँधीजी ने सत्याग्रह का विकास दक्षिण अफ्रीका में किया था परंतु 1919 के उपरांत भारत के स्वाधीनता संग्राम में यह एक महत्त्वपूर्ण पहलू बना। गाँधीजी के अनुसार हिंसा के स्थान पर सत्याग्रह का प्रयोग स्वयं कष्ट सहकर इस प्रकार किया जाना चाहिए था कि शत्रु को अपनी बात मनवाने के लिए बदला जा सके। सत्याग्रह के विचार की व्याख्या करते हुए पट्‌टाभि सीतारमैया ने लिखा है : ''इसमें स्वयं

चुना हुआ कष्ट और विरोधियों के लिए अपमान शामिल है। यदि इसका प्रभाव पड़ता है तो इसलिए पड़ता है कि जिन ख्यालों से इसे इस्तेमाल किया जा रहा है उसमें उनकी नैतिकता पर प्रभाव डाला जाता है। जिस कार्य के लिए इसे प्रयोग किया जाता है, उसके औचित्य के प्रति उनके अंदर विश्वास जगाया जाता है। उनकी शक्ति को उन्हें यह दर्शाकर कमजोर किया जाता है कि उनके कार्यों द्वारा जो कष्ट दूसरों को हो रहे हैं, इससे उनमें हीनता की भावना उत्पन्न हो।''

गाँधीजी ने सत्याग्रह और निष्क्रिय प्रतिरोध के बीच अंतर किया। उन्होंने यह लिखा है कि : ''निष्क्रिय प्रतिरोध एक कमजोर व्यक्ति का वह अस्त्र है जिसमें कि हिंसा और शारीरिक शक्ति का प्रयोग अपने उद्देश्य की पूर्ति के हेतु किया जाता है(जबकि सत्याग्रह शक्तिशाली व्यक्ति का अस्त्र है और इसमें किसी भी प्रकार की हिंसा का प्रयोग नहीं है।''

वास्तव में गाँधीजी के लिए सत्याग्रह मात्र एक राजनीतिक अस्त्र नहीं था, वरन् वह जीवन दर्शन और सिद्धांतों के व्यवहार का एक हिस्सा था। गाँधीजी का यह विश्वास था कि मानव जीवन का अंतिम उद्देश्य सत्य की खोज है और क्योंकि कोई भी वास्तविक सत्य को नहीं समझ सकता इसलिए उसे दूसरे व्यक्ति के सच की खोज में बाधा नहीं डालनी चाहिए।

अहिंसा

सत्याग्रह का प्रमुख आधार अहिंसा था। इस सन्दर्भ में गाँधीजी ने कहा था कि—

> ''जब कोई व्यक्ति अहिंसात्मक होने का दावा करता है तो उससे यह अपेक्षा की जाती है कि जिसने उसको हानि पहुँचाई है उससे वह गुस्सा भी नहीं होगा। वह उसके बुरे की कामना भी नहीं करेगा(वह उसकी अच्छाई चाहेगा और वह उसको किसी प्रकार का शारीरिक कष्ट भी नहीं देगा। बुरा करने वाला चाहे किसी भी प्रकार की हानि उसे पहुँचाए वह उसे सह लेगा। अत: अहिंसा से अभिप्राय पूर्ण भोलेपन से, किसी के प्रति बुरी भावना रखने का पूर्ण अभाव है।''

गाँधीजी ने इस तथ्य पर विशेष रूप से महत्त्व प्रदान किया था कि सामान्य नागरिक को भी अपने राजनीतिक लक्ष्य को पूरा करने के लिए हिंसात्मक नहीं, बल्कि अहिंसात्मक सत्याग्रह को अपनाना चाहिए। परंतु कभी-कभी गाँधीजी जो निर्णय लेते थे उसमें पूर्ण अहिंसा की कमी नजर आती थी। जैसा कि उन्होंने बार-बार यह कहा कि अन्याय के सामने कायर दिखने की अपेक्षा हिंसा बेहतर है। यहाँ पर 1918 में गाँधीजी द्वारा सेना में भर्ती किए जाने के प्रयास में उनके सहयोग को उदाहरण के तौर पर रखा जा सकता है। युद्ध के लिए भर्ती में सहयोग देना अहिंसा के सिद्धांत के विपरीत था परंतु गाँधीजी ने यह सहयोग इस आशा से दिया था कि युद्ध के बाद अंग्रेजी सरकार से भारतीयों को कुछ सुविधाएँ प्राप्त होंगी।

व्यक्तिगत तौर पर सत्याग्रह विभिन्न प्रकार का रूप धारण कर सकता है जैसे— उपवास, अहिंसात्मक धरना, विभिन्न प्रकार का असहयोग और सविनय अवज्ञा, यह जानते हुए भी कि उसके लिए कानूनी संरक्षण भी मिलेगा। गाँधीजी को यह पूर्ण विश्वास था कि सत्याग्रह के यह रूप सच्चे उद्देश्य की प्राप्ति के लिए अपनाए गए सच्चे तरीके हैं। गाँधीजी के आलोचकों ने यह धारणा व्यक्त की है कि सत्याग्रह की तकनीक को इस्तेमाल करके गाँधी जी जन आंदोलनों को नियंत्रित करना चाहते थे।

उनकी यह धारणा है कि पूँजीपति और जमींदार, गाँधीजी के अहिंसात्मक तकनीक से प्रसन्न थे क्योंकि इसके द्वारा हिंसात्मक सामाजिक क्रांति को रोका जा सकता था। लेकिन इसमें कोई संदेह नहीं कि गाँधी और कांग्रेस के द्वारा राष्ट्रीय आंदोलन में सत्याग्रह के अस्त्र के प्रयोग द्वारा समाज के विभिन्न वर्गों को अंग्रेजी शासन के विरुद्ध संघर्ष में एकजुट किया गया।

धर्म

गाँधी जी का धर्म के प्रति कैसा रवैया रहा, इस अवधारणा का अध्ययन करना अति आवश्यक है। गाँधीजी के लिए धर्म किसी एक विशेष धार्मिक समुदाय की सैद्धांतिक व्याख्या न होकर, समस्त धर्मों में निहित मूलभूत सत्य था। गाँधीजी ने धर्म की व्याख्या सच्चाई के लिए संघर्ष के रूप में की। वे यह मानते थे कि धर्म को किसी व्यक्ति की निजी राय बताकर पीछे नहीं ढकेला जा सकता क्योंकि धर्म व्यक्तियों की समस्त गतिविधियों को प्रभावित करता है। उनकी यह धारणा थी कि भारत राजनीतिक कार्रवाई के लिए धर्म का एक आधार प्रस्तुत करता है। यही कारण है कि गाँधीजी ने खिलाफत के प्रश्न को संघर्ष का मुद्दा बनाया जिससे कि मुसलमानों को अंग्रेजी सरकार के विरुद्ध आंदोलन में लाया जा सके। परंतु गाँधीजी द्वारा ''राम राज्य'' जैसे धार्मिक विचारों का प्रयोग राष्ट्रीय आंदोलन में सांप्रदायिकता की समस्या का समाधान करने में सफल नहीं हो सका।

हिंद स्वराज

गाँधी दर्शन का एक प्रमुख पक्ष उनके द्वारा लिखित पुस्तक '**हिंद स्वराज**' में उपलब्ध होता है। इस पुस्तक की रचना इन्होंने 1909 में की थी। इस पुस्तक में गाँधीजी ने इस बात की ओर संकेत किया है कि वास्तविक शत्रु अंग्रेजों का राजनीतिक प्रभुत्व न होकर आधुनिक पश्चिम सभ्यता है जो कि धीरे-धीरे भारत को जकड़ती जा रही थी। उनकी धारणा थी कि जो भारतीय पाश्चात्य पद्धति से शिक्षित हुए हैं, जैसे कि वकील, डॉक्टर, अध्यापक और पूँजीपति, वे आधुनिक तौर तरीकों को फैला करके भारत की प्राचीन धरोहर को नष्ट कर रहे थे। इस पुस्तक में गाँधी जी ने रेलगाड़ी की इस बात के लिए आलोचना की कि रेल खाद्य पदार्थों के निर्यात में सहायक है और अकाल फैलाने में सहायता देती है। स्वराज और स्वशासन को उन्होंने जीवन की एक ऐसी स्थिति माना जो कि तभी स्थाई रह सकती थी, जबकि भारतीय अपनी परंपरागत सभ्यता का अनुकरण करें और आधुनिक सभ्यता से भ्रष्ट न हों। गाँधीजी ने लिखा था कि ''भारतीयों की मुक्ति इसी में है कि उन्होंने जो कुछ पिछले 50 वर्षों में सीखा है उसे भुला दें। रेलगाड़ियों, तार, अस्पताल, वकील, डॉक्टर और इसी प्रकार की सब आधुनिक वस्तुओं को भूल जाना होगा और तथाकथित उच्च वर्ग को साधारण किसान जैसा जीवन व्यतीत करना सीखना होगा।''

20वीं शताब्दी के परिप्रेक्ष्य में इस प्रकार के विचार स्वप्नदर्शी और प्रगति विरोधी प्रतीत होते हैं। परंतु वास्तव में उनके विचार गरीब किसानों और कामगारों पर हो रहे बड़े आधुनिकीरण के दुष्प्रभावों की व्याख्या करते थे। आगे चलकर गाँधीजी ने अपने सामाजिक और आर्थिक विचारों को एक निश्चित दिशा देने का प्रयास किया और इसके लिए उन्होंने खादी, ग्रामीण पुनर्गठन और हरिजन कल्याण का कार्यक्रम रखा। इसमें कोई संदेह नहीं कि इस कार्यक्रम से गाँव के लोगों की समस्याओं का पूर्णतः

हल नहीं हो पाया लेकिन इस बात से इनकार नहीं किया जा सकता कि इस कार्यक्रम के द्वारा एक निश्चित सीमा तक गाँधीजी उनकी स्थिति को सुधारने में सफल रहे। वास्तव में इस कार्यक्रम के माध्यम से गाँधीजी ने देश में सामाजिक और आर्थिक सुधारों के लिए एक महत्त्वपूर्ण चेतना जागृत की।

स्वदेशी

गाँधी का व्यक्तित्त्व काफी उदारवादी था। वह किसी कार्य को या वस्तु को बल से नहीं, बल्कि उदारता से हासिल करना चाहते थे। इंग्लैंड में मशीन से बने कपड़ों के स्थान पर खादी का इस्तेमाल करना उनकी प्राथमिकता थी। उनकी राय में स्वदेशी के द्वारा किसान अपनी गरीबी को हटा सकते थे क्योंकि वे कताई करके अपनी आय में वृद्धि कर सकते थे। विदेशी कपड़े के इस्तेमाल में कमी करके भारत से इंग्लैंड को हो रही धन की निकासी को भी रोका जा सकता था। यहाँ पर ध्यान देने योग्य बात यह है कि यद्यपि गाँधीजी पाश्चात्य औद्योगिक सभ्यता के कड़े विरोधी थे तथापि वे भारत में उभर रहे राष्ट्रीय उद्योगों के विरोधी नहीं थे। जैसा कि पहले ही जिक्र किया जा चुका है, अम्बालाल जैसे उद्योगपति के साथ गाँधीजी के घनिष्ठ संबंध थे। 1922 से एक अन्य उद्योगपति जी.डी. बिरला भी गाँधीजी के निकट सहयोगी रहे हैं। गाँधीजी श्रम और पूँजी की परस्पर निर्भरता में विश्वास रखते थे। उनके अनुसार पूँजीपति को श्रमिकों के न्यासकर्ता (Trustee) के रूप में कार्य करना चाहिए। गाँधीजी ने कभी भी वर्ग आधार पर श्रमिकों में राजनीतिक जागृति उत्पन्न करने का प्रयास नहीं किया। वे वर्ग संघर्ष के विरोधी थे। वर्गीय भेदभाव के स्थान पर वे जनता की एकता में विश्वास करते थे।

मुस्लिम राजनीति (1930–1940)

मुस्लिम भी दो गुटों में विभाजित थे। 1929 ई. में जिन्ना मुसलमानों के परस्पर विरोधी गुटों की राजनीति से दुखी होकर इंग्लैंड चले गए। 1930 ई. में इकबाल ने मुस्लिम लीग में अपना अध्यक्षीय भाषण देते हुए यह लक्ष्य प्रस्तुत किया कि उत्तर–पश्चिमी भारत के मुसलमान बहुमत वाले प्रांतों को एक राज्य बना दिया जाए। उस वर्ष लीग ने इस संदर्भ में कोई प्रस्ताव इसलिए पास नहीं किया था क्योंकि लीग के अधिवेशन में उपस्थित सदस्यों की संख्या कोरम से कम थी। इकबाल ने जिस आधार पर उत्तर–पश्चिमी भारत के मुसलमानों के लिए एक राज्य की कल्पना की (मिल्लत की एकता) वह ही आगे चलकर पाकिस्तान की माँग के लिए औचित्य बनी। गोलमेज सम्मेलन और कम्यूनल एवार्ड (सांप्रदायिक निर्णय) के पश्चात् जिन्ना भारत लौट आए और उन्होंने मुस्लिम लीग को चुनाव लड़ने के लिए पुन: संगठित करने का प्रयत्न किया। 1937 ई. के निर्वाचनों में लीग की सफलता उल्लेखनीय थी क्योंकि इसके पूर्व लीग का भारतीय मुसलमानों के सामान्य वर्गों में कोई विशेष कार्य अथवा प्रभाव नहीं था।

किसी भी जन आंदोलन में इसने भाग नहीं के समान ही लिया था। यह मुसलमानों के अल्पसंख्यक प्रांतों में ही प्रभावशाली थी और वहाँ इसकी सफलता आश्चर्यजनक थी। 1937 ई. के पश्चात् जिन्ना ने मुस्लिम लीग को वास्तव में मुसलमानों की प्रतिनिधि पार्टी और मुस्लिम बहुमत वाले प्रांतों में प्रभावशाली बनाने का प्रयत्न किया जिससे वह यह तर्क प्रभावशाली ढंग से रख सके कि लीग मुसलमानों का प्रतिनिधित्व करने वाली एकमात्र पार्टी है। बंगाल, पंजाब और सिंध के प्रांतीय मुस्लिम

दल भी यह चाहते थे कि अखिल भारतीय स्तर पर कांग्रेस के समक्ष मुसलमानों का पक्ष प्रस्तुत करने के लिए उनका भी एक संगठित दल होना चाहिए। इसलिए जिन्ना को अपना लक्ष्य प्राप्त करने में बहुत कठिनाई नहीं हुई। बंगाल में कुल 250 विधान सभा क्षेत्र थे जिसमें से फल्ज-उल-हक दल को मात्र 35 विधान सभा निर्वाचनों में सफलता मिली जबकि मुस्लिम लीग पार्टी को 40 विधान सभा क्षेत्रों में सफलता मिली थी फज्ल-उल-हक ने मंत्रिमंडल बनाने के लिए प्रत्येक प्रकार के प्रयत्न किए। उसने लीग में सम्मिलित होना स्वीकार किया यदि उसे मंत्रिमंडल का नेता स्वीकार कर लिया जाए। इसी प्रकार मई, 1937 ई. में पंजाब के नेता भी अखिल भारतीय स्तर पर जिन्ना के नेतृत्व को स्वीकार करने के लिए तैयार थे। अल्पसंख्यक प्रांतों में मुस्लिम लीग को कांग्रेस मंत्रिमंडलों में प्रतिनिधित्व नहीं मिला। इन प्रांतों में कांग्रेस को मुसलमान सीटों में नगण्य सफलता मिली थी। यू.पी. में 64 में 1, बिहार में 40 में 5, मद्रास में 28 में 5 स्थान कांग्रेस को मिले। इसलिए कांग्रेस का मुस्लिम लीग के सदस्यों को मंत्रिमंडल में इस शर्त पर सम्मिलित करना कि वे कांग्रेस में सम्मिलित हों, भारतीय परिप्रेक्ष्य में अनुचित था जबकि कांग्रेस राष्ट्रीय होने का दावा करती थी और उत्तर-पश्चिमी सीमा प्रांत को छोड़कर शेष प्रांतों में मुसलमानों के लिए निर्धारित सीटों में उसे 2 प्रतिशत से भी कम स्थान उपलब्ध हुए थे। कांग्रेसी मंत्रिमंडलों के विरुद्ध मुस्लिम लीग ने यह प्रचार आरंभ किया कि हिंदू राज्यों में मुसलमानों पर अत्याचार होते थे और झूठी तथा मनगढ़ंत घटनाओं का वर्णन करके कांग्रेस के विरुद्ध मुसलमानों में घृणा बढ़ानी आरंभ की। बंदे मातरम गीत का कांग्रेस द्वारा प्रयोग, मस्जिदों के सामने गायन, हिंदी को प्रोत्साहन, नौकरियों में असमानता तथा मुसलमानों के विरुद्ध पक्षपात का प्रचार आरंभ किया।

मुस्लिम लीग का वार्षिक अधिबेशन 1937 ई. में लखनऊ में आयोजित किया गया। इस सम्मेलन व अधिवेशन में पंजाब के मुख्यमंत्री सर सिकंदर हयात खाँ और मोहम्मद अली जिन्ना में एक समझौता हुआ जो 'सिकंदर जिन्ना पैक्ट' के नाम से प्रसिद्ध है। पंजाब में युनियनिस्ट दल के मुसलमान सदस्यों को मुस्लिम लीग की सदस्यता स्वीकार कराने के लिए सिकंदर हयात खाँ ने घोषणा की किंतु मंत्रिमंडल युनियनिस्ट दल का ही कहलाएगा। यह पैक्ट वास्तव में सर सिकंदर की एक घोषणा थी। यह कोई लिखित समझौता, जिस पर दोनों नेताओं के हस्ताक्षर हों, नहीं था। सिकंदर यह आशा करता था कि इस घोषणा से मुस्लिम लीग द्वारा उसके नेतृत्व के विरुद्ध प्रयत्न नहीं होंगे। 1937 ई. के निर्वाचन में जिन्ना पंजाब में पूरी तरह असफल रहा था। इसलिए वह सिकंदर के साथ समझौते का इच्छुक था। वह जानता था कि पंजाब में लीग का प्रभाव युनियनिस्ट दल के सहयोग से ही संभव था। इसलिए 1938 ई. में पंजाब की पुरानी मुस्लिम लीग के स्थान पर नई मुस्लिम लीग को जिसमें युनियनिस्ट दल का प्रभुत्व था, मान्यता प्रदान की गई। बंगाल के फज्ल-उल-हक की स्थिति इतनी दृढ़ नहीं थी। बंगाल में मुस्लिम लीग के भी 40 सदस्य थे और प्रजापार्टी (फज्ल-उल-हक का दल) के केवल 35 सदस्य ही थे। सिंध का अपना महत्त्व कम था। इन दोनों प्रांतों पर जिन्ना का प्रभुत्व स्थापित हो जाने के बाद सिंध का नियंत्रण कठिन नहीं था।

1938 ई. में लीग ने कांग्रेस प्रशासन द्वारा मुसलमानों पर तथाकथित अत्याचारों की जाँच करने के लिए पिरपुर के राजा मोहम्मद मेहदी की अध्यक्षता में एक समिति नियुक्त की। इस समिति द्वारा प्रस्तुत पिरपुर रिपोर्ट कपोल कल्पित कांग्रेसी अत्याचारों का एक वर्णन है। इस रिपोर्ट के आधार पर मुस्लिम

लीग यह सिद्ध करना चाहती थी कि संसदात्मक प्रणाली भारत के लिए उपयुक्त नहीं थी। पिरपुर रिपोर्ट की भाँति बिहार में 'शरीफ रिपोर्ट' प्रकाशित की गई जिसमें बिहार में किए गए कल्पित अत्याचारों का वर्णन था। इसी प्रकार की रिपोर्ट फज्ल-उल-हक ने प्रकाशित की जिसका शीर्षक था 'कांग्रेस प्रशासन में मुसलमानों पर अत्याचार'। यह भी पहली दो रिपोर्टों की भाँति कल्पित घटनाओं पर आधारित थी। इन रिपोर्टों में कोई नया आक्षेप नहीं लगाया गया। इनका अभिप्राय इतना अवश्य था कि मुस्लिम लीग को मुसलमानों का एकमात्र प्रतिनिधि मान लिया जाए और सरकार में सम्मिलित कर लिया जाए। 1938 ई. में नेहरू के साथ पत्र व्यवहार में जिन्ना ने मुस्लिम लीग के लिए कांग्रेस के साथ समानता चाही थी। नेहरू 1937 ई. के पश्चात भारतीय समस्या का हल दो पक्षों—कांग्रेस और अंग्रेजी सरकार—के द्वारा संभव मानते थे। वहाँ जिन्ना 1931 ई. से यह कहते चले आ रहे थे कि यह समस्या चार पक्षों के मध्य हल हो सकती थी। दो अतिरिक्त पक्ष थे—मुस्लिम लीग और भारतीय राज्य। दिसंबर 1938 ई. में जिन्ना ने कांग्रेस को राष्ट्रीय संगठन की अपेक्षा केवल एक हिंदू संगठन कहा।

1937 के बाद जिन्ना को यह पूर्ण रूप से आभास हो गया था कि किसी भी प्रजातंत्रीय व्यवस्था के अन्तर्गत मुस्लिम लीग पार्टी को पूर्ण बहुमत नहीं मिलने वाला है और कांग्रेस ने जो नीति अपनाई थी उसके अनुसार मुस्लिम लीग को केवल कांग्रेस की कृपा पर आश्रित रहना पड़ेगा। इसलिए वे किसी ऐसी योजना के विषय में सोच रहे थे जिससे लीग और मुसलमानों की यह समस्या हल हो सके। 1930 ई. में इकबाल द्वारा प्रस्तुत योजना तथा 1933 ई. के पश्चात् कुछ अन्य उसी प्रकार की योजनाएँ जिन्ना के समक्ष थीं जिनके अनुसार भारतीय मुसलमानों के लिए पृथक् राज्य की कल्पना की गई थी। जिन्ना की समस्या भारत विभाजन योजनाओं के प्रति अंग्रेज सरकार की प्रतिक्रिया जानने की थी। अक्टूबर, 1938 ई. में भारत से चार मुसलमान (जिनमें दो मुस्लिम लीग कार्यकारिणी के भी सदस्य थे) मिस्र में हो रहे पैलेस्टाइन सम्मेलन में भाग लेने के लिए गए। लीग की कार्यकारिणी के सदस्य इंग्लैंड में भारत उपसचिव तथा सचिव से मिले और भारतीय समस्या के हल के रूप में भारत विभाजन की योजना की चर्चा की। उन अधिकारियों ने परोक्षरूप में इस योजना पर सहमति प्रकट की। मई, 1939 ई. में वे सदस्य भारत लौट आए। उसके पश्चात जिन्ना अधिक सक्रिय हुए।

यूरोप में द्वितीय विश्व युद्ध सितम्बर, 1939 में शुरू हो गया तथा भारत में गवर्नर जनरल ने इंग्लैंड के समर्थन में भारत को भी युद्ध में धकेल दिया। कांग्रेसी मंत्रिमंडल ने सरकार से युद्ध के उद्देश्यों के संबंध में स्पष्टीकरण माँगा। गवर्नर जनरल के स्पष्टीकरण न देने पर कांग्रेस कार्यकारिणी के आदेशानुसार अक्टूबर-नवंबर, 1939 ई. में कांग्रेसी मंत्रिमंड़लों ने त्यागपत्र दे दिए। जिन्ना ने देश के मुसलमानों को 22 दिसंबर, 1939 ई. को 'मुक्ति दिवस' के रूप में मनाने के आदेश दिए। भारतीय मुसलमानों को इस प्रकार उत्तेजित किया गया कि वे कांग्रेसी प्रशासन के विरुद्ध जिन्ना द्वारा लगाए गए काल्पनिक आक्षेपों को सही समझने लगे।

जनवरी, 1940 में जिन्ना के रवैये में कुछ परिवर्तन दिखाई देने लगा इन्होंने एक सभा को सम्बोधित करने हुए अपनी भावनाओं को स्पष्ट करते हुए कहा कि हिन्दू और मुसलमानों को पृथक् सभ्यताओं तथा कौमों के सदस्य बताया। भारत का भावी संविधान ऐसा होना चाहिए जिसमें कांग्रेस और लीग को समान अधिकार उपलब्ध हों। मार्च, 1940 ई. में जिन्ना ने घोषणा की कि कोई भी

संवैधानिक योजना भारत में उस समय तक लागू नहीं होनी चाहिए जब तक दल उस पर सहमत न हों। यदि कोई संविधान बिना मुसलमानों की सहमति के लागू किया गया तब मुसलमान उसका विरोध करेंगे। 1937-40 ई. के मध्य जिन्ना की दो प्रमुख उपलब्धियाँ थीं—पहली उन्होंने मुस्लिम लीग का प्रभाव भारत के सभी प्रांतों पर स्थापित कर दिया। दूसरी मुसलमानों को एक अल्पसंख्यक समुदाय की अपेक्षा एक कौम कहना आरंभ किया और उसी प्रकार के वाक्यों तथा तर्कों का प्रयोग किया जो इकबाल ने 1930 ई. में किए थे। इसी स्थिति में उन्होंने यह भी स्पष्ट किया कि मुसलमान किसी भी ऐसी व्यवस्था को स्वीकार नहीं करेंगे जिसमें बहुसंख्यक हिंदुओं की सरकार स्थापित हो सके। इन दोनों भावनाओं का साकार रूप 23 मार्च, 1940 ई. को लीग के वार्षिक अधिवेशन में पाकिस्तान प्रस्ताव के रूप में प्रस्तुत हुआ।

पाकिस्तान प्रस्ताव : मुस्लिम लीग के वार्षिक सम्मेलन में मशहूर लाहौर प्रस्ताव को 23 मार्च, 1940 को स्वीकृति प्रदान कर दी गयी। इस प्रस्ताव की रूपरेखा तैयार करने में सर सिंकदर हयात खाँ, फज्ल-उल-हक, खलीक उज्जमाँ का काफी हाथ था। प्रस्ताव का मुख्य भाग था : 'इस देश में कोई भी संवैधानिक योजना पर उस समय तक मुसलमानों की स्वीकृति नहीं होगी जब तक वह इस आधार पर न बनी हो कि उत्तर-पश्चिमी और पूर्वी भारत में मुसलमानों के बहुसंख्यक भौगोलिक दृष्टि से संलग्न क्षेत्रों को पृथक स्वायत्त संपन्न स्वतंत्र राज्यों में न बना दिया जाए।' इस प्रस्ताव को फज्ल-उल-हक ने प्रस्तुत किया और खलीक उज्जमाँ ने इसका अनुमोदन किया। इस प्रस्ताव में कोई स्पष्ट योजना अथवा रूपरेखा प्रस्तुत नहीं की गई थी। लीग का वर्किंग कमेटी को यह अधिकार दे दिया गया कि वह आवश्यक रूपरेखा तैयार करे।

प्रस्ताव की अस्पष्टता और जिन्ना द्वारा इसकी स्पष्ट व्याख्या से इनकार करने के आधार पर यह कहा जा सकता है कि पाकिस्तान प्रस्ताव की माँग निश्चित नहीं थी और यह केवल सौदेबाजी का एक ढंग था। किंतु यह ध्यान रखने योग्य बात है कि 1940-46 ई. के मध्य जितने संवैधानिक प्रस्ताव रखे गए उन्हें मुस्लिम लीग ने उस समय तक स्वीकार नहीं किया जब तक केंद्रीय प्रशासन में लीग कांग्रेस में समानता, मुस्लिम बहुमत वाले प्रांतों को प्राय: पूर्ण स्वायत्तता और केंद्र के नियंत्रण से मुक्ति न मिल गई। चूँकि ये माँगें कांग्रेस के लिए स्वीकार करना प्राय: असंभव था इसलिए उत्तरोत्तर यह स्पष्ट होता गया कि देश विभाजन ही एकमात्र राजनीतिक हल था।

देश विभाजन की योजना अथवा रूपरेखा बनाने में मुसलमानों के अन्य प्रतिनिधियों की अपेक्षा जिन्ना का सबसे कम सहयोग था, सबसे पहले इसकी रूपरेखा इकबाल ने 1930 ई. में प्रस्तुत की थी। उस समय भारतीय संघ की योजना विचाराधीन थी। इसलिए उसमें पृथक् स्वतंत्र राज्यों का वर्णन नहीं था। 1933 ई. में कैंब्रिज के कुछ मुसलमान विद्यार्थियों (रहमत अली तथा अन्य) ने इस प्रकार की योजना प्रस्तुत की। जुलाई, 1939 ई. में सर सिकंदर हयात खाँ ने भी एक योजना प्रकाशित की जिसने भारत में सात क्षेत्रीय राज्यों और इन सातों क्षेत्रों के एक संघ की व्यवस्था थी जिसे कम से कम कार्य सौंपे गए। सिकंदर हयात खाँ ने स्वयं अपनी योजना की व्याख्या करते हुए कहा कि यदि आवश्यक हुआ तो केंद्रीय संगठन को समाप्त भी घोषित किया जा सकता था। फज्ल-उल-हक ने स्वयं पाकिस्तान प्रस्ताव को प्रस्तुत किया था। इसलिए यह कहना अनुचित होगा कि यह प्रस्ताव केवल जिन्ना का था।

1940–46 ई. में जिन्ना के नियंत्रण से मुक्त होने के लिए पंजाब, बंगाल और सिंध के मुख्य मंत्रियों ने प्रयत्न किए और इस दिशा में उनमें और जिन्ना में मतभेद भी काफी हुए। फज्ल–उल–हक ने लीग का साथ छोड़कर अन्य दलों के साथ बंगाल में मंत्रिमंडल बनाया। 1946 ई. में युनियनिस्टों ने भी पंजाब में इसी प्रकार का प्रयत्न किया लेकिन इसका अभिप्राय यह नहीं था कि वे पाकिस्तान अथवा मुसलमान बहुसंख्यक प्रांतों के पृथक् संघ के पक्ष में नहीं थे बल्कि वे दोनों—फज्ल–उल–हक और खिज्र हयात खाँ (पंजाब में सिकंदर हयात खाँ का उत्तराधिकारी) अपनी सत्ता को बनाए रखना चाहते थे। जिन्ना केंद्र में हिंदू बहुसंख्यकों के नियंत्रण को खत्म कर देना चाहते थे। इसलिए फज्ल और खिज्र हिंदुओं के प्रति सामान्यत: वैसा दृष्टिकोण नहीं अपना सकते थे जैसा जिन्ना के लिए संभव था। इस विवशता पर ध्यान रखते हुए यह कहना अनुचित होगा कि जिन्ना अकेला ही मुस्लिम सांप्रदायिकता के अत्यधिक विकास अथवा पाकिस्तान की माँग के लिए उत्तरदायी था।

1937 ई. में मुसलमानों द्वारा पाकिस्तान को एक अलग राज्य बनाने की माँग में कुछ कांग्रेसी प्रतिनिधियों का भी हाथ था। इस मत के अनुसार इंग्लैंड में प्रचलित पार्लियामेंटरी पद्धति के आधार पर केवल बहुमत को ही मंत्रिमंडल बनाने का अधिकार उस स्थिति में तो ठीक हो सकता था जहाँ जनता के निर्णयों से बहुमत बदल सकता हो लेकिन भारत में जहाँ सांप्रदायिक निर्वाचन प्रणाली प्रचलित हो और उत्तर–पश्चिम सीमा प्रांत को छोड़कर शेष 10 प्रांतों में कांग्रेस को मुसलमानों के लिए निर्धारित स्थानों में 2 प्रतिशत भी स्थान प्राप्त नहीं हुए हों केवल बहुमत के आधार पर मंत्रिमंडल का गठन सैद्धांतिक रूप में भले ही ठीक हो लेकिन व्यावहारिक रूप में इसका परिणाम दूरगामी तथा हानिकारक हुआ। इस मत के अनुसार कांग्रेस के राष्ट्रीय संस्था होने की जाँच का सबसे पहला अवसर 1937 ई. में था जिससे यह स्पष्ट अवश्य हुआ कि मुसलमानों की सदस्यता तथा नेतृत्व उपलब्ध होने के बाद भी कांग्रेस मुसलमानों में लोकप्रिय नहीं थी।

लाहौर प्रस्ताव (पाकिस्तान प्रस्ताव) द्वारा प्रमुख सहायक कारक मुसलमानों के प्रभावशाली नेताओं की हिंदुओं के समान राजनीतिक अधिकारों की कल्पना थी। सर सैयद के समय से विभिन्न प्रभावशाली नेताओं—मौलाना मोहम्मद अली, सर मोहम्मद इकबाल और मोहम्मद अली जिन्ना—ने बदली हुई परिस्थितियों में इस भावना को व्यक्त किया। जिन्ना एक अत्यंत कुशल वार्ताकार थे। 1940 ई. के पश्चात जिन्ना पाकिस्तान की माँग का स्पष्टीकरण अन्य राष्ट्रीय नेताओं द्वारा सैद्धांतिक रूप में मान्यता के पश्चात ही करना चाहते थे। लाहौर प्रस्ताव पास किए जाने के पश्चात भी जिन्ना ने 1940–46 ई. के मध्य लीग और कांग्रेस के आपसी समझौते की आवश्यकता पर बल दिया। लेकिन इस समझौते का जिन्ना के अनुसार आधार केंद्रीय सरकार में हिंदू–मुस्लिम समानता थी। मुसलमानों को केंद्रीय प्रशासन में समानता देना यद्यपि जनसंख्या में वे एक चौथाई से अधिक नहीं थे, कांग्रेस द्वारा स्वीकार नहीं किया जा सकता था जहाँ एक ओर यह प्रजातांत्रिक सिद्धांतों के विरुद्ध था, दूसरी ओर इसका अर्थ कांग्रेस के राष्ट्रीय रूप को समाप्त कर देना था। बहुधा यह प्रश्न पूछा जाता है कि क्या भारत विभाजन 'अवश्यंभावी' था? सैद्धांतिक स्तर पर इसका उत्तर 'नहीं' में ही दिया जा सकता है। लेकिन व्यावहारिक स्तर पर मुसलमान नेताओं की 'समानता' की माँग को अन्य किसी आधार पर पूरा ही नहीं किया जा सकता था।

स्वतंत्रता तथा देश विभाजन

भारत छोड़ो आंदोलन

भारतीय स्वतंत्रता संग्राम ये इस आन्दोलन का महत्वपूर्ण स्थान है भारत छोड़ो आन्दोलन की रूपरेखा गाँधी जी ने तैयार की थी किन्तु इसका नेतृत्व कांग्रेस के वरिष्ठ नेताओं के बजाय द्वितीय पंक्ति के नेताओं ने किया। मिशन की विफलता, जापान की बढ़ती हुई सफलता और बर्मा और मलेशिया से भागे हुए भारतीयों के प्रति अंग्रेजों का दुर्व्यवहार, युद्ध के कारण बहुत–सी आवश्यक वस्तुओं का उपलब्ध न होना और मूल्यों में वृद्धि से अंग्रेजी साम्राज्य के विरुद्ध असंतोष बढ़ रहा था। ऐसी स्थिति में गाँधीजी ने यह प्रस्ताव कांग्रेस वर्किंग कमेटी के समक्ष रखा कि यदि अंग्रेज भारत से अपना नियंत्रण हटा लें तो भारतीय जनता विदेशी आक्रांताओं का सामना करने के लिए हर प्रकार से योगदान करने के लिए तैयार थी। 14 जुलाई, 1942 ई. को कांग्रेस द्वारा यह प्रस्ताव पास किया गया। यदि अंग्रेजों ने अपना शासन समाप्त नहीं किया तब अहिंसात्मक असहयोग की नीति अंग्रेजी साम्राज्य के प्रति अपनाई जाएगी। इस प्रस्ताव पर अंतिम निर्णय ए.आई.सी.सी. के लिए छोड़ दिया गया। उनकी बैठक 7 अगस्त को बंबई में बुलाई गई। आल इंडिया कांग्रेस कमेटी ने 'भारत छोड़ो' प्रस्ताव 8 अगस्त को पास कर दिया। इस प्रस्ताव में जन आंदोलन और अहिंसात्मक सत्याग्रह की बात कही गईं। यह आंदोलन गाँधीजी के नेतृत्व में संचालित किया जाएगा। यदि यह नेतृत्व सरकारी नीति के दमन के कारण उपलब्ध न रहे तब प्रत्येक व्यक्ति अपना नेता स्वयं होगा।

ब्रिटिशों का अमानवीय व्यवहार : लिनलिथगो ब्रिटिश प्रशासन का अत्यधिक पक्षपाती था। जैसे की 8 अगस्त, 1942 ई. को ए.आई.सी.सी.की सभा रात्रि में खत्म हुई और इसके दूसरे दिन भोर से पहले ही (9 अगस्त) सभी कांग्रेसियों को पकड़कर जेल में डाल दिया गया। एक सप्ताह के भीतर देश भर में स्थानीय कांग्रेस नेताओं को भी बंदी बना लिया गया। अंग्रेजी साम्राज्यवादी समझते थे कि ऐसा करने से आंदोलन समाप्त हो जाएगा। कांग्रेसी नेताओं को बन्दी बनाये जाने की खबर पूरे देश में आग जैसी फैल गयी जिसके कारण देश के सम्पूर्ण क्षेत्रों में बन्द का आह्वान और जुलूस का निकलना प्रारंभ हो गया। सरकार ने बर्बरतापूर्वक इन शांत प्रदर्शनकारियों का दमन किया। लेकिन शीघ्र ही सरकार को नीति का परिणाम भी भुगतना पड़ा। देश के विभिन्न भागों में 11 अगस्त के बाद स्थिति बिगड़नी आरंभ हुई। सरकार ने अपनी पूरी ताकत इस आंदोलन को कुचलने में लगा दी। सरकारी वक्तव्य के अनुसार 538 बार गोलियाँ चलाई गईं जिसमें 1,028 व्यक्ति मारे गए और 3,200 घायल हुए। लगभग 70,000 से अधिक व्यक्तियों को जेल में बंदी बनाया गया। सरकार ने अत्यधिक घबराहट में कई बार हवाई गोलीबारी भी की। एक बार रेल मार्ग पर काम करने वाले कुलियों पर भी इसी प्रकार भूल से बमबारी की गई।

आंदोलन का स्वरूप : इस आन्दोलन को प्रारंभ करने की कोई पूर्व योजना नहीं बनायी गयी थी। यह एक स्वत:स्फूर्त जन आंदोलन था जो मुख्यत: विद्यार्थियों, कृषकों और निम्न मध्यम वर्ग तक सीमित था। श्रमिकों ने इस आंदोलन में बहुत कम भाग लिया। कम्युनिस्ट दल इस आंदोलन से अलग रहा। जुलाई, 1942 ई. के पश्चात् रूस के नेतृत्व में दल ने अंग्रेज सरकार के युद्ध प्रयत्नों का समर्थन किया।

द्वितीय विश्व युद्ध भारतीय कम्युनिस्टों के लिए 1942 ई. के पूर्व साम्राज्यवादी था। अब वह एक जनता का युद्ध हो गया क्योंकि जर्मनी ने रूस पर आक्रमण कर दिया था। कम्युनिस्ट दल ने अंतर्राष्ट्रीय समस्याओं से प्रभावित होकर राष्ट्रीय समस्याओं के प्रति अपना दृष्टिकोण शीघ्र ही बदल लिया।

1942 ई. के आन्दोलन का संचालन जयप्रकाश नारायण ने किया और बिहार के विभिन्न भागों में कई सप्ताहों तक अंग्रेजी प्रशासन का नामों निशान नहीं रहा। लेकिन कुछ समय पश्चात् अंग्रेजी सेना और पुलिस ने पुनः अपना नियंत्रण स्थापित कर लिया। जनता पर अकथनीय अत्याचार किए गए। पूर्वी उत्तर प्रदेश में भी आंदोलन अत्यधिक प्रभावशाली रहा। बलिया जिले में अंग्रेजी राज्य प्रायः समाप्त हो चुका था। बनारस, गाजीपुर में भी जनता ने अंग्रेजी प्रशासन को अस्त-व्यस्त कर दिया। सेना ने शीघ्र ही अंग्रेजी नियंत्रण पुनः स्थापित कर लिया। गाजीपुर, आजमगढ़, बलिया तथा जौनपुर के जिलों में गाँव के गाँव जला दिए अथवा नष्ट कर दिए। गाजीपुर के एक गाँव में अंग्रेजी सेना के अत्याचारों का वर्णन केंद्रीय विधान सभा में दिया गया। 'चार गोरे सिपाही 150 सैनिकों के साथ एक गाँव में पहुँचे। वहाँ से सब पुरुषों को घरों के बाहर सड़क पर लाइन में खड़ा किया गया। स्त्रियों को घर के बाहर निकालकर उनके जेवर आदि लूट लिया गए और फिर समस्त गाँव को लूटा गया तथा प्रत्येक पुरुष के पाँच-पाँच कोड़े लगाए गए।' मध्य प्रदेश, बंगाल, उड़ीसा में आंदोलन प्रभावशाली रहा। दक्षिणी भारत, पंजाब, राजस्थान, सिंध, उत्तर-पश्चिमी सीमा प्रांत में आंदोलन का बहुत कम प्रभाव रहा।

टिप्पणी : यह आन्दोलन मात्र अहिंसात्मक आंदोलन नहीं था। अहिंसात्मक आंदोलन का प्रचार पिछले 20 वर्षों से गाँधीजी कर रहे थे लेकिन नेताओं के एकदम जेल में बंद कर दिए जाने के पश्चात् जनता ने स्वतः प्रेरणा से हिंसात्मक आंदोलन किया। बहुत सीमा तक यह अंग्रेजी अत्याचारों का परिणाम था। इस आंदोलन में भाग लेने वाले हजारों और लाखों व्यक्तियों ने अदम्य साहस और सहनशीलता का परिचय दिया जो एक सत्याग्रही का आवश्यक गुण है। सैकड़ों नवयुवकों ने शांतचित्त राष्ट्रीय ध्वज की रक्षा के लिए अपना जीवन बलिदान कर दिया। 1942 ई. का आंदोलन 1920 ई. के आंदोलन से भिन्न रहा।

1942 ई. के आन्दोलन को मात्र दो महीने के भीतर ही बड़ी निर्दयतापूर्वक दबा दिया गया। गाँधीजी को स्वयं यह उम्मीद नहीं थी कि अंग्रेज इतनी शीघ्रता से कांग्रेस के विरुद्ध कार्यवाही करेंगे। अंग्रेज शासकों ने गाँधीजी को बदनाम करने तथा इस हिंसात्मक आंदोलन और अव्यवस्था के लिए यह प्रचार आरंभ किया कि इस आंदोलन का संचालन गाँधीजी के आदेशों द्वारा किया गया। गाँधी-लिनलिथगो पत्र-व्यवहार में गाँधीजी ने स्वयं इस आक्षेप को निराधार बताया कि उन्होंने अथवा कांग्रेस ने इस आंदोलन का संचालन किया। गाँधीजी ने अंततः अपनी ईमानदारी के लिए तीन सप्ताह का उपवास (10 फरवरी, 1943—3 मार्च, 1943) रखा। इस उपवास की देश भर में तथा अंतर्राष्ट्रीय स्तर पर प्रतिक्रिया हुई। अंग्रेज सरकार समझती थी कि बर्बरतापूर्ण नीति से कांग्रेस तथा गाँधीजी का प्रभाव समाप्त हो जाएगा। यह उनकी भ्राँति थी, 1945 ई. में जेल से छूटने पर तथा 1946 ई. में निर्वाचनों में जनता ने उन कांग्रेसी नेताओं में अपना अटूट विश्वास व्यक्त किया।

परिणाम : हालांकि ब्रिटिश प्रशासन ने अपने अत्याचारी नीति से आन्दोलन को कुचलकर भारतवासियों को चुप तो करा दिया परन्तु यह आन्दोलन पूर्ण रूप से विफल नहीं हुआ। सबसे पहला

महत्त्वपूर्ण परिणाम यह हुआ कि स्वतंत्रता संघर्ष अब केवल कुछ संस्थाओं अथवा दलों तक सीमित नहीं रह गया। देश के विभिन्न क्षेत्रों में एक साथ आंदोलन की लहर फैल गई। सामान्य व्यक्ति तथा जनसमूह भारतीय स्वतंत्रता के लिए जीवन बलिदान देने के लिए तैयार हो गया। ये इस बात के स्पष्ट लक्षण थे कि भारतीय जनता अंग्रेजी नियंत्रण से मुक्त होने के लिए व्याकुल थी। इस आंदोलन ने अंग्रेजी युद्ध प्रयत्नों को काफी सीमा तक प्रभावित किया केवल इतना ही नहीं हुआ कि पूर्ण भारत में यातायात के साधनों में अव्यवस्था उत्पन्न हो गई बल्कि सैनिकों के लिए कुछ आवश्यक वस्तुओं का अभाव भी हो गया। जैसे हड़तालों के फलस्वरूप खाकी कपड़े का उत्पादन 45 प्रतिशत तथा चमड़े की वस्तुओं का उत्पादन 50 प्रतिशत कम हो गया। सूती धागा, सिगरेट के कागज के उत्पादन पर भी इसी प्रकार असर पड़ा। यह भी संभव है कि बर्मा के मोर्चे पर अंग्रेजी सेना की हार में 1942 ई. का आंदोलन कुछ सीमा तक उत्तरदायी रहा।

पाक प्रस्ताव

मुस्लिम लीग के वार्षिक सम्मेलन में मशहूर लाहौर प्रस्ताव को 23 मार्च, 1940 को मान्यता दे दी गयी। इस प्रस्ताव की रूपरेखा बनाने में सर सिंकदर हयात खाँ, फज्ल-उल-हक, खलीक उज्जमाँ का अत्यधिक प्रस्ताव का मुख्य भाग था : 'इस देश में कोई भी संवैधानिक योजना पर उस समय तक मुसलमानों की स्वीकृति नहीं होगी जब तक वह इस आधार पर न बनी हो कि उत्तर-पश्चिमी और पूर्वी भारत में मुसलमानों के बहुसंख्यक भौगोलिक दृष्टि से संलग्न क्षेत्रों को पृथक स्वायत्त संपन्न स्वतंत्र राज्यों में न बना दिया जाए।' इस प्रस्ताव को फज्ल-उल-हक ने प्रस्तुत किया और खलीक उज्जमाँ ने इसका अनुमोदन किया। इस प्रस्ताव में कोई स्पष्ट योजना अथवा रूपरेखा प्रस्तुत नहीं की गई थी। लीग का वर्किंग कमेटी को यह अधिकार दे दिया गया कि वह आवश्यक रूपरेखा का निर्माण करें।

प्रस्ताव की अस्पष्टता और जिन्ना द्वारा इसकी स्पष्ट व्याख्या से इनकार करने के आधार पर यह कहा जा सकता है कि पाकिस्तान प्रस्ताव की माँग निश्चित नहीं थी और यह केवल सौदेबाजी का एक ढंग था। किंतु यह ध्यान रखने योग्य बात है कि 1940-46 ई. के मध्य जितने संवैधानिक प्रस्ताव रखे गए उन्हें मुस्लिम लीग ने उस समय तक स्वीकार नहीं किया जब तक केंद्रीय प्रशासन में लीग कांग्रेस में समानता, मुस्लिम बहुमत वाले प्रांतों को प्रायः पूर्ण स्वायत्तता और केंद्र के नियंत्रण से मुक्ति न मिल गई। चूँकि ये माँगें कांग्रेस के लिए स्वीकार करना प्रायः असंभव था इसलिए उत्तरोत्तर यह स्पष्ट होता गया कि देश विभाजन ही एकमात्र राजनीतिक हल था।

भारत-पाक बँटवारा की योजना बनाने में मुसलमान के अन्य प्रतिनिधियों की अपेक्षा जिन्न का सबसे कम सहयोग था सबसे पहले इसकी योजना बनाने में रूपरेखा इकबाल ने 1930 ई. में प्रस्तुत की थी। उस समय भारतीय संघ की योजना विचाराधीन थी। इसलिए उसमें पृथक् स्वतंत्र राज्यों का वर्णन नहीं था। 1933 ई. में कैंब्रिज के कुछ मुसलमान विद्यार्थियों (रहमत अली तथा अन्य) ने इस प्रकार की योजना प्रस्तुत की। जुलाई, 1939 ई. में सर सिकंदर हयात खाँ ने भी एक योजना प्रकाशित की जिसने भारत में सात क्षेत्रीय राज्यों और इन सातों क्षेत्रों के एक संघ की व्यवस्था थी जिसे कम से कम कार्य सौंपे गए। सिकंदर हयात खाँ ने स्वयं अपनी योजना की व्याख्या करते हुए कहा कि यदि आवश्यक हुआ

तो केंद्रीय संगठन को समाप्त भी घोषित किया जा सकता था। फज्ल-उल-हक ने स्वयं पाकिस्तान प्रस्ताव को प्रस्तुत किया था। इसलिए यह कहना अनुचित होगा कि यह प्रस्ताव केवल जिन्ना का था।

1940-46 ई. में जिन्ना के नियंत्रण से मुक्त होने के लिए पंजाब, बंगाल और सिंध के मुख्य मंत्रियों ने प्रयत्न किए और इस दिशा में उनमें और जिन्ना में मतभेद भी काफी हुए। फज्ल-उल-हक ने लीग का साथ छोड़कर अन्य दलों के साथ बंगाल में मंत्रिमंडल बनाया। 1946 ई. में युनियनिस्टों ने भी पंजाब में इसी प्रकार का प्रयत्न किया लेकिन इसका अभिप्राय यह नहीं था कि वे पाकिस्तान अथवा मुसलमान बहुसंख्यक प्रांतों के पृथक् संघ के पक्ष में नहीं थे बल्कि वे दोनों—फज्ल-उल-हक और खिज्र हयात खाँ (पंजाब में सिकंदर हयात खाँ का उत्तराधिकारी) अपनी सत्ता को बनाए रखना चाहते थे। जिन्ना केंद्र में हिंदू बहुसंख्यकों के नियंत्रण को खत्म कर देना चाहते थे। इसलिए फज्ल और खिज्र हिंदुओं के प्रति सामान्यत: वैसा दृष्टिकोण नहीं अपना सकते थे जैसा जिन्ना के लिए संभव था।

इस विवशता पर ध्यान रखते हुए यह कहना अनुचित होगा कि जिन्ना अकेला ही मुस्लिम सांप्रदायिकता के अत्यधिक विकास अथवा पाकिस्तान की माँग के लिए उत्तरदायी था। 1937 ई. में मुसलमानों द्वारा पाकिस्तान को एक अलग राज्य बनाने की माँग में कुछ कांग्रेसी प्रतिनिधियों का भी हाथ था। इस मत के अनुसार इंग्लैंड में प्रचलित पार्लियामेंटरी पद्धति के आधार पर केवल बहुमत को ही मंत्रिमंडल बनाने का अधिकार उस स्थिति में तो ठीक हो सकता था जहाँ जनता के निर्णयों से बहुमत बदल सकता हो लेकिन भारत में जहाँ सांप्रदायिक निर्वाचन प्रणाली प्रचलित हो और उत्तर-पश्चिम सीमा प्रांत को छोड़कर शेष 10 प्रांतों में कांग्रेस को मुसलमानों के लिए निर्धारित स्थानों में 2 प्रतिशत भी स्थान प्राप्त नहीं हुए हों केवल बहुमत के आधार पर मंत्रिमंडल का गठन सैद्धांतिक रूप में भले ही ठीक हो लेकिन व्यावहारिक रूप में इसका परिणाम दूरगामी तथा हानिकारक हुआ। इस मत के अनुसार कांग्रेस के राष्ट्रीय संस्था होने की जाँच का सबसे पहला अवसर 1937 ई. में था जिससे यह स्पष्ट अवश्य हुआ कि मुसलमानों की सदस्यता तथा नेतृत्व उपलब्ध होने के बाद भी कांग्रेस मुसलमानों में लोकप्रिय नहीं थी। लाहौर प्रस्ताव (पाकिस्तान प्रस्ताव) द्वारा प्रमुख सहायक कारक मुसलमानों के प्रभावशाली नेताओं की हिंदुओं के समान राजनीतिक अधिकारों की कल्पना थी।

सर सैयद के समय से विभिन्न प्रभावशाली नेताओं—मौलाना मोहम्मद अली, सर मोहम्मद इकबाल और मोहम्मद अली जिन्ना—ने बदली हुई परिस्थितियों में इस भावना को व्यक्त किया। जिन्ना एक अत्यंत कुशल वार्ताकार थे। 1940 ई. के पश्चात् जिन्ना पाकिस्तान की माँग का स्पष्टीकरण अन्य राष्ट्रीय नेताओं द्वारा सैद्धांतिक रूप में मान्यता के पश्चात् ही करना चाहते थे। लाहौर प्रस्ताव पास किए जाने के पश्चात् भी जिन्ना ने 1940-46 ई. के मध्य लीग और कांग्रेस के आपसी समझौते की आवश्यकता पर बल दिया। लेकिन इस समझौते का जिन्ना के अनुसार आधार केंद्रीय सरकार में हिंदू-मुस्लिम समानता थी। मुसलमानों को केंद्रीय प्रशासन में समानता देना यद्यपि जनसंख्या में वे एक चौथाई से अधिक नहीं थे, कांग्रेस द्वारा स्वीकार नहीं किया जा सकता था जहाँ एक ओर यह प्रजातांत्रिक सिद्धांतों के विरुद्ध था, दूसरी ओर इसका अर्थ कांग्रेस के राष्ट्रीय रूप को समाप्त कर देना था। बहुधा यह प्रश्न पूछा जाता है कि क्या भारत विभाजन 'अवश्यंभावी' था? सैद्धांतिक स्तर पर इसका उत्तर 'नहीं'

में ही दिया जा सकता है। लेकिन व्यावहारिक स्तर पर मुसलमान नेताओं की 'समानता' की माँग को अन्य किसी आधार पर पूरा ही नहीं किया जा सकता था।

ब्रिटिश सरकार के दृष्टिकोण में परिवर्तन (1939–1946)

सन् 1939 और 1946 के दौरान ब्रिटिश सरकार की नीति व दृष्टिकोण में काफी परिवर्तन आया। हालाँकि 1939 ई. के बाद भारत के विभिन्न प्रान्तों में घटनाओं का घटित होना कम नहीं हो रहा था तथा आने वाले 6–7 वर्षों के दौरान कुछ ऐसे अवसर पैदा हुए जब कि ईमानदारी के साथ यदि अंग्रेज प्रशासक भारतीय समस्या का हल ढूँढ़ना चाहते तो ढूँढ़ सकते थे। लेकिन वे भारत की स्वाधीनता के मार्ग में विभिन्न बाधाएँ खड़ी करना चाहते थे जिससे उनका भारत पर नियंत्रण अधिक से अधिक समय तक रह सके। विभिन्न प्रांतों में कांग्रेसी मंत्रिमंडलों के त्यागपत्र दे देने से लिनलिथगो को अत्यधिक स्वतंत्रता मिल गई। उसने लीग और अन्य अंग्रेज समर्थक तत्त्वों पर अधिक आश्रित होना आरंभ कर दिया। कांग्रेस मंत्रिमंडलों का त्यागपत्र न केवल लीग और अंग्रेजों के गठबंधन तथा मुसलमानों पर जिन्ना को नियंत्रण बढ़ाने में निर्णायक सिद्ध हुआ बल्कि भारतीय राजनीतिक गतिविधियों को प्रभावित करने की भी क्षमता कांग्रेस के हाथों से जाती रही। इन घटनाओं के अनुभव के आधार पर यह कहा जा सकता है कि कांग्रेस मंत्रिमंडलों का त्यागपत्र देना बड़ी भारी गलती थी। कांग्रेस ने गवर्नर जनरल से युद्ध संबंधी उद्देश्यों का स्पष्टीकरण करने के लिए कहा था और लिनलिथगो से सांप्रदायिक समस्या के हल को उसके साथ जोड़ दिया।

8 अगस्त, 1940 का प्रस्ताव : 1940 ई. के पूर्वार्द्ध में द्वितीय विश्व युद्ध में जर्मनी को अत्यधिक सफलता मिली। जर्मनी ने डेनमार्क, नार्वे, हालैंड, बेल्जियम, फ्रांस आदि पर सफलता प्राप्त कर ली और ऐसा प्रतीत होता था कि शायद इंग्लैंड पर भी शीघ्र सफलता मिल जाएगी। कांग्रेस वर्किंग कमेटी कुछ शर्तों पर पुनः पद ग्रहण करने के पक्ष में थी जिससे युद्ध संचालन में इंग्लैंड का समर्थन किया जा सके। लेकिन वे अंग्रेज सरकार से उसकी नीति और भारतीय संवैधानिक प्रगति के संबंध में वक्तव्य चाहते थे। लिनलिथगो इस समय तक पूरी तरह से प्रतिक्रियावादी और कांग्रेस को पीछे धकेलने की नीति का समर्थक हो चुका था। अपनी 8 अगस्त, 1940 ई. की घोषणा में उसने निम्नलिखित तथ्यों पर विशेष बल दिया।

1. गर्वनर जनरल की सलाहकार कौंसिल का विस्तार तुरंत ही किया जाएगा और विभिन्न दलों के तथा विचारधाराओं के व्यक्ति सम्मिलित किए जाएँगे।
2. अल्पसंख्यकों की स्वीकृति के अभाव में सरकार किसी भी संवैधानिक परिवर्तन को लागू नहीं करेगी और न ही सरकार की शक्ति का प्रयोग उन अल्पसंख्यकों को दबाने में लगाया जाएगा।
3. युद्ध समाप्ति के पश्चात् विभिन्न भारतीय हितों तथा दलों के प्रतिनिधियों की एक बैठक बुलाई जाएगी जिसमें संवैधानिक विकास पर विचार किया जाएगा।

उपरोक्त विवेचित तीनों प्रस्तावों ने अल्पसंख्यकों की समस्या के समाधान को राष्ट्रीय स्वतन्त्रता के मार्ग में सबसे बड़ी बाधा उत्पन्न कर दी थी। अल्पसंख्यकों को किसी भी प्रगति अथवा परिवर्तन के लागू करने में 'वीटो' का अधिकार प्रदान कर देने से देश विभाजन के लिए यह घोषणा बीजारोपण सिद्ध

हुई। लिनलिथगो ने मुस्लिम लीग और जिन्ना को दुराग्रही और हठी बना दिया। अगस्त, 1940 ई. के प्रस्तावों से उन्हें वह सब कुछ मिल गया जो अब तक कभी नहीं मिला था। अंग्रेजी साम्राज्य की सुरक्षा के प्रति कांग्रेसी नेता सतर्क थे और सहयोग देने के लिए तैयार थे। इस घोषणा ने अंग्रेजी कू+टनीति के प्रति अविश्वास को अत्यधिक बढ़ा दिया। लिनलिथगो ने अपनी कार्यकारिणी का विस्तार करने में भी एक वर्ष लगाया। अंग्रेजी नीति की ईमानदारी के संबंध में भारतीय नेताओं का विश्वास प्राय: समाप्त हो रहा था और जो कुछ कमी थी वह इंग्लैंड के प्रधानमंत्री चर्चिल ने 9 सितंबर, 1941 ई. को पूरी कर दी जब उसने इंग्लैंड संसद में यह घोषणा की कि एटलांटिक चार्टर (मित्र राष्ट्रों के युद्ध के उद्देश्यों संबंधी घोषणा) भारत पर लागू नहीं होगा। इस वक्तव्य के पश्चात् भारतीय नेताओं का यह विश्वास दृढ़ हो गया कि इंग्लैंड भारतीय स्वतंत्रता ईमानदारी से स्थापित नहीं करना चाहता।

जापान विजय तथा क्रिप्स योजना

जापान को 1942 ई. के प्रारंभिक दौर में पूर्वी एशिया में भारी सफलता मिली की। अंग्रेजी सेनाओं को सिंगापुर, मलाया से भागना पड़ा और बर्मा में भी कई स्थानों से हटना पड़ा। जापान ने यह प्रचार आरंभ किया कि वह भारत को अंग्रेजी नियंत्रण से मुक्त कराने आ रहा था। भारतीय नेताओं का जापान के इस प्रचार में विश्वास नहीं था लेकिन साथ ही उनकी इंग्लैंड के प्रति सहानुभूति में भी कोई वृद्धि नहीं हुई। उनकी दृष्टि में जापान भी इंग्लैंड से कम साम्राज्यवादी नहीं था। इतना अवश्य हुआ कि अंग्रेजी शक्ति की अजेयता में से विश्वास उठ गया। जापानियों का रंगून पर 7 मार्च, 1942 में का लक्षण परिलक्षित होने लगा। 11 मार्च को चर्चिल ने युद्ध की बिगड़ती हुई दशा से प्रभावित होकर सर स्टेफर्ड क्रिप्स को भारत भेजने की घोषणा की। इस घोषणा के पीछे अमरीकी राष्ट्रपति रूजवेल्ट का भी काफी हाथ था। स्टेफर्ड क्रिप्स 23 मार्च, 1942 ई. को दिल्ली पहुँचा और उसने निम्न प्रस्तावों की 30 मार्च, 1942 ई. को घोषणा की।

क्रिप्स योजना को प्रमुख दो हिस्सों में बाँट सकते है। पहले भाग में युद्ध समाप्ति के पश्चात् भारत में डोमिनियन स्थापित करने की योजना थी और दूसरे भाग में तत्कालीन परिवर्तनों की व्यवस्था थी। पहले भाग में बताया गया कि युद्ध समाप्ति पर एक निर्वाचित संविधान सभा बुलाकर (जिसमें भारतीय राज्यों के प्रतिनिधि भी होंगे) नए संविधान की रूपरेखा तैयार की जाएगी। ब्रिटिश प्रशासन इस संविधान को निम्न दो शर्तों पर सम्पूर्ण रूप से पारित करेगी। पहली शर्त के अनुसार यदि कोई प्रांत उसे स्वीकार न करे तो वह वर्तमान स्थिति में बना रह सकता था और यदि वह प्रांत पूर्ण स्वतंत्रता चाहे तो अंग्रेज सरकार को कोई आपत्ति नहीं होगी। दूसरी शर्त के आधार पर इंग्लैंड और संविधान सभा में एक संधि होगी जिसमें अंग्रेजी सरकार द्वारा धार्मिक और जातीय अल्पसंख्यकों को दिए गए आश्वासनों का वर्णन होगा। यदि कोई भारतीय राज्य नए भारतीय संविधान को स्वीकार करना चाहे तो उसे अंग्रेजों के साथ एक नई संधि करनी पड़ेगी।

इस संविधान सभा का निर्वाचन समस्त नई निर्वाचित प्रांतीय विधान सभाओं के सदस्य का एक निर्वाचन मंडल बनाकर किया जाएगा। संविधान सभा के सदस्यों की संख्या विभिन्न विधान सभाओं के कुल सदस्यों का 1/10 होगी। दूसरे भाग में युद्ध के समय की व्यवस्था थी। देश की सुरक्षा और

प्रतिरक्षा का पूर्ण उत्तरदायित्व अंग्रेजों पर था लेकिन भारत सरकार और भारतीय नेताओं के सहयोग के बिना भारतीय जन धन की पूरी सहायता उपलब्ध नहीं हो सकती थी। इसलिए भारतीय नेताओं को विभिन्न स्तरों का सहयोग करने के लिए आमंत्रित किया गया।

क्रिप्स योजना ने मुस्लिम लीग की भागों को एक और बढ़ावा दिया और उसने भारत के विभिन्न प्रान्तों तथा राज्यों को अलग-अलग मान्यता दे दिया। कांग्रेस वर्किंग कमेटी ने 10 अप्रैल, 1942 ई. को अपने प्रस्ताव में यह स्वीकार कर लिया था कि यद्यपि कांग्रेस भारतीय एकता और अखंडता के लिए प्रयत्नशील रही है लेकिन वह किसी भी क्षेत्र के निवासियों को उनकी इच्छा के विरुद्ध भारतीय संघ में रहने के लिए विवश करने की इच्छुक नहीं है। लेकिन वास्तविक कठिनाई इस बात पर पैदा हुई कि तत्काल परिवर्तनों के संबंध में क्रिप्स ने पहले यह आश्वासन दिया था कि गवर्नर जनरल की कार्यकारिणी एक मंत्रिपरिषद की भाँति कार्य करेगी। लेकिन लिनलिथगो ने इसका विरोध किया वैसे भी चर्चिल वास्तविक सत्ता भारतीयों को सौंपना ही नहीं चाहता था। चर्चिल ने क्रिप्स द्वारा भारतीय नेताओं को दिए गए आश्वासनों का समर्थन नहीं किया फलस्वरूप क्रिप्स योजना असफल रही। क्रिप्स ने 11 अप्रैल की घोषणा में अपनी असफलता का उत्तरदायित्व कांग्रेस पर डाल दिया और अल्पसंख्यकों ने कांग्रेस की ओर से शंका और संदेह को बढ़ावा दिया।

चर्चिल ने क्रिप्स योजना का भरपूर लाभ उठाया और उस अमरीकी राष्ट्रपति रूजवेल्ट के दबाव से मुक्ति मिल गई उसने ऐसा दिखाया कि भारत में वैधानिक परिवर्तन के मार्ग में मुख्य बाधा नेताओं के मतभेद अथवा उनकी अत्यधिक महत्त्वाकांक्षा थी। वे ही क्रिप्स की असफलता के लिए उत्तरदायी कारण थे। वास्तव में चर्चिल स्वयं किसी भी वैधानिक परिवर्तन के पक्ष में नहीं था। इसलिए उसने क्रिप्स के प्रस्तावों का समर्थन नहीं किया।

क्रान्तिकारी-आंतकवादी आन्दोलन तथा आजाद हिन्द फौज का गठन

हालांकि यह आन्दोलन 19वीं सदी के अन्त में और 20वीं सदी के आरंभ में चला था। इस आन्दोलन को सशस्त्र विद्रोह का नाम भी दिया जा सकता है। भारतीय राष्ट्रीय आंदोलन में अहिंसात्मक आंदोलन तथा सत्याग्रह के साथ-साथ सशस्त्र विद्रोह की भावना भी काफी प्रबल थी। 1920-30 के मध्य उत्तरी भारत के विभिन्न प्रांतों में क्रांतिकारियों का आंदोलन काफी महत्त्वपूर्ण था। इन क्रांतिकारियों का लक्ष्य केवल अधिकारियों की हत्या ही नहीं था अपितु सामान्य जनता में अहिंसात्मक आंदोलन से उत्पन्न निष्क्रियता को दूर करना था। इनका यह भी विश्वास था कि अहिंसात्मक प्रयत्न पर्याप्त नहीं थे। 'इंकलाब जिंदाबाद' का नारा देश में इन क्रांतिकारियों की ही देन था। भगतसिंह और बटुकेश्वर दत्त ने केंद्रीय विधान सभा भवन में बम फेंककर उस व्यापक असंतोष की अभिव्यक्ति की जो भारतीय जनता में फैला हुआ था। क्रांतिकारियों ने कुछ तकनीकी ज्ञान भी प्राप्त कर लिया था जिससे आवश्यकता पड़ने पर अंग्रेजी साम्राज्य के प्रशासन में बाधाएँ उत्पन्न की जा सकें। 1942 ई. के आंदोलन में पूर्वी भारत में संचार व्यवस्था को भंग करने में आवश्यक रूप से इन क्रांतिकारियों की प्रमुख भूमिका थी।

सुभाषचन्द्र बोस ने कांग्रेस दल के नेताओं से विशेषकर गाँधी जी से मनमुटाव होने की वजह से कांग्रेस दल से इस्तीफा दे दिया और इसके बाद उन्होंने अप्रैल, 1939 ई. में फारवर्ड ब्लाक का

निर्माण किया। अंग्रेज सरकार ने उनकी क्रांतिकारी गतिविधियों पर रोकथाम रखने के लिए उन्हें जुलाई, 1940 ई. में कैद कर लिया। सुभाष बोस ने जेल में अनशन आरंभ कर दिया और उनकी स्थिति बिगड़ती देखकर उन्हें जेल से 5 दिसंबर, 1940 ई. को मुक्त कर दिया गया। उन्हें उनके मकान में पुलिस की कड़ी निगरानी में रखा गया। 17 जनवरी, 1941 ई. को सुभाष बोस कलकत्ता से भाग निकले यद्यपि इस बात का पता 10 दिन बाद चला।

सुभाषचंद्र बोस पेशावर, काबुल, मास्को होते हुए बर्लिन पहुँचे (28 मार्च, 1941)। हिटलर के प्रमुख सलाहकार रिबेंट्रोप के साथ सुभाष बोस ने अंग्रेज विरोधी कार्य करना आरंभ किया और भारतीय युद्धबंदियों से एक सेनादल तैयार किया। 1941 ई. के उत्तरार्द्ध से जापान ने पूर्वी एशिया को अपने अधिकार में कर लिया और अंग्रेजी साम्राज्य का नियंत्रण क्षेत्र कम होता चला गया। सिंगापुर, मलाया और बर्मा पर जापानी सेनाओं का कब्जा हो गया।

जापान में एक भारतीय क्रांतिकारी रासबिहारी बोस 1915 ई. से रह रहे थे। वह जापान के नागरिक बन चुके थे। उनके नेतृत्व में 28–30 मार्च, 1942 ई. में टोक्यों में एक सम्मेलन हुआ जिसमें 'इंडियन नेशनल आर्मी' के गठन का निर्णय लिया गया। साथ ही एक इंडियन इंडिपेंडेंस लीग की भी स्थापना की गई जिसमें भारत से बाहर रहने वाले भारतीय सम्मिलित थे। इस लीग का अधिवेशन बैंकाक में जून, 1942 ई. में हुआ। विभिन्न प्रस्तावों में से एक के अनुसार सुभाष बोस को पूर्वी एशिया आने के लिए आमंत्रित किया गया। दिसंबर, 1941 ई. में अंग्रेजी सेना उत्तरी मलाया में हार गई और कप्तान मोहनसिंह एक छोटी सैनिक टुकड़ी के साथ एक जंगल में गिरफ्तार कर लिए गये। काफी चर्चा होने के बाद मोहनसिंह के नेतृत्व में आई.एन.ए. का गठन आरंभ हुआ। सिंगापुर के जापानियों के नियंत्रण में आने के पश्चात् बहुत से भारतीय सैनिकों ने आई.एन.ए. में सम्मिलित होना स्वीकार किया। औपचारिक रूप से आई. एन.ए. (आजाद हिंद फौज) की स्थापना 1 सितंबर, 1942 ई. को हुई। 8 फरवरी, 1943 ई. को सुभाष चन्द्र बोस एक जर्मन पानी के जहाज में सवार होकर जापान के लिए रवाना हुए और टोक्यो जा पहुँचे। 4 जुलाई को सुभाष ने आई.एन.ए. और इंडिपेंडेंस लीग का नेतृत्व सँभाल लिया। 21 अक्तूबर, 1943 ई. को नेताजी सुभाष बोस ने अस्थाई भारत सरकार की स्थापना सिंगापुर में की।

सुभाष बोस ने जापान के सेनाध्यक्षों को इस बात के लिए सहमत कर लिया कि आजाद हिंद फौज की चुनी हुई टुकड़ियाँ जापानी सेना के साथ मिलकर भारत–बर्मा सीमा पर युद्ध करें। शाहनवाज खाँ आजाद हिंद फौज की पहली ब्रिगेड के कमांडर हुए। फरवरी, 1944 ई. से जून, 1944 ई. तक बड़ी सफलतापूर्वक आजाद हिंद फौज की तीन ब्रिगेडों ने जापानियों के साथ मिल कर अंग्रेजों के विरुद्ध युद्ध किया और अपनी बहादुरी तथा कौशल का परिचय दिया। इस बीच अमरीकी नौसेना ने प्रशांत महासागर में जापान की स्थिति को कठिन बनाना आरंभ किया। जापान जून, 1944 ई. के बाद आगे न बढ़ सका और उसे बर्मा से अपनी सेना हटानी पड़ी। आई.एन.ए. के सैनिकों तथा कमांडरों को अंग्रेजों ने 1945 ई. में बंदी बना लिया। 18 अगस्त, 1945 ई. को एक जहाज की दुर्घटना में सुभाष चन्द्र बोस जी का देहान्त हो गया।

उपलब्धि : आजाद हिन्द फौज अल्पावधि तथा कम क्षेत्रों में प्रभावशाली रूप से कार्य को अन्जाम

दे सकी। अंग्रेजों के पुनः बर्मा और पूर्वी एशिया पर नियंत्रण हो जाने के बाद इस फौज के सैनिकों को बंदी बना लिया गया। अंग्रेजों ने विद्रोहों के लिए उन सैनिकों तथा उनके कमांडरों पर दिल्ली के लाल किले में मुकदमा चलाया। इस घटना से शायद अंग्रेजों को यह आशा थी कि वे आजाद हिंद फौज को भारत में अपमानित कर सकेंगे। लेकिन उन्हें सबसे बड़ा धक्का उस समय लगा जबकि सारे भारत में उन सैनिकों की सराहना की गई। भारत में प्रायः सभी विचारधारा के नेताओं ने विदेशी शासकों के विरुद्ध संघर्ष करने की कम या अधिक प्रशंसा की और इस भावना को राष्ट्रीयता का सफल प्रतीक कहा। इसके विपरीत उन भारतीय सैनिकों के प्रति (जिन्होंने अंग्रेज भक्ति के कारण आजाद हिंद फौज में सम्मिलित होना ठीक नहीं समझा) कोई सहानुभूति जनता द्वारा व्यक्त नहीं की गई। इससे अंग्रेजों को यह पता चला कि भविष्य में वे भारतीय सेना की भारत के विरुद्ध अंग्रेजों के प्रति भक्ति पर निर्भर नहीं रह सकते। सेना में राष्ट्रीयता की भावना का प्रतीक आजाद हिंद फौज थी। संभवतः अंग्रेजों के भारत छोड़ने के निर्णय पर इस अनुभव का प्रभाव पड़ा।

भारत-पाक बँटवारे की भूमिका

सरकार को यह बात स्पष्ट हो गयी थी बिना मुस्लिम लीग की सहमति के भारत की समस्या का समाधान करना सम्भव नहीं है। राजा गोपालाचारी जो कि कांग्रेस एवं मुस्लिम लीग के समझौते के पूर्ण पक्षधर थे ने इन दोनों के मध्य समझौता के लिए एक फार्मूला प्रस्तुत किया जिसके बारे में नीचे जानकारी दी गयी है–

राजगोपालाचारी (सी.आर.) फार्मूला (1944) : भारतीय स्वतन्त्रता संग्राम में राजगोपालाचारी का एक प्रमुख योगदान रहा। वे मद्रास (चेन्नई) राज्य के एक यर्थाथवादी तथा बहुत ही कर्मठशील नेता थे 10 अप्रैल, 1942 ई. को पास किए गए कांग्रेस वर्किंग कमेटी के प्रस्ताव में भारत विभाजन के सिद्धांत को परोक्ष रूप में स्वीकार कर लिया गया था। वह इसे प्रत्यक्ष रूप से पास करना चाहते थे। इस प्रश्न पर मतभेद होने से 1943 ई. में उन्होंने कांग्रेस दल से तथा वर्किंग कमेटी से अपना त्यागपत्र भी दे दिया। लिनलिथगो के स्थान पर लार्ड वेवल अक्टूबर, 1943 ई. में भारत के गवर्नर जनरल बने। 10 जुलाई, 1944 को राजगोपालाचारी ने देश की सांप्रदायिक समस्या को सुलझाने के लिए एक फार्मूला प्रकाशित किया जो उनके नाम से प्रसिद्ध है। इस फार्मूल में निम्नलिखित तथ्य सम्मिलित थे।

1. मुस्लिम लीग भारतीय स्वतंत्रता की माँग का समर्थन करे।
2. युद्ध समाप्ति के पश्चात् एक कमीशन उत्तर-पश्चिमी तथा उत्तर-पूर्वी भारत में उन क्षेत्रों को निर्धारित करे जहाँ मुसलमान स्पष्ट बहुमत में हैं। उस क्षेत्र में एक जनमत द्वारा यह निर्णय किया जाए कि वे भारत से अलग होना चाहते हैं अथवा नहीं।
3. देश विभाजन की स्थिति में आवश्यक विषयों–प्रतिरक्षा, संचार, आवागमन आदि–के लिए दोनों में कोई समझौता हो जाए।
4. ये बातें उसी स्थिति में स्वीकृत होंगी जब अंग्रेज पूर्ण रूप से भारत को स्वतंत्र कर देंगे।

इस फार्मूला को उस समय नेताओं ने स्वीकार नहीं किया लेकिन अंततः उसी आधार पर भारत का विभाजन हुआ।

गाँधी-जिन्ना वार्ता (1944) : गाँधी और मुस्लिम लीग के नेता जिन्ना में भारत में व्याप्त सांप्रदायिक समस्या के सन्दर्भ में बातचीत शुरू हुई। दो सप्ताहों से अधिक समय तक चलने के पश्चात् भी यह वार्ता असफल रही। गाँधीजी ने सी.आर. फार्मूला की भाँति पंजाब और असम के विभाजन की बात कही जिसे जिन्ना ने स्वीकार नहीं किया। जिन्ना द्वारा मुसलमानों के पृथक् कौम (नेशन) होने की बात गाँधीजी ने नहीं मानी। गाँधीजी बँटवारे को स्वीकार करने के लिए तैयार थे लेकिन उसी भाँति जैसे एक संयुक्त परिवार के सदस्य पारिवारिक संपत्ति का बँटवारा करा लेते हैं। दोनों नेताओं में इस बात पर भी मतभेद था कि बँटवारा स्वतंत्रता प्राप्ति के पूर्व हो अथवा बाद में। जिन्ना यह बँटवारा पहले चाहते थे गाँधीजी बाद में। गाँधीजी इस बात के इच्छुक थे कि दोनों राज्यों में कुछ सम्मिलित विषयों के प्रबंध की भी व्यवस्था हो। इस वार्ता के असफल होने से समस्त लाभ जिन्ना को हुआ। जहाँ एक ओर देश विभाजन की समस्या अधिक चर्चा का विषय बनी दूसरी ओर गाँधीजी के साथ वार्ता के बाद जिन्ना का अखिल भारतीय महत्त्व अत्यधिक बढ़ा। मुसलमानों के बहुसंख्यक प्रांतों के विभिन्न नेताओं के समक्ष भी अब कोई विकल्प नहीं रहा और वे जिन्ना के नेतृत्व को स्वीकार करने पर सहमत होने लगे। उनके लिए जिन्ना के बढ़ते हुए महत्त्व को रोकना कठिन होता गया।

वेवेल योजना एवं शिमला सम्मेलन (25 जून 1945 से 14 जुलाई 1945 तक) : लार्ड वेवल वे मार्च, 1945 ई. को इंग्लैंड पहुँचे और भारत की समस्याओं पर बातचीत करके जून में भारत आये 14 जून, 1945 ई. को वेवल ने भारतीय नेताओं के एक सम्मेलन के विषय में घोषणा की और 25 जून से शिमला सम्मेलन में भारतीय नेताओं को वार्ता के लिए बुलाया। साथ ही कांग्रेस वर्किंग कमेटी के सदस्यों को जेल से छोड़ने के आदेश भी प्रसारित कर दिए। सम्मेलन ने निम्नलिखित उद्देश्यों की घोषणा की—

1. सांप्रदायिक समस्या का हल जो भारत की संवैधानिक प्रगति में मुख्य बाधा थी।
2. गवर्नर जनरल की एक नई कार्यकारिणी कौंसिल का गठन जिसमें सभी राजनीतिक विचारधारा का प्रतिनिधित्व हो। इस कौंसिल में मुसलमानों और हिंदुओं (हरिजनों को छोड़कर) को समान प्रतिनिधित्व दिया जाएगा। गवर्नर जनरल और सेनाध्यक्ष को छोड़कर शेष सभी सदस्य भारतीय होंगे। विदेश विभाग भी भारतीय सदस्यों को सौंप दिया जाएगा। इस कौंसिल का कार्य युद्ध संचालन, प्रशासन तथा नए संविधान निर्माण पद्धति का निर्णय करना होगा।

सम्मेलन की विफलता 25 जून, 1945 से 14 जुलाई, 1945 तक यह वार्ता सम्मेलन जारी रहा परन्तु कोई हल नहीं निकला। इस सम्मेलन की विफलता का प्रमुख कारण यह रहा कि जिन्ना ने यह दावा प्रस्तुत किया कि समस्त मुसलमान लीग द्वारा ही मनोनीत होने चाहिए। इस आधार पर कांग्रेस अध्यक्ष मौलाना अबुल कलाम आजाद भी कौंसिल के सदस्य नहीं हो सकते थे। अनुसूचित जातियों के प्रतिनिधियों ने कांग्रेस द्वारा प्रस्तुत सदस्यों के नाम पर आपत्ति की और पृथक् नामांकन करने का अधिकार माँगा। इन मतभेदों के अतिरिक्त वेवल ने विभिन्न दलों से नामों की एक सूची प्रस्तुत करने के लिए कहा और उसमें से निर्धारित संख्या में चयन का अधिकार अपने लिए सुरक्षित रखा। इस पर लीग सहमत नहीं हुई।

इस वार्ता सम्मेलन की विफलता का प्रमुख जिम्मेदार जिन्ना की अपेक्षा वेवल थे। यदि वेवल जिन्ना के दृष्टिकोण को इतना अधिक महत्त्वपूर्ण मानता था तो उसे पहले जिन्ना और कांग्रेस अध्यक्ष से

समझौता कर लेना चाहिए था। जिस प्रकार शिमला सम्मेलन में विचार-विमर्श हुआ उसका परिणाम जिन्ना को एक ऐसा 'वीटो' का अधिकार प्रदान करना था जिससे उसका महत्त्व अत्यधिक बढ़ा। इस सम्मेलन से केंद्र में हिंदू-मुस्लिम समानता भी जिन्ना को उपलब्ध हो गई। अब भारत विभाजन और निकट दिखाई देने लगा। वेवल ने मुसलमानों के नामों की सूची स्वयं तैयार की थी और इसमें कांग्रेस का एक भी मुसलमान सदस्य नहीं था। चार मुस्लिम लीग के और एक युनियनिस्ट दल का सदस्य था। जिन्ना ने इसे स्वीकार नहीं किया। सम्मेलन असफल रहा।

शिमला सम्मेलन के निर्णय को, लीग द्वारा अस्वीकृत कर दिए जाने पर वेवल ने सम्मेलन को समाप्त घोषित कर दिया। इसका एक कारण यह था कि इंग्लैंड में मंत्रिमंडल में कुछ परिवर्तन हो रहे थे। लेबर दल अलग हो चुका था। चर्चिल सत्ताधारी था और उसे आगामी निर्वाचनों में सफल होने की पूरी आशा थी। वह लीग के बिना कांग्रेस द्वारा मंत्रिमंडल बना लेने पर सहमत नहीं था। इसलिए भारत सचिव ने 14 जुलाई को सम्मेलन समाप्त करने की सलाह दी।

शिमला सम्मेलन में हिस्सा लेने का औचित्य कांग्रेस अध्यक्ष मौलाना आजाद ने यह बताया था कि युद्ध खत्म होने के बाद इंग्लैंड को भारतीय सहयोग की कोई विशेष आवश्यकता न होती। लेकिन यह तर्क भ्राँतिपूर्ण है। जहाँ एक ओर कांग्रेसी नेताओं ने 1942 ई. में क्रिप्स प्रस्तावों के समय इंग्लैंड की स्थिति को अत्यधिक निराशाजनक समझने में गलती की वहाँ 1945 ई. में उसकी स्थिति को दृढ़ समझने में भी भूल की। वास्तव में इंग्लैंड में आर्थिक संकट तथा अंतर्राष्ट्रीय स्तर पर इंग्लैंड के घटते हुए प्रभाव के विषय में भारतीय नेताओं को पर्याप्त ज्ञान नहीं था। कंजर्वेटिव दल का जाते-जाते यह उपहार था कि उसने कांग्रेस-लीग समानता को मनवा लिया तथा कांग्रेस को केवल एक हिंदू संस्था के रूप में प्रस्तुत कर दिया। क्रिप्स प्रस्तावों की अपेक्षा शिमला सम्मेलन में कम सुविधाओं का आश्वासन होते हुए भी कांग्रेस का बातचीत के लिए तैयार होना कुछ अप्रासंगिक ही था।

चुनाव (1946) : इंग्लैंड में जुलाई 1945 ई. में चुनाव हुआ जिसमें लेवर पार्टी को बहुमत प्राप्त हुआ। उसने भारत की प्रांतीय तथा केंद्रीय विधान सभाओं के लिए आगामी शरद ;तु से निर्वाचन कराने की घोषणा की। दिसंबर, 1945 ई. में केंद्रीय विधान सभा के निर्वाचन का परिणाम आ गया। कांग्रेस को सामान्य स्थानों पर और लीग को मुसलमानों के लिए आरक्षित स्थानों पर भारी सफलता मिली। 1934 ई. में हुए निर्वाचन की तुलना में नेशनलिस्ट मुसलमानों तथा स्वतंत्र सदस्यों को करारी हार मिली।

	कांग्रेस	मुस्लिम लीग	स्वतंत्र	नेशनलिस्ट दल	यूरोपीयन	सिक्ख	योग
1934	36	25	21	10	8	0	100
1945	57	.30	5	0	8	2	102

इसी प्रकार प्रांतों में मुस्लिम लीग को मुसलमानों के लिए 492 स्थानों में 425 (86% से अधिक) स्थान मिले।

भारत में हुए इस चुनाव से यह स्पष्ट हो गया कि कांग्रेस अथवा नेशनलिस्ट दल का मुसलमानों में कोई विशेष प्रभाव नहीं था और भारतीय मुसलमानों का वास्तविक प्रतिनिधित्व मुस्लिम लीग ही

करती थी। 18 फरवरी, 1946 ई. को भारतीय नौसेना के एक भाग ने प्रजातीय विभेद तथा अन्य असुविधाओं के लिए विद्रोह कर दिया और उसके तुरंत बाद ही बंबई शहर में एक विद्रोह हुआ। अगले ही दिन लेबर दल के नेताओं ने उच्चस्तरीय मंत्रिमंडल का एक शिष्टमंडल (केबिनेट मिशन) भारतीय नेताओं से विचार-विमर्श के लिए भारत भेजने की घोषणा की। भारतीय नौसैनिकों की समस्या को वल्लभ भाई पटेल ने बड़ी कुशलता से सुलझा लिया। केबिनेट मिशन मार्च, 1946 ई. में भारत पहुँचा। इस मिशन के सदस्य थे—स्टेफर्ड क्रिप्स (अध्यक्ष, बोर्ड ऑफ ट्रेड) पैट्रिक लारेंस (भारत सचिव), ए. वी एलेक्जेंडर (नौसेना मंत्री)। इस मिशन के स्वागत के लिए भारत में उचित वातावरण था। इंग्लैंड के प्रधान मंत्री एटली ने 15 मार्च, 1946 ई. को हाउस आफ कामंस में कहा, 'हमें अल्पसंख्यकों के हितों का ध्यान है। उन्हें भय से मुक्त रहने का अवसर होना चाहिए लेकिन बहुसंख्यकों की प्रगति को रोकने को अल्पसंख्यकों को अधिकार नहीं दिया जा सकता।' यह 1940 ई. के प्रस्ताव से बिल्कुल भिन्न था। भारतीय स्वतंत्रता की समस्या इतनी जटिल ही नहीं होती यदि इंग्लैंड की सरकार अल्पसंख्यकों को इतना अधिक महत्त्व न देती।

मंत्रिमंडल मिशन (1946) : केबिनेट मिशन 24 मार्च, 1946 को भारत की वर्तमान राजधानी दिल्ली में विराजमान हुआ। पहले तीन सप्ताहों में विभिन्न राजनीतिक पक्षों, सरकार के अधिकारियों आदि से विचार-विमर्श होता रहा—जिन्ना को पहली बार यह अनुभव हुआ कि अंग्रेजी सरकार उसकी सहमति के बिना भी सत्ता हस्तांतरित करने को तैयार थी। 16 मई, 1946 ई. को मिशन ने अपने प्रस्ताव प्रकाशित कर दिए। विभिन्न दलों में समझौता न होते हुए भी मिशन ने भावी संविधान बनाने के लिए कुछ प्रस्ताव प्रकाशित किए जिले नीचे की पंक्तियों में स्पष्ट किया गया है—

1. संविधान निर्माण के लिए एक संविधान सभा का गठन किया जाए जिसमें प्रत्येक प्रांत को उसकी जनसंख्या के अनुपात में स्थान दिए जाएँ (10 लाख पर एक स्थान) अल्पसंख्यकों का अधिप्रतिनिधित्व समाप्त कर दिया गया। इस प्रकार कुल सदस्यों की संख्या 389 होगी जिसमें 93 भारतीय राज्यों के प्रतिनिधि होंगे।
2. भारतीय संघ की स्थापना की जाए जिसमें भारतीय राज्य तथा प्रांत सम्मिलित हों और इस संघ के पास प्रतिरक्षा, विदेशी संबंध तथा संचार व्यवस्था का उत्तरदायित्व रहे। संघ को स्पष्ट रूप से दिए हुए विभागों के अतिरिक्त समस्त अधिकार प्रांतों अथवा राज्यों को उपलब्ध रहेंगे।
3. प्रांतों को तीन समूहों में रखा गया, ग्रुप 'ए' में मद्रास, बंबई, यू.पी., बिहार सी.पी. और उड़ीसा थे। ग्रुप 'बी' में पंजाब, उत्तर-पश्चिमी सीमा प्रांत तथा सिंध थे। ग्रुप 'सी' में बंगाल और असम थे। तीनों ग्रुपों के प्रांतों के प्रतिनिधि अपने-अपने ग्रुप के लिए तथा अपने प्रांत के लिए संविधान बनाएँगे। यदि कोई प्रांत एक ग्रुप से निकलकर दूसरे ग्रुप में आना चाहे तो नए संविधान के अंतर्गत हुए निर्वाचनों के पश्चात् ऐसा कर सकेगा। दस वर्ष पश्चात् संविधान को पुनः संशोधित करने का अवसर होगा।
4. इस प्रकार से तैयार किए हुए संविधान को अंग्रेज सरकार पूरी तरह लागू करेगी।
5. पाकिस्तान की माँग के प्रति कुछ आपत्तियाँ थीं जिसके कारण मिशन ने इसे स्वीकार नहीं किया। सांप्रदायिक समस्या का हल पाकिस्तान के बनने से नहीं हो सकेगी क्योंकि दोनों राज्यों में

सांप्रदायिक अल्पसंख्यक बड़ी मात्रा में रहेंगे। प्रत्येक वह तर्क जो पाकिस्तान बनने के पक्ष में था वह ही हिंदू बहुसंख्यक जिलों अथवा क्षेत्रों को पाकिस्तान से अलग रखने के लिए भी दिया जा सकता था। पंजाब और बंगाल के विभाजन के बिना पाकिस्तान की रचना नहीं हो सकती थी। इन दोनों प्रांतों में जनमत विभाजन के विरुद्ध था। इसके अतिरिक्त सिक्ख दोनों राज्यों में विभक्त हो जाएँगे। प्रशासनिक, आर्थिक तथा सैनिक आधारों पर पाकिस्तान की माँग न्यायोचित नहीं थी।

6. पैरामाउंट्सी (भारतीय राज्यों के प्रति अंग्रेजी नियंत्रण का अधिकार) भारतीय संघ को नहीं दी जाएगी न ही वह अंग्रेजों के पास रहेगी।

मंत्रिमंडल मिशन की सबसे विशिष्ट उपलब्धि यह थी कि उसने कांग्रेस तथा लीग दोनों के दृष्टिकोण के मध्य एक मार्ग निकालने का प्रयत्न किया। कांग्रेस को संतुष्ट रखने के लिए संगठित भारत की व्यवस्था की गई और मुस्लिम लीग तथा भारतीय नरेशों को संतुष्ट करने के लिए उस संघ को दुर्बल रखा गया। संवैधानिक सभा का जनसंख्या के अनुपात में गठन किया गया। इसमें यूरोपियन सदस्यों को सम्मिलित नहीं किया गया। अंतरिम सरकार में समस्त उत्तरदायित्व भारतीयों को सौंप दिया गया और संविधान सभा को पूर्ण स्वतंत्रता तथा अधिकार दिए गए।

कैबिनेट मिशन की इस रूपरेखा में सबसे बड़ा अवगुण रहा है प्रान्तों को खण्ड में विभाजित करना। इस विभाजन के सन्दर्भ में दोनों राजनीतिक दलों में सबसे बड़ा मतभेद था। कांग्रेस के अनुसार प्रांतों को ग्रुप में रहना अथवा ग्रुप के संविधान को मानना आवश्यक नहीं था। मुस्लिम लीग के अनुसार प्रांतों को ग्रुप के बाहर रहने का अधिकार नहीं था। कैबिनेट मिशन तथा अंग्रेजी सरकार ने मुस्लिम लीग की व्याख्या को उचित ठहराया। कांग्रेस ने इस आधार पर इस योजना को स्वीकार नहीं किया।

16 जून, 1946 की घोषणा

हालाँकि मंत्रिमंडल मिशन योजना। भारत हेतु भावी संविधान से जुड़ी थी। तुरंत सत्ता हस्तांतरण के लिए एक अंतरिम सरकार की व्यवस्था की गई जिसमें 14 मंत्री—6 कांग्रेस (1 अनुसूचित जाति), 5 मुस्लिम लीग, 1 सिक्ख, 1 पारसी, 1 भारतीय ईसाई होंगे। कांग्रेस किसी मुसलमान सदस्य को मनोनीत नहीं करेगी। (आजाद ने स्वयं इस आशय का पत्र वेवल को लिखा था)। लेकिन कांग्रेस वर्किंग कमेटी ने इस योजना को अस्वीकृत कर दिया।

29 जून को मत्रिमंडल मिशन के सदस्य इंग्लैंड लौट गए। कांग्रेस ने 16 मई की योजना को स्वीकार कर लिया। 10 जुलाई को नेहरू ने एक वक्तव्य दिया जिसमें प्रांतों के ग्रुप की व्यवस्था की इस प्रकार से व्याख्या की गई कि 16 मई की योजना का अर्थ ही बदल गया। 29 जुलाई को मुस्लिम लीग कौंसिल ने इन योजनाओं को अस्वीकृत कर दिया और 16 अगस्त को 'डायरेक्ट एक्शन डे' के रूप में मनाने का निर्णय लिया। भारत सचिव ने मुस्लिम लीग के मना करने पर भी कांग्रेस को अंतरिम सरकार बनाने के लिए आमंत्रित किया। 8 अगस्त को कांग्रेस वर्किंग कमेटी के कांग्रेस अध्यक्ष नेहरू को मंत्रिमंडल बनाने के निमंत्रण को स्वीकार करने के आदेश दिए। लीग ने कांग्रेस के साथ मंत्रिमंडल में सम्मिलित होकर कार्य करने से मना कर दिया। 16 अगस्त से देश में सांप्रदायिक उपद्रवों का वह सिलसिला आरम्भ हुआ जिसमें लाखों जानों और करोड़ों की संपत्ति की हानि हुई। अंग्रेज सरकार ने

विभिन्न प्रांतों में आवश्यक सुरक्षा कार्यवाही नहीं की। बंगाल में जहाँ मुस्लिम लीग मंत्रिमंडल था सबसे अधिक उपद्रव हुए। 24 अगस्त, 1946 ई. को घोषणा की गई कि 2 सितंबर को अंतरिम मंत्रिमंडल को शपथ दिलाई जाएगी।

संविधान सभा और अंतरिम सरकार : 24 अगस्त, 1946 के बाद वेवल ने मुस्लिम लीग के पक्ष में बोलना प्रारंभ कर दिया और उधर वेबल और भारत के सचिव में मनमुटाव तीव्रगति से बढ़ने लगा। वेवल का कहना था कि मुस्लिम लीग को उसकी शर्तों पर शीघ्र मंत्रिमंडल में सम्मिलित कर लिया जाए। वेवल ने लीग को खुश करने के लिए संवैधानिक सभा का अधिवेशन स्थगित करने की सोची लेकिन उसका समर्थन भारत सचिव ने नहीं किया। लीग कौंसिल के 29 जुलाई, प्रस्ताव को वापस लिए बिना वेवल ने लीग को अंतरिम सरकार में सम्मिलित कर लिया। दोनों दलों के सम्मिलित हो जाने के बाद वेवल ने संयुक्त उत्तरदायित्व को स्थापित करने का कोई प्रयत्न नहीं किया। देश में मुस्लिम लीग द्वारा एक कठिन परिस्थिति पैदा की जा रही थी। एक ओर उसने संविधान सभा में भाग नहीं लिया, दूसरी ओर वह अंतरिम सरकार में सम्मिलित होकर कांग्रेस की नीतियों को समाप्त करना चाहती थी। लीग को महत्त्वपूर्ण विभागों में वित्त विभाग दिया गया था। नया बजट प्रस्तुत करते समय लियाकत अली ने उद्योगपतियों और व्यापारियों पर अत्यधिक कर लगाए। 1 लाख से अधिक आय पर 25 प्रतिशत आय कर लगाया गया। कहने के लिए ये कर कांग्रेसी उद्देश्यों—समाज में आर्थिक विषमताओं को दूर करना—की पूर्ति के लिए लगाए गए थे लेकिन इसमें सांप्रदायिक कारण छिपे हुए थे। अधिकांश व्यापारी और उद्योगपति हिंदू थे। उन पर अत्यधिक कर लगाए गए। इसके अतिरिक्त भाषा तथा आंतरिक व्यवस्था के संबंध में दोनों दलों में भारी मतभेद था। नवंबर, 46 से मार्च, 47 तक का अनुभव इस तथ्य को स्पष्ट करने में पर्याप्त था कि कांग्रेस तथा लीग मिलकर कार्य नहीं कर सकती थी। इस अनुभव से बहुत सीमा तक कांग्रेस में देश विभाजन के लिए जनमत बनना आरंभ हुआ।

एटली की 20 फरवरी, 1947 की घोषणा : भारत की बिगड़ती हुई स्थिति के बारे में इंग्लैंड मंत्रिमंडल अच्छी प्रकार से अवगत था। वेवल कांग्रेस-लीग मतभेद को इसी स्थिति में रखना चाहता था। एटली ने समस्या को हल करने का एकमात्र तरीका यह निकाला कि इंग्लैंड को भारत से अपना अधिकार समाप्त करने की एक निश्चित तिथि निर्धारित कर देनी चाहिए। इसलिए 20 फरवरी, 1947 ई. को एटली ने घोषणा की कि जून, 1948 ई. के पूर्व अंग्रेजी सरकार भारतीयों को सत्ता सौंप देगी और इस कार्य के लिए माउंटबेटन को भारत का गवर्नर जनरल बनाकर भेजा गया। एटली की इस नीति की कंजर्वेटिव दल ने संसद में भारी आलोचना की लेकिन अंततः यह नीति स्वीकृत हुई। 24 मार्च, 1947 ई. को माउंटबेटन ने गवर्नर जनरल का उत्तरदायित्व ग्रहण किया।

देश विभाजन की योजना या प्रस्ताव : माउंटबेटन को भारत में गवर्नर जनरल का पद संभालते ही यह समझने में देर न लगी कि कांग्रेस और मुस्लिम लीग में किसी एक संयुक्त नीति पर सहमति होने की संभावना नहीं के समान थी। बहुत विचार विमर्श के पश्चात् माउंटबेटन ने 3 जून, 1947 ई. को भारत विभाजन की योजना प्रकाशित कर दी। उसी दिन एटली ने इस योजना को इंग्लैंड की संसद के समक्ष देश किया जिसमें निम्नलिखित विशेषताएँ सम्मिलित थीं—

1. संविधान सभा द्वारा पारित संविधान भारत के उन भागों में नहीं लागू किया जाएगा जो इसे स्वीकार करने हेतु राजी न हों।
2. बंगाल और पंजाब में हिंदू तथा मुसलमान बहुसंख्या जिलों के प्रांतीय विधान सभा के सदस्यों की अलग-अलग बैठक बुलाई जाए और उसमें यदि कोई भी पक्ष प्रांत विभाजन की मन्सूबा बनाता है तो विभाजन हो जायेगा।
3. उत्तर पश्चिमी सीमा प्रांत में जनमत द्वारा यह पता लगाया जाए कि वह भारत के किस भाग के साथ रहना चाहेगा।
4. असम के सिलहट जिले से भी इसी प्रकार जनमत द्वारा निर्णय कराया जाए।
5. भारतीय नरेशों के प्रति पुरानी नीति रहेगी कि पैरामाउंटसी के अधिकार उन राज्यों को वापस लौटा दिये जाएँगे।

कांग्रेस और मुस्लिम लीग दोनों के नेताओं ने इस योजना या प्रस्ताव को मान लिया और देश के बंटवारे की तैयारी की। बंगाल, पंजाब में जिलों में विभाजन तथा सीमा निर्धारण का कार्य एक कमीशन के अधीन सौंपा गया जिसकी अध्यक्षता रेडक्लिफ ने की।

उपर्युक्त योजनानुसार एक कानून बनाया गया जिसे इंग्लैंड की संसद ने 16 जुलाई, 1947 ई. को पास कर दिया। इसके अनुसार देश को 15 अगस्त, 1947 ई. को दो डोमिनियनों में—भारत और पाकिस्तान—बाँट दिया जाएगा। दोनों डोमिनियनों को पूरी स्वतंत्रता तथा प्रभुसत्ता सौंप दी गई। बहुत बार यह प्रश्न पूछा जाता है कि राष्ट्रीय नेताओं ने देश विभाजन क्यों स्वीकार किया। इसका उत्तर उस अनुभव में निहित है जो 1937 और 1947 ई. के मध्य राष्ट्रीय नेताओं को हुआ। राष्ट्रीय नेताओं का 1946 ई. के पूर्व यह तर्क था कि पहले स्वतंत्रता मिलनी चाहिए और बाद में कांग्रेस और मुस्लिम लीग अपने झगड़ों को निपटा लेंगे। अंग्रेजी शासकों ने झगड़े को तय करने की पूर्व शर्त रखी थी। मुस्लिम लीग किसी भी शर्त पर बहुमत का नियंत्रण स्वीकार करने के लिए तैयार नहीं थी। इसलिए राष्ट्रीय नेताओं के समक्ष एक विकल्प अंग्रेजी नियंत्रण को और अधिक लंबी अवधि तक स्वीकार करने का था।

शायद यह विकल्प भी स्वीकृत होता लेकिन 1946-47 ई. के मध्य कांग्रेस लीग की मिली-जुली सरकार का अनुभव इतना अप्रिय था कि दोनों दलों में मिलकर सरकार संचालन की समस्त संभावनाएँ समाप्त हो गईं। सरदार पटेल ने यह स्पष्ट किया कि यदि भारत विभाजन पर कांग्रेस सहमत न होती तो एक पाकिस्तान के स्थान पर कई पाकिस्तान होते। अंग्रेजों के विशेषाधिकारों, भारतीय राज्यों पर पैरामाउंटसी के प्रयोग तथा लोकसेवाओं पर अंग्रेजी नियंत्रण ने भारतीय नेताओं को देश विभाजन स्वीकार करने पर बाध्य किया। पंजाब में उपद्रव के समय कुछ जिलाधीशों ने सांप्रदायिक दंगों को प्रोत्साहन दिया। गृहमंत्री होते हुए भी पटेल उन्हें स्थानांतरित नहीं करवा सके। भारतीय नरेशों पर नियंत्रण से राज्यों के साधनों का दुरुपयोग आरंभ हो चुका था। ऐसी स्थिति में अंग्रेजी साम्राज्य को शीघ्रतम समाप्त करवाना ही भारत के हित में था। देश विभाजन को स्वीकार करने में विलंब करने से देश का ही नाश हो जाता। भारत को स्वतन्त्रता तो मिल गयी परन्तु उसके सामने दो प्रमुख समस्याएँ थीं। पहली के राज्यों का

विलय और दूसरा भारत के लिये नवीन संविधान का निर्माण। इन दोनों समस्याओं के विषय में हम आगे विस्तृत रूप से प्रकाश डालेगें।

भारत के विभिन्न राज्यों की समस्या

सर्वप्रथम भारतीय राज्यों की विलय सम्बन्धी समस्याओं पर बातचीत गोलमेज सम्मेलन में शुरू की। 1935 ई. के अधिनियम में उन्हें भारतीय संघ में सम्मिलित होने का अधिकार भी दिया गया। लेकिन 1937 ई. में जब संघीय व्यवस्था को लागू करना चाहा तब भारतीय राज्यों की जटिल समस्या ने उसमें बाधा खड़ी कर दी। 1946 ई. में कैबिनेट मिशन ने यह घोषणा कर दी थी कि पैरामाउंटसी समाप्त कर दी जाएगी और भारतीय नरेश अपने संबंध स्थापित करने में पूरी तरह स्वतंत्र होंगे। सम्पूर्ण भारत में कुछ 562 राज्य स्थापित थे। इन राज्यों में भारत के 2/5 क्षेत्रफल पर 1/4 आबादी निवास करती थी। राज्यों में आपस में जनसंख्या, क्षेत्रफल तथा वित्तीय साधनों के आधार पर बड़ी विषमताएँ थीं। 20 राज्यों में कुल राज्यों की जनसंख्या का 2/3 और 542 राज्यों में शेष 1/3 जनसंख्या थी। 1858 ई. तक ईस्ट इंडिया कंपनी के राज्यों से संबंधों का विकास संधियों, सैनिक विजयों तथा परंपराओं के आधार पर था।

1858 ई. के पश्चात् क्राउन के साथ वह संबंध अस्पष्ट रहा। इस संबंध को पैरामाउंटसी से संबोधित किया जाता है। अंग्रेजी प्रशासन के सदा बढ़ते हुए हस्तक्षेप के लिए कोई न कोई औचित्य प्रस्तुत किया जाता था। राज्य के हित, समस्त भारत के हित, सामान्य जनता की भलाई, नए आदर्शों के लिए प्रयत्न आदि ऐसे तर्क थे जो किसी भी हस्तक्षेप को उचित सिद्ध कर सकते थे। कई बार वायसराय (गवर्नर जनरल का वह नाम जो भारतीय राज्यों के संदर्भ में प्रयोग होता था) ने इन राज्यों को उनकी वास्तविक स्थिति से अवगत कराया। सैद्धांतिक रूप में भारतीय राज्य आंतरिक मामलों में स्वतंत्र कहे जाते थे लेकिन वास्तव में प्रत्येक क्षेत्र में वे अंग्रेजी नियंत्रण में थे। 1946 ई. के पश्चात् ब्रिटिश प्रशासन के द्वारा जब यह घोषणा की गयी कि पैरामाउंटसी का अधिकार भारत के राज्यों पर से खत्म हो जायेगा परन्तु यह अधिकार भारतीय प्रशासन को नहीं सौपा जायेगा। तब भारतीय नरेशों ने यह स्वप्न देखने आरंभ किए कि वे पूरी तरह स्वतंत्र हो जाएँगे और फिर वे किन्हीं भी शर्तों पर भारत अथवा पाकिस्तान अथवा अन्य किसी राज्य के साथ संबंध स्थापित करने के लिए स्वतंत्र होंगे।

इस प्रकार अंग्रेज प्रशासकों ने भारतीय समस्या को जटिलतम बनाने में कोई कसर शेष नहीं रखी। एक अन्य समस्या यह थी कि इन राज्यों में वहाँ की जनता को कोई अधिकार नहीं थे। 1937 ई. के पश्चात् कुछ राज्यों में प्रजामंडल आंदोलन आरंभ हुए थे लेकिन कोई विशेष सफलता किसी राज्य में नहीं मिली। कैबिनेट मिशन ने भारतीय राज्यों को भी संविधान सभा में प्रतिनिधित्व उसी आधार पर देने का प्रस्ताव रखा जिस प्रकार प्रांतों को था अर्थात् 10 लाख जनसंख्या के आधार पर 1 प्रतिनिधि। 3 जून, 1947 ई. की माउंटबेटन योजना के अंतर्गत राज्यों के प्रति नीति का विकास अत्यंत आवश्यक हो गया।

सरदार पटेल की राज्य संबंधी नीति : सरदार पटेल की अध्यक्षता में 5 जुलाई, 1947 को स्टेट विभाग की स्थापना की गयी। उन्होंने राज्य नरेशों से अपील की कि भारत के सामूहिक हितों को ध्यान में रखते हुए वे देश की अखंडता को बनाए रखने में मदद करें। प्रतिरक्षा, विदेशी संबंध और संचार

व्यवस्था—इन तीन विषयों के संबंध में ही राज्यों को संघ में सम्मिलित होने के लिए कहा गया। उन्होंने नरेशों को विश्वास दिलाया कि कांग्रेस किसी प्रकार से राज्यों के आंतरिक मामलों में हस्तक्षेप करने को तैयार नहीं थी। उन्होंने मैत्री और सद्‌भावना का हाथ बढ़ाया। सांस्कृतिक तथा आर्थिक हितों की सामान्यता पर बल दिया। भारतीय राज्यों का भारतीय संघ में तीन विषयों के लिए भी सम्मिलित होना कितना कठिन था इसका अनुमान इस बात से हो सकता है कि 1937–39 ई. के मध्य ये राज्य इन तीन विषयों पर भी संघ में सम्मिलित नहीं हुए थे।

इसके अतिरिक्त 1947 ई. में दो अन्य कठिनाइयाँ भी थीं—एक जिन्ना द्वारा राज्यों को पथभ्रांत करना और दूसरा कुछ नरेशों का अपने आपको पूर्ण स्वतंत्र घोषित करने तथा दोनों डोमिनियनों से कू+टनीतिक संबंध स्थापित करने का प्रयत्न, जैसे भोपाल के नवाब द्वारा किया गया। लार्ड माउंटबेटन ने राज्य नरेशों को भौगोलिक तथा ऐतिहासिक बंधनों का स्मरण दिलाया और राज्यों को 1. इंस्ट्रूमेंट आफ एक्सेशन तथा 2. स्टेंडस्टिल एग्रीमेंट। इन दो दस्तावेजों पर हस्ताक्षर करने का सुझाव दिया है। यह इंस्ट्रेमेंट ऑफ एक्सेशन अथवा प्रवेशपत्र एक ऐसा पत्र था जिस पर कोई नरेश हस्ताक्षर करके भारतीय संघ में शामिल हो सकता था और प्रतिरक्षा, विदेशी मामले तथा यातायात एवं संचार व्यवस्था का उत्तरदायित्व संघीय सरकार को सौंप देता था। स्टेंडस्टिल एग्रीमेंट के अनुसार उस व्यावहारिक स्थिति को स्वीकृति प्रदान करना होता था जो अंग्रेजी साम्राज्य में केंद्रीय सरकार को उपलब्ध थी।

सरदार पटेल ने 15 अगस्त, 1947 ई. के पूर्व जूनागढ़, हैदराबाद और कश्मीर को छोड़कर अन्य सब राज्यों को भारतीय संघ में शामिल होने हेतु राजी करवा लिया। इस कार्य में सफलता का रहस्य यह था कि सरदार पटेल ने राजाओं को भौगोलिक, आर्थिक तथा जनता की इच्छाओं का ध्यान रखकर कार्य करने के लिए कहा। जूनागढ़ के शासक ने 15 अगस्त, 1947 ई. को पाकिस्तान में सम्मिलित होने की घोषणा की लेकिन जनता का असंतोष इतना अधिक बढ़ा कि उसे अपनी जान बचाने के लिए पाकिस्तान भाग जाना पड़ा और जूनागढ़ भारत में सम्मिलित हुआ। हैदराबाद का निजाम भी स्वयं को पूरी तरह स्वतंत्र समझता था। निजाम की सबसे बड़ी महत्त्वाकांक्षा अधिक से अधिक सोना, जवाहरात एकत्र करने की थी। ऐसा माना जाता है कि उसके पास निजी संपत्ति 300 करोड़ की थी। उसने राजसत्ता का अपने हाथों में केंद्रीयकरण किया हुआ था। वह प्रजातंत्र को अत्यंत दूषित प्रणाली समझता था और राजा के अधिकारों को दैवी मानता था। नवंबर, 1947 ई. में निजाम ने भारत के साथ स्टेंडस्टिल एग्रीमेंट पर हस्ताक्षर किए।

कश्मीर की समस्या अधिक जटिल रही। स्वतंत्रता प्राप्ति के शीघ्र बाद ही पाकिस्तान की ओर से कुछ कबाइलियों ने उस पर आक्रमण कर दिया। इस आक्रमण को कश्मीर का शासक रोकने में विफल रहा। आक्रमणकारी तेजी से आगे बढ़ते चले गए। राज्य को सुरक्षित रखने के लिए वहाँ के महाराजा ने 26 अक्टूबर, 1947 ई. को भारतीय संघ में सम्मिलित होना स्वीकार किया। भारतीय सेनाओं ने कश्मीर की सुरक्षा की उचित व्यवस्था की और आक्रमणकारियों को हटाकर पीछे धकेल दिया। 31 दिसंबर, 1947 ई. को भारत ने संयुक्त राष्ट्र संघ से अनुरोध किया कि वह पाकिस्तान को उत्तर-पश्चिमी कबाइलियों को भारत आक्रमण में सहायता देने से रोके। सुरक्षा परिषद इस समस्या को सुलझाने में

पूर्णतया असमर्थ रही। 1 जनवरी, 1949 ई. को भारत पाकिस्तान में युद्ध विराम पर हस्ताक्षर हुए। सुरक्षा परिषद द्वारा इस समस्या को सुलझाने में कोई प्रगति नहीं हुई।

लोकतांत्रिक प्रणाली की स्थापना

भारत के राज्यों में नरेशों के सम्मिलित होने के उपरान्त सरदार पटेल इन भारतीय राज्यों के अन्तर्गत प्रजातंत्रीय व्यवस्था स्थापित करने के पक्ष में थे। उन्होंने नरेशों को परामर्श दिया कि अंग्रेजी नियंत्रण को केवल जन आंदोलन के माध्यम से ही समाप्त किया गया था। इसलिए राजसत्ता का प्रयोग जनता द्वारा ही होना चाहिए। नरेशों के निरंकुश अधिकारों को अंग्रेजों द्वारा समर्थन मिलता था इसलिए वे बचे रहते थे। भारत सरकार ने नरेशों की निरंकुशता का समर्थन करने से इनकार कर दिया। साथ ही वह चेतावनी भी दी कि वह देश में अशांति तथा अव्यवस्था फैलने भी नहीं देगी।

इस प्रकार राज्यों के नरेशों को उनकी विवशता स्पष्ट दिखाई दी। दूसरी ओर सरदार पटेल ने नरेशों की सहमति प्राप्त करने के लिए उनकी व्यक्तिगत संपत्ति तथा अधिकारों को सुरक्षित रखने का आश्वासन दिया। सभी नरेशों ने सरदार की बात स्वीकार की और इस प्रकार एक रक्तहीन क्रांति को सफल बनाने में योगदान दिया। प्रजातंत्रीय प्रणाली की स्थापना से एक परिवर्तन होना स्वाभाविक ही था कि हर राज्य में यह क्षमता नहीं थी कि वह जनकल्याण के लिए साधन उपलब्ध करा सके। इसलिए छोटे राज्यों के अस्तित्त्व का औचित्य नहीं था। सरदार पटेल ने दो प्रकार की पद्धतियों को प्रोत्साहन दिया—बाह्य विलय तथा आंतरिक संगठन।

बाह्य विलय में छोटे-छोटे राज्यों को मिलाकर अथवा पड़ोसी प्रांतों में विलय करके एक बड़ा राज्य बनाना। आंतरिक संगठन के आधार पर इन राज्यों में प्रजातंत्रीय प्रणाली की स्थापना जिससे सामान्य जनता का सहयोग दैनिक प्रशासन में उपलब्ध हो सके। दिसंबर, 1947 ई. में उड़ीसा और छत्तीसगढ़ के 39 राज्यों का उड़ीसा तथा सी.पी. में विलय हुआ। बंबई प्रदेश के साथ 17 दक्षिणी राज्यों का फरवरी 1948 ई. में और गुजरात तथा काठियावाड़ राज्यों का जून, 1948 ई. में विलय हुआ। पूर्वी पंजाब, पटियाला तथा पहाड़ी राज्यों का एक संघ बनाया गया जिसे पेप्सू कहा गया। इसी आधार पर मत्स्य, विंध्य प्रदेश, राजस्थान का निर्माण किया गया। राजस्थान संघ बनाने में सबसे पहले दक्षिणी पूर्वी राज्यों ने—बाँसवाड़ा, बूंदी, डूँगरपुर, झालावाड़, किशनगढ़, कोटा, प्रतापगढ़, शाहपुरा और टोंक—भाग लिया। इसकी स्थापना 25 मार्च, 1948 ई. को हुई।

उदयपुर भी इस संघ में अप्रैल, 1948 ई. में सम्मिलित हुआ। शीघ्र ही राजस्थान के चार बड़े राज्यों— जयपुर, जोधपुर, बीकानेर, जैसलमेर—ने भी इस संघ में सम्मिलित होना स्वीकार कर लिया और 30 मार्च 1949 ई. को सरदार पटेल ने राजस्थान संघ का उद्घाटन किया। 15 मई, 1949 ई. को मत्स्य संघ भी राजस्थान में सम्मिलित हो गया। सरदार पटेल की सबसे बड़ी व अभूतपूर्व सफलता यह थी कि भारतीय राज्यों का बड़ी शन्तिपूर्ण ढंग से प्रान्तों या भारतीय संघों में सम्मिलित करना। केवल हैदराबाद में शांति स्थापना के लिए सेना को हस्तक्षेप करना पड़ा और वह भी इसलिए कि निजाम ने अपनी सेना के बल पर राज्य में अत्याचार आरंभ कर दिए थे। भारत विभाजन से जितने क्षेत्र तथा जनसंख्या की हानि हुई भारतीय राज्यों के विलय से वह क्षति पूरी हुई।

भारत की स्वतन्त्रता में सहायक तत्वों की भूमिका

भारतवासियों की एक महान उपलब्धि भारत की स्वतंत्रता थी। राष्ट्रीय जनजागरण तथा स्वतंत्रता आन्दोलन का भारतीय स्वतन्त्रता में सराहनीय योगदान था। गाँधीजी के नेतृत्व में साधारण जनता स्वतंत्रता के लिए जागरूक हो चुकी थी और वह सहयोग (जिसके बिना कोई विदेशी शासन अधिक समय तक नहीं चल सकता) समाप्त होना आरंभ हो चुका था। बाह्य रूप से यह दिखाई पड़ता है कि 1921-22 ई. का असहयोग आंदोलन, 1929-30 ई. का सविनय अवज्ञा आंदोलन तथा 1942 ई. का भारत छोड़ो आंदोलन अपने अपने उद्देश्यों को पूरा करने में विफल हो गये परन्तु इन आंदोलनों ने साम्राज्यवादी शासकों के साथ सहयोग और उनकी शक्ति में विश्वास समाप्त कर दिया। स्थानीय जनता के सहयोग के बिना कोई भी विदेशी सत्ता अपना नियंत्रण अधिक समय तक स्थापित नहीं रख सकती। एटली ने भी इंग्लैंड संसद में यह स्वीकार किया था कि इंग्लैंड भारत पर अपना नियंत्रण कुछ समय और अधिक स्थापित रख सकता था लेकिन उसके लिए बहुत अधिक अंग्रेजी सेना भारत भेजनी पड़ती। शांतिपूर्ण असहयोग और राष्ट्रीय आंदोलन का प्रभाव राष्ट्रव्यापी हो चुका था। इंग्लैण्ड को यह अच्छी तरह से मालूम था कि यदि असहयोग आन्दोलन सशस्त्र रूप धारण कर लेता है तो उसे काफी मुश्किलों का सामना करना पड़ सकता है।

राष्ट्रीय जागरण का प्रभाव इतना बढ़ गया था कि भारतीय सेना तथा पुलिस तक पहुँच चुका था। आजाद हिंद फौज के खुले मुकदमे से समस्त देश में उसके प्रति सहानुभूति पैदा हुई। इससे यह भी स्पष्ट हुआ कि देश में अंग्रेजों के विरुद्ध सेना के विद्रोह पर प्रशंसनीय माना गया। 1946 ई. में नौसेना के विद्रोह से भी यह सिद्ध होता था कि अंग्रेजी रंगभेद तथा प्रजातीय विभेद की नीति अब असह्य थी। 1946-47 ई. के सांप्रदायिक विद्रोह की घटनाओं से यह पता चलता था कि सेना, पुलिस तथा प्रशासन में सांप्रदायिक प्रभाव फैल चुका था और अंग्रेजों के लिए उसकी सहायता से अधिक समय प्रशासन चलाना कठिन था।

कुछ ऐसी सम्भावना बनने लगी थी कि इंग्लैण्ड भारत को स्वतन्त्र करने के लिये विवश होता जा रहा है। विवशता कई प्रकार से थी। विश्व में साम्राज्यवाद के विरुद्ध जनमत अधिक प्रबल हो रहा था। इंग्लैंड की आर्थिक स्थिति भी बिगड़ रही थी। उसे अमरीका से भारी मात्रा में ;ण लेना पड़ता था। युद्ध काल में भारत का भी ;ण इंग्लैंड पर चढ़ चुका था और व्यापार संतुलन भारत के पक्ष में था। इंग्लैंड में राजनीतिज्ञ इस बात से सहमत थे कि भारत पर नियंत्रण बनाए रखना बहुत महंगा पड़ेगा संभवतः कुछ वर्ष और नियंत्रण बनाए रखा जा सकता था लेकिन उसका कालांतर में प्रभाव हानिकारक होता। अंग्रेजी हितों की सुरक्षा के लिए भारत से अंग्रेजी नियंत्रण समाप्त करना ही लाभदायक था। अंग्रेजी प्रशासन की एक विवशता यह भी थी कि सांप्रदायिक भेदभाव को प्रोत्साहन देने के बाद अब वह इस विषैले तत्त्व को नियंत्रित रखने में असमर्थ था। लेबर दल ने विभाजन करके देश पर नियंत्रण समाप्त करना ही लाभदायक समझा।

2

भारतीय संविधान एवं भारतीय लोकतंत्र

भारतीय संविधान का निर्माण

भारतीय इतिहास में देश में संविधान का निर्माण काफी महत्त्व रखता है। कैबिनेट मिशन योजना के अनुसार संविधान सभा का अधिवेशन 9 दिसंबर, 1946 ई. को आरंभ हुआ। आरंभ में सभा के सदस्यों में इस बात पर वाद-विवाद हुआ कि संविधान सभा प्रभुसत्ता संपन्न थी अथवा नहीं। लेकिन इस सभा ने कार्य इस मान्यता के आधार पर ही किया कि वह प्रभुसत्ता संपन्न थी। संविधान निर्माण के लिए विभिन्न उपसमितियाँ बनाई गईं और एक ड्राफ्टिंग कमेटी डॉ. अंबेडकर की अध्यक्षता में नियुक्त की गई। संविधान का मसौदा तैयार हो जाने के पश्चात् इसे सामान्य जनता के विचार-विमर्श के लिए प्रकाशित किया गया। इस ड्राफ्ट पर पुनः विचार करते समय दो हजार से अधिक संशोधनों पर विचार-विमर्श हुआ। नवंबर, 1949 ई. में संविधान पास कर दिया गया और 26 जनवरी, 1950 ई. से देश में यह संविधान लागू कर दिया गया।

भारतीय संविधान के निर्माण में देश की समस्त समस्याओं व परिस्थितियों को ध्यान में रखा गया है। सम्भवतः यही कारण है कि यह विश्व के सभी लिखित संविधानों में सर्वाधिक लम्बा है। संघीय व्यवस्था को पहली बार स्थापित किया गया। नए भारत के निर्माण करने के लिए नए मौलिक अधिकारों तथा नीतियों का वर्णन करना भी आवश्यक था। बहुत सी ऐसी समस्याएँ थीं जो नई व्यवस्था के स्थापित करने तक के लिए आवश्यक थीं। संविधान निर्माता 1935 ई. के अधिनियम से भी प्रभावित थे। साथ ही वे एक नई सामाजिक आर्थिक व्यवस्था को वैधानिक व्यवस्था द्वारा ही स्थापित कर देना चाहते थे। इसलिए संविधान का आकार बहुत विस्तृत हो गया। इस संविधान की मुख्य विशेषताएँ निम्नलिखित हैं :

1. गणतंत्र की स्थापना : संविधान की प्रस्तावना के अनुसार भारत में एक प्रभुत्व संपन्न लोकतंत्रात्मक गणराज्य की स्थापना की गई है। गणराज्य शब्द का प्रयोग समस्त संविधान में केवल

प्रस्तावना में ही किया गया है। इस शब्द की स्पष्ट व्याख्या नहीं की गई है। गणराज्य का अभिप्राय राज्य के अध्यक्ष के निर्वाचन तक ही सीमित है, ऐसे राज्य में राज्याध्यक्ष वंशानुगत नहीं होगा। गणतंत्र की स्थापना से हमने इंग्लैंड के सम्राट से सब प्रकार के संवैधानिक संबंध विच्छेद कर लिए। कामनवेल्थ के सदस्य रहने पर भी हम इंग्लैंड के सम्राट की प्रधानता को नाममात्र में भी स्वीकार करने पर सहमत नहीं थे।

2. संघीय संविधान : भारतीय संविधान में संघ शब्द के प्रयोग के स्थान पर 'यूनियन' शब्द का प्रयोग किया गया लेकिन संघात्मक प्रणाली की मुख्य विशेषताएँ संविधान में विद्यमान हैं जैसे संघ तथा प्रांतों में कार्यक्षेत्रों तथा अधिकारों का विभाजन, संविधान की सर्वोच्चता, संविधान की व्याख्या करने के लिए सर्वोच्च न्यायालय की प्रधानता और संविधान परिवर्तन के लिए साधारण नियम की अपेक्षा विशेष पद्धति स्थापित करना। आर्थिक तथा दृढ़ प्रशासनिक विकास के लिए संघात्मक प्रणाली रखते हुए देश में एक शक्तिशाली केंद्र की स्थापना की गई है। प्रांतों के राज्यपालों का राष्ट्रपति (व्यावहारिक रूप में केंद्रीय सरकार) द्वारा नियुक्त किया जाना, अखिल भारतीय लोक सेवाओं की स्थापना, राज्यसभा द्वारा 'राज्य सूची' संबंधी अधिनियम बनाना तथा केंद्रीय प्रशासन को प्रांतों में संकटकालीन घोषणा करने और प्रांतीय प्रजातंत्रीय पद्धति के स्थान पर राज्यपाल का शासन लागू करने के अधिकारों से यह स्पष्ट होता है कि एक शक्तिशाली केंद्र की स्थापना की गई है। लेकिन इस व्यवस्था से संघीय प्रणाली पर अंतर नहीं पड़ता है क्योंकि राज्यों का अपना कार्यक्षेत्र निर्धारित है और वे केंद्रीय सरकार के एजेंट के रूप में कार्य नहीं करते हैं।

3. मौलिक अधिकार तथा नीति निर्देशक तत्त्व : भारतीय संविधान एक उदारवादी संविधान है। अंग्रेजी साम्राज्यवादी प्रशासन के निरंकुश स्वरूप के अनुभव के पश्चात् संविधान में मौलिक अधिकारों का वर्णन आवश्यक समझा गया। इन अधिकारों का वर्णन वैधानिक दृष्टि से बहुत महत्त्वपूर्ण है क्योंकि संविधान निर्माता इन अधिकारों को किसी बहुमत के विकल्प पर नहीं छोड़ना चाहते थे। इन अधिकारों को संविधान में बहुत स्पष्ट किया गया है। साथ ही उन पर लगे बंधनों का भी उल्लेख किया गया है। इन मौलिक अधिकारों संबंधी संशोधन भी पास किए गए हैं क्योंकि सामाजिक परिवर्तनों तथा आर्थिक विकास के मार्ग में ये अधिकार कुछ बाधाएँ प्रस्तुत करते थे। इन अधिकारों को न्यायालय द्वारा स्थापित किया जा सकता है। समानता, स्वतंत्रता, संपत्ति का तथा धार्मिक अधिकार नागरिकों को दिए गए हैं।

नीति निर्देशक तत्त्वों द्वारा यह स्पष्ट किया गया है कि स्वतन्त्रोपरान्त नये भारत का निर्माण किस रूप में होगा। इन तत्त्वों से एक व्यापक राजनीतिक, सामाजिक तथा आर्थिक कार्यक्रम की योजना प्रस्तुत की गई है जिसे लागू करने के लिए विभिन्न राज्य सरकारों को प्रयत्न करना है उनमें और मौलिक अधिकारों में मुख्य अंतर यह ही है कि नीति निर्देशक तत्त्वों को न्यायालयों द्वारा मनवाया नहीं जा सकता। कुछ आलोचकों ने इन नीति निर्देशक तत्त्वों की इसी आधार पर आलोचना भी की है लेकिन यह ठीक नहीं है। किसी भी राज्य में आर्थिक तथा सामाजिक समानता उस देश की राजनीतिक प्रजातंत्र को सुरक्षित रखने में सहायक है। नीति निर्देशक तत्त्वों से वास्तविक प्रजातंत्र की स्थापना को सुरक्षित रखा गया है। इनमें उस उत्तरदायित्व की व्याख्या की गई है जो राज्य तथा संघ की सरकारों को पूरा करना चाहिए। इनमें बहुत से सिद्धांत दूरगामी हैं उन्हें भी संविधान में इसलिए रखा गया है ताकि सामाजिक और आर्थिक परिवर्तनों को संवैधानिक तरीके से प्राप्त कर लिया जाए।

4. संसदात्मक सरकार : संविधान निर्माताओं ने अतीत के साथ संबंध विच्छेद नहीं किया है। 1946 ई. के पूर्व संवैधानिक सुविधाओं की माँग करते समय भारतीय नेता सदा उत्तरदायी कार्यकारिणी पर बल देते रहे। नए संविधान में भी उन्होंने संसदात्मक प्रणाली की स्थापना की। ऐसा करते समय मंत्रियों के केवल सामूहिक उत्तरदायित्व पर बल दिया है उनके व्यक्तिगत उत्तरदायित्व का वर्णन नहीं किया है। राष्ट्रपति के अधिकारों के संबंध में भी आरंभ में काफी चर्चा होती रही लेकिन अब यह निश्चित है कि वह एक संवैधानिक अध्यक्ष है।

5. न्यायपालिका की सर्वोच्चता : संघीय संविधान में तथा लिखित संविधान में विभिन्न राज्यों अथवा विधानसभाओं और न्यायालय अथवा कार्यपालिका में अथवा राज्यों और संघीय सरकार में संविधान की धाराओं के अर्थ समझने में मतभेद हो सकता है। इस विवाद को हल करने के लिए संविधान में सर्वोच्च न्यायालय को संविधान के सही अर्थ बताने का उत्तरदायित्व सौंपा गया है। अमरीकी संविधान की भाँति न्यायालय को संविधान का व्याख्याता तथा संरक्षक बना दिया गया है। न्यायालय की व्याख्या करते समय संविधान का रूप भी बदल सकता है जैसा कई प्रसिद्ध अवसरों पर हो चुका है।

6. धर्म निरपेक्ष राज्य : भारतीय संविधान में धर्मनिरपेक्षता पर बल दिया गया है। भारत विभाजन का औचित्य जिन्ना ने भारतीय मुसलमानों का धर्म के आधार पर एक कौम होना बताया था। स्वतंत्रता संघर्ष में राष्ट्रीय नेताओं ने धर्म पर आधारित राजनीति की भारी आलोचना की। इसलिए संविधान में धर्म को राजनीति से अलग कर दिया गया है। नागरिकों को धार्मिक विश्वास, पूजा की स्वतंत्रता, किसी भी धर्म के मानने, प्रचार करने अथवा परित्याग करने की स्वतंत्रता होगी। किसी भी व्यक्ति के साथ धर्म के आधार पर भेदभाव नहीं किया जाएगा। प्रत्येक धर्मावलंबियों को राज्य के हस्तक्षेप से मुक्त रखा गया है। अल्पसंख्यकों को अपनी संस्कृति, शिक्षा तथा धार्मिक संस्थाओं के संचालन का पूर्ण अधिकार होगा।

भारतीय संविधान के अध्याय तीन तथा चार के अन्तिम भागों में नागरिकों के मौलिक अधिकारों तथा कर्त्तव्यों का विवरण दिया गया है। इससे पूर्व संविधान के आरम्भ से पहले संविधान की प्रस्तावना का वर्णन है।

संविधान की प्रस्तावना भारत में एक प्रभुसत्ता-सम्पन्न, लोकतान्त्रिक, धर्मनिरपेक्ष, समाजवादी गणराज्य की स्थापना करता है तथा भारत के नागरिकों के लिए स्वतन्त्रता, समानता, न्याय एवं बन्धुत्व की भावना के साथ-साथ देश के अखण्डता की भी चर्चा करता है।

संविधान में नागरिकों को प्राप्त छः अधिकार बताए गए हैं—

1. समता का अधिकार—संविधान रंग, जाति, धर्म-क्षेत्र आदि की सामाजिक समानता, कानूनी समानता, राजनीतिक समानता का वर्णन करता है।

2. स्वतन्त्रता का अधिकार—इसके अन्तर्गत नागरिकों को विचार, भाषण, अभिव्यक्ति की स्वतन्त्रताएँ प्राप्त हैं, नागरिक बिना हथियारों के एकत्र हो सकते हैं, संघ-समुदाय बना सकते हैं, बिना किसी रोक-टोक के देश में कहीं भी आ-जा सकते हैं तथा कोई आजीविका, व्यवसाय, कार्य कर सकते हैं।

3. शोषण के विरुद्ध अधिकार—कोई भी व्यक्ति किसी का शोषण नहीं कर सकता है।

4. धार्मिक स्वतन्त्रता का अधिकार—यह अधिकार कोई भी धर्म अपनाने, उसके प्रचार करने तथा विश्वास की स्वतन्त्रता का आश्वासन देता है। धर्मनिरपेक्षता का विचार इस अधिकार से उत्पन्न हुआ है।

5. सांस्कृतिक व शिक्षा सम्बन्धी अधिकार—यह अधिकार अल्पसंख्यकों को उसकी संस्कृति बनाए रखने के अवसरों की गारन्टी देता है।

6. संवैधानिक उपचारों का अधिकार—यह अधिकार संविधान के द्वारा प्रदत्त मूल अधिकारों की सुरक्षा हेतु प्रभावी कार्यविधियाँ प्रतिपादित करता है। नागरिकों की रक्षा की जिम्मेदारी न्यायालयों पर छोड़ता है। हमारे मौलिक अधिकार असीमित नहीं हैं। न्यायालयों ने हमारे अधिकारों की रक्षा का दायित्व अच्छी तरह निभाया है।

मौलिक कर्त्तव्यों में संविधान तथा उसके आदर्शों की रक्षा, प्रभुता, एकता तथा अखण्डता की रक्षा, बन्धुत्व का प्रसार, स्त्रियों के मान-सम्मान की रक्षा, सांस्कृतिक विरासत की देखरेख आदि सम्मिलित हैं।

संविधान की प्रस्तावना

संविधान की प्रस्तावना संविधान का सार होती है। भारतीय संविधान के लेखकों ने भी संविधान के आरम्भ में प्रस्तावना का वर्णन किया है। भारतीय संविधान की प्रस्तावना में इस बात का उल्लेख है कि भारत के नागरिक इस देश में किस प्रकार की प्रशासकीय व्यवस्था स्थापित करने का प्रयत्न करते हैं तथा अपने लिए किन आधारभूत आदर्शों की कामना करना चाहते हैं। इस दृष्टि से संविधान की प्रस्तावना का अपना एक विशेष महत्त्व तथा स्थान है।

भारतीय संविधान की प्रस्तावना का संक्षिप्त विवरण निम्न प्रकार है—

हम भारत के लोग, भारत को एक सम्पूर्ण, प्रभुत्व-सम्पन्न, समाजवादी, धर्मनिरपेक्ष, लोकतांत्रिक गणराज्य बनाने के लिए तथा उसके समस्त नागरिकों को सामाजिक, आर्थिक तथा राजनैतिक न्याय, विचार, अभिव्यक्ति, विश्वास, धर्म और उपासना की स्वतन्त्रता, प्रतिष्ठा तथा अवसर की समानता प्राप्त करने के लिए तथा उन सब में व्यक्ति की गरिमा और राष्ट्र की एकता तथा अखण्डता सुनिश्चित करने वाली बन्धुता बढ़ाने के लिए दृढ़संकल्प होकर अपनी इस संविधान सभा में आज तारीख 26 नवम्बर, 1949 को संसद द्वारा इस संविधान को अंगीकृत, अधिनियमित और आत्मार्पित करते हैं।

संविधान में दी गई प्रस्तावना के विश्लेषण से जो प्रमुख बातें स्पष्ट होती हैं उनका वर्णन निम्न प्रकार किया गया है—

1. संविधान का स्रोत
2. शासन की प्रकृति
3. संविधान लक्ष्य
4. संविधान अपनाए जाने की तिथि

1. संविधान के स्रोत—संविधान की प्रस्तावना के अध्ययन से संविधान के स्रोत का पता चलता है। प्रस्तावना के प्रथम तथा अन्तिम शब्द उदाहरणतया 'हम भारत के लोग' इस संविधान को अंगीकृत,

अधिनियमित तथा आत्मार्पित करते हैं, यह संकेत करते हैं कि संविधान का स्रोत स्वयं भारतीय जनता है तथा संविधान का निर्माण स्वयं भारतीय जनता ने अपने द्वारा निर्मित संविधान सभा द्वारा किया है। लेकिन इस बारे में विभिन्न अवेहलनाकर्ताओं अथवा आलोचकों का मत है कि यह स्रोत आम जनता के माध्यम से निर्माण की गयी संविधान सभा नहीं थी बल्कि ब्रिटिश सरकार द्वारा थोपी गई वह संविधान सभा थी, जिसकी रचना 1935 के अधिनियम के अन्तर्गत बनाई गई प्रान्तीय विधानपालिकाओं के सदस्यों ने की थी, जो स्वयं सार्वजनिक वयस्क मताधिकार के आधार पर नहीं चुने गए थे। आलोचकों की धारणा है कि संविधान सभा का स्वरूप प्रतिनिध्यात्मक नहीं था। फलस्वरूप ऐसी संविधान सभा द्वारा रचित संविधान एक थोपा गया संविधान था। **डॉ. के. वी. राव** के अनुसार कांग्रेस पार्टी ने भारत में यह संविधान थोपा है, क्योंकि संविधान सभा में कांग्रेस सदस्य सर्वाधिक संख्या में थे जिसके परिणामस्वरूप कांग्रेस का निर्णय ही संविधान सभा का निर्णय बन जाया करता था। संविधान सभा की कार्यवाही से भी स्पष्ट होता है कि संविधान सम्बन्धी नियमों पर न केवल सीमित वाद-विवाद होता था बल्कि किसी भी नियम पर जनता के विचार जानने का प्रयत्न नहीं किया गया था। केवल इतना ही नहीं, जब संविधान का प्रारूप तैयार हो गया तो उसे जनता का समर्थन प्राप्त करने के लिए लोकमत संग्रह कराना एक अव्यावहारिक युक्ति कहा गया।

हालांकि समस्याओं के अतिरिक्त भी एक विचार पेश किया जाता है कि संविधान सभा भारतीयों का उचित अर्थों में प्रतिनिधित्व कर रही थी। यह बताया जाता है कि संविधान सभा में प्रत्येक प्रकार के धर्म, जाति, हित, व्यवसाय, भाषा आदि को प्रतिनिधित्व प्राप्त था और यदि सार्वजनिक वयस्क मताधिकार पर चुनाव कराया भी जाता तो इतनी शुद्ध तथा प्रतिनिध्यात्मक संस्था न बन पाती, जितनी कि कैबिनेट मिशन योजना के अन्तर्गत संविधान सभा बनाई गई थी।

2. शासन की प्रकृति—भारतीय संविधान की रूपरेखा व प्रस्तावना में भारत में निर्माणित शासकीय प्रबन्ध पर प्रकाश डाला गया है। प्रस्तावना में भारत को प्रभुसत्ता-सम्पन्न, समाजवादी, धर्म-निरपेक्ष, लोकतन्त्रात्मक, गणराज्य घोषित किया गया। इससे यह स्पष्ट होता है कि संविधान को लागू होने के पश्चात् भारत की स्थिति अधिराज्य की न रहकर संयुक्त राज्य अमेरिका तथा अन्य स्वतन्त्र राज्यों के जैसी हो जाएगी। अपने आन्तरिक क्षेत्र में तथा बाहरी क्षेत्र में भारत पूर्णरूप से स्वतन्त्र होगा। यदि भारत किसी अन्तर्राष्ट्रीय संस्था का सदस्य है तो उसकी सदस्यता भारतीय सार्वभौमिकता के विरुद्ध नहीं समझी जा सकती। राष्ट्रमण्डल की सदस्यता के फलस्वरूप भारत ने इंग्लैण्ड की महारानी के प्रति अपनी निष्ठा प्रकट की है, परन्तु इससे उसकी प्रभुसत्ता पर कोई बन्धन नहीं आता। राष्ट्रमण्डल राज्यों का एक ऐच्छिक समझौता है। ठीक उसी प्रकार भारत संयुक्त-राष्ट्र का भी सदस्य है और उसके अपनाए गए निर्णयों के प्रति अपनी निष्ठा प्रकट करता है, परन्तु संयुक्त राष्ट्र की सदस्यता भारत पर किसी बाहरी प्रभाव का परिणाम नहीं है बल्कि भारतीयों की अपनी इच्छा का फल है।

प्रशासकीय स्वरूप में 'लोकतन्त्रीय' शब्द का प्रयोग न केवल राजनैतिक बल्कि सामाजिक तथा आर्थिक दृष्टिकोण से भी किया गया है। राजनैतिक दृष्टि से भारत में सभी प्रशासकीय इकाइयाँ लोकतांत्रिक आधार पर बनाई जाएँगी और सामाजिक तथा आर्थिक दृष्टि से समता पर आयोजित व्यवस्था का निर्माण किया जाएगा। लोकतांत्रिक शब्द का मूल सार इस नियम पर आधारित था कि

प्रत्येक व्यक्ति का एक मत होगा तथा प्रत्येक व्यक्ति का अपना सामाजिक अस्तित्त्व तथा महत्त्व होगा। इस सम्बन्ध में यह उल्लेखनीय है कि जहाँ राजनैतिक क्षेत्र में 'प्रत्येक व्यक्ति प्रत्येक वोट' सिद्धान्त को स्वीकार किया गया था वहाँ आर्थिक क्षेत्र में इस प्रकार की समानता को नहीं माना गया। प्रारूप समिति के सभापति **डॉ. अम्बेडकर** ने इस प्रकार की त्रुटि पर प्रकाश डालते हुए कहा था कि हम 26 जनवरी, 1950 को आत्मविरोधी जीवन में प्रवेश कर रहे हैं। राजनीति में समानता का एक वोट तथा एक मूल्य को स्वीकार करेंगे। सामाजिक तथा आर्थिक अधिकारों में अपने सामाजिक तथा आर्थिक व्यवस्था के फलस्वरूप, एक व्यक्ति-एक मूल्य सिद्धान्त की अवेहलना करेंगे...जितनी जल्दी हो सके, हमें इस आत्मविरोधी आधारहीन बात को शीघ्र ही समाप्त करना चाहिए, नहीं तो वे असमानता के फलस्वरूप जो कष्ट सहेंगे, इस संविधान सभा द्वारा बनाए गए लोकतन्त्र को समाप्त कर देंगे।"

संविधान के 42वें संशोधन के द्वारा इसमें समाजवाद, धर्मनिरपेक्ष एवं अखण्डता शब्द को शामिल किया गया और भारत में साम्यवाद की स्थापना, लक्ष्य रखा गया है। भारत की संविधान सभा में भी इस विषय पर विचार-विमर्श हुआ कि क्या भारत को समाजवादी राज्य घोषित किया जाए? अत: भारतीय संविधान के निर्माताओं ने यह अनुभव किया कि संविधान को किसी एक विचारधारा से बाँधना उचित नहीं होगा। केवल यही नहीं, अपितु संविधान सभा में समाजवादी विचारधारा के नेतृत्व का भी अभाव था। महत्त्वपूर्ण नेताओं में जवाहरलाल नेहरू ही इस विचार के समर्थक थे तथा विरोधी नेतृत्व सरदार पटेल कर रहे थे। अत: उस समय 'समाजवाद' संविधान की प्रस्तावना में नहीं जोड़ा गया। भारतीय गरीबी को देखते हुए यह विचारधारा बल पकड़ती चली गई कि समाजवाद का मार्ग भारत के लिए सर्वोत्तम रहेगा, इसलिए भारतीय संविधान के 42वें संशोधन के अनुसार प्रस्तावना में ''समाजवाद'' शब्द जोड़ा गया। आलोचकों का कथन है कि ''समाजवाद'' शब्द प्रस्तावना में लिखने से व्यवहार में कोई विशेष अन्तर नहीं आता है। प्रथम, ''समाजवाद'' क्या है यह स्पष्ट नहीं है। द्वितीय, प्रस्तावना ''न्यायोचित'' नहीं है।

भारतीय संविधान के 42वें संशोधन द्वारा संविधान की प्रस्तावना में ''धर्म-निरपेक्ष शब्द भी जोड़ा गया है। इस संशोधन से पूर्व भी भारतीय संविधान में काफी धारणाएँ ऐसी हैं जो ''धर्मनिरपेक्ष'' राज्य की धारणा का आधार थीं भारत में रहने वाले प्रत्येक व्यक्ति के साथ धर्म के आधार पर कोई भेदभाव नहीं किया जाएगा तथा प्रत्येक व्यक्ति को धार्मिक स्वतन्त्रता प्रदान की जाएगी राज्य की ओर से किसी एक धर्म को विशेषरूप से प्रोत्साहन नहीं दिया जाएगा। 42वें संशोधन में निरपेक्षता की धारणा को सुदृढ़ किया गया है।

प्रशासकीय व्यवस्था में, 'गणराज्य' शब्द का समावेश यह संकेत करता है कि भारत में राज्य का अध्यक्ष जनता का प्रतिनिधि होगा। भारत में राष्ट्रपति का चुनाव पाँच वर्षों के लिए एक निर्वाचक-मण्डल द्वारा होता है जिसमें संसद तथा राज्य विधान सभाओं के चुने हुए सदस्य भाग लेते हैं। इस सम्बन्ध में यह ध्यातव्य है कि किसी लोकतन्त्रीय राज्य में राज्य का अध्यक्ष वंशगत आधार पर भी चुना जा सकता है। इंग्लैण्ड तथा जापान लोकतन्त्रीय राज्य हैं, परन्तु यहाँ सम्राट वंशगत आधार पर चुने जाते हैं।

3. संविधान का लक्ष्य—भारतीय संविधान की प्रस्तावना में कुछ एक लक्ष्यों का वर्णन भी मिलता है, जिनकी उपलब्धि की इच्छा जताई गयी है। भारतीय संविधान के निम्नलिखित प्रमुख लक्ष्य हैं—

(i) न्याय—भारतीय संविधान की प्रस्तावना में निम्न न्याय का विवरण मिलता है—

अ. सामाजिक न्याय

ब. आर्थिक न्याय

स. राजनैतिक न्याय।

अ. सामाजिक न्याय का अर्थ सभी प्रकार की सामाजिक विषमताओं का अंत है। एक भारतीय का कोई भी धर्म हो, वह कोई भी भाषा बोलता हो, उसका सम्बन्ध किसी भी जाति से हो, यह सब बातें बाद की बातें हैं, सर्वप्रथम प्रत्येक व्यक्ति भारतीय समाज का सदस्य है।

ब. आर्थिक न्याय का अर्थ ऐसे आर्थिक ढाँचे से है जहाँ प्रत्येक भारतीय को आजीविका के साधन उपलब्ध हो सकें, किसी का आर्थिक शोषण न हो, आर्थिक तथा भौतिक साधनों का केन्द्रीयकरण कुछेक हाथों में न हो तथा समाजवादी ढंग के समाज की स्थापना सम्भव हो पाए।

स. राजनैतिक न्याय का अर्थ है कि प्रत्येक भारतीय को शासन सम्बन्धी मामलों में समान रूप से भाग लेने का अधिकार प्राप्त हो, कोई भी व्यक्ति सार्वजनिक पद प्राप्त करने के लिए चुनाव लड़ सकता है।

(ii) स्वतन्त्रता—भारतीय संविधान की प्रस्तावना में विचार, अभिव्यक्ति, विश्वास, धर्म तथा उपासना की स्वतन्त्रता का वर्णन मिलता है। विचार तथा अभिव्यक्ति सम्बन्धी स्वतन्त्रता का अर्थ न केवल विचार रखने की स्वतन्त्रता है, बल्कि इन विचारों को प्रकट करने का भी पूर्ण अधिकार है। विश्वास, धर्म तथा उपासना सम्बन्धी स्वतन्त्रता से यह संकेत मिलता है कि धर्म तथा राजनीति को अलग-अलग रखने का प्रयास किया गया है तथा प्रत्येक भारतीय धर्म, विश्वास तथा उपासना सम्बन्धी विषयों में पूर्ण स्वतन्त्र होगा।

(iii) समानता—भारतीय संविधान की प्रस्तावना में खोखली समता के स्थान पर समता से अभिप्राय राज्य द्वारा दिए गए अवसर की समानता है। प्रत्येक व्यक्ति की प्रतिष्ठा दूसरे व्यक्ति के समान समझी जाएगी।

(iv) बंधुत्व—भारतीय संविधान की प्रस्तावना में न्याय, स्वतन्त्रता तथा समता की कामना का उद्देश्य प्रत्येक व्यक्ति की गरिमा प्राप्त करना है। व्यक्तिगत गरिमा का उद्देश्य विविधता में एकता बनाए रखना है। 42वें संशोधन के अनुसार प्रस्तावना में एकता के साथ अखण्डता शब्द भी जोड़ा गया। इससे एकता की धारणा को निश्चित किया गया है।

संविधान में दिए गए इन उद्देश्यों के फलस्वरूप व्यक्ति के व्यक्तित्त्व को समानता देना है तथा ऐसे समाज की कामना करना है।

4. संविधान अपनाए जाने की तिथि—भारत का संविधान 26 नवम्बर, सन् 1949 में ही बन गया था, लेकिन 26 जनवरी, 1950 को इसे लागू किया गया इसका मुख्य कारण यह था कि 20 वर्ष पूर्व कांग्रेस पार्टी ने अपने लाहौर अधिवेशन (दिसम्बर 1929) में पूर्ण स्वराज्य के उद्देश्य को अपनाते

हुए 26 जनवरी, 1930 को ब्रिटिश राज से मुक्ति के लिए स्वतन्त्रता दिवस मनाया तथा उसके पश्चात् प्रत्येक 26 जनवरी को वह स्वतन्त्रता दिवस मानती आई थी। पर जब 15 अगस्त, 1947 को स्वतन्त्रता प्राप्त हुई तो 26 जनवरी के ऐतिहासिक महत्त्व को बनाए रखने के लिए, 26 जनवरी, 1950 को संविधान लागू किया गया।

निष्कर्ष—संविधान की प्रस्तावना सम्बन्धी बातों की व्याख्या से स्पष्ट हो जाता है कि प्रस्तावना संविधान का एक महत्त्वपूर्ण भाग है, क्योंकि इससे हमें संविधान सम्बन्धी अनेक विशेषताओं का ज्ञान होता है। संविधान सभा के एक सदस्य **पण्डित ठाकुरदास भार्गव** ने बड़े सुन्दर ढंग से प्रस्तावना के विषय में कहा था—"प्रस्तावना संविधान का एक अतिमूल्यवान भाग है। यह संविधान की आत्मा है, यह संविधान की कुँजी है। यह एक ऐसा यन्त्र है जिससे संविधान को मापा जा सकता है। संविधान की सभी 395 धाराएँ प्रस्तावना रूपी पैमाने से मापी जा सकती हैं तथा ये धाराएँ जो प्रस्तावना रूपी यन्त्र पर ठीक उतरें वह उचित हैं तथा अन्य जो ठीक न उतरें, व्यर्थ समझी जाएँगी।"

संविधान में इन अधिकारों को मौलिक अधिकार कहा गया है। ये संविधान के महत्त्वपूर्ण अंग हैं, जिन्हें विधानमण्डल जब भी चाहे, जैसे भी चाहे, बदल नहीं सकते। इन अधिकारों का संशोधन संविधान द्वारा प्रस्तुत प्रक्रिया द्वारा होता है। ये अधिकार इस कारण भी मौलिक कहे गए हैं कि इन अधिकारों के प्रयोग के फलस्वरूप भारतीय नागरिक अपनी उन्नति तथा विकास की चरम सीमा तक पहुँच सकते हैं। दूसरे शब्दों में संविधान में दिए गए अधिकार भारतीय नागरिकों की उन्नति के लिए मौलिक समझे गए हैं तथा उनका लागू किया जाना कानूनी रूप से आवश्यक माना गया है।

समानता का अधिकार—भारतीय संविधान में पांच धाराएं ऐसी हैं जो समानता के अधिकार से जुड़ी हुई हैं वे धाराएं इस प्रकार हैं—धारा 14, 15, 16, 17, 18, प्रमुख रूप से इन धाराओं में सामाजिक व आर्थिक समानता के अधिकार पर जोर दिया गया है।

(i) **भेदभाव का अंत**—धारा 15 के प्रथम भाग उपभाग के अनुसार राज्य किसी नागरिक के विरुद्ध केवल धर्म, नस्ल, जाति, लिंग, जन्म-स्थान अथवा इनमें से किसी आधार पर किसी भी नागरिक को (अ) दुकानों, सार्वजनिक भोजनालयों, होटलों, मनोरंजनों के स्थानों में प्रवेश से नहीं रोकेगा((ब) पूर्ण अथवा आंशिक रूप से राज्य निधि द्वारा प्रेरित या साधारण जनता के लिए बनवाए गए कुओं, घाटों, स्नान घाटों, सड़कों तथा सार्वजनिक समागम के स्थानों के उपभोग से वंचित नहीं करेगा।

धारा 15 के दो उपवाद हैं। प्रथम उपवाद तो आरम्भ से ही संविधान में सम्मिलित था, परन्तु उपवाद दो को प्रथम संशोधन (1951) के फलस्वरूप संविधान में जोड़ा गया था। ये उपवाद निम्न हैं—

1. राज्य महिलाओं तथा बच्चों के लिए विशेष उपबन्धन की व्यवस्था कर सकता है।
2. शिक्षा तथा सामाजिक दृष्टि से पिछड़े हुए वर्ग, अनुसूचित जातियों तथा अनुसूचित जनजातियों की उन्नति के लिए राज्य किन्हीं विशेष उपबन्धों की व्यवस्था कर सकता है। राज्य की ओर से उठाए गए ऐसे कदम धारा 15 तथा 29 के दूसरे उपभाग के विरुद्ध नहीं समझे जाएँगे।

(ii) **अवसर की समानता**—धारा 16 के प्रथम भाग उपभाग द्वारा यह कहा गया है कि सब नागरिकों के लिए सरकारी पद पर नियुक्ति के लिए समान अवसर उपलब्ध होंगे। इसी धारा के दूसरे उपभाग में यह स्पष्ट किया गया है कि केवल धर्म, नस्ल, जाति, लिंग, उद्भव जन्म स्थान अथवा इनमें

से किसी आधार पर किसी नागरिक के लिए न तो आपव्रता होगी और न ही विभेद किया जाएगा, परन्तु इस धारा में प्रदत अधिकार के अनेक उपवाद हैं जिनका उल्लेख निम्न प्रकार है—

1. राज्य के अधीन किसी भी सेवा से सम्बन्धित कोई भी कर्मचारी किसी भी धर्म तथा सम्प्रदाय से सम्बन्ध रख सकता है।
2. संसद चाहे तो कानून द्वारा किसी राज्य के अथवा स्थानीय पद को वहीं के निवासियों के लिए आरक्षित कर सकती है।
3. यदि राज्य के विचार में पिछड़े तथा दलित वर्गों के लिए राज्य के अधीन सेवाओं में पर्याप्त प्रतिनिधित्व नहीं है तो वह उन जातियों के लिए नियुक्तियों तथा पदों को आरक्षित करने का अधिकार रखता है।

(iii) **कानून के समक्ष समानता**—धारा-14 में स्पष्ट किया गया है कि राज्य किसी भी व्यक्ति को कानून के सम्मुख समानता अथवा कानूनों की समान सुरक्षा से वंचित नहीं करेगा। इस धारा की व्याख्या करते हुए सर्वोच्च न्यायालय ने अनेक मुकदमों में निर्णय देते हुए यह विचार प्रकट किया है कि भारतीय राज्य क्षेत्र में रहने वाले सभी व्यक्तियों के लिए समान कानून लागू हों तथा समान परिस्थितियों में सभी व्यक्तियों के साथ कानून का व्यवहार एक समान हो। दूसरे शब्दों में इसका अर्थ यह है कि ऐसी परिस्थितियों की स्थापना हो जिसके फलस्वरूप भेदभावपूर्ण कानूनों की रचना सम्भव न हो।

(iv) **उपाधियों का अन्त**— यह धारा सामाजिक समानता की ओर एक और कदम है जिसमें यह कहा गया है कि सेना अथवा विद्या सम्बन्धी उपाधि के अतिरिक्त और कोई उपाधि राज्य की ओर से प्रदान नहीं की जाएगी। भारत का कोई भी नागरिक किसी विदेशी राज्य से कोई उपाधि स्वीकार नहीं करेगा। कोई व्यक्ति जो भारत का नागरिक नहीं है, राज्य के अधीन विश्वास के किसी पद को धारण करते हुए किसी विदेशी राज्य से कोई उपाधि राष्ट्रपति की सम्मति के बिना स्वीकार नहीं करेगा।

(v) **अस्पृश्यता का अन्त**— धारा 17 में अस्पृश्यता का अन्त किया गया है। अस्पृश्यता का किसी भी रूप में प्रयोग निषिद्ध घोषित किया गया है। इससे उत्पन्न किसी निर्योग्यता को लागू करना संविधान के अनुसार न केवल अपराध होगा बल्कि कानून के अनुसार दण्डनीय भी होगा।

इस धारा का मूल लक्ष्य उन असंख्यक पिछड़ी जाति के लोगों को जिन्हें भारतीय इतिहास में अपमानित किया जाता था, नए भारतीय समाज में शेष भारतीयों के बराबर सम्मानजनक दर्जा देना है। इस सम्बन्ध में भारत सरकार ने 1955 में अस्पृश्यता अपराध अधिनियम बनाया था। उस समय भारत के गृहमन्त्री ने कहा था, "छुआछूत का यह भयानक रोग हमारे समाज की रगों में प्रवेश कर चुका है। न केवल यह हिन्दू धर्म पर एक धब्बा है वरन् इसने समाज में असहिष्णुता तथा साम्प्रदायिकता जैसी पृथक्कारी प्रवृत्तियों को भी जन्म दिया है। यही हमारे समाज की अनेक बुराइयों की जड़ है। छुआछूत का विचार हमारे संविधान के स्वरूप, भावना तथा उपबन्धों के पूर्णतः विरुद्ध है।"

***(vi)* धारा 19**—धारा 19 के प्रथम उपभाग द्वारा भारतीय नागरिकों को निम्न सात स्वतन्त्रताएँ प्राप्त हैं—

1. भाषण तथा विचार अभिव्यक्ति की स्वतन्त्रता
2. शान्तिपूर्ण तथा बिना अस्त्रों के सम्मेलन की स्वतन्त्रता

3. संस्था तथा संघ बनाने की स्वतन्त्रता
4. भारतीय राज्य-क्षेत्र में अबाध भ्रमण की स्वतन्त्रता
5. भारतीय राज्य क्षेत्र के किसी भाग में निवास करने तथा बसने की स्वतन्त्रता
6. सम्पत्ति को प्राप्त, धारण तथा खर्च करने की स्वतन्त्रता
7. कोई भी पेशा, उपजीविका, व्यापार अथवा कारोबार की स्वतन्त्रता।

नागरिकों को प्रदत्त स्वतन्त्रताएँ निर्बाध नहीं हैं। प्रत्येक प्रकार की स्वतन्त्रता का प्रयोग किसी निर्मित सीमा में ही सम्भव है। स्वतन्त्रताओं पर बन्धनों का अस्तित्त्व यह संकेत करता है कि संविधान-निर्माताओं ने व्यक्तिगत स्वतन्त्रता तथा राज्य की एकता के बीच समझौता करने का प्रयास किया है तथा स्वतन्त्रताओं पर कुछ प्रतिबंध भी लगाए हैं–

1. **भाषण तथा विचार अभिव्यक्ति की स्वतन्त्रता**—इसका अर्थ यह है कि कोई भी नागरिक कैसा भी विचार रख सकता है तथा उस विशेष प्रकार के विचार को प्रकट करने की भी उसे पूर्ण स्वतन्त्रता होगी। इसी स्वतन्त्रता के अधीन लेख तथा प्रेस की स्वतन्त्रता भी शामिल है, परन्तु राज्य इस स्वतन्त्रता को तब सीमित करने का अधिकार रखता है जब ऐसी स्वतन्त्रता के फलस्वरूप राज्य की सुरक्षा, विदेशी राज्यों से मित्रतापूर्ण सम्बन्ध, सार्वजनिक सुरक्षा, शिष्टाचार अथवा सदाचार आदि को खतरा पहुँचता हो। राज्य उस समय भी भाषण तथा विचार प्रकट करने की स्वतन्त्रता पर बन्धन लगा सकता है जब ऐसी स्वतन्त्रता के कारण अपमानजनक लेख, अपमानजनक वचन तथा न्यायालय का अपमान होता है, परन्तु इस सम्बन्ध में यह उल्लेखनीय है कि राज्य द्वारा लगाए गए ऐसे बन्धन युक्तियुक्त होने आवश्यक हैं। कौनसा बन्धन युक्तियुक्त है अथवा नहीं है और कौनसा इसका निर्णय विधानमण्डलों द्वारा न होकर न्यायालयों द्वारा होता है।

2. **शान्तिपूर्ण सम्मेलन की स्वतन्त्रता**—इसका अर्थ है कि भारत का कोई भी व्यक्ति या नागरिक अपने लक्ष्य को पूरा करने हेतु बिना किसी अस्त्र के संयुक्त हो सकते हैं परन्तु राज्य इस स्वतन्त्रता पर उस समय युक्तियुक्त बन्धन लगाने का अधिकार रखता है जब इस स्वतन्त्रता के परिणामस्वरूप राज्य की सुरक्षा तथा सार्वजनिक सुरक्षा को किसी प्रकार की हानि होने की आशंका हो।

3. **संस्था या संघ बनाने की स्वतन्त्रता**—इसका अर्थ है कि नागरिक अपने उद्देश्यों की प्राप्ति के लिए संगठित तथा सामूहिक रूप से प्रयत्न कर सकते हैं। ऐसी स्वतन्त्रता श्रमजीवियों के लिए एक विशेष महत्त्व रखती है जिसके कारण वह अपनी माँगों को पूरा करवा सकते हैं। ऐसी स्वतन्त्रता अन्य नागरिक-समूहों को भी प्राप्त है। यह बन्धन संविधान में 'राज्य की सुरक्षा' सार्वजनिक हित तथा सदाचार के लिए है। न्यायालयों ने संस्था तथा संघ बनाने की स्वतन्त्रता के दो पहलू बताए हैं–*(i)* सकारात्मक तथा *(ii)* नकारात्मक। सकारात्मक पहलू के अन्तर्गत किसी संघ को बनाने तथा रखने और नकारात्मक पहलू के अन्तर्गत किसी संघ में सम्मिलित होने के लिए बाध्य नहीं करने की स्वतन्त्रता आती है।

4. **भारतीय राज्य-क्षेत्र में भ्रमण की स्वतन्त्रता**—इससे यह अभिप्राय है कि कोई भी भारतीय नागरिक सम्पूर्ण भारत के किसी भी भाग में घूमने-फिरने का अधिकार रखता है, परन्तु राज्य इस स्वतन्त्रता को सर्वसाधारण के हित में तथा अनुसूचित जनजातियों के हितों में सीमित कर सकता है।
5. **भारतीय राज्य क्षेत्र के किसी भी भाग में निवास करने तथा बसने की स्वतन्त्रता**—इसका अर्थ यह है कि कोई भी नागरिक देश के किसी भाग में बसने तथा निवास स्थान बनाने की स्वतन्त्रता रखता है। राज्य ऐसी स्वतन्त्रता पर भी सर्वसाधारण के हित तथा अनुसूचित जन-जातियों के हित में बन्धन लगा सकता है।
6. **सम्पत्ति प्राप्त, धारण तथा खर्च करने की स्वतन्त्रता**—इसका अर्थ यह है कि कोई भी नागरिक अपनी सम्पत्ति प्राप्त अथवा धारण कर सकता है तथा उसका व्यय कर सकता है। सर्वसाधारण तथा अनुसूचित जनजातियों के हित में इस स्वतन्त्रता को राज्य द्वारा सीमित किया जा सकता है।
7. **जीविकोपार्जन की स्वतन्त्रता**—जीविकोपार्जन एक ऐसी आजादी है जिसके तहत भारत का कोई भी नागरिक अपनी रोजी-रोटी चलाने के लिए कोई भी व्यवसाय या करोबार कर सकता है। संविधान द्वारा इस स्वतन्त्रता के दो उपवाद हैं—(क) राज्य किसी पेशा, व्यापार, उपजीविका अथवा कारोबार के लिए आवश्यक वृत्तिक अथवा शिल्पिक अर्हताएँ कानून द्वारा निश्चित कर सकता है । (ख) राज्य स्वयं अथवा अपने स्वामित्व अथवा अपने नियन्त्रण में कोई पेशा अथवा व्यापार चला सकता है और यदि कोई नागरिक राज्य द्वारा चलाए गए पेशा अथवा व्यापार से पूर्व वैसा ही कारोबार कर रहा था तो राज्य उस व्यक्ति को उस कारोबार से पूर्णतः अथवा अंशतः वंचित कर सकता है। इस सम्बन्ध में उल्लेखनीय है कि इस स्वतन्त्रता के अन्तर्गत बन्धनों का प्रभाव सार्वजनिक हित के लिए होना आवश्यक है।

42वें संशोधन के अनुसार संविधान में नई धारा जोड़ी गई। इसके आधार पर संसद के कानून को अवैध घोषित नहीं किया जा सकता, यदि वह कानून संविधान की 14वीं तथा 31वीं धाराओं के विरुद्ध हो। इस आधार पर धारा 19 में दी गयी स्वतन्त्रताओं पर और भी प्रतिबन्ध लगाए गए हैं तथा राष्ट्रविरोधी गतिविधियों और समुदायों की व्याख्या की गई है।

राष्ट्रविरोधी प्रक्रिया

(1) भारत के किसी क्षेत्र के त्याग या अलग करने से सम्बन्धित गतिविधि।

(2) वे गतिविधियाँ जो भारत की एकता, सुरक्षा, अखण्डता व प्रभुसत्ता पर प्रहार करती हों।

(3) कानून द्वारा स्थापित सरकार को बलपूर्वक बदलने का प्रयास।

(4) भारत के विभिन्न धार्मिक, जातीय, भाषायी या क्षेत्रीय समुदायों में तनाव पैदा करने का प्रयत्न।

राष्ट्रविरोधी समुदाय का अभिप्राय

(1) ऐसा समुदाय जिसका उद्देश्य राष्ट्रविरोधी कार्य हो।

(2) ऐसा समुदाय जो राष्ट्रविरोधी कार्य को प्रोत्साहन या सहायता दे।

(3) ऐसा समुदाय जिसके सदस्य राष्ट्रविरोधी गतिविधि में शामिल हों।

***(i)* अधिकतम दण्ड का निषेध**—धारा 20 के प्रथम उपभाग के अनुसार कोई भी व्यक्ति किसी अपराध के लिए तब तक दोषी नहीं ठहराया जाएगा जब तक कि उसने अपराध करने के समय किसी प्रचलित कानून को तोड़ा न हो और न ही कोई व्यक्ति उससे अधिक दण्ड का पात्र होगा जो उस अपराध के समय प्रचलित कानून के अधीन दिया जा सकता था। कोई भी व्यक्ति एक ही अपराध के लिए एक बार से अधिक दण्डित और अभियोजित नहीं किया जाएगा। ''किसी अपराध में अभियुक्त को स्वयं अपने विरुद्ध गवाह के लिए बाध्य नहीं किया जाएगा।''

***(ii)* जीवन तथा व्यक्तिगत स्वतन्त्रता की रक्षा**—धारा 21 के अन्तर्गत यह उल्लेख किया गया है कि ''किसी व्यक्ति को उसके जीवन तथा व्यक्तिगत स्वतन्त्रता से कानून द्वारा स्थापित प्रक्रिया को छोड़कर अन्य किसी प्रकार भी वंचित नहीं किया जाएगा।'' अन्य शब्दों में इसका अर्थ यह है कि कानून में निहित स्थापित प्रक्रिया द्वारा ही किसी व्यक्ति को उसके जीवन तथा व्यक्तिगत स्वतन्त्रता से वंचित किया जा सकता है। यह प्रक्रिया निर्धारित करने का अधिकार विधानमण्डलों को प्राप्त है। गिरफ्तारी, कैद अथवा नजरबन्दी सम्बन्धी कानून कितने ही सख्त क्यों न हों न्यायालयों को ऐसे कानूनों में हस्तक्षेप करने का अधिकार नहीं है और फिर कानून का अर्थ संवैधानिक कानून न होकर विधानमण्डल द्वारा बनाया गया कानून माना गया है। जनता के इस अधिकार को और अधिक महत्व देने के लिए सरकार ने आश्वासन दिया है। संसद के समक्ष एक संशोधन विचाराधीन है कि जब संकटकालीन समय में मौलिक अधिकारों को निलम्बित किया जाएगा तो उन अधिकारों में धारा 21 के अन्तर्गत अधिकार सम्मिलित नहीं होंगे।

***(iii)* बन्दियों को प्राप्त अधिकार**—धारा 22 के प्रथम उपभाग के अनुसार कोई व्यक्ति जो बन्दी बनाया गया हो, अपने बन्दीकरण के कारणों से शीघ्रातिशीघ्र सूचित कराए बिना हवालात में भेजा नहीं जाएगा और न ही अपनी इच्छा के वकील से परामर्श करने तथा बचाव कराने के अधिकार से वंचित किया जाएगा। प्रत्येक ऐसा व्यक्ति जो बन्दी बनाया गया है अथवा कैद में रखा गया है, बन्दीकरण के स्थान से न्यायाधीश के न्यायालय तक आवश्यक समय को छोड़कर, ऐसे बन्दीकरण से 24 घण्टे के भीतर ही निकटतम न्यायाधीश के सामने पेश किया जाएगा और ऐसा व्यक्ति उस अवधि से अधिक न्यायाधीश के आदेश के बिना कैद में नहीं रखा जाएगा। परन्तु बन्दियों को प्राप्त यह सुविधा किसी शत्रु, विदेशी तथा निवारक विरोधी सम्बन्धी अधिनियम के अधीन बन्दी बनाए गए व्यक्तियों को नहीं दी जाएगी।

धारा 22 के शेष भाग निवारक विरोधी अधिनियम से सम्बन्धित हैं। निवारक नजरबन्दी सम्बन्धी कोई भी कानून किसी भी निवारक नजरबन्द व्यक्ति को तीन महीने से अधिक बन्दी बनाने की व्यवस्था नहीं करेगा, परन्तु एक परामर्शदात्री मण्डल की सलाह पर (जिसके सदस्य उच्चतम न्यायालय के न्यायाधीश रह चुके हों अथवा न्यायाधीश बनने की योग्यता रखते हों) निवारक

नजरबन्दी में बन्दीकरण की अवधि तीन महीने से अधिक बढ़ाई जा सकती है तथा बढ़ाई गई अवधि संसद द्वारा बनाए गए कानून से अधिक नहीं होनी चाहिए। यह प्रचलित निवारक नजरबन्द अधिनियम के अन्तर्गत संसद द्वारा अधिक से अधिक एक वर्ष निश्चित की गई थी। संविधान में इस तथ्य का भी उल्लेख किया गया है कि नजरबन्द व्यक्ति को यह अधिकार प्राप्त होगा कि वह जितना शीघ्र हो अपने नजरबन्द किए जाने के कारण की सूचना प्राप्त कर सके ताकि वह अपने नजरबन्द होने के विरुद्ध अभ्यावेदन पेश कर सके, परन्तु निवारक नजरबन्द अधिनियम सम्बन्धी आदेश देने वाले अधिकारी के लिए यह आवश्यक नहीं होगा कि वह नजरबन्द व्यक्ति को नजरबन्दी सम्बन्धी कारणों से अवगत कराए, यदि वह यह समझता हो कि ऐसा करना लोक हित के विरुद्ध है।

भारतीय संविधान की धारा 22 को मद्देनजर रखते हुए कई प्रदेशों की सरकारों ने नजरबन्दी निवारण अधिनियम को लागू कर दिया। आलोचकों ने इस प्रकार के कानूनों को व्यक्तिगत स्वतन्त्रता का सबसे बड़ा शत्रु घोषित किया था। चूँकि ऐसे कानूनों की अवधि निश्चित की गई थी, इसीलिए ऐसे कानून 31 दिसम्बर, 1969 को समाप्त कर दिए गए थे। यद्यपि सत्तारूढ़ दल केन्द्र तथा राज्यों में निवारक नजरबन्द अधिनियम को लागू करने की इच्छा रखता था, परन्तु स्पष्ट बहुमत न होने के कारण वह अपने उद्देश्य में सफल न हो सका। 1971 के आम चुनावों के फलस्वरूप कांग्रेस को जब स्पष्ट बहुमत प्राप्त हो गया तो उसने निवारक नजरबन्द कानून को अन्य नाम से फिर से जीवित किया। अब इसे आन्तरिक सुरक्षा निर्वहन अधिनियम (Maintenance of Internal Security Act : MISA) कहा जाता है।

आन्तरिक सुरक्षा कानून—आन्तरिक सुरक्षा अधिनियम को 18 जून, 1971 में संसद के द्वारा स्वीकृति प्रदान की गयी। इस कानून की विशेषता यह है कि यह कानून भारतीयों के साथ-साथ विदेशियों की नजरबन्दी तथा दण्ड की व्यवस्था करता है। निवारक नजरबन्दी अधिनियम के अन्तर्गत एक व्यक्ति को अधिक से अधिक एक वर्ष के लिए बन्दी बनाया जा सकता था, परन्तु आन्तरिक सुरक्षा निर्वाह अधिनियम के अधीन यह अवधि अधिक से अधिक दो वर्ष हो सकती है। पुराने कानून की भाँति इस नए कानून द्वारा भी किसी व्यक्ति को भारत की प्रतिरक्षा, विदेशी राज्यों से सम्बन्ध, भारत की सुरक्षा, किसी राज्य की सुरक्षा, सार्वजनिक व्यवस्था अथवा समाज के लिए आवश्यक आपूर्ति तथा सेवाओं की सुरक्षा भंग करने पर बन्दी बनाया जा सकता है। आन्तरिक सुरक्षा निर्वहन कानून के अन्तर्गत किसी विदेशी को तुरन्त भारत से निकले जाने का आदेश भी दिया जा सकता है। पुराने कानून की भाँति नए कानून में भी नजरबन्द व्यक्ति से सम्बन्धित परामर्शदात्री मण्डल की व्यवस्था की गई है।

भारतीय संविधान में एक और अधिकार शोषण के खिलाफ विद्यमान है। इस अधिकार से जुड़े कानून या धाराएं 23 और 24 हैं। इन धाराओं का विवरण अधोलिखित है–

1. बेगार तथा जबरदस्ती लिए गए श्रम का प्रतिबन्ध—धारा 23 के प्रथम उपभाग के अन्तर्गत मानव की खरीद बिक्री की मनाही की गई है। बेगार तथा इसी प्रकार जबरदस्ती से लिया गया कोई भी अन्य श्रम निषिद्ध ठहराया गया है। जो व्यक्ति इस प्रकार का अपराध करता है उसे कानून के अनुसार दण्ड का पात्र समझा जाएगा। संविधान में शोषण के विरुद्ध अधिकार इसलिए

आवश्यक समझा गया है कि शताब्दियों से हमारे देश में दासता किसी न किसी रूप में विद्यमान रही है, परन्तु इस धारा से सम्बन्धित अपवाद यह है कि राज्य सार्वजनिक उद्देश्यों की प्राप्ति के लिए कोई भी अनिवार्य सेवा लागू कर सकता है।

2. बच्चों को कारखानों में कार्य करने पर प्रतिबन्ध—शोषण का एक रूप यह भी होता है जब छोटी आयु के बच्चों को कारखानों में कार्य करने पर विवश किया जाता है। संविधान की 24वीं धारा द्वारा चौदह वर्ष से कम आयु वाले किसी बच्चे को कारखानों अथवा अन्य किसी जोखिम भरे कार्य पर लगाने की मनाही की गई है।

भारतीयों को प्राप्त अन्य अधिकारों में धार्मिक स्वतन्त्रता का अधिकार भी है। इस अधिकार से सम्बन्धित संविधान में चार धाराएँ हैं। (25, 26, 27, 28) इन धाराओं का वर्णन निम्न प्रकार है—

(1) धार्मिक स्वतन्त्रता—धारा 25 सभी व्यक्तियों को अपने अनुकूल किसी भी विश्वास तथा धर्म का अनुसरण करने का अधिकार प्रदान करता है। इस धारा के प्रथम उपभाग के अनुसार, "सार्वजनिक व्यवस्था बनाए रखने, सदाचार तथा स्वास्थ्य आदि को ध्यान में रखते हुए सभी व्यक्तियों को किसी मत के प्रति विश्वास रखने तथा कोई भी धर्म मानने, पालन करने तथा उसका प्रचार करने का अधिकार प्राप्त होगा।" इससे यह स्पष्ट हो जाता है कि कोई भी भारतीय किसी भी धर्म में विश्वास रख सकता है तथा उस धर्म से सम्बन्धित कर्मकांड अपना सकता है और अपने धर्म के प्रचार में वह कोई भी कदम उठा सकता है, संविधान की यह धारा भारत को धर्म-निरपेक्ष राज्य (Secular State) बनाने की ओर संकेत कर रही है। शब्दों में इसका अर्थ यह है कि भले ही कोई भी भारतीय किसी भी धर्म को मानता हो, परन्तु भारत सरकार अथवा किसी भी राज्य की सरकार अथवा कोई भी स्थानीय शासन की इकाई जनता के धार्मिक मामलों में पूर्णत: निरपेक्षता का प्रदर्शन करेगी। डॉ. पायली का कहना है—

1. राज्य किसी धर्म के साथ अपना सम्बन्ध नहीं जोड़ेगा और न ही किसी धर्म द्वारा नियन्त्रित होगा।
2. राज्य प्रत्येक व्यक्ति को उसकी इच्छानुसार धर्म का अनुसरण करने का अधिकार प्रदान करेगा, परन्तु किसी एक धर्म के अनुयायी को दूसरों से श्रेष्ठ नहीं मानेगा और न ही उन्हें कोई विशेष अधिकार देगा।
3. राज्य किसी व्यक्ति के साथ उसके धार्मिक विचारों के कारण भेदभाव नहीं करेगा।
4. प्रत्येक व्यक्ति को निर्धारित शर्तों के साथ राज्य के अधीन किसी भी सेवा में प्रवेश पाने का समान अधिकार होगा।

धार्मिक स्वतन्त्रता से सम्बन्धित मुख्य अपवाद निम्न हैं—

1. राज्य को यह अधिकार होगा कि वह धार्मिक आचरण से सम्बन्धित किसी आर्थिक, वित्तीय, राजनैतिक अथवा अन्य किसी प्रकार की लौकिक क्रियाओं की व्यवस्था कर सकता है।
2. राज्य सामाजिक कल्याण तथा सुधार की व्यवस्था कर सकता है तथा हिन्दुओं के सार्वजनिक धार्मिक संस्थाओं को हिन्दुओं के सभी वर्गों तथा श्रेणियों के लिए खोल सकता है।
3. धार्मिक स्वतन्त्रता का प्रयोग सार्वजनिक व्यवस्था, नैतिकता तथा स्वास्थ्य के हितों के अन्तर्गत ही किया जा सकता है।

***(2)* धार्मिक मामलों का प्रबंध**— धार्मिक स्वतन्त्रता से सम्बन्धित धारा 26 किसी भी धर्म के अनुयायियों को कई सुविधाएँ प्रदान करता है—

1. धर्म सम्बन्धी संस्थाओं की सम्पत्ति को प्राप्त करने तथा उसके प्रबन्ध का अधिकार।
2. उक्त सम्बन्धों का कानून के अनुसार संचालन करने का अधिकार।
3. धार्मिक संस्थाओं तथा दान से स्थापित सार्वजनिक सेवा-संस्थाओं की स्थापना तथा उन्हें बनाए रखने का अधिकार।
4. धर्म सम्बन्धी निजी मामलों का स्वयं प्रबन्ध करने का अधिकार।

***(3)* धार्मिक कर का निषेध**—धारा 26 के अन्तर्गत किसी भी भारतीय नागरिक को धार्मिक कर या शुल्क देने के लिए मजबूर नहीं किया जायेगा, जिसकी रकम अथवा धन किसी विशिष्ट धर्म कार्य हेतु व्यय कीजिए।

***(4)* किसी शिक्षा सम्बन्धी संस्थान में धार्मिक शिक्षा प्रदान करने पर प्रतिबन्ध**—धारा 28 के प्रथम उपभाग में यह बताया गया है कि राज्य निधि द्वारा चलाए गए किसी भी शिक्षा संस्थान में धार्मिक शिक्षा नहीं दी जाएगी। ''उस शिक्षण संस्थान में धार्मिक शिक्षा दी जा सकती है, जिसका प्रशासन राज्य करता है, परन्तु जो किसी ऐसे धार्मिक संस्था अथवा न्यास (Trust) के अधीन स्थापित हुई हो जिसके अनुसार धार्मिक शिक्षा देना आवश्यक कहा गया हो। उक्त संस्था में पढ़ने वाले किसी व्यक्ति को संस्था में दी जाने वाली धार्मिक शिक्षा में भाग लेने के लिए बाध्य नहीं किया जाएगा जब तक कि उस व्यक्ति ने अथवा यदि वह वयस्क न हो तो उसके संरक्षक ने इसके लिए अपनी सम्मति न दे दी हो।

भारतीय संविधान में किये गये अधिकारों की अवहेलना अथवा आलोचना कई नजरियों व दृष्टिकोणों से की गयी है। आलोचना प्रमुख रूप से दो तरह से की गयी है। एक, जिसे हम अधिकारों की सामान्य आलोचना कह सकते हैं और दूसरी, जिसे हम विशेष अधिकारों में निहित आलोचना का नाम देते हैं :

अधिकारों की अवहेलना

1. कुछ विशेष अधिकारों की कमी—भारतीय संविधान के अन्तर्गत प्राप्त अधिकारों में कुछ विशेष अधिकारों का अभाव है। आलोचकों का मत है कि आधुनिक युग लोकहितकारिता का युग है और ऐसे युग में राजनैतिक अधिकारों की अपेक्षा आर्थिक तथा सामाजिक अधिकारों को प्राथमिकता मिलनी चाहिए जो कि भारतीय संविधान ने प्रदान नहीं की। मौलिक अधिकारों के अध्याय में काम प्राप्ति का अधिकार (Right to Work), शिक्षा का अधिकार (Right to Education), सामाजिक सुरक्षा का अधिकार (Right to Social Security) आदि को कोई स्थान नहीं दिया गया है। फलस्वरूप संविधान में प्रस्तुत अधिकारों का अध्याय अपूर्ण है।

2. अधिकारों की अपेक्षा निर्बन्धन अधिक—भारतीय संविधान में अधिकारों की तुलना में निर्बन्धनों पर ज्यादा जोर दिया गया है। आलोचकों की धारणा है कि संविधान एक हाथ से मौलिक अधिकार प्रदान करता है और दूसरे हाथ से इन अधिकारों को छीन लेता है। इन अधिकारों पर अनेक प्रकार के निर्बन्धन डाले गए हैं जिनके फलस्वरूप अधिकार अर्थहीन बन जाते हैं। ऐसे वातावरण में जहाँ

भारतीय प्रतिरक्षा अधिनियम अथवा निवारक नजरबन्दी कानून अथवा आन्तरिक सुरक्षा निर्वहत अधिनियम लागू होते हों वहाँ लोगों के अधिकारों की सुरक्षा की सम्भावना कठिन हो जाती है। यही कारण है कि आलोचक मौलिक अधिकारों के इस अध्याय के वर्तमान नाम को बदल कर मौलिक अधिकारों की परिसीमाएँ अथवा मौलिक अधिकार तथा उनकी परिसीमाएँ रखना चाहते हैं।

3. मौलिक अधिकार वकीलों का स्वर्ग—कई बार यह आलोचना भी प्रस्तुत की जाती है कि मौलिक अधिकारों से सम्बन्धित अध्याय ऐसे अर्हताओं तथा अपवादों से बँधा हुआ है कि एक साधारण व्यक्ति के लिए यह जानना कठिन है कि उसको कौन-कौन से अधिकार प्राप्त हैं। अधिकारों के भाग में संविधान की भाषा बड़ी जटिल तथा कठिन है जिसे केवल कानून के जानकार ही समझ सकते हैं। इसी कारण संविधान में दिए गए अधिकारों के अध्याय को वकीलों का स्वर्ग कहा जाता है। इन अधिकारों की प्राप्ति तथा व्याख्या केवल वकीलों द्वारा ही की जा सकती है।

4. सामान्य व्यक्ति हेतु मौलिक अधिकारों की रक्षा कठिन—भारतीय संविधान द्वारा यह साफ तौर पर स्पष्टीकरण किया गया है कि मौलिक अधिकारों की रक्षा का कर्तव्य या दायित्व न्यायालयों द्वारा निपटाया जायेगा। साधारणतः यह प्रतीत होता है कि न्यायालयों द्वारा अधिकारों की रक्षा सम्भव हो सकती है, परन्तु ऐसे देश में जहाँ निर्धनता, बेकारी तथा राजनैतिक उदासीनता अपनी अन्तिम सीमा तक पहुँच चुकी हो और जहाँ एक साधारण व्यक्ति के लिए न्यायालय तक पहुँचना कठिन हो, वहाँ उसके लिए अपने अधिकारों की सुरक्षा कराना असम्भव सा हो जाता है। डॉ. के. वी. राव मौलिक अधिकारों की समीक्षा करते हुए कहते हैं कि मौलिक अधिकारों के सम्बन्ध में एक व्यक्ति को कुछ भी प्राप्त नहीं है, क्योंकि एक विशेष अधिकार का अस्तित्त्व जब सर्वोच्च न्यायालय द्वारा निर्णय पर ही निर्भर करता हो तो उस स्थिति में केवल मुकदमा लड़ने का अधिकार ही रह जाता है जो वास्तव में अधिकार नहीं है, विशेषरूप से निर्धनों के लिए तो बिल्कुल नहीं।

अधिकारों की विशिष्ट अवहेलना

(1) सांस्कृतिक तथा शिक्षा सम्बन्धी अधिकार—सांस्कृतिक तथा शिक्षा सम्बन्धी अधिकार के कारण इस देश में भिन्नताओं में एकता (Unity in diversity) के वातावरण को बनाए रखने की कोशिश की गई है। इस अधिकार के फलस्वरूप प्रत्येक अल्पसंख्यक वर्ग अपनी भाषा, संस्कृति तथा लिपि को शिक्षा-सम्बन्धी संस्थाओं द्वारा कायम रखने का अधिकार रखता है। परिणामस्वरूप संविधान ने अल्पसंख्यक वर्गों को उत्साहित करके अल्पसंख्यक समस्याओं को जन्म दिया न कि उसकी समस्याओं को समाप्त किया गया है।

(2) सम्पत्ति का अधिकार—भारतीय संविधान में उल्लेखित सम्पत्ति का अधिकार शुरू से ही आलोचना का विषय बना रहा। न्यायालयों ने इस अधिकार के अन्तर्गत दिए गए उपबन्धों को दृष्टि में रखते हुए लोगों के सम्पत्ति के अधिकार की रक्षा की है। इस कारण राज्य द्वारा उठाए गए समाज सुधार तथा समाजवादी कानूनों को भी न्यायालयों ने सम्पत्ति के अधिकार के विरुद्ध माना है। फलस्वरूप संसद को संविधान के अन्तर्गत इस अधिकार से सम्बन्धित उपबन्धों में संशोधन की आवश्यकता पड़ी। इस अधिकार की स्थिति यह है कि राज्य किसी व्यक्ति को उसकी सम्पत्ति से वंचित नहीं कर सकता, परन्तु राज्य

सार्वजनिक प्रयोजन के लिए किसी भी व्यक्ति को उसकी सम्पत्ति से (रकम देकर) वंचित कर सकता है और यदि राज्य आर्थिक केन्द्रीयकरण को रोकने के लिए कोई कानून बनाता है तो वह कानून सम्पत्ति के अधिकार के विरुद्ध नहीं समझा जाएगा। वस्तुत: सब समाजीकरण की ओर बड़े कदम हैं, परन्तु दुर्भाग्य यह है कि समाजीकरण तथा राष्ट्रीयकरण जैसे उपबन्ध गरीबी हटाने के बजाए गरीबों की संख्या बढ़ाने की ओर अधिक तेजी से बढ़ रहे हैं। फलस्वरूप सम्पत्ति का अधिकार निजी सम्पत्ति बढ़ाने का अधिकार बन गया है।

(3) संवैधानिक उपचारों का अधिकार—भारतीय संविधान में मौलिक अधिकारों से जुड़े संवैधानिक उपचारों का अधिकार एक विशिष्ट स्थान रखता है। धारा 32 जो इस अधिकार से जुड़े हैं, डॉ. भीमराव अम्बेडकर की नजर से हर धाराओं में सबसे महत्वपूर्ण धारा कही गयी थी, परन्तु यहाँ उल्लेखनीय है कि यदि संविधान द्वारा इस धारा के अन्तर्गत अधिकारों की रक्षा सम्भव है तो इसका यह अर्थ नहीं है कि यह अधिकार सबको प्राप्त है, क्योंकि सर्वोच्च न्यायालय तक पहुँचने के लिए जितना खर्च चाहिए वह बहुत से लोगों को उपलब्ध नहीं है। कितनी हैरानी की बात है कि संवैधानिक उपचारों के अधिकार के होते हुए भी अधिकारों की सुरक्षा को सदैव खतरा बना रहता है।

(4) समानता का अधिकार—समानता के अधिकार की अवेहलना डॉ. जैनिंस ने अत्यधिक कठोर शब्दों में की है। इनके अनुसार धारा 17 एवं धारा 18 में भारतीय व्यक्ति को कोई अधिकार ही नहीं दिये गये हैं। धारा 17 एक सामाजिक बुराई को समाप्त करता है जबकि धारा 18 का उद्देश्य संसद द्वारा बनाए गए किसी कानून द्वारा पूरा किया जा सकता है। समानता के अधिकार की अन्य आलोचनाएँ निम्न हैं–

(i) एक ओर 'राजा, ''महाराजा'', राय साहिब आदि उपाधियों को धारा 18 के अन्तर्गत समाप्त किया गया है वहीं दूसरी ओर संविधान के अन्तर्गत नई उपाधियों की भी स्थापना की गई है। 'भारत रत्न', 'पद्म भूषण', 'पद्म श्री' आदि ऐसी ही कुछ नई उपाधियाँ हैं और निश्चय ही ये उपाधियाँ न तो सेना सम्बन्धी हैं और न ही विद्या सम्बन्धी।

(ii) छुआछूत को समाप्त करने के लिए संवैधानिक प्रावधान की अपेक्षा लौकिक शिक्षण अधिक महत्त्वपूर्ण सिद्ध हो सकता है।

(iii) समानता के अधिकारों के अनेक उपबन्ध अस्पष्ट हैं जिनके फलस्वरूप नागरिकों में समानता की अपेक्षा असमानता बढ़ रही है।

(iv) नियुक्तियों में राज्य द्वारा समान सुविधाओं का व्यावहारिक पहलू सन्तोषजनक नहीं है।

(5) आजादी का अधिकार—भारतीय संविधान के द्वारा दिये गये आजादी के अधिकार की प्रमुख अवहेलना यह की जाती है कि हर तरह की आजादी पर कई तरह के रोक लगाये गये हैं। ये रोक जिनमें राज्य की सुरक्षा, सार्वजनिक व्यवस्था, नैतिकता, सदाचार आदि सम्मिलित हैं, ऐसे प्रतिबन्ध हैं, जिनकी व्याख्या सरकार अथवा सरकारी कर्मचारियों की इच्छा पर ही निर्भर करती है। कोई भी सरकार अपने राजनैतिक विरोधियों की स्वतन्त्रता इन प्रतिबन्धों की आड़ में छीन सकती है। इस अधिकार की आलोचना निम्न आधार पर भी की जा सकती है–

(i) स्वतन्त्रता के अधिकार में दी गई स्वतन्त्रताएँ ऐसी विविध स्वतन्त्रताएँ हैं जिन्हें जबरदस्ती एक

साथ रखने का प्रयत्न किया गया है। भाषण, विचार अभिव्यक्ति, संघ बनाने की स्वतन्त्रता राजनैतिक दृष्टिकोण द्वारा प्रायोजित की गई है जबकि आवागमन तथा निवास की स्वतन्त्रता का उद्देश्य देश की एकता कायम करने की ओर संकेत करते हैं। शेष की स्वतन्त्रताएँ व्यक्ति की उपजीविका पर बल देती हैं। 42वें संशोधन के आधार पर धारा 31 D द्वारा इन स्वतन्त्रताओं को और अधिक सीमित किया गया है।

(ii) प्रत्येक प्रकार की स्वतन्त्रता पर अनेक प्रतिबन्ध लगाए गए हैं। ऐसा लगता है जैसे प्रत्येक स्वतन्त्रता का उल्लेख यह वर्णन कर रहा हो कि यदि नागरिक को कोई विशेष स्वतन्त्रता है तो राज्य को भी उस स्वतन्त्रता पर प्रतिबन्ध लगाने की स्वतन्त्रता है।

(iii) जीवन का अधिकार भी संविधान द्वारा सुरक्षित नहीं है। धारा 21 का सार इस तथ्य पर बल देता है कि किसी की जीवन–लीला समाप्त करने के लिए कानून की आवश्यकता है। इस धारा के अन्तर्गत अधिकार को वास्तविक बनाने का प्रयत्न किया जा रहा है।

(iv) स्वतन्त्रता के अधिकार के अन्तर्गत निवारक निषेध की व्यवस्था की कड़ी आलोचना की गई है। बख्शी टेकचन्द्र ने इसे 'दमन तथा स्वतन्त्रता हनन का पत्र' कहा है। 'न्यायाधीश मुखर्जी के शब्दों में 'निःसन्देह यह दुर्भाग्यपूर्ण है, यह व्यक्ति की स्वतन्त्रताओं पर गहरा आघात है'। निवारक बन्दीकरण एक प्रकार से 'भरी हुई बन्दूक' की भाँति है जिसका प्रयोग शासनकर्त्ता व्यक्ति की रक्षा के लिए भी कर सकते हैं और उसकी हत्या के लिए भी पायली ने बन्दीकरण सम्बन्धी अधिनियमों को भारत के प्रजातन्त्र पर एक कलंक माना है।

(6) **शोषण के खिलाफ अधिकार**—भारतीय संविधान में शोषण के खिलाफ जबर्दस्ती से कराया गया मेहनत या श्रम, कम उम्र में खतरे भरे में कार्य करने या श्रम करने का निषेध इत्यादि का अन्त किए जाने की व्यवस्था की गई है, परन्तु इनकी समाप्ति से शोषण का अन्त नहीं हो जाता। धार्मिक तथा सामाजिक रूप से पिछड़े देश में शोषण का अस्तित्त्व किसी न किसी रूप में सदैव रहता है। जब तक अमीर–गरीब, ऊँच–नीच आदि के भेद रहेंगे, शोषण का अस्तित्त्व भी बना रहेगा। इस दृष्टि से संविधान में शोषण के विरुद्ध अधिकार कोई विशेष महत्त्व नहीं रखता।

(7) धार्मिक स्वतन्त्रता का अधिकार—भारतीय संविधान के द्वारा धार्मिक स्वतन्त्रता के अधिकारों के तहत हर नागरिक को यह आजादी व स्वतन्त्रता हासिल है कि वह किसी भी धर्म में विश्वास कर सकता है और किसी भी धर्म में अपनी स्वेच्छा से जा सकता है तथा एक ही धर्म को मानने वाले व्यक्तियों को अपनी धार्मिक संस्थाओं को बनाने, बनाए रखने तथा राज्य की ओर से सहायता प्राप्त करने का भी अधिकार है। इस अधिकार के अन्तर्गत जहाँ राज्य का स्वरूप धर्म–निरपेक्ष नजर आता है वहाँ धर्मरूपी पृथक्कारी प्रवृत्तियाँ भी स्पष्ट हो जाती हैं। धर्म एक ओर अपने अनुयायियों को संगठित करता है और दूसरी ओर वह दूसरे धर्म के अनुयायियों के विरुद्ध लड़ने की प्रेरणा भी देता है। संविधान की सीमाओं में विभिन्न धार्मिक संस्थाओं के अस्तित्त्व के कारण राष्ट्रीय एकता को किसी समय भी खतरा हो सकता है।

निष्कर्ष—निष्कर्ष में हम मौलिक अधिकारों से सम्बन्धित उस विषय पर विचार–विमर्श करना चाहेंगे जो गत वर्षों में अधिकारों की समस्या पर संसद तथा सर्वोच्च न्यायालय के बीच संघर्ष के कारण

आरम्भ हुआ। एक समय न्यायालयों की यह राय थी कि संशोधन-सम्बन्धी मामलों में संसद अथवा राज्य के विधानमण्डल सर्वोच्च है। परन्तु गोलकनाथ के मामले में सर्वोच्च न्यायालय ने यह निर्णय दिया कि संसद को अधिकारों में संशोधन की शक्ति तो दूर, संविधान में संशोधन का अधिकार भी नहीं है। फलस्वरूप केन्द्रीय सरकार द्वारा जारी किए गए विभिन्न आदेश जिनमें बैंकों का राष्ट्रीयकरण, प्रिवी पर्सों की समाप्ति आदि सम्मिलित थे, सर्वोच्च न्यायालय ने अवैध घोषित कर दिए।

संसद और सर्वोच्च न्यायालय के बीच इस गतिरोध को दूर करने का श्रेय संविधान के 24वें संशोधन (1971) को जाता है। इस संशोधन द्वारा संसद को यह अधिकार प्राप्त हुआ है कि वह मौलिक अधिकारों सहित संविधान के किसी भाग में संशोधन कर सकती है। इसके अतिरिक्त इस संशोधन में यह भी स्पष्ट किया गया था कि जब संसद के दोनों सदन संशोधन संबंधी प्रस्ताव पारित कर देते हैं तो राष्ट्रपति को उस पर अपनी स्वीकृति देनी ही होगी। इससे यह स्पष्ट हो जाता है कि 24वें संशोधन द्वारा न केवल संसद के संशोधन के अधिकार को दोबारा स्थापित किया गया, बल्कि गोलकनाथ के मुकदमे में उठी इस आपत्ति को भी दूर किया गया कि धारा 368 संसद को संशोधन का अधिकार नहीं देती। अब स्थिति यह है कि संसद को संविधान में संशोधन का अधिकार प्राप्त है तथा धारा 368 के अधीन निहित प्रक्रिया ही संशोधन की प्रक्रिया है। फलस्वरूप इस 24वें संशोधन ने संसद को सर्वोच्च न्यायालय से अधिक सर्वोच्च मानते हुए संसद तथा सर्वोच्च न्यायालय के बीच मतभेद को समाप्त कर दिया।

भारतीय संविधान चीन, रूस, जापान और इटली इत्यादि राष्ट्रों की धारा 42 में जो परिवर्तन किया गया उसमें मौलिक अधिकारों को सम्मिलित किया गया है। जब 26 जनवरी, 1950 ई. में वर्तमान भारतीय संविधान को पारित किया गया तो इसमें मौलिक अधिकारों की विवेचना नहीं किया गया था। भारतीय प्रशासक वर्ग के द्वारा यह एक अभाव समझा गया। इस अभाव को पूरा करने के लिए संविधान में 42वें संशोधन द्वारा भाग-चार-ए (धारा 51A) जोड़ा गया। धारा 51A निम्नलिखित (10) मौलिक कर्त्तव्यों का वर्णन करता है—

1. भारतीय संस्कृति की गौरवशाली परम्परा के महत्त्व को समझना तथा उसका संरक्षण करना।
2. देश में प्राकृतिक पर्यावरण जंगल, नदियाँ, पशुधन आदि की रक्षा तथा संवर्धन करना और जीव जन्तुओं के प्रति दया रखना।
3. वैज्ञानिक दृष्टिकोणों, मानववाद, ज्ञानार्जन (अन्वेषण) तथा सुधार की भावना का विकास करना।
4. सार्वजनिक सम्पत्ति की सुरक्षा करना तथा हिंसा के त्याग का संकल्प करना।
5. जीवन के प्रत्येक पहलू (व्यक्तिगत तथा सामूहिक) में श्रेष्ठता को प्राप्त करना ताकि राष्ट्र लगातार प्रगति व उपलब्धियों के उच्च स्तरों की ओर बढ़ सके।
6. भारतीय संविधान का पालन करना तथा उसके आदर्शों तथा संस्थाओं, राष्ट्रीय झंडा तथा राष्ट्र का सम्मान करना।
7. राष्ट्रीय स्वतन्त्रता के संघर्ष के आदर्शों का अनुपालन व उसका सम्मान करना।
8. भारत की प्रभुता, एकता तथा अखण्डता की रक्षा करना तथा उसे बनाए रखना।
9. देश की सुरक्षा करना तथा जरूरत पड़ने पर राष्ट्र सेवा करना।

10. भारतीयों में भाईचारा, मेल-मिलाप की भावना का विकास करना तथा धर्म, भाषा, प्रवेश या वर्गीय भेदभाव से परे होना और ऐसी प्रथाओं का परित्याग करना जो स्त्रियों के सम्मान के विरुद्ध हो।

अवहेलना—भारतीय संविधान के 42वें धारा के अन्तर्गत किये गये परिवर्तन द्वारा सम्मिलित 51A धारा के तहत जिनमें मौलिक अधिकारों का उल्लेख है उसकी अवहेलना निम्नलिखित आधार पर की जाती है—

1. इन मूल कर्त्तव्यों को लागू करने से स्वेच्छाचारी प्रशासन को बढ़ावा मिलेगा तथा प्रशासनिक अधिकारों की शक्तियाँ विस्तृत होंगी।
2. मूल कर्त्तव्यों द्वारा अन्ततः मौलिक अधिकारों को और अधिक सीमित किया जा सकेगा।
3. मूल कर्त्तव्यों की भाषा काफी अस्पष्ट है। उदाहरण के रूप में स्वतन्त्रता संघर्ष के "आदर्श", "मानववाद" तथा "अन्वेषण" का दृष्टिकोण, व्यक्तिगत।
4. जिस समय संविधान का 42वाँ संशोधन पारित हुआ तब संकटकालीन अवस्था थी और विरोधी दलों के अधिकांश नेता जेलों में बन्द थे। केवल यही नहीं समाचार-पत्रों पर भी काफी प्रतिबन्ध लगे हुए थे। अतः यह संशोधन तानाशाही के वातावरण में पास किया गया और इस पर सार्वजनिक रूप से वाद-विवाद नहीं हुआ, इसीलिए धारा 51 A में वर्णित कर्त्तव्यों पर जनमत को जानने का प्रयत्न नहीं किया गया।
5. संविधान में इन कर्त्तव्यों का उल्लंघन तथा अवहेलना करने की अवस्था में दण्ड की व्यवस्था को निश्चित व स्पष्ट नहीं किया गया है। परिणामस्वरूप यह व्यवस्था संसद के कानून के द्वारा होगी, इससे संसद की तानाशाही को बढ़ावा मिलेगा। अन्ततः बहुमत की तानाशाही बढ़ेगी।

अतः 42वें संशोधन द्वारा जोड़े गए मौलिक कर्त्तव्य भारतीय लोकतन्त्र के लिए घातक सिद्ध हो सकते हैं। फिर भी यह आशा की जा सकती है कि प्रशासक वर्ग इन कर्त्तव्यों को ध्यान में रखते हुए अधिकारों की अवहेलना नहीं करेगा।

3

भारत में दलीय व्यवस्था

भारत में दलीय व्यवस्था आजादी से पहले ही प्रारम्भ हो गई थी जिसमें भारतीय राष्ट्रीय कांग्रेस, मुस्लिम लीग, समाजवादी दल और हिन्दू महासभा आदि प्रमुख दल थे।

1947 से पूर्व अथवा आजादी के पहले इन सभी राजनैतिक दलों के प्रतिनिधियों का प्रयोजन ब्रिटिश प्रशासन से देश को आजाद कराना था। 1947 में जब अंग्रेजों ने भारत छोड़ा तो मुस्लिम लीग भारत का विभाजन कराने में सफल हो पाई थी। स्वतन्त्रता के पश्चात् शासन सत्ता मुख्यत: कांग्रेस के हाथों में रही। कुछेक नए राजनीतिक दल भी समय-समय पर उभरते रहे। आज राष्ट्रीय स्तर पर कांग्रेस के अतिरिक्त जनता दल, साम्यवादी पार्टी, मार्क्सवादी साम्यवादी पार्टी, भारतीय जनता पार्टी आदि राजनीतिक दल हैं। क्षेत्रीय स्तर के दलों में नेशनल कान्फ्रेंस (जम्मू-कश्मीर), अकाली दल (पंजाब), तेलुगू देशम (आन्ध्र प्रदेश), असम गण परिषद् (असम), द्रविड मुनेत्र कड़गम (तमिलनाडु) आदि का नाम उल्लेखनीय है। राजनीतिक दलों (जो राष्ट्रीय स्तर के हैं) के कार्यक्रमों में कोई विशेष अन्तर नहीं है। लगभग सभी राष्ट्रीय दल समाजवाद, लोकतन्त्र तथा धर्मनिरपेक्ष व्यवस्था की ओर झुके हुए हैं। क्षेत्रीय स्तर के राजनीतिक दल राज्य को और अधिक अधिकार देने की माँग कर रहे हैं।

प्रजातन्त्रीय शासन प्रणाली के लिए राजनैतिक दल महत्त्वपूर्ण ही नहीं अपितु अनिवार्य भी होते हैं। लोकतन्त्रीय शासन प्रणाली को सुचारु रूप से चलाने के लिए यह अति आवश्यक है कि राजनैतिक दल देश में उत्तरदायी रूप से कार्य करें। वे जनता को राजनैतिक शिक्षा प्रदान करें। उन्हें राष्ट्रीय और अन्तर्राष्ट्रीय समस्याओं का ज्ञान करवाएँ और उनके समाधान के लिए पर्याप्त रूप से फैसला करने के लिए तैयार करें। **प्रो. लास्की** के अनुसार, ''संसदीय शासन प्रणाली का जीवन और मृत्यु प्रचार पर आधारित होता है।'' इसलिए लोकतन्त्रीय शासन को दलीय शासन कहा जाता है। इसकी अनुपस्थिति में लोकतन्त्र का चलना असम्भव है। बिना चुनावों के लोकतन्त्र असम्भव है। चुनावों के लिए दलों का होना स्वाभाविक है। ये जनता के समक्ष अपने कार्यक्रम रखते हैं। राष्ट्रीय और अन्तर्राष्ट्रीय समस्याओं का समाधान प्रस्तुत करते हैं। लोगों को राजनैतिक शिक्षा प्रदान करते हैं। जनता को उनके अधिकारों और कर्त्तव्यों के प्रति सजग रखते हैं। **मैकाइवर** ने राजनैतिक दलों के

महत्त्व का इन शब्दों में वर्णन किया है, ''बिना दलीय संगठन के प्रशासन का एकरूपीय सिद्धान्त नहीं बन सकता, न ही क्रमानुसार नीति का विकास हो सकता है, न ही किसी प्रकार से संसदीय चुनाव प्रणाली की संवैधानिक प्रक्रिया का अनुसरण और न ही किसी प्रकार की स्वीकृत संस्था की स्थापना हो सकती है, जिसके द्वारा कोई दल अपनी शक्ति को प्राप्त करना चाहता है या उसे स्थिर रखना चाहता है।''

प्रजातांत्रिक शासन प्रणाली में राजनैतिक दल इसलिए भी अनिवार्य हैं, क्योंकि इनके द्वारा जनमत शिक्षित होता है। राजनैतिक दलों के द्वारा लोगों को सरकार की नीतियों के बारे में ज्ञान प्राप्त होता है। दल ही जनता की इच्छा को सरकार तक पहुँचाते हैं। ये जनता और सरकार के बीच कड़ी का कार्य करते हैं। राजनैतिक दलों के बिना विधानमण्डल में नीति का निर्माण करना भी असम्भव होता है। राजनैतिक दल सदस्यों को अनुशासन में रखते हैं जिससे नीति निर्माण करने में कोई कठिनाई उत्पन्न नहीं होती।

विविध राजनैतिक दलों एवं समूह की प्रजातन्त्रीय शासन व्यवस्था में जरूरत पड़ती है। ताकि सत्तारूढ़ दल की विफलता के बाद अन्य विरोधी दल सत्ता सम्भालने के लिए आगे बढ़ सकें। लोकतन्त्रीय शासन का नियम है कि बहुमत दल शासन सत्ता को संभाले और अल्पमत दल उत्तरदायी विरोधी दल का कार्य करें। यह सरकार के नीतियों की आलोचना करें और सत्तारूढ़ दल की तानाशाही पर रोक लगाएँ। इसलिए **प्रो. लास्की** के शब्दों में, ''राजनैतिक दल देश में अफसरशाही से हमारी रक्षा करने का सर्वोत्तम साधन हैं।'' लार्ड ब्राईस ने भी कहा है कि कोई भी स्वतन्त्र देश इनके बिना नहीं रह सकता।

अन्ततोगत्वा हम यह कह सकते हैं कि राजनैतिक दल प्रजातन्त्र के लिए आवश्यक ही नहीं अपितु अनिवार्य भी है। दलों की अनुपस्थिति में शासन प्रजातांत्रिक न रह कर तानाशाही शासन का रूप होता है। यही कारण है कि लोकतन्त्र तथा राजनैतिक दल एक-दूसरे के पूरक माने जाते हैं।

भारतीय राजनैतिक दलों का जन्म एवं विकास उस तरह नहीं हुआ जिस तरह अमेरिका और ब्रिटेन के राजनैतिक दलों में हुआ। अंग्रेजी शासनकाल के समय भारत में ऐसी परिस्थितियाँ पैदा हुई हैं जिनके कारण राजनैतिक दलों का विकास हुआ। 1885 में एक रिटायर्ड I.C.S. आफिसर के प्रयत्नों के फलस्वरूप भारत में अखिल भारतीय राष्ट्रीय कांग्रेस का जन्म हुआ। इसका पहला अधिवेशन 1885 में बम्बई में हुआ इसमें 72 सदस्यों ने भाग लिया। ये सदस्य समस्त भारत के अलग-अलग भागों से आए थे। इस दल की स्थापना इस उद्देश्य से की गई थी कि यह दल इंग्लैंड में विरोधी दल की भाँति सरकार को प्रशासन में सहयोग देगा और प्रशासन को जनमत का ज्ञान प्राप्त हो सकेगा। प्रारम्भ में ब्रिटिश सरकार ने इसको प्रोत्साहन दिया, लेकिन धीरे-धीरे यह दल राष्ट्रवादी बन गया और परिणामस्वरूप ब्रिटिश सरकार का व्यवहार इसके प्रति कटु हो गया। इसकी राष्ट्रवादी नीतियों पर रोक लगाने के लिए ब्रिटिश सरकार ने 1906 में मुस्लिम लीग की स्थापना को प्रोत्साहन दिया। मुस्लिम लीग शुरू में एक राजनीतिक दल न होकर एक साम्प्रदायिक संस्था थी जिसका उद्देश्य मुसलमानों के लिए सुविधाएँ प्राप्त करना था। मगर कुछ समय उपरान्त मुस्लिम लीग ने भी पाकिस्तान की माँग करनी आरम्भ कर दी। साथ ही यह दल भारत के बंटवारे की माँग भी करने लगा और द्विराष्ट्र सिद्धान्त (Two Nation Theory) के आधार पर भारत का विभाजन चाहने लगा।

मुहम्मद अली जिन्ना की अध्यक्षता में इस दल ने 1947 में भारत को दो भागों में विभाजित कराने में सफल हुआ।

सन् 1906 में मुस्लिम लीग की स्थापना होने के फलस्वरूप भारत में अखिल भारतीय हिन्दू महासभा की स्थापना सन् 1916 में की गयी। इसका उद्देश्य मुस्लिम लीग की साम्प्रदायिक नीतियों से हिन्दुओं के हितों की रक्षा करना था। इस दल का उद्देश्य ''पूर्ण-स्वराज्य'' की प्राप्ति तथा हिन्दू राष्ट्र की स्थापना करना था। इसके अध्यक्ष **सावरकर** के शब्दों में, ''हिन्दू महासभा का उद्देश्य हिन्दू जाति, हिन्दू संस्कृति और हिन्दू सभ्यता की देखभाल, रक्षा, विकास और हिन्दू राष्ट्र के गौरव में वृद्धि और पूर्ण स्वराज्य की प्राप्ति है।''

20वीं शताब्दी के शुरू में कांग्रेस में दो समुदाय बन गए-उदारवादी (Moderates) और उग्रवादी (Extremists)। 1907 में सूरत के अधिवेशन में कांग्रेस दो भागों में बँट गई और 1916 में जाकर इन दोनों गुटों में सम्मिलन हुआ।

1922 में जब महात्मा गाँधी ने असहयोग आन्दोलन को स्थगित कर दिया तो उस समय कांग्रेस के कुछ वरिष्ठ सदस्यों ने जैसे सी.आर.दास, पं. मोतीलाल नेहरू और श्री. एस.सी. केलकर ने स्वराज्य पार्टी की स्थापना की, लेकिन 1926 में इसका महत्त्व लगभग समाप्त हो गया था।

वामपंथी दलों (Leftist Parties) ने 1920 के बाद जन्म लिया। साम्यवादी दल की स्थापना 1924 में हुई, परन्तु द्वितीय महायुद्ध तक यह एक गैर-कानूनी संस्था मानी जाती थी।

समाजवादी पार्टी (Socialist Party) की स्थापना 1934 में हुई। 1948 तक यह कांग्रेस की एक शाखा के रूप में कार्य करता रहा। मगर 1948 में यह कांग्रेस से अलग होकर एक स्वतन्त्र दल के रूप में कार्य करने लगा।

सन् 1947 के बाद भी कई छोटे-छोटे प्रान्तीय और साम्प्रदायिक दलों ने जन्म लिया है जैसे—तमिलनाडु में द्रविड़ मुनेत्र कड़गम (D.M.K.), अखिल भारतीय अनुसूचित जाति संघ (All India Scheduled Castes Federation) भारतीय जनसंघ, स्वतन्त्र पार्टी आदि। इस प्रकार भारतवर्ष में राजनैतिक दलों का जन्म हुआ।

भारत में स्वतन्त्रता के बाद मार्च, 1977 तक कांग्रेस दल सही रूप से शासन किया 1977 के आरम्भ में कांग्रेस पार्टी की नीतियों की प्रतिक्रिया के रूप में जनता पार्टी का गठन हुआ। बी.एल.डी., जनसंघ, कांग्रेस संगठन, समाजवादी पार्टी आदि ने मिलकर जनता पार्टी की स्थापना की। 1977-80 में जनता पार्टी का शासन रहा। 1980 में फिर कांग्रेस केन्द्र में सत्तारूढ़ हुई। भारत में मुख्य रूप से कांग्रेस, भारतीय जनता पार्टी, जनता दल, साम्यवादी दल (मार्क्सवादी), साम्यवादी दल आदि राजनीतिक दलों को राष्ट्रीय स्तर पर सम्मिलित किए जा सकते हैं। क्षेत्रीय स्तर पर पाए जाने वाले दल हैं—नेशनल कांन्फ्रेंस (जम्मू-कश्मीर), अकाली दल (पंजाब), तेलुगू देशम (आन्ध्र प्रदेश), असम गण संग्राम परिषद् (असम), द्रविड़ मुनेत्र कड़गम (तमिलनाडु) आदि।

1980-81 में हुए चुनावों में कांग्रेस पुनः सत्ता में आई। 1985-96 में हुए अनेक आम चुनावों में सबसे अधिक सदस्यों के कारण कांग्रेस सत्ता में आ गई और फिर अपना बहुमत बनाने में सफल रही।

1996 के चुनाव में पहले राष्ट्रपति ने भारतीय जनता पार्टी को और बाद में जनता दल एवं उसके साथी गुट-दलों को सरकार बनाने का निमन्त्रण दिया।

दलीय व्यवस्था की प्रमुख विशेषताएँ

भारत में दलीय व्यवस्था की निम्नलिखित विशेषताएँ हैं–

1. नीतियों और कार्यक्रम की अस्पष्टता तथा अनिश्चितता—भारतवर्ष में राजनैतिक दलों की एक विशेषता यह भी है कि दलों की नीतियाँ और कार्यक्रम अनिश्चित तथा अस्पष्ट हैं। विरोधी दलों का प्रमुख कार्यक्रम सत्तारूढ़ दल का विरोध करना होता है। भारत में दलों का कार्यक्रम एक-दूसरे का विरोध करना ही होता है।

2. असन्तुष्ट गुट—भारत के सभी राजनैतिक दलों में से कांग्रेस मात्र एक ऐसी पार्टी थी जो दो दलों में बँटी हुई थी। प्रत्येक प्रान्त में कांग्रेस के दो गुट बनते रहे हैं–एक सत्तारूढ़ दल (Ministerialists) और दूसरा असन्तुष्ट (Dissidents)। कांग्रेस के अन्दर ही इन दो गुटों में झगड़ा चलता रहा है। असन्तुष्ट गुट सत्तारूढ़ दल को हटाने की कोशिश करता है। यह तत्त्व लगभग प्रत्येक प्रान्त में दिखाई दे रहे हैं।

3. स्वतन्त्र सदस्य—भारतवर्ष में बहुदलीय पद्धति के अतिरिक्त स्वतन्त्र सदस्यों को भी विधानमण्डलों में नेतृत्व प्राप्त होता है। स्वतन्त्र सदस्य चुनाव के समय दलगत गठबन्धन से स्वतन्त्र होते हैं। प्राय: यह देखा गया है कि ये स्वतन्त्र सदस्य चुनाव जीतने के लिए किसी न किसी दल का प्रत्यक्ष या अप्रत्यक्ष रूप से समर्थन प्राप्त करते हैं। चुनाव के तुरन्त बाद वे किसी न किसी दल में शामिल हो जाते हैं। यदि ये विधानमण्डल में स्वतन्त्र रहें तो इनका कोई महत्त्व नहीं होता। प्राय: यह देखा गया है कि ये सत्तारूढ़ दल में शामिल हो जाते हैं। ये स्वतन्त्र सदस्य वस्तुत: मन्त्रिमण्डल को गिराने और बनाने में सक्रिय रूप से भाग लेते हैं।

4. दल-परिवर्तन—दल परिवर्तन का विशेष दौर चौथे आम चुनाव के बाद अत्यधिक जोर पकड़ लिया। कुछ पार्टी के सदस्य एक-एक बार नहीं बल्कि तीन-चार बार पार्टी को छोड़ा। यह इस कारण हुआ कि आम चुनाव के बाद किसी भी दल को बहुमत प्राप्त नहीं हुआ और मन्त्रिमण्डल बनाने की लालसा से सदस्यों में गठजोड़ चलता रहा। मार्च, 1977 के लोकसभा के चुनावों के पश्चात् तथा कांग्रेस पार्टी की हार के कारण अनेक कांग्रेस सदस्य कांग्रेस छोड़कर जनता पार्टी में शामिल हो गए। सरकार ने 52वें संशोधन द्वारा दल बदल प्रवृत्ति को रोकने का प्रयास किया है।

5. बहुदलीय पद्धति—भारत में अमेरिका और ब्रिटेन की भाँति द्वि-दलीय पद्धति नहीं है। फ्रांस की भाँति भारत में बहुदलीय पद्धति का जन्म हुआ है जो संसदीय शासन प्रणाली के लिए घातक सिद्ध हो सकती है। इसका सबसे बड़ा दुर्गुण यह है कि इसके कारण स्थायी सरकार का अभाव रहता है दूसरे, इस पद्धति के द्वारा देश में संगठित विरोधी दल की स्थापना नहीं हो सकती। इसका परिणाम यह होता है कि भारत जैसे देश में सत्तारूढ़ दल अपनी तानाशाही का प्रयोग करता रहता है।

6. एक दल की प्रधानता—1947 ई. के बाद भारत में कांग्रेस दल की सरकार बनी, परन्तु 1967 में जब चौथा चुनाव सम्पन्न हुआ तो इस चुनाव में कांग्रेस पार्टी को प्रत्येक राज्यों बहुमत न मिल

सका जिसके फलस्वरूप गठबन्धन सरकार की स्थापना हुई। फलस्वरूप यह सरकार अधिक समय तक न टिक सकी और पाँचवें आम चुनाव के पश्चात् दोबारा कांग्रेस को प्रान्तों में बहुमत मिल गया। कांग्रेस पार्टी की प्रधानता का मुख्य कारण यह था कि स्वतन्त्रता प्राप्ति में इस दल के नेताओं का अपार बलिदान था, जिस कारण लोगों की निष्ठा इस दल में बनी रही। मार्च, 1977 में हुए लोकसभा के चुनावों तथा जून 1977 में हुए राज्य विधानसभा के चुनावों के फलस्वरूप जनता पार्टी का उदय हुआ। 1980 के पश्चात् कांग्रेस द्वारा केन्द्र तथा अनेक राज्यों में सरकार की स्थापना की गई, परन्तु 1980 के पश्चात् केन्द्र में और विशेषरूप से राज्यों में कांग्रेस की स्थिति कमजोर होती चली गई। आज यह दल क्षेत्रीय दलों की शर्तों पर उनके साथ चुनावी गठजोड़ करता है।

वस्तुतः एक दल की प्रधानता लोकतन्त्र विरोधी होती है, जहाँ एक दल की प्रधानता होती है, वहाँ वह दल अपना मनमाना शासन करता है तथा विरोधी दल को प्रोत्साहित नहीं करता। सरकार के रवैये में सख्ती तथा तीव्रता आ जाती है।

7. संगठित विरोधी दल का अभाव—भारतवर्ष में इंग्लैंड की भाँति संगठित विरोधी दल का अभाव है। विरोधी दल का कार्य सरकार की नीतियों की आलोचना करना है और उन नीतियों को सुधारने के लिए उपयोगी सुझाव पेश करना है जिनमें कुछ कमियां विद्यमान हों। विरोधी दल एक वैकल्पिक सरकार होती है। **डॉ जैनिंग्न** के अनुसार, ''आम चुनाव में केवल सरकार का ही नहीं, अपितु विरोधी दल का भी चुनाव होता है। विरोधी दल का नेता वैकल्पिक प्रधानमन्त्री होता है और जनमत में थोड़े से परिवर्तन के कारण विरोधी दल को सदन में बहुमत प्राप्त हो जाता है और यह सरकार का निर्माण करता है।''

भारतीय दलीय पद्धति की यह एक बड़ी त्रुटि है कि इस देश में इंग्लैण्ड की भाँति सुदृढ़ विरोधी दल पनप नहीं पाया। अनेक दल ऐसे हैं जो अवसरवादिता पर आधारित हैं। कांग्रेस पार्टी भी स्वयं में संगठित दल नहीं है। इसमें भी कई बार फूट पड़ी है। जनता पार्टी में भी फूट के कारण भारतीय जनता पार्टी का उदय हुआ। फलस्वरूप भारत में संगठित विपक्ष कभी नहीं बन सका।

ए.ओ. ह्यूम द्वारा कांग्रेस दल की स्थापना 1885 में किया गया। उस समय इस दल की स्थापना करने का उद्देश्य केवल इंग्लैंड की भाँति एक विरोधी दल की स्थापना करना था ताकि ब्रिटिश सरकार को नीति निर्माण करने में सहायता दी जा सके। भारत में वायसराय लार्ड डफरिन ने इस प्रकार की आशा व्यक्त की थी। उनके अनुसार भारतवर्ष में एक ऐसी राष्ट्रीय संस्था स्थापित की जाए जो इंग्लैंड के विरोधी दल की तरह कार्य कर सके। चूँकि सामाचार-पत्र विश्वसनीय नहीं थे, इसलिए उनकी यह आकांक्षा थी कि प्रत्येक वर्ष भारत के राजनीतिक की इकट्ठे हों और प्रशासन के दोषों को दूर भगाने के लिए सुझाव दें। बीस वर्ष तक कांग्रेस का कार्यक्रम यही था और हर वर्ष वह प्रस्ताव पास करती थी, परन्तु बहुत शीघ्र ही 1907 में कांग्रेस दो भागों में बंट गई—एक उदारवादी ग्रुप (Moderate Group) और दूसरा उग्रवादी ग्रुप (Extremist Group)। उदारवादी ग्रुप ब्रिटिश सरकार को वरदान मानते थे और वे केवल संवैधानिक तरीकों से ही और सुविधाएँ प्राप्त करना चाहते थे। मगर उग्रवादी उदारवादियों की इस नीति को भिखारियों की नीति कहते थे और उनका संवैधानिक तरीकों में विश्वास समाप्त हो गया था। यह विभाजन 1916 तक चलता रहा और उसके पश्चात् इन दोनों गुटों में समझौता हो गया।

स्वतन्त्रता प्राप्ति से पूर्व कांग्रेस का उद्देश्य देश को अहिंसाकारी तरीकों से स्वतन्त्र करवाना था। अतः इस दल ने भारतीय राष्ट्रीय आन्दोलन को नेतृत्व प्रदान किया। यह एक राष्ट्रीय दल था और इसमें प्रत्येक सम्प्रदाय के लोग शामिल थे। मुहम्मद अली जिन्ना कांग्रेस को एक हिन्दू सम्प्रदाय का नाम देते थे। महात्मा गाँधी ने कांग्रेस को राष्ट्रीय दल बताया जिसमें हिन्दू, मुस्लिम, ईसाई, पारसी, सिख इत्यादि सभी वर्गों के सदस्य थे।

1947 ई. के बाद कांग्रेस पार्टी का जो नया संविधान अप्रैल, 1983 में बनाया गया, उसके अनुसार इसके उद्देश्य के विषय में यह कहा गया—'कांग्रेस पार्टी का उद्देश्य भारतीय जनता का हित तथा प्रगति और सहकारी संघवाद की शान्तिपूर्ण तथा वैधानिक तरीके से स्थापना है। यह अवसर की समानता और राजनीतिक, आर्थिक तथा सामाजिक अधिकार एवं विश्वशान्ति तथा बन्धुत्व पर आधारित होगा।''

अवाड़ी अधिवेशन में समाजवादी समाज की स्थापना के लिए प्रस्ताव पास किया गया। इसके निम्नलिखित सिद्धान्त थे—

(i) पूर्ण रोजगार और काम करने का अधिकार,
(ii) लघु ग्रामीण और गृह उद्योगों के द्वारा अधिक से अधिक राष्ट्रीय आत्मनिर्भरता की प्राप्ति(
(iii) सामाजिक तथा आर्थिक न्याय,
(iv) शान्तिपूर्ण अहिंसा और लोकतन्त्रीय उपायों से समाजवादी समाज की स्थापना का उद्देश्य(
(v) ग्रामीण पंचायतों और सहकारी उद्योगों में आर्थिक और राजनैतिक विकेन्द्रीकरण(
(vi) गरीब और निम्नतर वर्ग की आवश्यकताओं की व्यवस्था करना।

ये सिद्धान्त वस्तुतः गाँधीजी के सिद्धान्तों के अनुकूल हैं और इन्हें सर्वोदय भी कहा जा सकता है। सन् 1956 में नेहरूजी ने अमृतसर के स्थान पर कांग्रेस के खुले अधिवेशन में आर्थिक नीति पर प्रस्ताव प्रस्तुत करते हुए कहा था कि भारतवर्ष का मुख्य उद्देश्य औद्योगिक क्रान्ति है, परन्तु इसको प्राप्त करने का उपाय ऐंग्लो-अमेरिकन और रूसी उपायों से भिन्न है। हम रूस की भाँति औद्योगीकरण तुरन्त करना चाहते हैं, परन्तु इसे शान्तिपूर्ण लोकतन्त्रीय ढंग से प्राप्त करेंगे।

जनवरी, 1957 के इन्दौर अधिवेशन में कांग्रेस ने संविधान में संशोधन किया गया। इसका उद्देश्य शान्तिपूर्ण तथा वैधानिक तरीके से एक समाजवादी राष्ट्रमण्डल की स्थापना करना था। 1959 के नागपुर अधिवेशन में कांग्रेस ने सहकारी खेती के प्रति एक महत्त्वपूर्ण प्रस्ताव पास किया था। उसके अनुसार प्रत्येक व्यक्ति, जो भूमि की खेती करेंगे उन्हें आमदनी का उतना भाग मिलेगा जितना वे काम करेंगे, चाहे वे भूमिहीन क्यों न हों। इस योजना के अधीन सहकारी संगठन बनाए जाने थे और अतिरिक्त भूमि पर पंचायतों का अधिकार होना था। 1961 के अधिवेशन में कांग्रेस ने राष्ट्रीय एकता, मिश्रित अर्थव्यवस्था के द्वारा समाजवाद, पंचायती राज और सहकारी संगठनों के द्वारा ग्रामीण जीवन को प्रगतिशील बनाने का कार्यक्रम निर्धारित किया।

1977 तथा बाद के चुनाव घोषणा-पत्रों में कांग्रेस ने देश के भिन्न-भिन्न भागों के विकास और विशेषकर देश के पिछड़े हुए इलाकों के विकास पर जोर दिया। विदेशी नीति का इन्होंने समर्थन किया। अन्तर्राष्ट्रीय क्षेत्रों में कांग्रेस की सरकार ने सदैव विश्व शान्ति तथा सुरक्षा का पक्ष लिया है। लोकतन्त्र, समाजवाद तथा धर्मनिरपेक्षता कांग्रेस के कार्यक्रम में सदैव सम्मिलित रहे।

स्वतन्त्रता प्राप्ति से लेकर 1967 तक कांग्रेस की सरकार सम्पूर्ण रूप से बनी रही और केन्द्र तथा राज्यों के प्रत्येक विधानमण्डलों में इस दल को बहुमत प्राप्त था, परन्तु इसी वर्ष चौथे आम चुनाव के पश्चात् कांग्रेस पार्टी को अनेक प्रान्तों में बहुमत न मिल सका जिससे कांग्रेस पार्टी या दल को बहुत गहरी चोट लगी। बहुत से प्रान्तों में विरोधी दलों की संगठित सरकारें स्थापित हो गईं। यद्यपि किसी कारणवश ये सरकारें चिरकाल तक कायम न रह सकीं। 1971 के चुनाव में इन्दिरा कांग्रेस को भारी बहुमत प्राप्त हुआ क्योंकि इस दल ने 'गरीबी हटाओ और बेरोजगारी दूर करो' का नारा दिया। इसे लोकसभा में 350 स्थान प्राप्त हुए।

1971 ई. के आम चुनाव में कांग्रेस पार्टी को मिले व्यापक जन समर्थन की स्थिति मार्च, 1977 में मन्द पड़ गई। 1977 के लोकसभा चुनावों में इस दल को 542 के सदन में 154 सीटों पर विजय प्राप्त हुई जबकि इस दल ने अपने 493 सदस्य चुनाव में खड़े किए थे। 1980 के चुनाव में कांग्रेस (इन्दिरा) केन्द्र में फिर सत्ता में आई। इस दल ने 1980 के लोकसभा चुनाव में 544 में से 353 स्थान प्राप्त किए। 1984 के चुनावों में कांग्रेस ने 544 में से 403 स्थान लोकसभा में प्राप्त किए थे। 1989 के एक संक्षिप्त काल के बाद 1991 में कांग्रेस पुनः सत्ता में आ गई। 1996 के चुनावों में कांग्रेस की लोकसभा में स्थिति कमजोर हो गई यद्यपि यह दल संख्या की दृष्टि से लोकसभा में दूसरे स्थान पर था।

कांग्रेस की चुनावी नीतियाँ समय-समय पर बदलती रही हैं। 1976 में समाजवाद का नारा देने वाली यह पार्टी 1991 में निजीकरण तथा उदारीकरण की चर्चा करने लग गई थी। अनुसूचित जातियों, जनजातियों, महिलाओं कमजोर वर्गों के प्रति कांग्रेस की नीति पहले जैसी ही रही है।

दबाव गुट का अभिप्राय

किसी भी लोकतन्त्रीय व्यवस्था में जहाँ राजनीतिक दलों का महत्त्व होता है, वहाँ दबाव गुटों का भी महत्त्व कम नहीं होता। राजनीतिक दल तथा दबाव गुट, दोनों ही राजनीति को प्रभावित करते हैं। दोनों का लक्ष्य सरकार से अपने हितों तथा माँगों की पूर्ति होती है, परन्तु इसका अर्थ यह नहीं है कि दोनों एक जैसे होते हैं। मुख्यतः राजनीतिक दल राजनीति में सक्रिय रूप से भाग लेते हैं, जबकि दबाव गुट राजनीति में अप्रत्यक्ष रूप से भाग लेते हैं। राजनीतिक दल चुनाव लड़ते हैं, सरकार अथवा विरोधी दल का गठन करते हैं, परन्तु दबाव गुट ऐसा कोई कार्य नहीं करते।

उपरोक्त विवरणों से हमें इस गुट या दल का अभिप्राय जानने में मदद मिलती है। दबाव गुट उस गुट को कहा जा सकता जो स्वयं संयुक्त प्रयत्नों के द्वारा अपने लाभों को पूरा सकता है। दबाव गुट का मुख्य लक्ष्य राजनैतिक गतिविधियों को अपने प्रभाव के बल से प्रभावित करना होता है। **औदगार्द** के अनुसार, 'एक दबाव गुट उन लोगों का औपचारिक संगठन होता है जिसके एक अथवा एक से अधिक सामान्य उद्देश्य होते हैं और जो घटनाक्रम को विशेषरूप से विधि निर्माण तथा प्रशासनीय कार्यों को प्रभावित करने में प्रयत्नशील रहते हैं जिससे कि वह अपने हितों की रक्षा कर सकें तथा उन्हें प्रोत्साहन दे सकें। **माइरन वीनर** के शब्दों में, ''दबाव गुट से हमारा तात्पर्य शासन के ढाँचे से बाहर स्वैच्छिक रूप से संगठित ऐसे समूहों से होता है जो प्रशासनिक अधिकारियों की नियुक्ति तथा नामजदगी, विधि निर्माण और सार्वजनिक नीति के क्रियान्वयन को प्रभावित करने में

प्रयत्नशील रहते हैं।'' इस प्रकार हम देखते हैं कि दबाव गुट संगठित तथा असंगठित दोनों ही हो सकते हैं। उनके द्वारा संवैधानिक तथा गैर-संवैधानिक दोनों प्रकार के साधनों को अपनाया जा सकता है। इनका उद्देश्य राजनीतिक सत्ता की प्राप्ति नहीं होता, बल्कि शासकीय अधिकारियों का प्रभाव मात्र ही होता है।

दबाव गुट के गुण

दबाव गुट के निम्नलिखित प्रमुख गुण बताए गए हैं–

1. राजनीतिक प्रशिक्षण में उनकी भूमिका महत्त्वपूर्ण होती है।
2. शासकीय ढाँचे में उन गुटों की सलाह सराहनीय होती है।
3. लोकतन्त्रीय व्यवस्था में दबाव गुटों का होना स्वाभाविक है।
4. क्षेत्रीय आधार पर आधारित प्रतिनिधित्व पूर्ण नहीं होता, इस अभाव को दबाव गुट पूरा करते हैं।

दबाव गुट के अवगुण

दबाव गुटों के अवगुण इस प्रकार प्रस्तुत किए जा सकते हैं–

1. दबाव गुटों के वर्गीय तथा सीमित लक्ष्यों के कारण राष्ट्रीय तथा अन्तर्राष्ट्रीय हितों को हानि पहुँचती है।
2. आपसी विरोध, तनाव और फूट को प्रोत्साहन एवं बढ़ावा मिलता है।
3. प्रशासन में घूस, लोभ, भ्रष्टाचार आदि को बढ़ावा मिलता है।

भारत में दबाव गुट

भारत वर्ष में इस गुट को प्रमुख रूप से दो हिस्सों में विभक्त किया गया है, जो निम्नलिखित हैं–

(i) आधुनिक उद्योग आदि पर संगठित दबाव गुट–ऐसे गुटों में हम व्यापारिक संघ, मजदूर संघ, विद्यार्थी संघ, अध्यापक संघ आदि को सम्मिलित कर सकते हैं। प्रायः यह देखा गया है कि लगभग प्रत्येक व्यवसाय का अपना अलग संघ है जो कि क्षेत्रीय आधार से लेकर राष्ट्रीय आधार पर फैला रहता है। समय-समय पर ऐसे विभिन्न दबाव गुट सरकार तथा शासन से अपने हितों की माँगें करते रहते हैं।

(ii) परम्परागत सामाजिक ढांचे से सम्बन्धित दबाव गुट–ऐसे गुटों में धर्म, जाति, भाषा के आधार पर बनाए गए गुट सम्मिलित किए जा सकते हैं। राष्ट्रीय स्वयं सेवक संघ ऐसा गुट है जिसका आधार धार्मिक कहा जा सकता है। नादार जाति संघ, अनुसूचित संगठन, असम और नागालैंड में संगठित जातीय संगठन हैं जिन्हें जाति के आधार पर बना संघ कहा जा सकता है। दक्षिण भारत में अनेक ऐसे भाषायी संगठन हैं जो हिन्दी के विरोध हेतु बनाए गए हैं।

कुछेक विशिष्ट गुटों का वर्णन इस प्रकार है–

1. श्रमिक संघ—मजदूरों के माध्यम से बनाये गये संघ भारत में दबाव गुटों का एक ज्वलन्त मिसाल हैं। प्रायः यह देखने में आया है कि भिन्न-भिन्न आर्थिक, सामाजिक, औद्योगिक, व्यापारिक शैक्षणिक संस्थाओं में काम करने वालों ने अपने हितों की रक्षा के लिए श्रमिक संघ बना लिए हैं। बैंक

कर्मचारियों का संघ, रेलवे कर्मचारियों का संघ, केन्द्रीय सरकार के प्रथम, द्वितीय, तृतीय तथा चौथी श्रेणियों के कर्मचारियों का संघ, स्टील उद्योग में काम करने वाले श्रमिकों का संघ, अध्यापक संघ, विद्यार्थी संघ आदि ऐसे ही कुछ उदाहरण हैं। भारत में इन श्रमिक संघों की विशेषता यह है कि इन्हें विभिन्न राजनैतिक दलों का समर्थन प्राप्त है। कुछेक श्रमिक संघों पर कांग्रेस पार्टी का प्रभाव है जबकि अन्य संघों पर साम्यवादी दल, साम्यवादी (मार्क्सवादी) पार्टी, जनता पार्टी आदि का प्रभाव रहा है। केवल इतना ही नहीं, किसी विशेष संघ में विभिन्न राजनैतिक दल अपने-अपने अलग संगठन बना लेते हैं, उदाहरणार्थ—विद्यार्थियों में युवक कांग्रेस वर्ग कांग्रेस पार्टी के प्रभाव में, विद्यार्थी फैडरेशन साम्यवादी पार्टी के प्रभाव में, विद्यार्थी परिषद् जनसंघ पार्टी के प्रभाव में था। ऑल इण्डिया ट्रेड यूनियन कांग्रेस पर कांग्रेस का प्रभाव है जबकि इण्डियन नेशनल ट्रेड यूनियन कांग्रेस पर साम्यवादी दलों का प्रभाव है। यही कारण है कि जब इन श्रमिक संघों की सत्ता कांग्रेस विरोधी दलों के हाथों में आती है तो कांग्रेस, जिसे कभी राजनैतिक सत्ता प्राप्त थी, इन संघों द्वारा चलाए गए आन्दोलनों को समाप्त करने का प्रयास करती थी और जब ये संघ कांग्रेस के समर्थक वर्गों के हाथों में आ जाते हैं तो कांग्रेस इनका सहयोग प्राप्त करती थी।

भारत में श्रमिक संघ आन्दोलन की विफलता के अनेक कारण हैं। श्रमिक संघों में आन्तरिक संगठन का अभाव, स्वस्थ नेतृत्व की कमी, निजी स्वार्थों को प्राथमिकता आदि इस सम्बन्ध में उल्लेखनीय हैं।

2. जाति सम्बन्धी संगठन—भारतीय संविधान में किसी भी आधार पर (रंग, धर्म, जाति) छुआछूत व भेदभाव न करने का विवरण मिलता है, लेकिन इस बात से इन्कार नहीं किया जा सकता कि आज भी जाति, धर्म आदि का सामाजिक तथा राजनैतिक ढाँचे में एक विशेष स्थान है। भले ही जाति, धर्म के आधार पर प्रत्यक्ष रूप से संस्थाएँ नहीं बनाई जातीं, परन्तु समाज तथा राज्य के प्रत्येक संगठन में इनके योग को भुलाना कठिन है। भारतीय समाज की प्रत्येक रीति में जाति तथा धर्म का अपना ही विशेष स्थान है। चुनावों के दौरान लगभग सभी राजनैतिक दल अपने-अपने उम्मीदवारों को चुनते समय जाति तथा धर्म के तत्त्व को भुलाने का साहस नहीं करते। आज भी जाति धर्म के नाम पर लोगों से मत लिए जाते हैं। आज भी कुछेक जातियाँ एक-दूसरे के साथ मिलकर राजनैतिक लाभ प्राप्त करने का प्रयत्न करती हैं।

3. सर्वोदय संगठन—महात्मा गाँधी के विचारों से प्रभावित होकर विनोबाजी तथा जयप्रकाश नारायण द्वारा संगठित सर्वोदय संस्था एक ऐसा संगठन है जिसका राजकीय कार्यों पर काफी प्रभाव रहता चला आया है। सर्वोदय संगठन का मुख्य लक्ष्य सामाजिक कल्याण की कामना है। सरकार की ओर से आयोजित सामुदायिक विकास के कार्य तथा पंचायती राज की स्थापना सर्वोदय उद्देश्यों की देन हैं। आरम्भ से ही सर्वोदय नेताओं और कांग्रेस पार्टी के नेताओं में सम्पर्क चला आया है। चूँकि सर्वोदय नेताओं में अधिकांश सदस्य गाँधीजी के विचारों से प्रभावित हुए होते हैं, इसलिए भारतीय राजनीति में, जहाँ गाँधी को एक सम्मानजनक स्थान प्राप्त है, सर्वोदय नेताओं के विचारों का सदैव आदर किया जाता है। पंडित नेहरू, लालबहादुर शास्त्री, श्रीमती इन्दिरा गाँधी तथा श्री मोरारजी देसाई ने सदैव विनोबाजी को पूर्ण सम्मान दिया है। 1960 में जयप्रकाश नारायण की अध्यक्षता में ग्रामीण विकास सम्बन्धी ऐच्छिक संस्थाओं

के संगठन का राजकीय अधिकारियों द्वारा सहयोग प्राप्त करना यह संकेत करता है कि सर्वोदय विचारों का राजनीति में काफी योग रहता है।

4. चैम्बर्स आफ कामर्स—आज के दौर में राजनीति और व्यापार के मध्य जो गहरा आपसी सम्बन्ध है, उस सम्बन्ध को है एक-दूसरे से अलग करना कोई सरल कार्य नहीं है अर्थात् इस सम्बन्ध को भुलाना मुश्किल है। जिस प्रकार सरकार द्वारा अपनाई गई आर्थिक नीतियाँ व्यापारिक वर्ग को प्रभावित किए बिना नहीं रह सकतीं, ठीक उसी प्रकार व्यापारिक संस्थाएँ भी अपने आर्थिक लाभ तथा लोभ के लिए सरकार की रचना तथा गतिविधियों को प्रभावित करने का प्रयास करती रही हैं। भारत में कांग्रेस पार्टी तथा अनेक प्रकार की व्यापारिक तथा औद्योगिक संस्थाओं का सम्पर्क स्वतन्त्रता संग्राम से पूर्व से चलता आ रहा है। स्वतन्त्रता के पश्चात् कांग्रेस तथा सरकार जब एक हो गईं, तो सरकार और व्यापारिक संस्थाओं में आपसी सम्बन्ध और अधिक बढ़ गया। यद्यपि कांग्रेस द्वारा घोषित आर्थिक नीति (जिसमें अधिकतर बल समाजवाद की ओर है) से व्यापारिक संस्थाओं में कांग्रेस के प्रति संदेह की भावना जाग उठी है, परन्तु इससे यह स्पष्ट हो गया है कि व्यापारिक संस्थाओं ने अपने आपको और अधिक संगठित करके राजनीति में अपने प्रभाव को तीव्र, करना आरम्भ कर दिया है। भारत में स्वतन्त्र पार्टी व्यापारियों तथा धनी वर्ग की रक्षा के लिए एक राजनीतिक दल बनाया गया था। भारतीय व्यापार तथा उद्योग का संघ अपने दिल्ली दफ्तर तथा संसद के अनेक सदस्यों तथा विभिन्न मन्त्रालय से सम्पर्क बनाए रखता है, ताकि उनके व्यापारिक हितों को हानि न पहुँच सके। कांग्रेस तथा अन्य राजनैतिक दलों को चुनावों के खर्च को पूरा करने के लिए धनी वर्ग से सम्पर्क बनाना आवश्यक सा हो गया है। ऐसे अनेक उदाहरण मिलते हैं जबकि कांग्रेस ने व्यापारिक वर्गों से चुनाव सम्बन्धी चन्दे लिए हों। परिणामस्वरूप कांग्रेस पार्टी तथा जो भी सत्तारूढ़ दल था व्यापारिक तथा औद्योगिक वर्गों के विरुद्ध खुल्लमखुल्ला विरोध की नीति नहीं अपनाता तथा उनसे अपना सम्पर्क भी नहीं तोड़ता। मॉरसजोन्स की धारणा है कि कांग्रेस को चुनाव सम्बन्धी खर्च के लिए धन की आवश्यकता थी। तथा धनी वर्गों को राजनैतिक दृष्टि से उसके व्यापारिक हितों की रक्षा की।

दबाव गुटों की ओर सरकार का रुख—जहाँ तक सरकार का इन गुटों की ओर रवैये का प्रश्न है, यह कहना पड़ता है कि सरकार तथा अनेक प्रकार के दबाव गुट आपसी सम्बन्ध हेतु आज इस स्तर पर हैं कि वे एक-दूसरे के प्रति समय-समय पर नीतियाँ बनाते हैं। यह देखने में आया है कि सरकार उन दबाव गुटों का प्राय: विरोध करती है जो उसके मार्ग में बाधा डालते हैं तथा उसे स्वतन्त्रतापूर्वक कार्य नहीं करने देती। यही कारण है कि सरकार ने सदैव उन संगठनों को सहानुभूति की दृष्टि से नहीं देखा जो हड़ताल, सत्याग्रह तथा संगठित विरोध का सहारा लेते हैं, परन्तु दूसरी ओर सरकार ने सदैव उन दबाव गुटों को प्रोत्साहन दिया है जो प्रस्तावों तथा प्रतिनिधि-मण्डलों के रूप में उसके समक्ष आते रहे। **मैरन बीनर** के शब्दों में, ''वास्तव में सरकार इन संगठित गुटों की ओर अपने सम्बन्ध को इस प्रकार ढालती है कि ऐसे संगठित गुट सरकार से किसी प्रकार की माँग न करें, अपितु सदैव उसे अपना सहयोग देते रहें।''

भारत में दबाव गुटों का महत्त्व जहाँ बढ़ता जा रहा है, वहाँ इन गुटों से सम्बन्धित कार्यविधि के नियमों

पर अत्यधिक विचार नहीं किया गया। फलस्वरूप विभिन्न दबाव गुट अपने-अपने तरीकों (उचित तथा अनुचित तरीकों) से अपने उद्देश्यों की पूर्ति करते रहते हैं। अमेरिका में दबाव गुट का प्रचलन अत्यधिक मशहूर है।

दबाव समूहों में—1. निर्धारित हित होते हैं। 2. इनके सामाजिक, आर्थिक, शैक्षिक या सांस्कृतिक उद्देश्य होते हैं। 3. ये विधायकों पर नियन्त्रण रखते हैं। 4. विधायकों से सौदेबाजी करते हैं। 5. जरूरत पड़ने पर असंवैधानिक तथा तोड़फोड़ की कार्यवाही भी करते हैं।

भारत में दबाव समूह—भारत में बहुत से दबाव समूह हैं जिनका विवरण नीचे दिया गया है :

व्यवस्था पर निर्भर दबाव गुट—व्यवस्था पर आधारित दबाव समूह निम्नलिखित हैं—

1. **सांस्कृतिक संगठन**—भारत में कुछ सांस्कृतिक समूह भारत व अन्य देशों से सांस्कृतिक सम्बन्धों को स्थापित करने के लिए बनाए गए हैं।
2. **महिला संगठन**—भारत में महिलाओं पर बढ़ते हुए अत्याचारों को देखकर बहुत से महिला संगठन बनाए गए हैं। जैसे, अखिल भारतीय महिला सम्मेलन।
3. **जातीय व साम्प्रदायिक संगठन**—भारत में ऐसे समूह भी हैं जो जातियों व सम्प्रदायों की रक्षा के लिए बनाए गए हैं।
4. **मजदूर संगठन**—मजदूर संगठन के गठन में मजदूरों की भलाई निहित है। भारत वर्ष के मजदूर संगठनों का एक विशद व लम्बी कहानी है।
5. **व्यापारिक संगठन**—भारत में मिश्रित अर्थव्यवस्था के कारण निजी व सरकारी उद्योग हैं। निजी उद्योगों के उद्योगपतियों ने अपने लाभ की रक्षा के लिए व्यापारिक समूह बना रखे हैं, जैसे भारतीय वाणिज्य मण्डल।
6. **कृषक संगठन**—कृषकों ने अपनी भलाई के लिए कृषक संगठन बनाए हैं, जैसे अखिल भारतीय किसान पंचायत।
7. **विद्यार्थी संगठन**—विद्यार्थियों की कई सारी कठिनाइयाँ हैं जिस कारण उनके बहुत सारे संगठन बने हुए हैं। सबसे ऊपर भारतीय विद्यार्थी संघ है।

दबाव समूह की कार्य एवं भूमिका—दबाव समूह निम्नलिखित कार्य करते हैं—

1. दबाव समूह अपने हितों की रक्षा के लिए अप्रत्यक्ष रूप से चुनाव में भाग लेते हैं।
2. दबाव समूह लोकमत तैयार करते हैं।
3. दबाव समूह सरकार की कार्यवाहियों पर निगरानी रखते हैं।
4. दबाव समूह अपने पक्ष में कानून बनवाने का प्रयास करते हैं।
5. दबाव समूह का प्रयास रहता है कि उनका प्रत्याशी मंत्री बन जाए।
6. दबाव समूह सरकारी अधिकारियों से भी साठ-गाँठ कर लेते हैं।
7. अपने हितों की पूर्ति के लिए दबाव समूह प्रचार साधनों पर निर्भर रहते हैं।

उपर्युक्त वर्ण से यह ज्ञात होता है कि जिस प्रकार से दबाव समूह ब्रिटेन व अमेरिका में सक्रिय है उसी प्रकार भारत में भी दबाव समूह सक्रिय हैं। लोकतन्त्र में इनकी आवश्यकता है।

दबाव समूह में भी कुछ दोष हैं। कुछ दबाव समूह असंवैधानिक कार्य करते हैं।

दबाव समूह में दोष होते हुए भी इनका महत्त्व है। लोकतन्त्र की रक्षा के लिए इनका होना आवश्यक है।

भारत में राजनीतिक समूहों का प्रकार

भारत में राजनैतिक समूहों के बारे में नेहरू ने अपने मत को प्रस्तुत करते हुए इसके निम्न प्रकारों की विवेचना की थी–

(i) सांप्रदायिक दल,

(ii) क्षेत्रीय दल

(iii) आर्थिक विचारधारा पर आधारित दल,

(iv) साम्यवादी दल।

अगर समग्र तौर पर देखा जाए तो भारत के राजनीतिक पार्टियों का निम्नलिखित वर्गीकरण प्रस्तुत किया जा सकता है–

अखिल भारतीय राजनीतिक दल–भारत में राजनीतिक दलों का वर्गीकरण अथवा प्रकार अखिल भारतीय राजनीतिक दल कहा जा सकता है। इस प्रकार के दल के अंतर्गत उन दलों को रखा जाता है जो आधिकारिक रूप से व्यापक क्षेत्र में फैले होते हैं और जिन्हें राष्ट्रीय समर्थन प्राप्त रहता है। अखिल भारतीय दलों को लोकसभा में 4 प्रतिशत सीट या 4 प्रतिशत वोट मिलना चाहिए। अखिल भारतीय राजनीतिक दलों के अंतर्गत कांग्रेस, भारतीय जनता पार्टी, कम्युनिस्ट पार्टी और मार्क्सवादी कम्युनिस्ट पार्टी आदि को शामिल किया जा सकता है।

क्षेत्रीय दल–भारत में राजनीतिक दलों का प्रकार अथवा वर्गीकरण क्षेत्रीय दल के तौर पर किया जा सकता है। इस प्रकार के दलों का जनाधार किसी क्षेत्र विशेष में होता है। ये दल उस क्षेत्र विशेष के हित हेतु कार्य करते हैं। इनका नाम भी अक्सर उस क्षेत्र की भाषा, धर्म, प्रजाति अथवा संस्कृति के नाम पर होता है। वर्तमान समय में क्षेत्रीय दलों का महत्त्व देश की राजनीति में बहुत ज्यादा है। केंद्र सरकार में उनकी अहम् भूमिका है। क्षेत्रीय दलों के सदस्य अपने क्षेत्र की जनता की आवाज सरकार के समक्ष रखते हैं और सार्वभौमिक कल्याण के स्थान पर क्षेत्र विशेष के कल्याण पर विशेष जोर देते हैं। इन क्षेत्रीय राजनीतिक दलों में निम्नलिखित राजनीतिक दलों का नाम प्रमुखता से लिया जा सकता है–

(i) डी.एम.के. (तमिलनाडु),

(ii) ए.डी.एम.के. (तमिलनाडु),

(iii) असम गण परिषद् (असम),

(iv) बीजू जनता दल (उड़ीसा),

(v) नेशनल कांफ्रेंस (जम्मू एवं कश्मीर) आदि।

सांप्रदायिक दल–भारत में राजनीतिक दलों का प्रकार या वर्गीकरण सांप्रदायिक दल के तौर पर किया जा सकता है। इन दलों की सदस्यता किसी धर्म, संगठन और संप्रदाय के आधार पर होती है। साथ ही सदस्यता का आधार वंशानुगत भी होता है। इस प्रकार के दल हमेशा संकीर्ण राजनीति को बढ़ावा देते

हैं एवं अपने जाति एवं धर्म की रक्षा करने का उपाय करते हैं। भारत में कुछ प्रमुख सांप्रदायिक दलों के नाम इस तरह हैं—मुस्लिम लीग (केरल), शिवसेना (महाराष्ट्र) और अकाली दल (पंजाब)।

तदर्थ दल—भारत में राजनीतिक दलों का प्रकार या वर्गीकरण तदर्थ दल के तौर पर किया जा सकता है। इन दलों का संगठन किसी शक्तिशाली व्यक्ति अथवा स्थानीय एवं राज्य के मुद्दों के आधार पर होता है। इस प्रकार के तदर्थ या अस्थायी दल बहुत दिनों तक अस्तित्व में नहीं रहते हैं। बहुत से दलों का अस्तित्व कुछ समय तक ही राजनीति में रह पाता है तथा कुछ तो अस्तित्व में आने से पहले ही समाप्त हो जाते हैं। इस प्रकार के दलों का निर्माण अपने दलों के नेताओं के दबाव की राजनीति कायम करने हेतु किया जाता है। 'तिवारी कांग्रेस' का गठन एवं 'मध्य प्रदेश विकास पार्टी' आदि का गठन तदर्थ दलों के गठन का उदाहरण कहा जा सकता है। ये दल अपने अस्तित्व को बरकरार नहीं रख सके। इस प्रकार यह पता चलता है कि राजनीति में तदर्थ दलों का अस्तित्व नहीं के बराबर होता है या बहुत कम समयों के लिए होता है।

राजनीतिक समूहों का संनिर्माण

राजनैतिक समूहों के संनिर्माण में व्यक्तिगत लाभ, आर्थिक आधार, प्रादेशिकता एवं राजनैतिक उद्देश्यों इत्यादि की उपलब्धि मुख्य है। इसके बारे में मोरिस ड्यूवरगर ने लिखा है कि हर राजनैतिक समूह व संगठन की एक अपनी रचना होती है, परन्तु कुछ मूल तत्त्व प्रत्येक राजनीतिक दलों में पाए जाते हैं। ये तत्त्व निम्नलिखित हैं—

1. कॉकस—इसका अर्थ उन नागरिकों से होता है जो समूह के अंदर ही अंदर आंतरिक दल का संनिर्माण करते हैं। इसके हितों की रक्षा करना कॉकस के सदस्य अपना पहला कर्त्तव्य मानते हैं। यह अपनी सदस्य सीमा को कभी नहीं बढ़ाता है। मिचेल्स (Mitchells) ने इसे राजनीतिक दल का अल्पतंत्र कहा है। हालाँकि वर्तमान समय में भारत में कांग्रेस गठबंधन की सरकार चल रही है, परन्तु पिछले कुछ समयों से इस पार्टी को बराबर हार का सामना करना पड़ रहा था। फिर भी इस दल का 'कॉकस' बराबर सक्रिय रहा है जिसमें दल के कुछ लोगों के हाथ में दल की शक्ति केंद्रित रही है। कॉकस प्रत्यक्ष और अप्रत्यक्ष दोनों प्रकार के हो सकते हैं। इसके कारण दल संगठनात्मक समूह के तौर पर रहता है।

2. शाखा—यह राजनैतिक समूह की संनिर्माण में एक विशिष्ट भूमिका निभाता है। इसके सदस्य कॉकस की तुलना में स्वतन्त्र होते हैं तथा दल के बड़े भाग होते हैं। शाखा के सदस्यों के मध्य कार्य विभाजन रहता है एवं चुनावों में ये सक्रिय भूमिका अदा करते हैं। इसे एक समाजवादी नवीनीकरण माना गया है। समाजवादी राजनीतिक दलों में शाखा एक आधारभूत इकाई के तौर पर विद्यमान है। इसके माध्यम से जनसमूहों का सहयोग दलों में देखा जाता है। भारत के लगभग सभी राजनीतिक दलों में कॉकस के साथ-साथ शाखा मौजूद है जो दल के विभिन्न प्रकार्यों और भूमिकाओं को क्रियान्वित करती है। इसका आधार स्थानीय और क्षेत्रीय होता है। नगर कांग्रेस कमेटी और जिला कांग्रेस कमेटी आदि कांग्रेस दल की शाखाएँ हैं। इसी प्रकार अन्य राजनीतिक दलों की भी विभिन्न स्तरों पर शाखाएँ कार्यरत हैं।

3. सेल—सेल को राजनैतिक समूह के संनिर्माण हेतु एक विशिष्ट इकाई के रूप में माना जा सकता है। यह दल के सदस्यों को उसके कार्यों के आधार पर उप-समूहों में संगठित करता है। दल के

अलग-अलग कार्य अथवा ट्रेड हो सकते हैं। कई बार क्षेत्रीय सेल बन जाते हैं जो शाखा के साथ समरूपता दिखाते हैं। सेल का आकार शाखा की अपेक्षा छोटा होता है। सेल के अन्तर्गत कार्यरत श्रेष्ठ और अनुभवी व्यक्ति अपने अनुभवों से अन्य सदस्यों को लाभान्वित करते हैं। कुछ दलों ने शाखाओं को सक्रिय इकाई माना है तो कुछ दलों ने सेलों को सक्रिय इकाई माना है। समाजवादी दल जहाँ शाखा को पार्टी की सक्रिय इकाई मानते हैं वहीं साम्यवादी पार्टी सेलों को दल की सक्रिय इकाई मानते हैं।

4. नागरिक सेना—नागरिक सेना को राजनीतिक दल की संरचना महत्त्वपूर्ण इकाई माना जा सकता है। यह दल की निजी सेना होती है जो दल के सदस्यों में अनुशासन और दल के प्रति वफादारी के भाव उत्पन्न करती है। जब नागरिक सेना के लोगों का समर्थन दल को मिलता है तब पार्टी किसी विशेष विचारधारा के प्रति अपनी कट्टरता प्रदर्शित करता है। एक विशेष वर्दी में इस सेना के सदस्य दल के झंडे के सामने नतमस्तक रहते हैं। सेना के सदस्य अपने व्यवहार में एक आचरण कोड रखते हैं। भारत में राष्ट्रीय स्वयं सेवक संघ (R.S.S.), शिवसेना और बंगलादेश की मुक्तिवाहिनी आदि इसके उदाहरण कहे जा सकते हैं।

उपर्युक्त वर्णित कारकों व तत्वों की राजनीतिक समूहों के संनिर्माण में एक विशिष्ट भूमिका होती है। ये एक-दूसरे से मिलकर कार्यरत रहते हैं अर्थात् अलग-अलग कार्यरत रहते हुए भी इनमें पारस्परिक संबंध होता है। पारस्परिक संबंध के कारण ही दल संगठित एवं सुव्यवस्थित होता है।

4

भारत के राजनीतिक दल

28 दिसंबर 1885 को जब एलन ऑक्टेवियन ह्यूम ने भारतीय राष्ट्रीय काँग्रेस की स्थापना की तो भारत में राजनीतिक दलों के गठन का कार्य प्रारम्भ हुआ। वस्तुत: 1885 से ही भारत के राजनीतिक इतिहास में एक नवीन युग का प्रादुर्भाव हुआ हालाँकि स्वतंत्रता आंदोलन के समय कई दलों का गठन किया गया था परन्तु उनका भारतीय राजनीति पर कुछ विशेष प्रभाव नहीं था। स्वतन्त्रता प्राप्ति के बाद भी करीब 1967 तक सम्पूर्ण भारत में कांग्रेस का ही प्रभुत्त्व रहा, लेकिन 1967 में कांग्रेस को अनेक राज्यों की विधानसभाओं के चुनाव में बहुमत नहीं प्राप्त हुआ तथा 1977 में पांच दलों के विलय से गठित जनता पार्टी ने कांग्रेस को केन्द्र से भी सत्ता से हटा दिया लेकिन जनता पार्टी में आपसी मतभेद के कारण कांग्रेस पुन: केन्द्र में सत्तारूढ़ हुई। वी. पी. सिंह द्वारा कांग्रेसी प्रधानमंत्री पर लगाए गए आरोप के कारण कांग्रेस दिसम्बर, 1989 से जून, 1991 तक भी केन्द्र में सत्तारूढ़ नहीं रही लेकिन जून, 1991 से मई, 1996 तक पुन: केन्द्र में सत्तारूढ़ रही।

भारत में राजनीतिक दलों का पंजीकरण—निर्वाचन आयोग राजनीतिक दलों का पंजीकरण करके उन्हें आरक्षित चुनाव चिन्ह आवंटित करता है। 1952 में निर्वाचन आयोग द्वारा 14 दलों को राष्ट्रीय दल के रूप में तथा 60 दलों को राज्य स्तरीय दल के रूप में मान्यता दी गई थी, 30 सितंबर, 2000 को निर्वाचन आयोग द्वारा मार्क्सवादी कम्युनिस्ट पार्टी, जनता दल (यूनाइटेड) और जनता दल (सेकुलर) का राष्ट्रीय राजनीतिक दल का दर्जा समाप्त करने के निर्णय के कारण यह संख्या घटकर क्रमश: 4 और 48 हो गई। बाद में 1 दिसम्बर, 2000 को निर्वाचन आयोग द्वारा चुनाव चिन्ह (आरक्षण एवं आवंटन), 1968 में संशोधन की घोषणा करते हुए मार्क्सवादी कम्युनिस्ट पार्टी को राष्ट्रीय दल की मान्यता प्रदान कर दी। इस प्रकार वर्तमान में राष्ट्रीय राजनीतिक दलों की संख्या बढ़कर 5 और राज्य स्तरीय राजनीतिक दल की संख्या 47 हो गई है। इसके अतिरिक्त भारत में पंजीकृत लेकिन गैर-मान्यता प्राप्त 612 राजनीतिक दल हैं।

राजनीतिक दलों को मान्यता—राजनीतिक दलों को मान्यता निर्वाचन आयोग द्वारा इसके लिए घोषित "निर्वाचन प्रतीक (आरक्षण और आबंटन) आदेश, 1968 के अधीन बनाए गए नियमों के

अनुसार प्रदान की जाती हैं। जो राजनीतिक दल मान्यता प्राप्त राजनीतिक दल के रूप में अपना पंजीकरण कराना चाहता है, वह इसके लिए आयोग के समक्ष आवेदन करता है।

पंजीकरण के लिए आवेदन—राजनैतिक दल द्वारा पंजीकरण के लिए दिए जाने वाले आवेदन में निम्नलिखित का उल्लेख रहेगा—

1. उन राजनीतिक सिद्धान्तों का, जिन पर वह दल (संगम या निकाय) आधारित है।
2. वे नीतियाँ, लक्ष्य और उद्देश्य, जिनका वह अनुसरण करता है या अनुसरण करना चाहता है।
3. अपने राजनीतिक सिद्धान्तों, नीतियों, लक्ष्यों और उद्देश्यों को कार्यान्वित करने के प्रयोजन के लिए अपने कार्यक्रम, कृत्य क्रियाकलाप।
4. पंजीकरण के लिए दिए गए आवेदन में दल के विभिन्न भागों के अध्यक्षों का नामोल्लेख होना चाहिए।
5. निर्वाचकों के साथ दल के सम्बन्ध और जनता से प्राप्त समर्थन, जो उसे उपलब्ध है, तथा ऐसे सम्बन्ध और समर्थन का प्रमाण।

उक्त आवेदन पत्र में दिए गए विवरणों के आधार पर समाधान होने पर निर्वाचन आयोग पहले किसी दल को राज्यस्तरीय दल के रूप में मान्यता देता है।

राज्यस्तरीय दल को मान्यता—उन्हीं दलोंको राजनीतिक दल के रूप में मान्यता दी जाती है जो निम्नवत् शर्तें पूरी करते हों—

1. वह लगातार 5 वर्ष से राजनीतिक क्रिया-कलापों में लग्न हो,
2. लोकसभा के लिए उस राज्य से निर्वाचित प्रत्येक 25 सदस्यों या उस संख्या की किसी भिन्न के पीछे कम से कम एक सदस्य निर्वाचन द्वारा भेज चुका हो।
   उस राज्य की विधानसभा के लिए उस सभा के प्रत्येक 30 सदस्यों या उस संख्या की किसी भिन्न के पीछे कम से कम एक सदस्य निर्वाचन द्वारा भेज चुका हो।
3. राज्य में हुए लोकसभा अथवा विधानसभा के साधारण निर्वाचन में उस दल द्वारा खड़े किए गए अभ्यर्थियों द्वारा प्राप्त विधिमान्य मतों की कुल संख्या उस राज्य में हुए ऐसे साधारण निर्वाचन में हुए।

मान्यता प्राप्त राष्ट्रीय एवं राज्य स्तरीय दलों की संख्या

वर्ष	राष्ट्रीय दल	राज्यस्तरीय दल	कुल संख्या
1952	14	60	74
1957	4	12	16
1962	–	16	16
1967	–	21	21
1971	8	17	25
1977	5	18	23

1980	6	19	25
1984	7	19	26
1989	8	20	28
1992	6	34	40
1994	6	35	41
1998	7	48	55
1999	7*	49	56
2000	4	48	52
2001	5	47	52

* जनता दल (यूनाइटेड) और जनता दल (सेकुलर) अस्थाई रूप से शामिल।

मान्यता प्राप्त राष्ट्रीय तथा राज्यस्तरीय राजनीतिक दल

(13वीं लोकसभा के गठन के बाद की स्थिति)

राष्ट्रीय राजनीतिक दल

	दल का नाम	चुनाव चिन्ह
1.	भारतीय राष्ट्रीय कांग्रेस	हाथ (पंजा)
2.	भारतीय जनता पार्टी	कमल (फूल)
3.	भारतीय कम्युनिस्ट पार्टी	हंसिया और बाली
4.	मार्क्सवादी कम्युनिस्ट पार्टी	हंसिया, हथौड़ा एवं तारा
5.	बहुजन समाज पार्टी	हाथी (असम, पांडिचेरी व सिक्किम के अतिरिक्त)

	दल का नाम	राज्य	चुनाव चिन्ह
1.	तेलुगू देशम	आन्ध्र प्रदेश	सायकिल
2.	असम गण परिषद	असम	हाथी
3.	नूतम असम गण परिषद	असम	दो पत्ती
4.	आटोनामस स्टेट डिमाण्ड कमेटी	असम	लड़का और लड़की
5.	झारखण्ड मुक्ति मोर्चा	बिहार	तीर कमान
6.	महाराष्ट्रवादी गोमान्तक पार्टी	गोवा	शेर
7.	नेशनल कांफ्रेंस	जम्मू-कश्मीर	हल
8.	पैन्थर्स पार्टी	जम्मू-कश्मीर	सायकिल
9.	पीपुल्स कांफ्रेंस	जम्मू-कश्मीर	शेर
10.	मुस्लिम लीग	केरल	सीढ़ी
11.	केरल कांग्रेस (एम.)	केरल	दो पत्ती

12.	शिव सेना	महाराष्ट्र	तीर–कमान
13.	मणिपुर पीपुल्स पार्टी	मणिपुर	सायकिल
14.	कुकी नेशनल एसेम्बली	मणिपुर	दो पत्ती
15.	आल पार्टी हिल लीडर्स कांफ्रेस	मेघालय	दो पत्ती
16.	हिल पीपुल्स यूनियन	मेघालय	उगता सूरज
17.	हिल स्टेट पीपुल्स डेमोक्रेटिक पार्टी	मेघालय	शेर
18.	पब्लिक डिमांड्स इम्पलीमेंटेशन कन्वेंशन	मेघालय	बेलचा
19.	मिजो नेशनल फ्रंट	मिजोरम	टाइगर
20.	नागालैण्ड पीपुल्स कौंसिल	नागालैण्ड	मुर्गा
21.	शिरोमणि अकाली दल	पंजाब	तराजू
22.	शिरामणि अकाली दल (बादल गुट)	पंजाब	तीर कमान
23.	समाजवादी पार्टी	उत्तर प्रदेश	सायकिल
24.	शिरोमणि अकाली दल (मान गुट)	पंजाब	शेर
25.	राइजिंग सन पार्टी	सिक्किम	उगता सूरज
26.	सिक्किम संग्राम परिषद्	सिक्किम	हाथी
27.	ए. आई. ए. डी. एम. के. (अन्ना द्रमुक)	तमिलनाडु, पाण्डिचेरी	दो पत्ती
28.	डी. एम. के. (द्रमुक)	तमिलनाडु,	पाण्डिचेरी उगता सूरत
29.	पट्टक्ति मुक्कल कट्टाचि	तमिलनाडु	हाथी
30.	रिवोल्यूशनरी सोशलिस्ट पार्टी (आर.एस.पी)	त्रिपुरा, पश्चिम बंगाल	फावड़ा और कुदाल
31.	त्रिपुरा उपजाति जुवा समिति	त्रिपुरा	दो पत्ती
32.	आल इण्डिया फारवर्ड ब्लाक	पश्चिम बंगाल	हल
33.	इण्डियन कांग्रेस (समाजवादी, शरतचन्द्र सिन्हा)	मणिपुर,	आयत में चरखा
34.	यूनाइटेड माइनॉरिटीज फ्रंट ऑफ असम	असम	–
35.	राष्ट्रीय जनता दल	बिहार व मणिपुर	लालटेन
36.	आल इंडिया राष्ट्रीय जनता पार्टी	गुजरात	–

37. हरियाणा लोकदल (राष्ट्रीय)	हरियाणा	–
38. लोकशक्ति	कर्नाटक तथा नागालैंड	–
39. बीजू जनता दल	उड़ीसा (ओड़िशा)	शंख
40. पट्टाली मक्कल काचि	पांडिचेरी, तमिलनाडु	हाथी
41. मरु मलारची द्रविण मुनेत्र कणगम	तामिलनाडु	–
42. तृणमूल कांग्रेस	पश्चिम बंगाल	फूल व धारा
43. इंडियन कांग्रेस (समाजवादी)	अंडमान निकोबार	–
44. शिवसेना	महाराष्ट्र दादरा नगर हवेली	तीर–धनुष
45. समता पार्टी	बिहार, हरियाणा व मणिपुर	मशाल
46. जनता दल (यूनाइटेड)*	बिहार, कर्नाटक	–
47. जनता दल (सेकुलर)	कर्नाटक	–

* जनता दल का नाम और चुनाव चिन्ह चुनाव आयोग द्वारा प्रतिबंधित

निर्वाचन लड़ने वाले सभी अभ्यर्थियों द्वारा प्राप्त मतों की कुल संख्या के 4 प्रतिशत से कम न हो।

यदि उक्त तीनों शर्तें पूरी हो जाती हैं, तो निर्वाचन आयोग किसी भी दल को राज्य स्तरीय दल के रूप में मान्यता देता है और उसे चुनाव चिन्ह आरक्षित करता है। ऐसे मान्यता प्राप्त दल के विभाजन की स्थिति में आयोग यह निर्णय करता है कौन दल का वास्तविक प्रतिनिधित्व करता है।

1 दिसम्बर, 2000 को निर्वाचन आयोग द्वारा चुनाव चिन्ह (आरक्षण एवं आबंटन), 1968 में किए गए संशोधन के अनुसार किसी राजनीतिक दल को राज्य स्तरीय दल की मान्यता प्राप्त करने के लिए संबंधित दल को लोकसभा या विधानसभा चुनाव में डाले गए वैध मतों को कम से कम 6÷ मत प्राप्त करने के साथ-साथ राज्य विधानसभा की कम से कम 6÷ मत प्राप्त करने के साथ-साथ राज्य विधानसभा की कम से कम 3 सीटें जीतना आवश्यक है या विधानसभा की कुल सदस्य संख्या की कम से कम 3÷ सीटें अथवा 3 सीटें (इनमें से जो अधिक हो) को जीतना आवश्यक है।

राष्ट्रीय दल के रूप में मान्यता—1 दिसम्बर, 2000 को निर्वाचन आयोग ने चुनाव चिन्ह (आरक्षण एवं आवंटन) 1968 में संशोधन करते हुए राष्ट्रीय राजनीतिक दल की मान्यता के लिए नए मानदण्ड निर्धारित किए। नए नियमों के अंतर्गत राष्ट्रीय स्तर की मान्यता प्राप्त करने के लिए किसी भी राजनीतिक दल को लोकसभा की कम से कम 4 सीटों पर विजय पाना आवश्यक होगा या लोकसभा में उसे कम से कम 2÷ सीटें अर्थात् लोकसभा की कुल 543 सीटों में से 11 सीटें जीतने आवश्यक होंगी। ये सीटें कम से कम तीन राज्यों से होनी चाहिए। इससे पूर्व कोई दल यदि 4 राज्यों में राजनैतिक दल के रूप में निर्वाचन आयोग द्वारा मान्यता प्राप्त होता, तो उसे राष्ट्रीय दल के रूप में आयोग द्वारा

मान्यता प्रदान कर दिए जाने की व्यवस्था थी। राज्य में लोकसभा के असाधारण निर्वाचन में कुल पड़े वैध मतों का 4 प्रतिशत मत प्राप्त करने वाले दल को भी राष्ट्रीय राजनीतिक दल के रूप में मान्यता दी जा सकती है।

कोई दल अपनी राजनीतिक मान्यता खोने के 6 वर्ष बाद भी अपना चुनाव चिन्ह रख सकता है परन्तु मान्यता प्राप्त दल को प्राप्त होने वाली विशेष सुविधाएँ, चुनाव के समय आकाशवाणी या दूरदर्शन पर नि:शुल्क चुनाव प्रचार आदि प्रदान नहीं की जाएगी।

भारत के प्रमुख राजनीतिक दल

सन् 1885 से लेकर अभी तक भारत में राष्ट्रीय तथा राष्ट्रीय स्तर पर भी राजनीतिक दलों का गठन हुआ है। इन्हें नीचे उल्लेखित किया जा रहा है—

(1) भारतीय राष्ट्रीय कांग्रेस—इस दल की स्थापना 1885 में हुई थी। 1885 से लेकर 1907 तक कांग्रेस का लक्ष्य विदेशी शासन पर दबाव डालना था। वर्ष 1907 से 1919 तक कांग्रेस उदारवादियों तथा उग्रवादियों में विभाजित रही। 1920 से 1947 तक कांग्रेस भारत को स्वतंत्र कराने में व्यस्त रही और इसका नेतृत्व गाँधीजी के हाथ में रहा। स्वतन्त्रता प्राप्ति के बाद से 22 मार्च, 1977 तक केन्द्र में कांग्रेस दल का शासन बना रहा, लेकिन 1969 में कांग्रेस का दो दलों—सत्तारूढ़ कांग्रेस तथा संगठन कांग्रेस में विभाजन हुआ। इस विभाजन के बाद सम्पन्न हुए 1971 के लोकसभा के आम चुनाव में सत्तारूढ़ कांग्रेस विजयी हुई और इसे वास्तविक भारतीय राष्ट्रीय कांग्रेस के रूप में संवैधानिक मान्यता दी गई।

लेकिन 1972 देश में कांग्रेस की लोक प्रियता में कमी हुयी और 26 जून, 1975 को आपात काल की घोषणा के होने पर 10 मार्च, 1977 में हुए चुनाव में इसे स्वतन्त्रता के बाद पहली बार सत्ताच्युत होना पड़ा। और 2 जनवरी, 1978 को कांग्रेस दल का पुन: विभाजन कांग्रेस (बी.) तथा कांग्रेस (आई) में हुआ। इस विभाजन के बाद कांग्रेस (बी), जिसे बाद में कांग्रेस (आई) 1980, 1984 तथा 1991 के चुनावों में केन्द्र में सत्तारूढ़ होकर अखिल भारतीय दल के रूप में स्थापित है।

(2) भारतीय जनता पार्टी—6 अप्रैल, 1980 को जनसंघ के पुनर्गठन के रूप में भारतीय जनता पार्टी की स्थापना हुई। इस राजनीतिक दल के प्रथम अध्यक्ष के रूप में अटल बिहारी वाजपेयी को चुना गया। इस दल में अधिकांश सदस्य भूतपूर्व जनसंघ, जिसका 1977 में जनता पार्टी में विलय हो गया था, के शामिल हुए ही, साथ में कुछ गैर जनसंघी भी इसमें शामिल हुए। इस दल के गठन के बाद जो चुनाव हुए, उसमें इस दल को अपेक्षित सफलता नहीं मिली और 1984 के लोकसभा के आम चुनाव में इस दल के केवल दो सदस्य लोकसभा के लिए निर्वाचित किए गए। 1989 के चुनाव में तथा 1991 के लोकसभा के मध्यावधि चुनाव में इस दल को पर्याप्त सफलता मिली है। इस समय लोकसभा में यह सर्वप्रमुख विपक्षी दल है।

(3) जनता दल—जनता दल का गठन अक्टूबर 1988 में जनता पार्टी, लोकदल (ब) और जनमोर्चा के विलय के परिणाम स्वरूप हुआ। 1989 में हुए लोकसभा चुनाव में इस दल ने अन्य दलों के समर्थन के साथ केन्द्र में सरकार का गठन किया लेकिन दल के आन्तरिक मतभेद के कारण इसकी

सरकार 11 माह में ही गिर गई। इस दल के कई विभाजन हो चुके हैं और विभाजन की प्रक्रिया जारी है।

(4) भारतीय कम्युनिस्ट पार्टी—26 दिसम्बर, 1925 को साम्यवादी नेता एम.एन. राय के परामर्श व निर्देश से भारत में कम्युनिस्ट पार्टी की स्थापना हुई। राय की सलाह से कम्युनिस्ट पार्टी को कम्युनिस्ट इण्टरनेशनल की शाखा मान लिया गया और वर्ष 1928 में कम्युनिस्ट इण्टरनेशनल ने ही भारत में कम्युनिस्ट पार्टी की कार्य प्रणाली निश्चित की। स्वतन्त्रता आन्दोलन के दौरान कम्युनिस्ट पार्टी के नेता आन्दोलन में कांग्रेसी नेताओं के साथ थे लेकिन द्वितीय विश्व युद्ध के समय इस दल के नेताओं ने अंग्रेजों का साथ दिया। दिसम्बर 1945 में कांग्रेस ने सभी साम्यवादियों को अपने दल से निकाल दिया। जब भारत के संविधान को अंगीकार किया गया, तब इस दल ने इसे "दासता का घोषणा पत्र" कहा था। इस दल का प्रभाव केरल, पश्चिम बंगाल, त्रिपुरा में मुख्य रूप से है। इस दल में कई विभाजन हुए हैं।

(5) भारतीय कम्युनिस्ट पार्टी (मार्क्सवादी)—भारतीय कम्युनिस्ट पार्टी का गठन 1964 में तब हुआ जब भारतीय कम्युनिस्ट पार्टी का विभाजन हुआ। यह दल अपने गठन के बाद से ही प्रभावी है और केरल, त्रिपुरा तथा पश्चिम बंगाल में अधिक प्रभावी है। इस दल को 1971 में लोकसभा के चुनाव में 25, 1977 में 22, 1980 में 35, 1984 में 22, 1989 में 32 तथा 1991 में 35 सीटें प्राप्त हुईं। पश्चिम बंगाल में यह दल 1977 से ही सत्तारूढ़ है। 30 सितंबर, 2000 को निर्वाचन आयोग ने इस दल के राष्ट्रीय राजनीतिक पार्टी का दर्जा समाप्त कर दिया था। परन्तु 1 दिसम्बर, 2000 को निर्वाचन आयोग द्वारा चुनाव चिन्ह (आरक्षण एवं आवंटन), 1968 में संशोधन करते हुए इसे पुनः राष्ट्रीय राजनीतिक दल के रूप में मान्यता प्रदान कर दी गई।

(6) अन्ना द्रविड़ मुनेत्र कणगम—अन्ना द्रविण मुनेत्र कणगम का गठन अक्टूबर 1972 में एम. जी. रामचन्द्रन द्वारा तब किया गया जब मुन्नेन कषगम का विभाजन हुआ। यह दल पहली बार 1977 में तमिलनाडु में सत्तारूढ़ हुआ। 1977 से ही यह दल तमिलनाडु में कई बार सत्तारूढ़ रहा है।

(7) द्रविड़ मुनेत्र कणगम—द्रविड़ मुन्नेत्र कणगम की स्थापना 1949 में सी. एन. अन्ना दुराई द्वारा की गई थी। इस दल की मूल जड़ें जस्टिस पार्टी (दक्षिण भारतीय उदारवादी संघ) में थीं, जो एक गैर ब्राह्मण आन्दोलन था। जस्टिम पार्टी पहले सामाजिक संगठन था, जिसे 1938 में इसके तत्कालीन अध्यक्ष ई. बी. रामास्वामी नाइकट (पेरियर के नाम से विख्यात) ने राजनीतिक रूप देना प्रारम्भ किया और 1944 में इसे भंग करके द्रविड़ मुनेत्र कणगम नाम से पुनः संगठित किया। इस प्रभावी राजनीतिक दल का गठन में तब किया गया जब उनका देहांत हो गया। इस दल ने पहली बार 1957 में राज्य में हुए लोकसभा तथा राज्य विधानसभा के सामान्य चुनाव में भाग लिया जिसमें इसे कुल मत का 15 प्रतिशत मिला। 1967 के चुनाव में यह दल तमिलनाडु राज्य से सत्तारूढ़ हुआ और 1969 में सी. एन. अन्ना दुराई की मृत्यु के बाद इस दल में आन्तरिक मतभेद प्रारम्भ हो गए। अन्ना दुराई के मृत्यु के बाद एम. करुणानिधि मुख्यमंत्री बने और बाद में भी पद पर बने। इस दल का प्रमुख कार्यक्रम हिन्दी विरोध और राज्यों के लिए पूर्ण स्वतन्त्रता प्राप्त करना है।

(8) नेशनल कांफ्रेंस—नेशनल कांफ्रेंस मुख्य रूप से 1930 में स्थापित 'वाचनालय दल' पर

आधारित है। बाद में शेख अब्दुल्ला द्वारा इसे अखिल जम्मू तथा कश्मीर मुस्लिम कांफ्रेंस के रूप में गठित किया गया। राजनीतिक स्थिति को समझते हुए हरी सिंह के कहने पर जब भारत सरकार ने जम्मू-कश्मीर का भारत में विलय किया तो शेख अब्बुला को इस दल का नेता चुना गया। यह दल केन्द्रीय सरकार के साथ कश्मीर के मामले के एकीकरण की प्रक्रिया का विरोध करता था, जिस कारण 1953 में इस दल के नेता शेख अब्दुल्ला को नजरबंद कर दिया गया। बाद में 1968 को शेख अब्दुल्लों को बिना शर्त रिहा कर दिया गया। बाद में 1968 को शेख अब्दुल्ला को बिना शर्त रिहा कर दिया गया। 1972 में हुए राज्य विधानसभा के साधारण चुनाव में इस दल को बहुमत मिला। इसके बाद 1977, 1983 तथा 1987 में विधानसभा चुनावों में यह दल जम्मू-कश्मीर में सत्तारूढ़ हुआ। आज भी यह दल जम्मू-कश्मीर में सत्तारूढ़ है।

(9) मुस्लिम लीग—इस दल का गठन 1906 में किया गया था और यह दल पूर्ण रूप से तथा मुख्य रूप से भारत के विभाजन के लिए उत्तरदायी है। भारत के विभाजन के बाद इस दल का अस्तित्व ही समाप्त हो गया लेकिन 1970 में केन्द्र सरकार की तुष्टिकरण नीति के चलते यह दल केरल तथा तमिलनाडु से लोकसभा के लिए एक-एक सीटें जीतीं। इस दल का मुख्य प्रभाव केरल, तमिलनाडु, महाराष्ट्र, गुजरात, तथा उत्तर भारत के कुछ राज्यों में है। इस दल का उद्देश्य भारतीय मुसलमानों के हितों और मुस्लिम समुदाय के विशेष सामाजिक कानूनों आदि की रक्षा है।

(10) तेलुगू देशम—केन्द्रीय सरकार की अत्यधिक केन्द्रीयकरण की प्रवृत्ति तथा फिल्म अभिनेता एन. टी. रामाराव की राजनैतिक महत्त्वाकांक्षा के कारण 1982 के प्रारम्भ में इस दल का गठन हुआ। यह दल 1983 के साधारण विधान सभा में आन्ध्र प्रदेश में सत्तारूढ़ हुआ। यह दल आपसी मतभेदों के कारण अपेक्षित विकास न कर सका और इसका कई बार विभाजन हुआ है।

दल परिवर्तन की राजनीति एवं सम्बन्धित कानून

संविधान के निर्माण के समय संविधान निर्माताओं द्वारा यह सोचा भी नहीं गया था कि नैतिकता तथा आचार एवं व्यवहार का सन्देश देने वाले भारत जैसे देश में ऐसे अनैतिक, भ्रष्ट, पदलोलुप तथा सिद्धान्तहीन व्यक्ति हैं, जिनके लिए कानून बनाना आवश्यक है। इसी कारण संविधान में दल बदल के सम्बन्ध में कोई कानून नहीं बनाया गया था। संविधान के प्रवर्तन के बाद से ही राजनीतिज्ञों द्वारा पद-प्राप्ति की लालसा से दल बदल की कार्यवाही प्रारम्भ हो गई, जिस कारण राजनीतिज्ञों की इस कार्यवाही की कठोर आलोचना हुई।

विधायी प्रक्रिया—दलबदल की कार्यवाही में वृद्धि के परिणामस्वरूप जब इसकी आलोचना होने लगी, तब 8 दिसम्बर, 1967 को लोक सभा में एक संकल्प पेश किया गया और उसे पारित किया गया। इस संकल्प में दल बदल की कार्यवाही से उत्पन्न समस्या (राज्य सरकारों का गिरना) पर विचार करने हुए एक उच्च स्तरीय समिति के गठन का आग्रह किया गया था। इस संकल्प के आग्रह के अनुसरण में तत्कालीन गृह मंत्री वाई. वी. चह्वाण की अध्यक्षता में एक समिति का, जिसमें संविधान विशेषज्ञों तथा राजनीतिक दलों के प्रतिनिधियों को शामिल किया गया था, गठन करके इसे दल बदल की कार्यवाही रोकने हेतु सिफारिश करने का कार्य सौंपा गया। इस समिति ने 28 फरवरी,

1969 को अपनी रिपोर्ट लोकसभा अध्यक्ष को सौंप दी। समिति की सिफारिश के आधार 16 मई, 1973 को लोकसभा में एक विधेयक पेश किया गया जो लोकसभा के विघटन के कारण व्यपगत हो गया। इसके बाद 28 अगस्त, 1978 को भी दल बदल को रोकने हेतु के विधेयक लोकसभा में पेश किया गया, जिसे इस कारण वापस ले लिया गया कि तत्कालीन सत्तारूढ़ दल के सदस्यों द्वारा इसका विरोध किया गया था, तथा इसके पारित किए जाने की सम्भावना नहीं थी। पुन: इस सम्बन्ध में 24 जनवरी, 1985 को लोकसभा में विधेयक (52वाँ संविधान संशोधन विधेयक) पेश किया गया, जिसे 30 जनवरी, 1985 को लोकसभा द्वारा तथा 31 जनवरी, 1985 को राज्य सभा द्वारा पारित कर दिया गया और राष्ट्रपति की सम्मति प्राप्त करके यह 52वाँ संविधान संशोधन अधिनियम के रूप में लागू हो गया—

दल बदल को रोकने के लिए प्रावधान—52वें संविधान संशोधन द्वारा संविधान में दसवीं अनुसूची जोड़कर निम्नलिखित प्रावधान किया गया है—

सदन की सदस्यता के लिए अयोग्यता—संसद या राज्य विधान मण्डल के सदस्यों को निम्नलिखित आधार पर अयोग्य घोषित किया जा सकता है—

(i) यदि वह उस राजनीतिक दल की सदस्यता छोड़ देता है, जिसके चुनाव चिन्ह पर निर्वाचित हुआ था, या अपने दल के सचेतक के निर्देश के विरोध में मतदान करे। लेकिन सचेतक के विरुद्ध मतदान करने के आधार पर उसे सदस्यता से तब वंचित नहीं किया जाता, जब उसे दल द्वारा ऐसा करने के लिए माफ कर दिया जाता है।

(ii) यदि संसद या राज्य विधान मण्डल का कोई सदस्य निर्दलीय सदस्य के रूप में निर्वाचित किया गया है और यदि वह किसी दल में शामिल हो जाता है, तो सदन की उसकी सदस्यता समाप्त हो जाती है।

(iii) यदि संसद या राज्य विधान मण्डल का कोई नामजद सदस्य सदन की सदस्यता के लिए शपथ ग्रहण करने के 6 माह बाद किसी राजनीतिक दल में शामिल हो जाता है, तो सदन से उसकी सदस्यता समाप्त हो जाती है।

सदन की सदस्यता के लिए अयोग्यता का निर्धारण

विधानमंडल या संसद के सदस्य निम्नवत् अयोग्यता होने पर वैधानिक रूप से अयोग्य माने जाएँगे।

(i) दलों के विलय पर—जब दो या दो से अधिक राजनीतिक दल आपस में विलय का निर्णय करें और उन दलों के संसदीय तथा विधायक दल के सम्बन्धित कम से कम दो तिहाई सदस्य ऐसे विलय के पक्ष में संकल्प पारित कर दें, तब विलय के लिए दल छोड़ने वाले संसद या राज्य विधान मण्डल के सदस्य उसकी सदस्यता के लिए अयोग्य नहीं होते।

(ii) दलों के विभाजन पर—जब किसी राजनीतिक दल का विभाजन होता है, तब दल के विभाजन के कारण दल से अलग होने वाले सदस्य संसद या विधान मण्डल की सदस्यता के लिए अयोग्य नहीं होते, लेकिन दल का विभाजन केवल तब माना जाएगा, जब संसद या विधान मण्डल के कम से कम एक तिहाई सदस्य सामूहिक रूप से दल को विभाजित करने की घोषणा करें।

(iii) सदन के पदाधिकारी के रूप में चुने जाने पर—यदि लोकसभा तथा विधान सभा के अध्यक्ष या उपाध्यक्ष पद पर, राज्यसभा के उपसभापति या राज्य विधान परिषद के सभापति या उपसभापति के पद पर चुने जाने के कारण कोई सदस्य अपने दल की सदस्यता से त्यागपत्र दे देता है, तो उसे सदन की सदस्यता के लिए अयोग्य नहीं घोषित किया जाएगा।

(iv) दल से निकाले जाने पर—यदि संसद या राज्य विधानमण्डल के किसी सदस्य को अनुशासनहीनता के कारण दल से निकाल दिया जाता है, तो वह सम्बन्धित सदन की सदस्यता के लिए अयोग्य नहीं होगा क्योंकि दल बदल से सम्बन्धित कानून लागू होता है, जब कोई सदस्य स्वेच्छा से दल बदलता है या दल के सचेतक के निर्देश के विरुद्ध मतदान करता है। लोकसभा तथा राज्य विधान सभा के सदस्यों की अयोग्यता से सम्बन्धित निर्णय सम्बन्धित सदन के अध्यक्ष तथा राज्यसभा और राज्य विधान परिषद के सदस्यों की अयोग्यता से सम्बन्धित निर्णय सम्बद्ध सदन के सभापति द्वारा किया जाएगा।

5

भारत में चुनाव प्रक्रिया

लोकतंत्र में निर्वाचन तथा निर्वाचन प्रणाली का अत्यधिक महत्त्व होता है। क्योंकि लोकतन्त्रीय शासन लोगों का, लोगों द्वारा तथा लोगों के लिए शासन होता है, इसलिए ऐसी व्यवस्था में जनसाधारण चुनाव के माध्यम से अपने प्रतिनिधियों को चुनते हैं तथा प्रतिनिधियों द्वारा सरकार बनाई जाती है। चुनाव द्वारा अनेक कार्य सम्पन्न किए जाते हैं। सरकार का निर्माण, राजनीतिक विकल्प की व्यवस्था, राजनीतिक साझेदारी, राजनीतिक व्यवस्था की स्थिरता, राजनीतिक शिक्षण आदि कुछेक ऐसे कार्य हैं जो चुनाव द्वारा सम्भव हो पाते हैं। चुनाव प्रणाली की समस्त क्रिया भारत में चुनाव आयोग के निर्देशन में की जाती है। चुनाव आयोग मतदाताओं की सूची तैयार करता है, नामांकन पत्र दाखिल कराता है, नामांकन पत्रों की जाँच-पड़ताल करता है, मतदान कराता है चुनावों के परिणाम घोषित करता है।

भारत में हुए लोकसभा तथा राज्य विधानमण्डलों के चुनावों से स्पष्ट होता है कि भारतीयों ने लोकतांत्रिक व्यवस्था में बढ़-चढ़ कर भाग लिया है। मतदाताओं की सहभागिता यह संकेत करती है कि राजनीति में लोगों की रुचि निरन्तर बढ़ रही है। भारतीय चुनाव व्यवस्था त्रुटियों से मुक्त नहीं है। धन का प्रयोग, सरकारी तंत्र का दुरुपयोग, भ्रष्टाचारी तरीकों का अनुसरण, चुनाव प्रक्रिया के दोष, चुनाव याचिकाओं के निपटारे में देरी ऐसी ही कुछ त्रुटियाँ हैं।

किसी भी लोकतांत्रिक राज्य में चुनावों तथा चुनाव प्रणाली का अपना ही विशेष महत्त्व होता है। लोकतन्त्र लोगों द्वारा, तथा लोगों के लिए सरकार होती है। अतः ऐसी लौकिक सरकार का लोगों द्वारा बनाया जाना तथा लोगों द्वारा संचालित किया जाना अनिवार्य है। सरकार लोगों द्वारा तभी बन सकती है जब समय-समय पर चुनाव कराए जाएँ।

लोकतन्त्र में चुनावों का महत्त्व—लोकतन्त्र में चुनावों के महत्त्व को निम्न प्रकार से व्यक्त किया जा सकता है—

1. प्रतिनिधियों का चयन—चुनावों का प्रथम महत्त्व इस तथ्य में निहित है कि इनसे प्रतिनिधियों का चयन सम्भव हो पाता है। अपने मताधिकार का प्रयोग करके नागरिक अपने लिए सरकार की रचना में सहयोग करते हैं।

2. सरकार का शान्तिपूर्ण परिवर्तन—चुनावों के माध्यम से लोग किसी दल की नीतियों को स्वीकार करते हैं तथा किसी अन्य दल की नीतियों को अस्वीकार करते हैं। लोग जिस दल को समर्थन देते हैं वह दल सरकार बनाता है। राजनीतिक सत्ता का हस्तांतरण शान्तिपूर्ण चुनावों के माध्यम से ही सम्भव हो पाता है।

3. सरकार के कार्यों में भाग लेने का अवसर—चुनावों का एक अन्य महत्त्व इस तथ्य में है कि इससे लोगों को न केवल सरकार बनाने का अवसर मिलता है, अपितु चुनावों द्वारा लोगों को सरकार के कार्यों में भाग लेने का अवसर मिलता है। लोकतन्त्र में नागरिकों तथा नागरिकों के प्रतिनिधियों द्वारा सरकार के सभी कार्य सम्पन्न किए जाते हैं।

4. वैधानिकता—चुनावों द्वारा ही सरकार को देश में प्रशासन करने का कानूनी अधिकार मिल पाता है। चुनाव ही राजनीतिक प्रभु से कानूनी प्रभु बनाने में सहायक होते हैं। मतदाताओं के समर्थन के फलस्वरूप ही सरकार को बल प्राप्त होता है।

5. प्रशासनिक स्थिरता—चुनाव प्रशासन को स्थिरता प्रदान करते हैं। इसमें सन्देह नहीं कि चुनावों के माध्यम से सरकारें बदलती रहती हैं तथा मन्त्रिमण्डलों का परिवर्तन होता रहता है। परन्तु ऐसे परिवर्तनों से प्रशासन में कोई परिवर्तन नहीं होता। चुनाव प्रशासन को लोकतान्त्रिक आधार प्रदान करते हैं।

6. एकता—चुनाव लोगों में एकता उत्पन्न करने में सहायक होते हैं। चुनावों का अर्थ है—लोगों का समर्थन प्राप्त करना। लोगों के समर्थन को प्राप्त करने के लिए लोगों के समूह एक-दूसरे के निकट आते हैं। चुनावों से लोगों में एक साथ कार्य करने की भावना बढ़ती है तथा उसमें सहयोग की भावना जागती है।

7. अधिकारों की रक्षा—चुनावों के माध्यम से बनी सरकार तानाशाह बनने का साहस नहीं कर सकती। इसका मुख्य कारण यह है कि चुनाव लोगों को राजनीतिक रूप से जागरूक रखने में सहायक होते हैं। फलस्वरूप सरकार द्वारा लोगों के अधिकारों को क्षति नहीं पहुँच पाती।

8. राजनीतिक शिक्षण—चुनाव राजनीतिक शिक्षण के महत्त्वपूर्ण साधन होते हैं। चुनाव अभियान में अनेक प्रकार के राजनीतिक प्रश्न, दलों की नीतियाँ तथा उनके कार्यक्रमों की घोषणा, जलसे जलूसों तथा भाषणों द्वारा लोगों को राजनीतिक शिक्षा मिलती रहती है। फलस्वरूप लोगों की राजनीतिक जानकारी में वृद्धि होती है।

चुनावों का विशेष महत्त्व होता है। जहाँ कहीं भी चुनाव कराए जाते हैं, वे वहाँ के राजनीतिक ढांचे को दर्शाते हैं। चुनावों द्वारा किए गए व्यक्तिगत निर्णय तथा उनके सामूहिक परिणाम राजनीतिक व सामाजिक प्रक्रियाओं को प्रत्यक्ष रूप से प्रभावित करते हैं। चुनाव होते हैं तो राज्य तथा समाज से सम्बन्धित निर्णय लेने की प्रक्रियाओं के मार्ग खुलते हैं, विशिष्ट वर्ग, साधारण जनता और दूसरी ओर सरकार के बीच सम्पर्क के साधनों का प्रदर्शन होता है।

चुनाव के कार्य—चुनाव व्यक्ति तथा राजनीतिक व्यवस्था के लिए भिन्न-भिन्न भूमिका निभाते हैं। व्यक्ति से सम्बन्धित चुनावों के कार्यों का संक्षेप में विवरण निम्न है—

1. चुनाव के कारण तो व्यक्ति को मतदाता के रूप में राजनीति में सक्रिय भाग लेने का अवसर मिलता है।

2. व्यक्ति जब मतदाता के रूप में अपने मत का प्रयोग करता है तो किसी विशेष उम्मीदवार अथवा विशेष राजनीतिक दल को अपना समर्थन देते हुए वह राजनीतिक नीतियों को एक सीमित सीमा तक, प्रभावित करने की भूमिका निभाता है।
3. चुनाव व्यक्ति रूपी मतदाता को राजनीतिक व्यवस्था के समीप लाने का साधन होते हैं। चुनाव मतदाता में एक ऐसी भावना पैदा करते हैं जिससे उसे महसूस होता है कि वह राजनीतिक साझेदारी का एक अंग है।
4. चुनाव व्यक्ति रूपी मतदाता को सुरक्षा करते हैं। मतदाता जानता है कि बनी सरकार में उसने भी अपना योगदान दिया है और कि वह भी सरकार से अपनी सुरक्षा की आशा कर सकता है। चुनावों के आधार पर बनी सरकार को वह विदेशी, बाहरी अथवा अपने से अलग नहीं मानता।
5. चुनाव व्यक्ति रूपी मतदाता के समक्ष राजनीतिक शिक्षण के मार्ग खोल देते हैं। जैसे-जैसे चुनाव अभियान तीव्र होते हैं, मतदाता को सरकार द्वारा किए गए कार्यों की जानकारी मिलती रहती है, विपक्ष का दृष्टिकोण समझ में आता रहता है, राजनीतिक व्यवस्था की समस्या की जानकारी होती रहती है।

राजनीतिक व्यवस्था के लिए चुनावों की अलग भूमिका होती है। ऐसी भूमिका का विवरण निम्न है—

1. चुनाव राजनीतिक व्यवस्था को शासकीय तंत्र प्रदान करते हैं। चुनावों के माध्यम से सरकार का गठन होता है।
2. चुनाव राजनीतिक व्यवस्था का विकल्प प्रदान करते हैं। चुनाव होते हैं तो मतदाताओं को सत्तारूढ़ दल के स्थान पर अन्य किसी दल की सरकार बनाने का अवसर मिलता है।
3. चुनाव राजनीतिक व्यवस्था में सत्ता हस्तान्तरित करने का शान्तिपूर्ण साधन प्रदान करते हैं। चुनाव न हों, तो संघर्ष, हिंसा, क्रान्ति आदि ही सरकार के बदलने के तरीके मात्र रह जाते हैं।
4. चुनाव राजनीतिक व्यवस्था की वैधता पर आधारित सरकार प्रदान करते हैं। चुनावों के आधार पर बनी सरकार वैध सरकार मानी जाती है।
5. चुनाव राजनीतिक व्यवस्था को बल प्रदान करते हैं। चुनाव में हुई सामूहिक राजनीतिक साझेदारी इस तथ्य का संकेत करती है कि लोग स्थापित राजनीतिक व्यवस्था को स्वीकार करते हैं और फिर राजनीतिक साझेदारी लोकतन्त्रीय भावनाओं को और अधिक शक्ति प्रदान करती है।
6. चुनाव राजनीतिक व्यवस्था को स्वीकृति देते हुए राजनीतिक व्यवस्था के एकीकरण का संकेत देते हैं।
7. चुनाव स्थापित राजनीतिक व्यवस्था में लोगों तथा सरकार के बीच राजनीतिक संचार का माध्यम होते हैं। फलस्वरूप लोगों का राजनीतिक नेताओं से सम्बन्ध बना रहता है तथा राजनीतिक नेताओं को अपना समर्थन मिलता रहता है।

राजनीतिक दलों का पंजीकरण

जनप्रतिनिधि अधिनियम 1951 में राजनीतिक दलों के पंजीकरण के बारे में एक नया भाग (भाग

4 क) जोड़ा गया है। अब शामिल की गई धारा 29क में यह प्रावधान किया गया है कि भारतीय नागरिकों की संस्थाओं और संघों को अधिनियम के इस उद्देश्य के लिए आयोग में अपना पंजीकरण कराना होगा। पंजीकरण के लिए प्रस्तुत किए गए प्रत्येक आवेदन-पत्र के लिए निम्नलिखित शर्तें जरूरी हैं: (क) यदि जनप्रतिनिधित्व (संशोधन) कानून 1988 के लागू होने के समय संस्था या संगठन अस्तित्त्व में है तो उसे कानून लागू होने के 60 दिन के अंदर आवेदन करना होगा, और (ख) यदि संस्था या संगठन कानून लागू होने के बाद गठित किया जाता है तो उसे गठन के 30 दिन के अन्दर पंजीकरण कराना होगा।

यह व्यवस्था 15 जून 1989 से लागू हुई। चुनाव चिन्ह (आरक्षण तथा आबंटन) आदेश 1968 के पैरा 7 के अन्तर्गत किसी मान्यता प्राप्त राजनीतिक दल को राष्ट्रीय अथवा राज्यस्तरीय पार्टी माना जा सकता है। यदि किसी राजनीतिक दल को चार या उससे अधिक राज्यों में मान्यता प्राप्त है तो उसे राष्ट्रीय दल और चार से कम राज्यों में मान्यता प्राप्त दल को किसी राज्य या उन राज्यों में राज्य स्तर की पार्टी माना जाता है, जिनमें उसे इस रूप में मान्यता प्राप्त है।

चुनाव सुधार

61वें संविधान संशोधन, 1988 द्वारा संविधान के अनुच्छेद 326 में संशोधन कर मतदान की आयु 21 वर्ष की बजाय 18 वर्ष कर दी गई है। यह व्यवस्था 29 मार्च 1989 को लागू हुई। इसी के अनुरूप जन-प्रतिनिधित्व अधिनियम 1950 और 1951 में भी संशोधन किए गए।

चुनाव कर्मचारियों की प्रतिनियुक्ति

जन-प्रतिनिधित्व (संशोधन) अधिनियम, 1988 के अन्तर्गत एक नई धारा 13 'ग' शामिल की गई, जिसमें यह प्रावधान है कि चुनावों के लिए मतदाता सूचियों को तैयार करने, संशोधित करने और उन्हें ठीक करने के लिए लगाए गए कर्मचारी और अधिकारी उस अवधि के लिए चुनाव आयोग में प्रतिनियुक्ति पर माने जाएँगे, जिसमें वे इस तरह का काम करते हैं और उन पर चुनाव आयोग का नियन्त्रण, अधीक्षण तथा अनुशासन लागू होगा। जनप्रतिनिधित्व कानून 1951 में भी इसी तरह का प्रावधान किया गया है।

प्रस्तावकों की संख्या में वृद्धि

राज्यसभा और विधान परिषद् के चुनावों के लिए नामांकन-पत्रों में प्रस्तावक के रूप में हस्ताक्षर कर ने वालों की संख्या बढ़ा दी गई है। अब प्रस्तावकों की संख्या चुनाव क्षेत्र के कुल निर्वाचकों का 10 प्रतिशत या इस तरह के 10 निर्वाचकों में से जो कम होगी, निर्धारित की गई है।

इलैक्ट्रानिक मतदान मशीनें

जन-प्रतिनिधित्व कानून 1951 में संशोधन किया गया है, ताकि मतदान में इलैक्ट्रानिक मतदान मशीनों का इस्तेमाल किया जा सके।

फोटो पहचान-पत्र

देशभर में मतदाताओं को फोटो पहचान-पत्र जारी करने का काम चल रहा है। यह कार्य जल्द पूरा हो जाने की आशा है।

चुनाव प्रक्रिया के सम्बन्ध में अध्यादेश

निर्दलीय उम्मीदवारों की बढ़ती संख्या और चुनावों में बढ़ती हिंसा को ध्यान में रखते हुए सरकार ने जनवरी 1992 में एक अध्यादेश जारी किया जिसके अनुसार जन-प्रतिनिधित्व कानून 1951 में संशोधन करके यह प्रावधान किया गया कि किसी निर्दलीय उम्मीदवार की मृत्यु हो जाने पर चुनाव स्थगित नहीं किया जा सकता।

भारत एक लोकतन्त्रात्मक राष्ट्र है। यहाँ अप्रत्यक्ष लोकतन्त्रीय पद्धति को अपनाया गया है। यहाँ जनता अपने प्रतिनिधियों को चुनती है तथा उन पर नियन्त्रण रखती है। भारतीय निर्वाचन व्यवस्था की विशेषताएँ निम्नलिखित हैं—

1. संविधान में चुनाव सम्बन्धी व्यवस्थाएँ—भारतीय संविधान में चुनाव सम्बन्धी व्यवस्थाओं का उल्लेख किया गया है। अन्य देशों में चुनाव सम्बन्धी नियम विधानमण्डल बनाते हैं। स्पष्ट है कि ऐसा चुनाव की निष्पक्षता के लिए किया गया है। यह लोकतन्त्र का आधार है।

2. सार्वभौम मताधिकार—अनुच्छेद 326 के अनुसार लोकसभा व प्रत्येक राज्य की विधानसभा का चुनाव सार्वभौम माताधिकार प्रणाली के आधार पर होता है। 21 वर्ष का प्रत्येक नागरिक बिना धर्म, जाति रंग, लिंग, जन्मस्थान, आदि के भेदभाव के मत का प्रयोग करके अपने प्रतिनिधि को चुनता है। संविधान में अयोग्यताओं का भी वर्णन है।

3. एक निर्वाचन क्षेत्र—भारत में सभी धर्म, जाति, रंग, लिंग आदि के लोगों के लिए केवल एक ही निर्वाचन क्षेत्र की व्यवस्था की गई है। किसी भी जाति के लोगों के लिए पृथक् निर्वाचन क्षेत्र की व्यवस्था नहीं की गई। परन्तु अनुसूचित जाति व जन-जातियों के लिए कुछ स्थान सुरक्षित रखने की व्यवस्था है।

4. एक निर्वाचन आयोग—भारतीय संविधान के अनुच्छेद 324 में चुनाव सम्बन्धी सभी कार्यों को करने के लिए एक निर्वाचन आयोग की व्यवस्था की गई है। निर्वाचन आयोग में एक मुख्य चुनाव आयुक्त व कुछ अन्य चुनाव आयुक्त होते हैं। इनकी सेवाएँ सुरक्षित होती हैं। इनका कार्य संसद एवं विधान मण्डलों का चुनाव करवाना, चुनाव सम्बन्धी मामलों का निरीक्षण करना, मतदाताओं की सूची तैयार करना, चुनाव क्षेत्र गठित करना, आदि है।

5. विस्तृत सामान्य चुनाव—भारत विश्व का सबसे बड़ा लोकतन्त्र है। यहाँ प्रत्याशियों व मतदाताओं की संख्या बहुत अधिक है। इसीलिए यहाँ विस्तृत चुनाव होते हैं। एक बहुत बड़ी संख्या में लोग मत डालने जाते हैं। बहुत बड़ी संख्या में मत रद्द होते हैं। बहुत-सी अप्रिय घटनाएँ सुनने को मिलती हैं। यह सब कुछ होते हुए भी चुनाव सफल रहते हैं। संसद चुनाव से सम्बन्धित नियम बना सकती है। भारतीय संसद ने बहुत से नियम बनाए भी हैं।

6. साधारण बहुमत द्वारा चुनाव परिणाम—भारत में चुनाव का परिणाम साधारण बहुमत से

निकाला जाता है। प्रत्याशियों में दौड़ लगती है तथा उसमें जो सबसे आगे निकल जाता है वही चुन लिया जाता है। यहाँ मतों की संख्या को अनुपात से नहीं देखा जाता है। चुनाव में कई बार वह दल भी जीत जाता है जिसे बहुत कम मत प्राप्त होते हैं।

7. निर्वाचन पर खर्च—भारतीय निर्वाचन व्यवस्था की यह एक बहुत बड़ी त्रुटि है कि भारत जैसे समाजवादी राज्य में एक प्रत्याशी को 15 लाख रुपए खर्च करने की अनुमति निर्वाचन आयोग से मिली हुई है। यह धन, प्रत्याशी या दल, दान के रूप में धनी व्यक्तियों से प्राप्त करते हैं। विधायक उनके लिए ही कानून बनाते हैं।

निष्कर्ष—उपरोक्त तथ्यों से स्पष्ट हो जाता है कि भारतीय चुनाव पद्धति एक विशेष पद्धति है। यह भारत जैसे विशाल लोकतन्त्र में सफलतापूर्वक कार्य कर रही है। इसमें कुछ त्रुटियाँ अवश्य हैं इसमें सुधार लाने के लिए समय-समय पर सुझाव दिए गए हैं। परन्तु अभी भी इसमें बहुत से सुधार लाए जा सकते हैं। यदि उन सुधारों की ओर ध्यान दिया जाए तो लोकतन्त्र सफल हो सकता है।

भारत एक लोकतन्त्रात्मक राज्य है। आरम्भ से ही आशा की जाती थी कि भारत में स्वतन्त्र व निष्पक्ष चुनाव होंगे। निःसन्देह चुनाव आयोग को संविधान द्वारा स्वतन्त्र रखा गया है परन्तु फिर भी हमारी चुनाव पद्धति में ऐसे दोष हैं जिनके अभाव में निष्पक्ष चुनाव नहीं हो पाते। इस हेतु समय-समय पर चुनाव व्यवस्था में दोष दूर करने के सुझाव दिए गए हैं। इन सुझाओं का विवरण नीचे दिया गया है :

1. चुनाव आयोग का पुनः गठन—चुनाव आयोग केवल एक व्यक्ति अर्थात् मुख्य चुनाव आयुक्त का संगठन है। मुख्य चुनाव आयुक्त की नियुक्ति राष्ट्रपति द्वारा प्रधानमन्त्री के परामर्श पर की जाती है। सुझाव दिया गया है कि चुनाव आयोग का गठन वैसे ही किया जाए जैसे संघ लोक सेवा आयोग का होता है। मुख्य चुनाव आयुक्त की नियुक्ति के लिए एक समिति बनाई जाए जिसमें प्रधानमन्त्री, मुख्य न्यायाधीश व संसद में प्रतिपक्ष का नेता हो। मुख्य चुनाव आयुक्त व अन्य आयुक्तों की योग्यताएँ संविधान में निर्धारित की जाएँ। मुख्य चुनाव आयुक्त व अन्य आयुक्तों का कार्यकाल पाँच वर्ष निर्धारित किया गया है। इनकी पुनः नियुक्ति राष्ट्रपति व प्रधानमन्त्री पर निर्भर है। वे जितनी बार चाहें उन्हें पुनः नियुक्त कर सकते हैं। संविधान में यह धारा चुनाव आयोग की स्वतन्त्रता के विरुद्ध है। इसके कारण मुख्य चुनाव आयुक्त व अन्य आयुक्तों की ईमानदारी पर शक किया जा सकता है। इस कारण सुझाव दिया गया है कि मुख्य चुनाव आयुक्त व अन्य आयुक्तों का निश्चित कार्यकाल निश्चित हो।

2. चुनाव आयोग को अधिक शक्तियाँ—सरकार चुनाव आयोग को और शक्तिशाली बनाना चाहती है ताकि वह, चुनाव में होने वाली गड़बड़ी को रोक सके और दोषी व्यक्तियों को सजा दे सके। इस मामले में तीन सुझाव आए हैं। प्रथम, चुनाव आयोग को उन सदस्यों व विधायकों को हटाने का अधिकार होना चाहिए जो चुनाव में भ्रष्टाचार फैलाते हैं। द्वितीय, चुनाव में नियमों को तोड़ने पर जाँच-पड़ताल करना तथा चुनाव से सम्बन्धित अपराध सिद्ध हो जाने पर लोगों पर जुर्माना करना तथा दण्ड देना। चुनाव आयोग पर होने वाला खर्च संचित निधि में से होना चाहिए, तथा यह सरकार के नियन्त्रण से मुक्त संस्था होनी चाहिए।

3. सरकारी मशीनरी का दुरुपयोग—चुनावों में मन्त्री व शासक दल के सदस्य सरकारी मशीनरी का दुरुपयोग करते हैं। मन्त्री शासक वर्ग के होने के नाते कई आश्वासन देते हैं। इसके अतिरिक्त रेडियो

व टेलीवीजन का दुरुपयोग करते हैं। शासक दल प्रयास करता है कि लोगों के समक्ष उनका महत्त्व बना रहे। सरकारी व्यय, विज्ञापन या सरकारी मशीनरी का दुरुपयोग करना अपराध घोषित किया गया है।

4. चुनाव पर व्यय—चुनाव आयोग ने समय-समय पर चुनाव पर होने वाले व्यय को निर्धारित किया है। पहले दो चुनाव में विधान सभा के लिए अधिकतर सात हजार व लोक सभा के लिए 25 हाजर रुपए निर्धारित किए गए थे। 1962 में विधानसभा के लिए अधिकतम ढाई लाख रुपए व लोकसभा के लिए पन्द्रह लाख रुपए निर्धारित किए गए। बढ़ते हुए धन के व्यय के कारण चुनाव आयोग ने निश्चय किया कि लोक सभा के चुनाव में कोई भी एक लाख रुपए से अधिक व्यय नहीं कर सकता, राज्यों के चुनाव के लिए अलग-अलग सीमा निर्धारित की गई है। कम्पनियों से कोई राजनैतिक दल धन नहीं ले सकता।

उक्त वर्णित सुझावों के अतिरिक्त कुछ अन्य सुझाव दिए गए हैं। आशा की जाती है कि सरकार इन पर अवश्य विचार करेगी। इसमें मुख्य हैं—राजनीतिक दलों को सरकार की ओर से वित्तीय सहायता, जो मत का प्रयोग नहीं करते उन पर जुर्माना करना आदि।

5. मतदाता पहचान पत्र—मुख्य आयुक्त ने चुनाव में मतदान परिचय पत्र देने का निर्णय लिया है। चुनाव में उन मतदाताओं को मत देने का अधिकार होगा जिनके पास मतदाता पहचान पत्र होगा। इससे चुनाव में हेरा-फेरी नहीं होगी।

6

भारत में राज्य और केन्द्र की राजनीति

संसद

भारत की केन्द्रीय व्यवस्थापिका को संसद की संज्ञा दी जाती है। भारतीय संसद राष्ट्रपति, लोकसभा और राज्य सभा तीनों से मिलकर बनती है। राष्ट्रपति संसद का अभिन्न भाग है। इसे संसद का अभिन्न भाग इसलिए माना जाता है, क्योंकि इसकी अनुमति के बिना राज्यसभा तथा लोकसभा द्वारा पारित कोई भी विधेयक अधिनियम का रूप नहीं लेगा। कुछ ऐसे विधेयक भी हैं, जिन्हें राष्ट्रपति की अनुमति के बिना लोकसभा में पेश नहीं किया जा सकता। राष्ट्रपति को राज्यसभा तथा लोकसभा का सत्र बुलाने, उसका सत्रावसान करने और लोकसभा को विघटित करने का अधिकार है।

भारतीय संसद भवन

भारतीय लोकतंत्र के हृदय स्थल संसद भवन की स्थापना सन् 1927 में की गयी थी। इस भवन का शिलान्यास 12 फरवरी, 1921 को ड्यूक ऑफ कनाट ने किया था तथा इसे तैयार होने में 6 वर्ष लगे थे। संसद भवन का उद्घाटन 18 फरवरी,1927 को भारत के तत्कालीन गर्वनर जनरल लार्ड एडविन ने किया था। इसकी परिकल्पना सर एडविन लुटिन्स और सर हर्बर्ट बेकर ने की थी, जिसे साकार रूप देने में 83 लाख रुपये व्यय किये गये थे। संसद भवन वस्तुत: एक गोलाकार भवन है जिसके केन्द्र में एक केन्द्रीय कक्ष स्थित है। 98 फुट व्यास वाले गोलाकार केन्द्रीय कक्ष का गुंबद विश्व के भव्य गुंबदों में से एक है। 15 अगस्त, 1947 को अंग्रजों ने इसी कक्ष में भारत को सत्ता हस्तांतरित की थी। इस केन्द्रीय कक्ष के तीन ओर राज्यसभा, लोकसभा, और लाइब्रेरी हाल स्थित है। इन तीनों कक्षों और बाग के चारों ओर चार मंजिला गोल भवन निर्मित है जिसमें मंत्रियों, संसदीय समितियों, दलीय कार्यालय और प्रेस के लिए कमरों की व्यवस्था है। लोकसभा कक्ष का आकार अंग्रेजी के यू (U) के समान है, जिसमें मंच पर अध्यक्ष आसन निर्धारित है। अध्यक्ष के आसन के दार्यी ओर सत्ताधारी दल और बार्यी ओर विपक्षी दलों के बैठने की व्यवस्था है। लोकसभाध्यक्ष के मंच के नीचे लोकसभा के सेक्रेटरी जनरल की मेज के ठीक आगे एक

विशाल मेज, जिसे 'टेबल ऑफ द हाऊस' कहा जाता है, होती है। इसी मेज पर समस्त दस्तावेज रखे जाते हैं तथा इसके चारों ओर वरिष्ठ अधिकारियों के बैठने की व्यवस्था की गयी है। टेबल ऑफ द हाऊस के चारों ओर के खाली स्थान को 'वेल ऑफ द हाऊस' कहा जाता है। लाल पत्थरों की चारदीवारी और 12 विशाल लौह द्वारों से सुरक्षित संसद भवन स्थापत्य कला का उत्कृष्ट नमूना है।

राज्यसभा

संसद के उच्च सदन को राज्य सभा कहते हैं। संविधान निर्माण के उपरान्त सर्वप्रथम 3 अप्रैल, 1952 को राज्य सभा का गठन किया गया। इसकी पहली बैठक 13 मई, 1952 को हुई थी। 23 अगस्त, 1954 को सभापति ने सदन में घोषणा की कि 'काउंसिल ऑफ स्टेट्स' को अब राज्यसभा के नाम से जाना जाएगा। संविधान के अनुच्छेद 80 के अनुसार राज्यसभा का गठन 250 सदस्यों द्वारा होगा, इनमें से 12 सदस्य राष्ट्रपति द्वारा नामनिदेशित किये जाते हैं तथा शेष 238 का चुनाव राज्य तथा संघ राज्यक्षेत्रों की विधान सभाओं द्वारा किया जाता है। राज्यसभा में राज्यों तथा संघ राज्य क्षेत्रों की विधानसभाओं के सदस्यों द्वारा किया जाता है। राज्यसभा में राज्यों तथा संघ राज्यों क्षेत्रों की विधान सभाओं के लिए आवंटित स्थान को संविधान की चौथी अनुसूची में अन्तर्विष्ट किया गया है। इस अनुसूची में केवल 233 स्थानों के सम्बन्ध में उल्लेख किया गया है, जिससे स्पष्ट होता है कि वर्तमान समय में राज्यसभा की प्रभावी संख्या 245 (राष्ट्रपति द्वारा नामित सदस्यों सहित) है। वे 12 सदस्य जिन्हें राष्ट्रपति द्वारा राज्यसभा के लिए नामनिर्देशित किये जाते हैं, उन्हें साहित्य, विज्ञान, कला तथा समाज सेवा के क्षेत्र में विशेष ज्ञान या व्यावहारिक अनुभव होना चाहिए।

अप्रत्यक्ष चुनाव—राज्यसभा के सदस्यों का चुनाव अप्रत्यक्ष रूप से होता है। राज्यों के प्रतिनिधियों का चुनाव राज्यों की विधान सभा के सदस्यों द्वारा आनुपातिक प्रतिनिधित्व पद्धति के अनुसार एकल संक्रमणीय मत द्वारा किया जाता है तथा संघराज्य क्षेंत्रों के प्रतिनिधियों का चुनाव उस ढंग से किया जाता है तथा संघराज्य क्षेंत्रों के प्रतिनिधियों का चुनाव उस ढंग से किया जाता है, जिसे संसद विधि बनाकर विहित करे। राज्यसभा में केवल दो संघ राज्यक्षेत्रों यथा राष्ट्रीय राजधानी राज्य क्षेत्र दिल्ली तथा पाण्डिचेरी, के लिए स्थानों का आवंटन किया गया है। इन राज्य क्षेत्रों को आवंटन में राज्यसभा के स्थानों को भरने के लिए निर्वाचकगणों को गठित करने के सम्बन्ध में लोक प्रतिनिधित्व अधिनियम,1950 की धारा 27–क में संसद द्वारा उस ढंग को विहित किया गया है जिसके द्वारा राज्यसभा के सदस्यों को निर्वाचित किया जाएगा। इस धारा के अनुसार पाण्डिचरी संघ राज्यक्षेत्र के लिए आवंटन स्थान को इस संघ राज्य क्षेत्र के विधान सभा के सदस्यों द्वारा चुने गये व्यक्ति से भरा जाएगा तथा दिल्ली के सम्बन्ध दिल्ली संघ राज्यक्षेत्र के राज्यसभा सदस्य का चुनाव महानगर के परिषद् के निर्वाचित सदस्यों द्वारा किया जाएगा, लेकिन दिल्ली में विधान सभा के गठन के बाद स्थिति में परिवर्तन हो गया है।

राज्य सभा का कार्यकाल—राज्य सभा के कार्यकाल की अवधि 6 वर्ष निर्धारित की गयी है। चूंकि इस सभा का विघटन नहीं होता है। इसके सदस्यों में से एक तिहाई सदस्यों के स्थानों को भरने के लिए प्रत्येक दूसरे वर्ष चुनाव होता है। यदि कोई सदस्य त्यागपत्र दे देता है या उसकी आकस्मिक मृत्यु के कारण स्थान रिक्त होता है। उपयुक्त में चुना गया सदस्य केवल उस समय तक, यदि उपचुनाव में चुना

गया सदस्य बना रहता है, जिस समय तक, यदि उपचुनाव न होगा। राज्यसभा के सदस्य राज्यसभा के सभापति को अपना त्यागपत्र किसी समय देकर सदस्यता से मुक्त हो सकता है।

राज्य सभा का अधिवेशन—राज्यसभा का अधिवेशन वर्ष में दो बार बुलाया जाता है। लेकिन इसके अधिवेशन की अन्तिम बैठक तथा आगामी अधिवेशन की बैठक के लिए नियत तिथि के बीच 6 माह का अन्तर नहीं होना चाहिए। सामान्यतया राज्यसभा का अधिवेशन तभी बुलाया जाता है, जब लोकसभा का अधिवेशन बुलाया जाता है, परन्तु संविधान के अनुच्छेद 352, 356 तथा 360 के अधीन आपात काल की घोषणा के बाद तब राज्य सभा का विशेष अधिवेशन बुलाया जा सकता है, जब लोकसभा का विघटन हो गया हो। सन् 1977 में लोकसभा के विघटन के कारण तमिलनाडु तथा नागालैण्ड में राष्ट्रपति शासन को बढ़ाने के लिए राज्यसभा का विशेष अधिवेशन बुलाया गया था।

पदाधिकारी—सभापति को राज्य सभा का पदाधिकारी नियुक्त किया जाता है। राज्यसभा की कार्यवाही के संचालन तथा सदन में अनुशासन बनाये रखने के लिए उत्तरदायी होता है। सभापति राज्यसभा के नये सदस्यों को पद की शपथ दिलाता है।

राज्यों और संघ राज्यक्षेत्रों का राज्यसभा में प्रतिनिधित्व

राज्य	स्थानों की संख्या
1. आन्ध्रप्रदेश	18
2. असम	7
3. बिहार	16
4. झारखण्ड	6
5. गोवा	1
6. गुजरात	11
7. हरियाणा	5
8. केरल	9
9. मध्य प्रदेश	11
10. छत्तीसगढ़	5
11. तमिलनाडु	18
12. महाराष्ट्र	19
13. कर्नाटक	12
14. उड़ीसा	10
15. पंजाब	7
16. राजस्थान	10
17. उत्तर प्रदेश	31
18. उत्तरांचल	3

19.	पश्चिम बंगाल	16
20.	जम्मू कश्मीर	4
21.	नगालैण्ड	1
22.	हिमाचल प्रदेश	3
23.	मणिपुर	1
24.	त्रिपुरा	1
25.	मेघालय	1
26.	सिक्किम	1
27.	मिजोरम	1
28.	अरूणाचल प्रदेश	1
29.	दिल्ली	3
30.	पाण्डिचेरी	1
	कुल	**233**

उपसभापति—राज्यसभा अपने सदस्यों में से किसी को अपना उपसभापति चुनेगी और जब उपसभापति का यह पद रिक्त होता है, तब राज्यसभा किसी अन्य सदस्य को अपना उपसभापति चुनती है। इस प्रकार चुना गया उपसभापति सभापति की अनुपस्थिति में उसके कार्यों का निर्वहन करता है। 14 मई, 2002 को संसद द्वारा पारित विधेयक के अनुसार उपसभापति को केन्द्रीय राज्य मंत्री के समान भत्ता देने का प्रावधान किया गया है। उप-सभापति निम्नलिखित स्थिति में अपना पद रिक्त कर सकता है—

1. जब वह सभापति को अपना त्यागपत्र दे दे,
2. जब यह राज्यसभा का सदस्य न रह जाय,
3. जब तक वह राज्यसभा के तत्कालीन समस्त सदस्यों के लेकिन ऐसा कोई संकल्प तब तक प्रस्तावित नहीं किया जाएगा, जब तक कि इस संकल्प को प्रस्तावित करने के आशय की कम से कम से कम चौदह दिन पूर्व सूचना न दे दी गई हो।

अन्य व्यक्ति—जब सभापति तथा उपसभापति दोनों अनुपस्थित हों, तो राज्यसभा का वह सदस्य, जिसे राष्ट्रपति मनोनीत करता है अथवा बैठक में वह व्यक्ति सभापति के कार्यों का निर्वहन करेगा, जिसे राज्य सभा की प्रक्रिया के नियमों द्वारा चयनित किया गया है।

राज्य सभा के कार्य एवं अधिकार

राज्यसभा की रचना लोकसभा के सहयोगी और सहायक के रूप में की गयी है। राज्यसभा को निम्नलिखित कार्य एवं अधिकार प्रदान किये हैं—

(1) सदस्यों के स्थान को रिक्त करना—राज्यसभा का अधिवेशन चल रहा हो, तब राज्यसभा अपने सदस्यों को अधिवेशन से अनुपस्थित होने की आज्ञा देती है, लेकिन यदि राज्यसभा का कोई सदस्य सदन की आज्ञा के बिना साठ दिन तक उसके सभी अधिवेशनों में अनुपस्थित रहे तो राज्यसभा उसके स्थान को रिक्त घोषित करती है परन्तु साठ दिन की अवधि की संगणना करने में किसी अवधि

को शामिल नहीं किया जाएगा, जिसके दौरान सत्र का अधिवेशन न हो रहा हो या अधिवेशन लगातार चार से अधिक दिनों के लिए स्थगित रहा हो। सन् 1976 में सुब्रामण्यम स्वामी का स्थान रिक्त घोषित कर दिया गया था क्योंकि वे राज्यसभा की आज्ञा के बिना कई दिन तक इसकी सभी बैठकों में अनुपस्थित रहे थे। तब उस समय इस प्रकार का अधिवेशन बुलाया गया था।

(2) अखिल भारतीय सेवाओं की व्यवस्था—संविधान के अनुच्छेद 312 (1) में यह व्यवस्था की गयी है कि राज्यसभा अपने उपस्थित तथा मतदान करने वाले सदस्यों के दो तिहाई बहुमत से यह संकल्प पारित कर दे कि राष्ट्रीय हित में यह आवश्यक है कि संघ और राज्यों के लिए सम्मिलित एक या अधिक अखिल भारतीय सेवाओं का सृजन किया जाय तो संसद को ऐसा अधिकार मिल जाता है। इस शक्ति का प्रयोग राज्य सभा **1961 में**—भारतीय इन्जीनियर्स सेवा, भारतीय वन सेवा, भारतीय चिकित्सा सेवा तथा **1965 में**—भारतीय कृषि सेवा, भारतीय वन सेवा, भारतीय चिकित्सा सेवा में किया था।

(3) राज्य सूची में दिए गए विषयों पर कानून बनाने का अधिकार— संविधान के अनुच्छेद 249 के अनुसार यदि राज्यसभा उपस्थित तथा मतदान करने वाले सदस्यों के दो तिहाई बहुमत से यह संकल्प पारित कर दे कि राष्ट्रीय हित में यह आवश्यक है। संसद राज्य सूची में वर्णित किसी विषय के सम्बन्ध में कानून बनाये, तो संसद को उस विषय के सम्बन्ध में कानून केवल बनाने का अधिकार मिल जाता है। इस प्रकार बनाया गया कानून केवल एक वर्ष के समय को और एक वर्ष तक के लिए बढ़ा सकती है तथा बार-बार संकल्प पारित करके इस अवधि को असीमित कर सकती है। राज्यसभा ने इस अधिकार को अब तक दो बार प्रयोग किया है—

पहली बार 1952 में राज्यसभा ने संकल्प पारित करके संसद को व्यापार, वाणिज्य, उत्पादन, वस्तुओं का उपलब्धि तथा विवरण के सम्बन्ध में कानून बनाने का अधिकार दिया था।

दूसरी बार 1986 में राज्यसभा ने संकल्प पारित करके संसद का अन्तर्राष्ट्रीय सीमा क साथ सुरक्षा क्षेत्र की व्यवस्था करने के सम्बन्ध में कानून बनाने का अधिकार दिया था।

लोकसभा

संघीय संसद के निम्न सदन को लोकसभा कहा जाता है। लोकसभा भारतीय संसद का प्रथम सदन है जिसमें प्राय: सदस्यों का चुनाव जनता द्वारा प्रत्यक्ष रीति से किया जाता है। प्रत्येक राज्य के सदस्यों की संख्या प्राय: उसकी जनसंख्या के अनुपात में निर्धारित की जाती है। राज्यों को विभिन्न क्षेत्रीय निर्वाचन क्षेत्रों में इस प्रकार विभाजित किया जाता है कि प्रत्येक निर्वाचन क्षेत्र के लिए निर्धारित सदस्य संख्या और उनकी जनसंख्या का अनुपात पूरे राज्य में एक समान है।

लोक सभा का गठन—प्रथम लोकसभा का गठन 17 अप्रैल, 1992 को हुआ था। इसकी पहली बैठक 13 मई, 1952 का हुई थी। लोकसभा के गठन के सम्बन्ध में संविधान के दो अनुच्छेदों, यथा 81 तथा 331वें 500 निर्धारित की गयी थी, परंतु बाद में इसमें वृद्धि की गयी। 31 वें संविधान संशोधन, 1974 के द्वारा लोकसभा की अधिकतम सदस्य संख्या 547 निश्चित की गयी। वर्तमान में गोवा, दमन और दीव पुनर्गठन अधिनियम, 1987 द्वारा यह निर्धारित किया गया कि लोकसभा की अधिकतम सदस्य संख्या 552 हो सकती है। अनुच्छेद 81 (i) (क) तथा (ख) के अनुसार लोकसभा का गठन राज्यों में

प्रादेशिक निर्वाचन क्षेत्रों से प्रत्यक्ष निर्वाचन द्वारा चुने हुए 530 से अधिक न होने वाले सदस्यों तथा संघ राज्य क्षेत्रों का प्रतिनिधित्व करने वाले 20 से अधिक न होने वाले जनसंख्या द्वारा निर्वाचित 550 सदस्य हो सकते हैं। अनुच्छेद 331 में यदि राष्ट्रपति की राय में लोकसभा में आंग्ल-भारतीय समुदाय को पर्याप्त प्रतिनिधित्व न मिला हो तो वह आंग्ल-भारतीय समुदाय के दो व्यक्तियों को लोकसभा के लिए नामनिर्देशित कर सकता है। अत: लोकसभा की अधिकतम सदस्य संख्या 552 हो सकती है। यह संख्या लोकसभा के सदस्यों की सैद्धान्तिक गणना है और व्यवहृत: वर्तमान समय में लोकसभा की प्रभावी संख्या 530 (राज्यों के प्रतिनिधि) + 13 (संघ राज्य क्षेत्रों के प्रतिनिधि) + 2 राष्ट्रपति द्वारा नाम निर्देशित) = 545 है।

क्रमश: झारखण्ड, छत्तीगढ़ व उत्तरांचल के आंकड़े शामिल हैं। करने के लिए दो प्रक्रिया अपनायी जाती है—पहला प्रत्येक राज्य को लोकसभा में स्थानों का आवंटन ऐसी रीति से किया जाता है कि स्थानों की संख्या से उस राज्य की जनसंख्या का अनुपात सभी राज्यों के लिए यथासाध्य एक ही हो तथा दूसरा प्रत्येक राज्य को प्रादेशिक निर्वाचन क्षेत्रों में ऐसी रीति से विभाजित किया जाता है कि प्रत्येक निर्वाचन समस्त राज्य में यथासाध्य एक ही हो।

उक्त दोनों कार्य ऐसे प्राधिकारी द्वारा ऐसी रीति से जिसे संसद विधि द्वारा निश्चित करे, प्रत्येक जनगणना की समाप्ति पर प्रकाशित सुसंगत आंकडों के आधार पर किये जाते हैं लेकिन 42वें संविधान सशोधन, 1976 में प्रावधान किया गया है कि संसद प्रत्येक जनगणना के सुसंगत आंकडों के प्रकाशन के बाद परिसीमन आयोग का गठन करेगी। इस परिसीमन अधिनियम के अधीन त्रिसदस्यीय परिसीमन आयोग का गठन किया जाता है, जिसे नवीनतम जनगणना के आंकड़ों के आधार पर लोकसभा में विभिन्न राज्यों को स्थानों के आवंटन का, प्रत्येक राज्य को प्रादेशिक निर्वाचन क्षेत्रों में विभाजन का पुन: समायोजन करने का कर्तव्य सौंपा जाता है। इस प्रकार गठित आयोग ने 1974 में लोकसभा में राज्यों तथा संघ राज्य क्षेत्रों के स्थानों को आवंटन किया था जिसके अनुसार 530 स्थान राज्यों के लिए तथा 13 स्थान संघ राज्यक्षेत्रों के लिए आवंटित किये गये थे।

लोकसभा निर्वाचन क्षेत्रों में ब्रिटिश भारत के लोकसभाध्यक्षों को निम्न सारणी में स्पष्ट किया गया है—

लोकसभा का निर्वाचन

निर्वाचन	निर्वाचन का समय निर्वाचन हुआ	कुल स्थान, जिनके लिए (प्रतिशत)	महिलाओं का प्रतिनिधित्व बड़ा दल	निर्वाचन के उपरान्त सबसे
पहला	1951-52	489	22(4.4)	364 (कांग्रेस)
दूसरा	1956-1957	494	27(5.4)	371(कांग्रेस)
तीसरा	1962(फरवरी)	494	34(6.7)	361(कांग्रेस)
चौथा	1967(फरवरी)	520	31(5.9)	283(कांग्रेस)

निर्वाचन	निर्वाचन का समय निर्वाचन हुआ	कुल स्थान, जिनके लिए (प्रतिशत)	महिलाओं का प्रतिनिधित्व बड़ा दल	निर्वाचन के उपरान्त सबसे
पांचवां	1971(जनवरी) (मध्यावधि)	518	22(4.2)	350(कांग्रेस)
छठवां	1977(मार्च)	542	19(3.4)	296(जनता पार्टी)
सातवां	1980(जनवरी) (मध्यावधि)	542	28(5.1)	353[कांग्रेस(इ)]
आठवां	1984(दिस्मबर)	508	44(8.1)	401[कांग्रेस(इ)]
नौवां	1989(नवम्बर)	523	27(5.2)	193[कांग्रेस(इ)]
दसवां	1991(मई जून)	516	39(7.4)	224[कांग्रेस(इ)]
ग्यारहवां	1996(अप्रैल-मई)	537	36(6.6)	161(भा.ज.पा)
बारहवीं	1998(फर-मार्च)	537	43(7.9)	181(भा.ज.पा)
तेरहवीं	1999(सित-अक्टू)	543	47(8.6)	182(भा.ज.पा)
चौदहवीं	2004 (फरवरी)	543	44(8.1)	145 (कांग्रेस ई)

ब्रिटिश भारत के लोकसभाध्यक्ष

नाम	कार्यकाल
1. सर फेडरिक छाइट	3 फरवरी 1921 से 23 जून 1925 तक
2. विट्ठल भाई.जे.पेटल	24 अगस्त 1925 से 28 अप्रैल 1930 तक
3. मोहम्मद याकूब	9 जुलाई 1930 से 31 जुलाई 1930 तक
4. इब्राहीम रहीमतूल्लाह	17 जनवरी 1931 से 7 मार्च 1933 तक
5. सर सनमुखम चेट्टी	14 मार्च 1933 से 31 दिसम्बर 1934 तक
6. अब्दुर रहीम	24 जनवरी 1935 से 1 अक्टूबर 1945 तक
7. गणेश वासुदेव मावलंकर	24 जनवरी 1946 से 14 अगस्त, 1947 तक

लोकसभाध्यक्ष

नाम	पदावधि
1. गणेश वासुदेव मावलंकर	15 मई 1952 से 27 फरबरी 1956 तक
2. एम.ए. आयंगर	8 मार्च 1956 से 10 मई 1957 तक
3. एम.ए. आयंगर	11 मई 1957 से 16 अप्रैल 1962 तक
4. हुकुम सिंह	17 अप्रैल 19 62 से 16 मार्च 1967 तक

5.	नीलम संजीव रेड्डी	17 मार्च 1967 से 19 जुलाई 1969 तक
6.	डा. गुरदयाल सिंह ढिल्लो	8 अगस्त 1969 से 19 मार्च 1971 तक
7.	डा. गुरदयाल सिंह ढिल्लो	22 मार्च 1971 से 1 दिसम्बर 1975 तक
8.	बलीराम भगत	5 जनवरी 1976 से 25 मार्च 1977 तक
9.	नीलम संजीव रेड्डी	26 मार्च 1977 से 3 जुलाई 1977 तक
10.	के.एस.हेगड़े	21 जुलाई 1977 से 21जनवरी 1980 तक
11.	डा. बलराम जाखड़	22 जनवरी 1980 से 15 जनवरी 1985 तक
12.	डा. बलराम जाखड़	16 जनवरी 1985 से 18 दिसम्बर 1989 तक
13.	रवि राय	19 दिसम्बर 1989 से 10 जुलाई 1991 तक
14.	शिवराज वी. पाटिल	10 जुलाई 1991 से 22 मई 1996 तक
15.	पी. ए. संगमा	23 मई 1996 से 23 मार्च, 1998 तक
16.	जी. एम. सी. बालयोगी	24 मार्च 1998 से 19 अक्टूबर 1999 तक
17.	जी. एम. सी. बालयेगी	27 अक्टूबर 1999 से 2 फरवरी 2002 तक
18.	नईम सिद्दीकी (कार्यवाहक)	3 मार्च 2002 से 12 मार्च 2002 तक
19.	मनोहर गजानन जोशी	12 अप्रैल 2002 से 3 मई 2004 तक
20.	सोमनाथ चटर्जी	4 जून 2004 से 2009 तक

* पदावधि के दौरान मृत्यु

स्पष्ट है कि यह सुविधा अब तक सिर्फ राष्ट्रपति एवं उप-राष्ट्रपति पदों के लिए थी। साथ ही लोकसभाध्यक्ष को केन्द्रीय मंत्री के समान भत्ता देने का भी प्रावधान किया गया है।

लोक सभाध्यक्ष का कार्यकाल—लोकसभाध्यक्ष एक बार अध्यक्ष चुने जाने के बाद आगामी लोकसभा के गठन के बाद उसके प्रथम अधिवेशन की प्रथम बैठक तक अपने पद पर बना रहता है। निम्नवत तीन प्रकार की स्थितियों में लोक सभाध्यक्ष अपने पद से अवमुक्त हो जाता है—

1. यदि वह उपाध्यक्ष को अपना त्यागपत्र नहीं दे देता,
2. यदि वह किसी कारण लोकसभा का सदस्य नहीं रह जाता,
3. यदि वह लोकसभा के सदस्यों के बहुमत से पारित संकल्प द्वारा अपने पद से नहीं हटा दिया जाता। ऐसा कोई संकल्प लोकसभा में पेश करने की आशय की सूचना 14 दिन पूर्व दी जानी चाहिए। जब लोकसभा में ऐसे किसी संकल्प पर बहस होती है तो लोकसभा की अध्यक्षता उपाध्यक्ष या उसकी अनुपस्थिति में अन्य व्यक्ति जिसे लोकसभा की प्रक्रिया तथा कार्य संचालन नियम द्वारा निर्धारित किया जाता है, द्वारा की जाती है।

18 दिसंम्बर, 1945 को पहली बार लोकसभा के प्रथम अध्यक्ष गणेश वासुदेव मावलंकर के विरूद्ध उन्हें पद से हटाने के लिए एक प्रस्ताव लाया गया था। हालांकि यह प्रस्ताव पारित नहीं हो सका था।

लोकसभा अध्यक्ष की शक्तियाँ—लोकसभा का अध्यक्ष लोकसभा का सर्वोच्च अधिकारी होता है जिसे निम्नलिखित शक्तियां व अधिकार प्राप्त हैं—

(क) व्यवस्था सम्बन्धी शक्तियाँ—लोकसभाध्यक्ष को लोकसभा में व्यसस्था बनाये रखने के सम्बन्ध में निम्नलिखित शक्तियाँ प्रदान की गयी हैं—

1. संविधान सम्बन्धी मामलों पर अपनी सम्मति देना,
2. सदस्यों को जानकारी प्रदान करने के लिए विचाराधीन महत्वपूर्ण विषयों की घोषणा करना,
3. किसी सदस्य को अपनी मातृभाषा में बोलने की अनुमति देना तथा उसके भाषण के हिन्दी और अंग्रेजी अनुवाद की व्यवस्था करना,
4. गणपूर्ति के अभाव में सदन की बैठक स्थगित करना तथा सदन के नेता के अनुरोध पर सदन की गुप्त बैठक को आयोजित करने की स्वीकृति देना,
5. विवादास्पद विषयों पर मतदान कराना और निर्णय की घोषणा करना,
6. मंत्रिपरिषद के किसी सदस्य को पद त्याग करने की स्थिति में उसे अपना वक्तव्य देने की अनुमति देना तथा प्रस्ताव, प्रतिवेदन और व्यवस्था के प्रश्नों को स्वीकार करना,
7. संविधान और सदन के प्रक्रिया सम्बन्धी नियमों की व्याख्या करना,
8. कार्यवाही संचालित करने के लिए सदन में व्यवसाय व मर्यादा बनाए रखना तथा सदन की कार्यवाही के लिए समय का निर्धारण करना तथा
9. मतदान में पक्ष तथा विपक्ष में बराबर मत पड़ने की स्थिति में निर्णायक मत देना।

(ख) प्रशासनिक संबंधी शक्तियाँ—लोकसभा अध्यक्ष को निम्नलिखित प्रशासनिक संबंधी शक्तियां व अधिकार प्राप्त हैं—

1. लोकसभा सदस्यों के लिए आवास तथा अन्य सुविधाओं की व्यवस्था करना,
2. लोकसभा तथा उसकी समितियों की बैठकों तथा संसदीय कार्यवाही के अभिलेखों को सुरक्षित रखने की व्यवस्था करना।
3. लोकसभा के सदस्यों तथा कर्मचारियों के जीवन और सदन की सम्पत्ति की सुरक्षा की उपयुक्त व्यवस्था करना तथा उनका त्यागपत्र स्वीकार करना अथवा उसे इस आधार पर अस्वीकार करना कि त्यागपत्र विवशता के कारण दिया गया है।
4. लोकसभा के सचिवालय पर तथा लोकसभा की दर्शक दीर्धा और प्रेस दीर्धा पर नियन्त्रण रखना,

(ग) निरीक्षण तथा आलोचना सम्बन्धी शक्तियाँ—लोकसभा अध्यक्ष को निरीक्षण तथा आलोचना सम्बन्धी निम्नलिखित शक्तियाँ प्राप्त होती हैं—

1. सदन में असंसदीय तथा अनावश्यक विचार-विमर्श को रोकना,
2. सदन में बोले गये असंसदीय तथा अश्लील सन्दर्भों को सदन की सदन की कार्यवाही से निकालना,
3. सदन में बोलने के लिए सदन के सदस्यों को अनुमति देना,
4. संसदीय समितियों के अध्यक्षों को निर्देश देना,
5. सार्वजनिक हित में सदन या समिति को आवश्यक जानकारी प्रदान करने के लिए सरकार को निर्देश देना,

6. सदन में पेश किए गए विशेषाधिकार हनन की अवमानना करने या उसके विशेषाधिकार हनन का आरोप लगाया गया है, उसके विरूद्ध गिरफ्तारी का आदेश जारी करना,
7. किसी व्यक्ति को सदन की अवमानना करने या उसके विशेषाधिकार के उल्लंधन करने पर सदन द्वारा किये गये निर्णय को लागू करना,
8. संसदीय समितियों की अध्यक्षता करना,
9. सदन के किसी सदस्य को असंदीय व्यवहार के कारण निष्कासित करना अथवा उसे मार्शल द्वारा बाहर निकालवाना,
10. स्थान में अव्यवस्था की स्थिति उत्पत्र होने पर सदन की कार्यवाही की कार्यवाही को स्थगित करना,
11. सदन के सीमाक्षेत्र के अन्तर्गत सदन के किसी सदस्य की गिरफ्तारी या उसके विरूद्ध कार्यवाही करने की अनुमति देना।

(घ) विधायी तथा अन्य कार्य संबंधी शक्तियां—विधान द्वारा लोकसभा अध्श्क्ष को विधायी तथा अन्य कार्यों के लिए निम्नलिखित शक्तियां व अधिकार प्राप्त हैं—

1. कोई विधेयक वित्त विधेयक या नहीं, इसका निर्णय करना और लोकसभा तथा राज्यसभा की संयुक्त बैठक की अध्यक्षता करना,
2. राष्ट्रपति तथा लोकसभा के बीच सम्पर्क सूत्र के रूप में कार्य करना,
3. अन्तर्राष्ट्रीय संघ में भारतीय संसदीय दल के नेता के रूप में कार्य करना इसके अलावा लोकसभा द्वारा पारित विधेयक की स्पष्ट त्रुटियों को दूर करना,
4. भारत में विधायिकाओं के पीठासीन अधिकारियों का सम्मेलन करना तथा विदेश जाने वाले संसदीय शिष्टमण्डल के लिए सदस्यों को मनोनीत करना,
5. लोकसभा द्वारा पारित विधेयक को प्रमाणित करना और दल-बदल कानून का उल्लंघन करने वाले लोकसभा के सदस्यों को सदन की सदस्यता के अयोग्य निर्णित करना।

उपाध्यक्ष—जो लोकसभा के सदस्य होते हैं उन्हीं द्वारा उपाध्यक्ष का चुनाव किया जाता है। उपाध्यक्ष के चुनाव में वही प्रक्रिया अपनायी जाती है, जो अध्यक्ष के चुनाव में अपनायी जाती है। उपाध्यक्ष तब तक अपने पद पर बना रहता है, जब तक वह सदन का सदस्य रहता है। वह लोकसभा अध्यक्ष को त्यागपत्र देकर अपना पद छोड़ सकता है, अपने पद से लोकसभा के सदस्यों द्वारा पारित संकल्प के आधार पर हटाया जा सकता है। उपाध्यक्ष को उसके पद से हटाने के लिए कोई संकल्प लोकसभा में पेश करने के 14 दिन पूर्व उसकी सूचना उसे दी जानी चाहिए।

राज्य विधानमण्डल

यह विधान मण्डल पृथक-पृथक राज्यों में अलग-अलग बनायी गयी हैं। 5 राज्यों, अर्थात् बिहार, कर्नाटक, महाराष्ट्र, उत्तर प्रदेश तथा जम्मू एवं कश्मीर में विधानमण्डल का गठन राज्यपाल + विधान सभा + विधानपरिषद से होता है। इसके अतिरिक्त शेष राज्यों में विधानमण्डल का गठन राज्यपाल + विधान सभा से होता है।

विधानपरिषद

विधान परिषद के सन्दर्भ में संविधान के अनुच्छेद 169 में व्याख्या की गयी है। आज भारत के मात्र पांच राज्यों में विधान परिषद् की स्थापना की गयी है। संसद को यह अधिकार दिया गया है कि वह किसी राज्य में विधानपरिषद का सृजन करने के लिए कानून बना सकती है। ऐसा कानून संसद तभी बना सकती है, जब राज्य विधान सभा पूर्ण बहुमत से तथा उपस्थित एवं मतदान करने वाले सदस्यों के दो-तिहाई बहुमत से विधान परिषद् को सृजित करने या समाप्त करने का प्रस्ताव पारित करके संसद को भेजे। संसद राज्य विधान सभा के प्रस्तावों पर इस शक्ति का प्रयोग करके 1969 में पंजाब तथा पश्चिम बंगाल, 1985 में आन्ध्र प्रदेश तथा 1986 में तमिलनाडु की विधान परिषदों को समाप्त कर दिया है। इसके अतिरिक्त सातवें संविधान संशोधन द्वारा यह प्रावधान किया गया था कि मध्य प्रदेश में विधान परिषद् का गठन किया जाएगा, लेकिन अभी तक मध्य प्रदेश में विधान परिषद् का गठन नहीं किया गया है।

राज्य विधानपरिषद का गठन—राज्य विधानपरिषद की सदस्य संख्या विधान सभा की सदस्य संख्या के एक तिहाई से अधिक नहीं होगी, किन्तु जम्मू-कश्मीर को छोड़कर विधान परिषद् के सदस्यों की संख्या 40 से कम नहीं होगी। जम्मू कश्मीर में विधानपरिषद के सदस्यों की संख्या 36 है। राज्य विधानपरिषद के निर्वाचन क्षेत्रों का परिसीमन राष्ट्रपति द्वारा किया जाता है। वह आदेश पारित करके राज्य विधानपरिषद के निर्वाचन क्षेत्र को आवंटन में मिले स्थानों की संख्या को अवधारित करता है। राष्ट्रपति द्वारा समय-समय पर आदेश जारी करके विभिन्न प्रान्तों की विधानपरिषदों के लिए भिन्न-भिन्न स्थान नियत किया गया है।

राज्य विधानपरिषद का निर्वाचन—विधान परिषद् के सदस्यों के चुनाव के सम्बन्ध में संविधान के अनुच्छेद 171 (3) में प्रावधान किया गया है, इसमें परिषद् के सदस्यों के चुनाव में निम्नवत प्रक्रियाएं अपनाई जाएंगी—

1. राज्य विधान परिषद् के एक तिहाई सदस्य उस राज्य की नगर पालिकाओं, जिला परिषदों तथा अन्य ऐसे स्थानीय प्राधिकारियों, जिन्हें संसद विधि द्वारा विनिर्दिष्ट करे, सदस्यों से मिलकर बनने वाले निर्वाचक मण्डलों द्वारा निर्वाचित किये जाते हैं। संसद ने विधि द्वारा जिन स्थानीय प्राधिकारियों के सदस्यों को विधान परिषद् के सदस्यों के चुनने के लिए निर्वाचक मण्डल में शामिल किया है, वे इस प्रकार हैं—

   बिहार—नगर पालिकाएं, जिला परिषद्, छावनी परिषद्, अधिसूचित क्षेत्र समितियां, जिला परिषदें और पंचायत समितियां।

   मध्य प्रदेश—नगर पालिकाएं, जनपद सभाएं, मण्डल पंचायतें, छावनी परिषद्, अधिसूचित क्षेत्र समितियां तथा नगर क्षेत्र समितियां।

   महाराष्ट्र—नगर पालिकाएं, छावनी परिषद् तथा जिला परिषद।

   कर्नाटक—नगर पालिकाएं, मण्डल पंचायतें, छावनी परिषद्, अधिसूचित क्षेत्र समितियां तथा जिला परिषद।

उत्तर प्रदेश—नगर पालिकाएं, जिला परिषदें (जिनके अन्तर्गत अन्तरिम जिला परिषदें भी आती हैं), छावनी परिषद्, नगर क्षेत्र समितियां, अधिसूचित क्षेत्र समितियां और क्षेत्र समितियां।

2. परिषद के कुल सदस्यों में से 1/2 सदस्य विश्वविद्यालयों के कम से कम तीन वर्ष पुराने स्नातकों या उनके समान योग्यता रखने वाले राज्य के निवासियों द्वारा चुने जाएंगे।
3. परिषद के एक तिहाई सदस्य राज्य विधान सभा के सदस्यों द्वारा चुने जाते हैं।
4. परिषद के कुल सदस्यों में से 1/2 सदस्य राज्य की माध्यमिक शिक्षण संस्थाओं तथा उससे उच्च स्तर की शिक्षा संस्थाओं में कम से कम तीन वर्ष के पुराने शिक्षकों द्वारा चुने जाएंगे।
5. शेष अर्थात् विधान परिषद् के कुल सदस्यों में से 1/6 राज्यपाल द्वारा मनोनीत किये जाएंगे। राज्यपाल विधान परिषद् में राज्य के उन व्यक्तियों को मनोनीत करेगा, जो साहित्य, विज्ञान, कला, सहकारी आन्दोलन और समाजसेवा में विशेष ज्ञान या व्यावयहारिक अनुभव रखते हों।

परिषद की सदस्यता हेतु योग्यताएं—विधान परिषद् के सदस्य के लिए दावेदार में निम्नवत योग्यता होनी चाहिए—

1. भारत का नागरिक हो,
2. कम से कम तीन वर्ष की आयु पूरी कर चुका हो,
3. संसद द्वारा निश्चित की गयी योग्यता धारण करता हो।

संसद ने राज्य विधान परिषद् की सदस्यता के लिए लोक प्रतिनिधित्व अधिनियम, 1951 द्वारा विभिन्न योग्यताएं निर्धारित की हैं जो निम्नलिखित हैं—

1. राज्य विधान परिषद् का सदस्य चुने जाने के लिए किसी व्यक्ति को उस राज्य के किसी विधान सभा के निर्वाचन क्षेत्र का निर्वाचक होना चाहिए।
2. राज्यपाल द्वारा राज्य विधान परिषद् में कोई व्यक्ति तभी मनोनीत किया जाएगा, जब वह उस राज्य में मामूली तौर से निवासी हो।

अयोग्यता—कुछ ऐसी अयोग्यताएँ हैं जिनके कारण परिषद् की सदस्यता समाप्त हो जाती है। वे अयोग्यताएं निम्नलिखित हैं—

1. जो घोषित दिवालिया है।
2. जो भारत का नागरिक नहीं है।
3. जो न्यायालय द्वारा विकृतचित्त घोषित कर दिया गया हो।
4. जो भारत सरकार या किसी राज्य सरकार के अधीन लाभ के पदों को धारण करता है, लेकिन जिन पदों को धारण करने की संसद ने छूट दी हो, उन पदों को धारण करने वाला व्यक्ति सदस्य हो सकता है।
5. जो संसद द्वारा बनाई गई विधि के अधीन अयोग्य घोषित कर दिया गया है।

विधान परिषद् के पदाधिकारी—संविधान के अनुच्छेद 182 के अनुसार विधान परिषद वाले राज्य की विधान परिषद यथाशीघ्र अपने दो सदस्यों को अपना सभापति तथा उप-सभापति का चुनाव करेगी। सभापति तथा उपसभापति तब तक अपने पद पर बने रहते हैं, जब तक वे सदन के सदस्य रहते हैं। इसके पहले भी सभापति उपसभापति को या उपसभापति सभापति को त्यागपत्र देकर पदमुक्त हो

सकते हैं। इसके अतिरिक्त ये सदन के बहुमत द्वारा पारित प्रस्ताव से हटाने का प्रस्ताव पेश करने के पहले उन्हें 14 दिन पूर्व सूचना दी जानी चाहिए जिसके विरुद्ध हटाने का प्रस्ताव पेश किया गया हो, वह उस समय सदन की कार्यवाही का संचालन नहीं करता, जब हटाने के प्रस्ताव पर विचार-विमर्श किया जा रहा हो।

विधान परिषद की अवधि—परिषद का राज्यसभा की तरह कभी विघटन नहीं होता। इसके एक तिहाई सदस्य प्रति दूसरे वर्ष पदमुक्त हो जाते हैं तथा पदमुक्त होने वाले सदस्यों का चुनाव विहित ढंग से किया जाता है।

गणपूर्ति तथा बैठक—विधान परिषद् की गणपूर्ति तभी होती है, जब उसके सदस्यों में से कम से कम 10 प्रतिशत सदन में उपस्थित हों, किन्तु यह संख्या 10 से कम नहीं होनी चाहिए। विधान परिषद् की कम से कम दो बैठक वर्ष में होनी चाहिए तथा इन दोनों बैठकों के बीच 6 माह का अन्तराल नहीं होना चाहिए।

विधान सभा

विधान सभा गठन—राज्य विधान मंडल का निम्न सदन विधान सभा कहलाता है। संविधान में अनुच्छेद 170 यह व्यवस्था की गयी है कि वयस्क मतदाताओं द्वारा राज्य विधान सभा के सदस्य चयनित होंगे जिनसे विधान सभा का गठन होगा। राज्य विधान सभा की सदस्यता के सम्बन्ध में विभिन्न राज्यों की विधान सभाओं के सम्बन्ध में भिन्नता है। संविधान में स्पष्ट किया गया है कि राज्य की विधान सभा के सदस्यों की संख्या 500 से अधिक और 60 से कम नहीं होगी, जबकि सिक्किम, अरुणाचल प्रदेश, गोवा की विधान सभाओं के सदस्यों की संख्या 30 और मिजोरम विधान सभा के सदस्यों की संख्या 40 से कम नहीं हो सकती। प्रत्येक जनगणना के बाद विधान सभा के निर्वाचन क्षेत्रों का निर्धारण परिसीमन आयोग द्वारा किया जाता है। 1951, 1961 तथा 1971 की जनगणना बाद परिसीमन आयोग का गठन किया गया था, लेकिन संविधान के 42वें संविधान संशोधन द्वारा यह प्रावधान किया गया था कि चुनाव क्षेत्रों का नया निर्धारण 2001 की जनगणना के आंकड़ों के प्रकाशन के बाद किया जाएगा।

90वां संविधान (संशोधन) अधिनियम 2001 के अनुसार यह परिसीमन 2026 तक स्थगित कर दिया गया है। विधान सभा के लिए निर्वाचन क्षेत्रों का निर्धारण करते समय इस बात का ध्यान रखा जाता है कि प्रत्येक निर्वाचन क्षेत्र की जनसंख्या का उसको आवंटन स्थानों की संख्या से अनुपात बराबर हो। जम्मू कशमीर में विधान सभा सदस्यों की संख्या 100 है, लेकिन 24 चुनाव क्षेत्र पाकिस्तान द्वारा अधिग्रहीत क्षेत्र में है। 1974 के परिसीमन आयोग द्वारा विधान सभा के क्षेत्रों को निर्धारित किया गया है। यदि राज्य के राज्यपाल को यह प्रतीत हो कि किसी राज्य की विधान सभा में आंग्ल-भारतीय समुदाय को पर्याप्त प्रतिनिधित्व नहीं मिला है तो वह विधान सभा में इस समुदाय के एक प्रतिनिधि को मनोनीत कर सकता है।

विधान सभा की अवधि—जम्मू-कश्मीर (जिसकी विधान सभा की अवधि 6 वर्ष है) को छोड़कर अन्य सभी राज्यों की विधान सभा की अवधि पांच वर्ष निर्धारित है। विधान सभा की अवधि उस तिथि से प्रारम्भ होती है, जिस तिथि को उसकी पहली बैठक होती है। पांच वर्ष की अवधि की समाप्ति

के पूर्व भी विधान सभा का विघटन किया जा सकता है। राज्य में राष्ट्रपति शासन लागू होने की स्थिति में विधान सभा को विघटित किया जा सकता है। राज्य विधान सभा का विघटन और गठन कभी भी किया जा सकता है, इसके लिए यह आवश्यक नहीं है कि राज्य विधान सभा की बैठक हुई हो। चूंकि राज्य विधान सभा का गठन उसी समय हो जाता है, जब चुनाव आयुक्त द्वारा निर्वाचित सदस्यों के नाम सरकारी गजट में प्रकाशित कर दिये जाते हैं। इसलिए विघटन इसकी पहली बैठक होने के पूर्व भी किया जा सकता है।

विधान सभा की सदस्यता के लिए योग्यता—अनुच्छेद 173 के अनुसार विधान सभा की सदस्यता के लिए निम्न योग्यताएं होनी आवश्यक हैं—

1. वह भारत का नागरिक हो,
2. वह 25 वर्ष की आयु पूरी कर चुका हो,
3. वह भारत सरकार या किसी राज्य सरकार के अधीन लाभ के पद पर न हो तथा
4. संसद द्वारा बनाई गई किसी विधि के अधीन राज्य विधान सभा का सदस्य चुने जाने के अयोग्य न हो अर्थात दिवालिया एवं पागल न हो।

विधान सभा के अधिकारी—राज्य विधान सभा की कार्यवाही को सुचारु रूप से संचालित करने हेतु राज्य विधान सभा के सदस्य अपने में से अध्यक्ष तथा उपाध्यक्ष का चुनाव करते हैं। अध्यक्ष अगली विधान सभा के गठन की प्रक्रिया शुरू होने तक अपने पद पर बना रहता है, यदि उसने त्यागपत्र नहीं दे दिया है। अध्यक्ष तथा उपाध्यक्ष विधान सभा का सदस्य न रहने की स्थिति में अपना पद छोड़ देते हैं। इन्हें विधान सभा द्वारा पारित प्रस्ताव पर पद से हटाया जा सकता है, लेकिन ऐसा कोई प्रस्ताव पेश करने के 14 दिन पूर्व उन्हें प्रस्ताव के सम्बन्ध में सूचना दी जानी चाहिए। जब अध्यक्ष या उपाध्यक्ष के हटाने के प्रस्ताव पर सदन में विचार किया जा रहा हो, तब सदन की अध्यक्षता उस पदाधिकारी द्वारा नहीं की जा सकती, जिसके विरुद्ध प्रस्ताव पर विचार हो रहा हो। अध्यक्ष, उपाध्यक्ष को तथा उपाध्यक्ष, अध्यक्ष को त्यागपत्र सौंपकर अपना पद त्याग सकते हैं। अध्यक्ष तथा उपाध्यक्ष का वेतन तथा सत्ता का निर्धारण संसद द्वारा किया जाता है।

राज्य विधान मण्डल की शक्तियां

निम्नलिखित अधिकार व शक्तियां विधान मण्डल को प्राप्त हैं—

(1) विधायी शक्तियां—राज्य विधानमण्डल संविधान की सातवीं अनुसूची की राज्य सूची तथा समवर्ती सूची में वर्णित दोनों विषयों पर कानून का निर्माण कर सकता है। परन्तु यदि समवर्ती सूची में वर्णित विषयों पर संसद तथा विधानमण्डल द्वारा कानून बनाया जाता है और दोनों कानूनों में विरोध हो, तो विधानमण्डल द्वारा निर्मित कानून उस मात्रा तक शून्य होगा, जहां तक वह संसद के कानून के विरूद्ध है। लेकिन यदि विधानमण्डल द्वारा समवर्ती सूची के विषयों पर पारित विधेयक राष्ट्रपति की सहमति के लिए आरक्षित रखा जाता है और उस पर राष्ट्रपति अपनी सम्मति दे देता है, तो वह कानून वैध माना जायेगा, भले ही वह संसद द्वारा उस विषय पर पारित कानून के विरुद्ध हो।

धन विधेयक के विषय में प्रक्रिया—धन विधेयक को केवल विधान सभा में न कि विधान परिषद में प्रस्तुत किया जाता है। जब धन विधेयक विधान सभा द्वारा पारित कर दिया जाता है, तो उसे विधान परिषद्

को भेजा जाता है और विधान परिषद् को विधेयक की प्राप्ति की तिथि से 14 दिन के अन्दर विधेयक को अपनी सिफारिशों सहित विधान सभा को वापस करना पड़ता है। विधानसथा को यह अधिकार है कि वह परिषद् की सिफारिशों को स्वीकार करे या अस्वीकार करे और जो भी निर्णय विधान सभा का होगा, वह अन्तिम होगा। यदि विधान परिषद् धन विधेयक को अपने पास 14 दिन से अधिक रखे रहती है, तो 14 दिन के बाद विधयेक को पारित मान लिया जाएगा। यदि यह प्रश्न उत्पन्न होता है कि कोई विधेयक धन विधेयक है या नहीं, तो इसका निर्णय विधान सभा अध्यक्षा करता है।

सामान्य विधेयक के विषय में प्रक्रिया—सामान्य विधेयक यदि विधान सभा में पेश किये जाने पर पारित कर दिया जाता है, तो उसे विधान परिषद् को भेजा जाता है। यदि विधान परिषद् विधान सभा द्वारा पारित विधेयक को अस्वीकृत कर देती है, या 3 माह से अधिक की अवधि तक अपने पास रोके रखती है, या विधेयक में ऐसा कोई संशोधन करती है, तो विधेयक को वापस राज्य विधान सभा को भेजा जाता है। जब राज्य विधान सभा विधेयक को पुन: विधान परिषद् द्वारा किये गये संशोधन सहित या रहित पारित कर देता है, तब विधेयक को पुन: विधेयक को अस्वीकृत कर देती है, या 30 दिन से अधिक की अवधि तक रोके रखती है, या पुन: विधेयक में संशोधन करती है, तो विधेयक को उसी प्रकार पारित माना जाता है, जिस प्रकार विधान सभा ने पारित किया है।

उक्त से स्पष्ट होता है कि विधान परिषद् किसी विधेयक को अधिक से अधिक 90 दिन तक अपने पास रख सकती है। इसी प्रकार जब कोई विधेयक विधान परिषद् में पेश किया जाता है और उसे परिषद् द्वारा पारित करके विधान सभा को भेजा जाता है, तो विधान सभा उसमें संशोधन कर सकती है और विधान सभा द्वारा संशोधित रूप में ही विधेयक को पारित माना जाता है। अत: सामान्य विधेयक के सम्बन्ध में विधान सभा की शक्ति विधान सभा की शक्ति विधान परिषद् से अधिक है और दोनों के मध्य गतिरोध होने की स्थिति में संयुक्त अधिवेशन का कोई प्रावधान संविधान में नहीं है।

(2) कार्यपालिका शक्तियाँ—मंत्रिपरिषद् विधान सभा के प्रति उत्तरदायी है। विधान सभा अविश्वास प्रस्ताव पारित करके मंत्रिपरिषद् को त्याग पत्र देने के लिए बाध्य कर सकती है। मंत्रिपरिषद् या कार्यपालिका पर नियंत्रक रखने के लिए राज्य विधान सभा पर विधान मण्डल जिन प्रक्रियाओं को अपनाता है, उन्हें नीचे स्पष्ट किया जा रहा है—

1. आय-व्यय या बजट सम्बन्धी विचार-विमर्श के दौरान विधान सभा या विधान परिषद् के सदस्य सार्वजनिक कठिनाइयों को भी सदन के समक्ष प्रस्तुत कर सकते हैं।
2. विधान सभा या विधान परिषद् के सत्र के दौरान मंत्रिपरिषद के सदस्यों द्वारा प्रशासन में किये जा रहे भ्रष्टाचार के मामलों को प्रकाश में लाया जाता है।
3. विधान सभा सरकार की धन सम्बन्धी मांगों में कमी करके या मंत्रिपरिषद के विरुद्ध अविश्वास प्रस्ताव पारित करके मंत्रिपरिषद को अपदस्थ कर सकती है।
4. विधान सभा या विधान परिषद् के सदस्य प्रश्न और पूरक प्रश्न पूछकर मंत्रियों से जानकारी प्राप्त कर सकते हैं।

(3) अध्यक्ष, उपाध्यक्ष, सभापति तथा उपसभापति को पदमुक्त करने की शक्ति—विधान सभा अपने अध्यक्ष तथा उपाध्यक्ष को पद से विमुख कर सकती है, लेकिन ऐसा करने के लिए आवश्यक

है कि विधान सभा समस्त सदस्यों के बहुमत से प्रस्ताव पारित करे। लेकिन ऐसा प्रस्ताव पेश करने के 14 दिन पूर्व अध्यक्ष या उपाध्यक्ष, जिसको हटाने का प्रस्ताव किया जाय, को सूचना देनी चाहिए। परन्तु विशेष परिस्थितियों में बिना किसी सूचना के भी पदमुक्त किया जा सकता है

(4) स्थगन तथा सदस्यता समाप्ति संबंधी शक्तियां—राज्य विधानमण्डल अपने सदस्यों को सदन में अनुचित व्यवहार के लिए उन्हें सदन की सदस्यता से निकाल सकते हैं। राज्य विधान सभाओं में यह अब प्रतिदिन की घटना हो गयी है, जब सदस्य को या सदस्यों को सदन की सदस्यता से निकाला जाता है। इसके अतिरिक्त राज्य विधानमण्डल अपने सदस्य को दुर्व्यवहार के लिए सदन से निष्कासित भी कर सकते हैं। उदाहरणार्थ 1975 में हरद्वारी लाल को हरियाणा विधान सभा से तथा 1978 में सुरेश सेठ को मध्य प्रदेश विधान सभा से निकाल दिया गया था। अपने निष्कासन के विरुद्ध इन सदस्यों द्वारा दाखिल किये गये बाद में पंजाब एवं हरियाणा उच्च न्यायालय ने निर्णय दिया था कि विधान सभा अपने सदस्य को निष्कासित नहीं कर सकती जबकि इसके विरुद्ध मध्य प्रदेश उच्च न्यायालय ने निर्णय दिया था कि विधान सभा अपने सदस्य को निष्कासित कर सकती है। इसके अतिरिक्त यदि राज्य विधानमण्डल का कोई सदस्य अपने सदन की आज्ञा के बिना सदन के सत्र से लगातार 60 दिन तक अनुपस्थित रहता है, तो सदन उसे निष्कासित करके उसके स्थान को रिक्त घोषित कर सकती है।

(5) निर्वाचन सम्बन्धी शक्तियां—विधान परिषद को चुनाव संबंधी अधिकार प्राप्त हैं। यह परिषद केवल विधान परिषद् के सभापति या उपसभापति का ही चुनाव कर सकती है। इसके विपरीत विधान सभा को चुनाव के लिए गठित निर्वाचक मण्डल के सदस्य होते हैं तथा राष्ट्रपति का चुनाव करते हैं। विधान सभा के सदस्य राज्य विधान परिषद् के एक तिहाई सदस्यों का चुनाव करते हैं तथा अपने अध्यक्ष और उपाध्यक्ष का चुनाव करते हैं।

(6) संविधान में संशोधन—हालांकि संसद के पास संविधान का अधिकार है, परन्तु वह सभी संशोधन स्वयं नहीं कर सकता। इसलिए राज्य विधान मण्डल की संशोधन प्रक्रिया में भाग लेते हैं। इन अनुच्छेदों में संसद द्वारा किया गया संशोधन तभी मान्य होगा, जब राज्यों में से आधे से अधिक को विधान सभा या विधानमण्डल उस संशोधन का अनुसमर्थन कर दे।

राज्य विधानमण्डल की शक्तियों पर रोक—राज्य विधान मण्डल की शक्तियों स्वच्छंद न हों इसके लिए इस पर संविधान द्वारा निम्नलिखित प्रतिबंध भी लगाए गए हैं—

1. राष्ट्रपति की अनुमति पूर्व राज्य विधानमण्डल राज्य सूची के निम्नलिखित विषयों पर विधि निर्मित कर सकते हैं।
2. संघ की शक्तियों या उच्च न्यायालयों की अधिकारिता को प्रभावित करने वाले विधेयक राज्य विधानमण्डल पारित कर सकते हैं लेकिन इस विधेयक को राज्यपाल राष्ट्रपति की सम्मति के लिए आरक्षित कर सकते हैं और राष्ट्रपति की सम्मति के बाद ही ये विधेयक कानून के रूप में प्रवर्तित होते हैं।
3. राज्यसभा दो तिहाई बहुमत से प्रस्ताव पारित करके संसद को राज्य सूची के किसी विषय पर कानून बनाने का अधिकार दे सकती है। जब संसद को ऐसा अधिकार दिया गया हो, तब राज्य

विधानमण्डल उस विषय पर कानून नहीं बना सकते। राज्यसभा संसद को वह अधिकार एक राज्य या एक से अधिक राज्यों के सम्बन्ध में दे सकती है।

4. आपातकाल के दौरान राज्य विधानमण्डल राज्य सूची के विषय पर कानून का निर्माण नहीं कर सकती है इस दौरान विधि निर्माण की शक्ति संसद में निहित होती है।
5. राज्य विधानमण्डल संविधान की सातवीं अनुसूची की तृतीय सूची (समवर्ती सूची) में शामिल विषयों पर कानून का निर्माण कर सकते हैं। लेकिन यदि इन विषयों पर संसद द्वारा भी विधि का निर्माण किया गया है और संसद द्वारा निर्मित विधि राज्य विधानमण्डल द्वारा निर्मित विधि के विरोध में है, तो राज्य विधानमण्डल द्वारा निर्मित विधि उस मात्रा तक शून्य होगी, जिस मात्रा तक वह संसद द्वारा निर्मित विधि के विरोध में है।

जम्मू-कश्मीर राज्य के सम्बन्ध में विशेष प्रावधान

भारत-पाक विभाजन के पहले यह एक विवादास्पद विषय था कि स्वतंत्रता प्राप्ति के बाद जम्मू-कश्मीर या देशी रियासतों का विलय भारत में होगा या पाकिस्तान में। परन्तु स्वतंत्रता प्राप्ति के बाद देशी रियासतों को स्वेच्छा से भारत या पाकिस्तान में मिलने अथवा स्वतंत्र बनाए रखने की स्वतंत्रता प्रदान कर दी गयी। 15 अगस्त, 1947 तक जम्मू-कश्मीर रियासत के प्रमुख हरि सिंह भारत या पाकिस्तान में विलय का निर्णय नहीं कर सके थे। जम्मू-कश्मीर पर आक्रमण कर दिया, फलस्वरूप हरि सिंह भारत में जम्मू-कश्मीर के विलय के अधिपत्र पर हस्ताक्षर कर कश्मीर को भारतीय संघ में शामिल करने की औपारिचक घोषणा कर दी। इस अधिपत्र में यह व्यवस्था की गयी थी कि जम्मू-कश्मीर के सम्बन्ध में भारत सरकार को प्रतिरक्षा, विदेशी मामलों तथा संचार के सम्बन्ध में अधिकार प्राप्त होगा।

जम्मू-कश्मीर की संवैधानिक स्थिति—भारतीय स्वतंत्रता के उपरांत जब 26 जनवरी, 1950 को भारत का संविधान लागू किया गया, तब जम्मू-कश्मीर को संविधान के प्रथम अनुसूची के ख राज्यों के वर्ग में शामिल किया गया और संविधान के अनुच्छेद 370 के अधीन उसे विशेष प्रास्थिति प्रदान की गयी। यद्यपि या प्रास्थिति के विषय में कोई स्थायी प्रावधान नहीं किया जा सका। जब संविधान सभा में इसके विषय में यह प्रावधान नहीं किया जा सका। तब संविधान सभा में राज्यों के संविधान (जो वर्तमान संविधान के भाग 7 में शामिल है) पर विचार विमर्श किया जा रहा था, तब जम्मू-कश्मीर के प्रधानमंत्री शेख अब्दुल्ला का कथन था कि जम्मू-कश्मीर की संविधान सभा राज्य के संविधान का निर्माण करेगी। शेख अब्दुल्ला के इस कथन को तत्कालीन उप प्रधनमंत्री तथा गृह मंत्री बल्लभ भाई पटेल ने स्वीकार कर लिया। पटेल ने यह भी कहा कि जम्मू-कश्मीर की समस्याओं के देखते हुए इस राज्य को विशेष प्रास्थिति प्रदान की जानी चाहिए। भारतीय संविधान में अनुच्छेद 370 के रूप में नवीन अनुच्छेद बनाकर जम्मू-कश्मीर को विशेष दर्जा दिया गया। जिसके पक्ष में निम्नलिखित तर्क प्रस्तुत किये गये—

1. जम्मू-कश्मीर का मामला संयुक्त राष्ट्र में है और यह कहना सम्भव नहीं है कि यह मामला संयुक्त राष्ट्र द्वारा कब निपटाया जाएगा,
2. जम्मू-कश्मीर राज्य की सीमा में युद्ध चल रहा है,
3. राज्य की स्थिति असामान्य है तथा असामान्य स्थिति को सामान्य करने में समय लगेगा,

4. राज्य का कुछ भाग विद्रोहियों तथा शत्रुओं के अधिकार में है,
5. जम्मू-कश्मीर की संविधान सभा राज्य के संविधान का निर्माण करेगी और वह यह निश्चित करेगी कि संघ की अधिकारिता राज्य के किन क्षेत्रों या विषयों पर होगी।
6. भारत सरकार ने जम्मू-कश्मीर राज्य के निवासियों से उन्हें यह अवसर देने का वादा किया है कि वे यह निश्चित करने के लिए स्वतन्त्र होंगे कि वे भारत संघ में रहना चाहते हैं या अलग होना चाहते हैं,

अनुच्छेद 370 के सांविधिक प्रावधान—संविधान के अनुच्छेद 370 में की गयी विशेष व्यवस्थाओं को निम्नलिखित पंक्तियों में स्पष्ट किया गया है—

1. राज्य पर संसद का विधायी प्राधिकार संघ और समवर्ती सूची के उन्हीं मदों तक सीमित रहेगा, जो विलय पत्र में निर्दिष्ट है।
2. राष्ट्रपति राज्य की संविधान सभा की सिफारिश पर अनुच्छेद 370 को समाप्त कर सकता है या इसमें संशोधन कर सकता है।
3. जम्मू-कश्मीर राज्य भारत का अभिभाज्य अंग है।
4. भारतीय संविधान का कौन सा भाग जम्मू-कश्मीर को लागू होगा, इसका निर्णय राष्ट्रपति राज्य-सरकार के परामर्श से करेंगे।

जम्मू-कश्मीर का संविधान निर्माण तथा संविधान का प्रवर्तन—जब राजा हरिसिंह ने जन्मू-कश्मीर की भारत में विलय की घोषणा की तो संविधान सभा में स्पष्ट रूप से घोषणा की गयी कि इसके लिए संविधान सभा भारत के भावी संविधान का निर्माण करे। इसके लिए राज्य के लोगों द्वारा संविधान सभा के सदस्यों का चुनाव किया गया और संविधान सभा का प्रथम अधिवेशन 30 अक्टूबर, 1951 को हुआ। संविधान सभा के नवम्बर 1951 में जम्मू-कश्मीर संविधान (संशोधन) अधिनियम पारित किया, जिसके द्वारा जम्मू-कश्मीर के वंशानुगत प्रमुख के पद को समाप्त करके निर्वाचित सदर-ए-रियासत को राज्य का प्रमुख बनाया गया। इस पद पर सर्वप्रथम कर्ण सिंह को निर्वाचित किया गया। फरवरी, 1954 में संविधान सभा ने इस बात की पुष्टि की कि भारत संघ में जम्मू-कश्मीर का विलय अन्तिम है। संविधान सभा के इस कार्य के बाद राष्ट्रपति संविधान (जम्मू-कश्मीर को लागू होना) आदेश, 1954 जारी किये जिसमें यह उल्लेख किया गया था कि संविधान का कौन सा भाग जम्मू-कश्मीर पर लागू होगा। अक्टूबर, 1956 में संविधान सभा ने राज्य का स्थायी संविधान बनाने के लिए अनेक समितियां गठित की। संविधान की प्रारूप समिति ने संविधान का प्रारूप पेश किया, जिसे विचार-विमर्श के बाद 17 नवंबर 1952 को अंतिम रूप से स्वीकार कर लिया गया और 26 नवंबर 1957 को लागू कर दिया गया।

राज्य के संविधान के मुख्य प्रावधान—जम्मू-कश्मीर राज्य के संविधान में जो प्रमुख व्यवस्थाएं की गयीं उन्हें निम्नलिखित पंक्तियों में स्पष्ट किया गया है—

1. राज्य में एक उच्च न्यायालय होगा जिसका गठन एक मुख्य न्यायाधीश तथा दो अन्य न्यायाधीशों द्वारा किया जाएगा। मुख्य न्यायाधीश की नियुक्ति राष्ट्रपति द्वारा भारत के मुख्य न्यायाधीश तथा राज्य के राज्यपाल से परामर्श करके की जाएगी तथा अन्य न्यायाधीशों की नियुक्ति करते समय राष्ट्रपति उक्त दोनों के साथ उच्च न्यायालय के मुख्य न्यायाधीश से भी परामर्श करेगा।

2. राज्य के संविधान का संशोधन विधान सभा में विधेयक पेश करके और उसे प्रत्येक सदन द्वारा उस सदन के कुल सदस्यों के कम से कम दो तिहाई बहुमत से पारित करके किया जाएगा, किन्तु राज्य और भारत संघ के बीच सम्बन्ध, राज्य की विधायी और कार्यपालिका शक्ति का विस्तार या राज्य के सम्बन्ध में लागू भारत के संविधान के प्रावधानों के बारे में किसी प्रावधान में संशोधन या उपांतरण करने वाला विधेयक किसी सदन में पेश नहीं किया जाएगा।
3. राज्य की राजभाषा उर्दू होगी किन्तु जब तक विधानमण्डल विधि द्वारा अन्यथा प्रावधान न करे, तब तक राज्य के शासकीय प्रयोजनों के लिए अंग्रेजी का प्रयोग चलता रहेगा।
4. राज्य विधान परिषद् का गठन 36 सदस्यों से होगी। 11 सदस्य विधान सभा के सदस्यों द्वारा उन व्यक्तियों से चुने जाएंगे जो जम्मू-कश्मीर राज्य के निवासी हैं। इस प्रकार निर्वाचित सदस्यों में से कम से कम एक लद्दाख तहसील का और एक कारगिल तहसील का होगा। विधान सभा के सदस्यों द्वारा 11 सदस्य उन व्यक्तियों में से चुने जाएंगे जो जम्मू प्रान्त के निवासी हैं। शेष 14 व्यक्ति विभिन्न निर्वाचक मण्डलों, जैसे नगरपालिका और अन्य स्थानीय निकाय द्वारा चुने जाएंगे।
5. सिविल सेवा का प्रत्येक या सिविल पद धारण करने वाला प्रत्येक व्यक्ति राज्यपाल के प्रसाद पर्यन्त धारण करेगा।
6. राज्य विधान सभा में 100 सदस्य होंगे। विधान सभा में 24 स्थान राज्य के उन क्षेत्रों के लोगों द्वारा भरे जाने के लिए रिक्त रहेंगे, जो पाकिस्तान के अधीन हैं। विधान सभा में दो महिला सदस्य राज्यपाल द्वारा मनोनीत की जायेंगी।
7. जो व्यक्ति 14 मई, 1954 के पहले राज्य की प्रजा था और जो 1 मार्च, 1947 के पश्चात उस राज्यक्षेत्र में, जो जब पाकिस्तान में है, निवास करने के पश्चात् राज्य में पुन: निवास करने की या स्थायी रूप से रहने की अनुज्ञा लेकर लौटता है और यह अनुज्ञा राज्य विधानमण्डल द्वारा बनायी गयी विधि द्वारा या उसके अधीन किसी प्राधिकृत अधिनियम द्वारा दी गयी है तो ऐसे वापस आने पर वह राज्य का स्थायी निवासी हो जाएगा।
8. राज्य के लिए एक लोक सेवा आयोग होगा। आयोग और उसके अध्यक्ष की नियुक्ति राज्यपाल द्वारा की जाएगी।
9. जम्मू-कश्मीर राज्य भारत का अविभाज्य अंग है।
10. जम्मू-कश्मीर राज्य का गठन उन सभी क्षेत्रों से मिलकर होता है, जो 15 अगस्त, 1947 को इस राज्य के शासक के अधीन था अर्थात जम्मू-कश्मीर के राज्य क्षेत्र में वह क्षेत्र भी सम्मिलित है, जो पाकिस्तान के अधीन है और जिसे पाकिस्तान शासक स्वतंत्र कश्मीर की संज्ञा देते हैं।
11. जो व्यक्ति भारत का नागारिक है, उसे राज्य का स्थायी निवासी समझा जाएगा, यदि वह 14 मई, 1954 को राज्य की प्रजा था या राज्य में अचल सम्पत्ति अर्पित करके 14 मई, 1954 से कम से कम दस वर्ष पूर्व तक राज्य का सामान्य निवासी रहा है।
12. राज्य की कार्यपालिका और विधायी शक्ति का विस्तार सभी विषयों पर, सिवाय उन विषयों के, जिसके सम्बन्ध में विधि बनाने का अधिकार संसद को है।

7

भारतीय राजनीति में प्रचार का स्वरूप

आधुनिक जटिल समाज में प्रचार सामूहिक अन्त:क्रिया का एक महत्त्वपूर्ण साधन है। लोगों के विश्वासों, अभिवृत्तियों, विचारों तथा व्यवहारों को एक विशेष दिशा में अग्रसर करने अथवा सामाजिक नियंत्रण करने में प्रचार का महत्त्व दिनानुदिन बढ़ता जा रहा है। यही वजह है कि वर्तमान युग को प्रचार का युग कहा जा रहा है। यूँ तो राजनीति के क्षेत्र में शासन पद्धति के विषय में तरह-तरह के विचार पाए जाते हैं परन्तु आजकल अधिकांश विचारक जनतंत्र को ही शासन पद्धति का सर्वोत्तम रूप मानते हैं। अब्राहम %लकन (Abraham Lincon) ने 'जनता के लिए, जनता के द्वारा, जनता की सरकार के तौर पर जनतंत्र की परिभाषा दी है। आजकल जनतंत्रीय शासन प्रणाली सभी जगहों पर लोकप्रिय है। जनतंत्र के संबंध में ऑस्कर वाइल्ड (Oscar Wilde) ने लिखा है, "जनतंत्र का अर्थ सिर्फ जनता द्वारा जनता के लिए डण्डों से पीटना है।" लेकिन इनके इस मत को तथ्यों के द्वारा सिद्ध नहीं किया जा सकता है। जनतंत्र के सिद्धांतों को स्पष्ट करते हुए 1776 की अमेरिका की आजादी की घोषणा में लिखा गया है, "मनुष्य अपने अधिकारों के विषय में समान उत्पन्न हुए हैं तथा रहेंगे। राजनीतिक समाज का लक्ष्य मनुष्य के प्राकृतिक तथा अप्रत्यक्ष अधिकारों की रक्षा करना है। ये अधिकार हैं स्वतंत्रता, संपत्ति, सुरक्षा तथा अत्याचार का विरोध।" जनतंत्र की सफलता हेतु प्रत्येक समाज में कुछ परिस्थितियों की जरूरत होती है। इसमें शिक्षा प्रचार की महत्त्वपूर्ण भूमिका होती है। प्रचार के द्वारा ही जनता को जनतंत्र के आदर्शों से परिचित कराया जा सकता है। साथ ही जब तक जनता को प्रचार के द्वारा जनतंत्र के कार्य पद्धतियों से परिचित कराया जाता है। इसी प्रकार जनतंत्र में विभिन्न राजनीतिक दल अपने-अपने विचारों का जनता में प्रचार करते हैं। इससे विभिन्न राजनीतिक दलों के उद्देश्यों का पता चलता है। प्रचार कभी-कभी भ्रामक भी हो जाता है और इन भ्रामक प्रचारों को जनतंत्र की सफलता के लिए रोकना जरूरी होता है। समाजशास्त्र तथा सामाजिक मनोविज्ञान के क्षेत्र में भी प्रचार का एक महत्त्वपूर्ण जगह होता है।

'प्रचार' शब्द अंग्रेजी भाषा के शब्द 'प्रोपेगैंडा' (Propaganda) का हिंदी रूपांतर है। अंग्रेजी भाषा में प्रोपेगैंडा 'शब्द' की उत्पत्ति लैटिन भाषा के 'प्रोपेगेयर' (Propegrare) शब्द से मानी जाती है।

लैटिन भाषा के शब्द 'प्रोपेगेय' का अर्थ (Protpag) बाँधना, जोड़ना अथवा बेलों या पौधों के फैलने अथवा अधिक अंकुरित होने से है। पौधे का जन्म स्वाभाविक न होकर कृत्रिम होता है। इस प्रकार प्रचार का शाब्दिक अर्थ दूसरों पर अपने विचारों और विश्वासों को जानबूझकर फैलाना है।

प्रचार द्वारा इस वस्तु के बारे में गुण-दोष अथवा हानि-लाभ की कुछ निश्चित धारणाएँ उत्पन्न करने की चेष्टा की जाती है जिससे हम उस वस्तु अथवा विषय-विशेष को चुनने न चुनने का निर्णय कर पाते हैं। इस प्रकार प्रचार आधुनिक मानव-व्यवहार को नियंत्रित करने का एक शक्तिशाली साधन है। अक्सर जिन व्यक्तियों का मनोबल कमजोर होता है वे प्रचार के प्रभाव में सहजता से आ जाते हैं। प्रचार वह विधि है जो किसी पूर्वनिश्चित स्वार्थ पूर्ति के लिए जान-बूझकर अपनाई जाती है जिससे व्यक्ति या समूह को मानसिक तौर पर इस तरह प्रभावित किया जा सके कि वह प्रचार में अन्तर्निहित सुझाव के अनुसार व्यवहार करने को प्रेरित हो। प्रचार की प्रविधि में सुझाव का बहुत योगदान होता है। प्रचारकर्ता जिस बात को कहना चाहता है उसे वह सुझाव के रूप में इस तरह प्रसारित करता है कि दूसरे लोग उस प्रचार से प्रभावित हों। इसलिए सुझाव को प्रचार की क्रियाशीलता की कुंजी कहा जाता है। प्रचार के साधन के तौर पर रेडियो, चलचित्र, समाचार-पत्र, पत्रिकाओं एवं मंच, आदि का प्रयोग किया जाता है। ल्यूमले (Lumley) ने प्रचार की इस प्रकृति को स्पष्ट करते हुए लिखा है कि, "प्रचार का जन्म अपने आप नहीं होता है, इसे जानबूझकर उत्पन्न किया जाता है।" प्रारंभ में इसका प्रयोग धर्म प्रसार हेतु किया जाता था। इसी उद्देश्य से प्रचार का प्रयोग सर्वप्रथम 1933 में रोम में पोप अष्टम के युग में किया गया। इसके पश्चात् इसका प्रयोग धीरे-धीरे सभी क्षेत्रों में होने लगा। आधुनिक समय में मानव जीवन का कोई भी क्षेत्र प्रचार से अछूता नहीं है।

प्रचार को विभिन्न विद्वानों ने परिभाषित किया है। विभिन्न विद्वानों द्वारा दी गई परिभाषाएँ निम्नलिखित हैं–

प्रचार को परिभाषित करते हुए किम्बाल यंग (Kimball Young) ने 'Handbook of Social Psychology' में लिखा है, 'अपने प्रयोजन के लिए हम सबसे पहले मतों, विचारों अथवा मूल्यों को बदलने के लिए तथा उनका नियंत्रण करने के लिए एवं अंत में पूर्व-निर्धारित दिशा में बाहरी क्रियाओं को बदलने के लिए सुझाव और संबंधित मनोवैज्ञानिक प्रणालियों द्वारा प्रतीक के न्यूनाधिक सोच-विचार कर आयोजित तथा व्यवस्थित प्रयोग के रूप में प्रचार की परिभाषा करेंगे।" इस परिभाषा से यह पता चलता है कि प्रचार ज्यादातर सोच-समझ कर विचारपूर्वक तौर पर व्यवस्थित रूप में किया जाता है। यह अधिकतर सुझाव के द्वारा किया जाता है। प्रचार प्रत्यक्ष रूप से न होकर प्रतीक तौर पर किया जाता है। जब कोई राजनीतिक दल यह कहता है कि 'जनता के सच्चे प्रतिनिधि को ही वोट दें' तो उसका तात्पर्य इस बात का प्रचार करना होता है कि उसका अपना प्रतिनिधि ही जनता का सच्चा प्रतिनिधि है तथा दूसरे दलों द्वारा खड़े किए गए उम्मीदवार सच्चे प्रतिनिधि नहीं हैं। प्रचार का उद्देश्य जनमत को बदलना या उस पर नियंत्रण करना होता है। इसका अंतिम उद्देश्य जनता के आदर्शों तथा विचारों को नियंत्रित करके उसकी क्रियाओं को मनचाही दिशा में मोड़ देना होता है।

एल. डब्ल्यू. डूब (L. W. Doob) ने प्रचार को परिभाषित करते हुए 'Propaganda, its Psychology and Technique' में लिखा है, "जब कोई व्यक्ति या कुछ व्यक्ति किसी लक्ष्य को पूरा

करने हेतु व्यवस्थित ढंग से निर्देश के द्वारा किसी जनसमूह की अभिवृत्तियों पर नियंत्रण करके उसके व्यवहार को प्रभावित करते हैं तो वह प्रक्रिया प्रचार की प्रक्रिया कहलाती है।'' इस परिभाषा से यह पता चलता है कि जब किसी व्यक्ति के व्यवहार को प्रभावित किया जाता है तब उसे प्रचार कहा जाता है।

प्रचार को परिभाषित करते हुए अकोलकर (Akolker) ने 'Social Psychology' में लिखा है, ''प्रचार लोगों के विश्वासों, अभिवृत्तियों तथा व्यवहारों को नियंत्रित करने की अद्‌भुत आधुनिक प्रविधि है।'' उन्होंने आगे लिखा है, ''प्रचार किसी व्यक्ति या समूह द्वारा विभिन्न क्षेत्रों में जनमत तथा अभिवृत्तियों को प्रभावित करने का एक व्यवस्थित कोशिश है।''

लॉसवेल (Losswell) ने प्रचार को परिभाषित करते हुए 'An Encyclopaedia of Social Sciences' में लिखा है, ''प्रचार वह तरीका है जिसके द्वारा प्रतिनिधित्वों के कुशल प्रयोग द्वारा मानवीय क्रियाओं को प्रभावित किया जाता है।''

प्रचार को परिभाषित करते हुए न्यूकॉम्ब (Newcomb) ने 'Social Psychology' में लिखा है, ''प्रचार सामूहिक संचरण के द्वारा अभिवृत्तियों को प्रभावित करने का एक व्यवस्थित कोशिश है।''

क्रेच एवं क्रचफील्ड (Krech and Crutchfield) ने प्रचार को परिभाषित करते हुए ("Theory and Problems of Sociol Psychology") में लिखा है, ''सामान्य तौर से यह माना जाता है कि प्रचारक का लक्ष्य लोगों के विश्वासों, मनोवृत्तियों एवं इस प्रकार अन्त में उनके कार्यों को प्रभावित करना है।''

प्रचार को 'वेबस्टर्स न्यू वर्ल्ड डिक्शनरी' में इस प्रकार से परिभाषित किया गया है, ''अपनी कार्य सिद्धि की वृद्धि हेतु अथवा अपने विरोधी को कार्य सिद्धि में हानि पहुँचाने हेतु विशेष प्रकार के विचारों, सिद्धांतों, व्यवहारों, आदि का किसी भी प्रकार का व्यवस्थित एवं सुविस्तारित प्रसार।''

प्रचार के उपर्युक्त परिभाषाओं के आधार पर यह कहा जा सकता है कि यह एक मनोवैज्ञानिक प्रक्रिया है जिसमें अप्रत्यक्ष तौर पर से जनता के विचारों, आदर्शों तथा अभिवृत्तियों पर नियंत्रण करने के लिए अथवा उनको प्रभावित करने के लिए व्यवस्थित ढंग से सुझाव का प्रयोग किया जाता है। प्रचार वह युक्ति, तकनीक अथवा प्रविधि है, जिसके द्वारा एक व्यक्ति अथवा व्यक्तियों का कोई समूह अन्य व्यक्तियों के विचारों, मनोवृत्तियों और उनकी क्रियाओं को अपने सुझावों द्वारा बहला-फुसलाकर, तर्क द्वारा अथवा झूठा भय, आदि दिखाकर परिवर्तित करने का प्रयत्न करता है।

प्रचार की विशेषताएँ

प्रचार की कुछ विशेषताएँ होती हैं जो निम्नलिखित हैं—

प्रचार की पहली विशेषता यह है कि यह अधिकांशत: विचारपूर्वक व्यवस्थित तौर से किया जाता है। यह जानबूझकर अपनाई गई एक आयोजित और क्रमबद्ध विधि अथवा प्रयास है।

प्रचार की दूसरी विशेषता यह है कि इसका उद्देश्य पूर्वनिश्चित होता है। यह अक्सर किसी न किसी स्वार्थ अथवा उद्देश्य से प्रेरित होता है, चाहे वह स्वार्थ जन कल्याण से संबंधित हो अथवा समूह हित से। प्रचार में प्रचारकर्ता व्यक्ति अथवा समूह के स्वार्थ की ही गंध ज्यादा आती है।

प्रचार की तीसरी विशेषता यह है कि जिस वस्तु विषय, मत, सिद्धांत या व्यक्ति के संबंध में प्रचार

किया जाता है उसके एक से ज्यादा विकल्प अवश्य होते हैं। जिसका कोई विकल्प नहीं होता है उसके बारे में प्रचार की कोई आवश्यकता नहीं होती है।

प्रचार की चौथी विशेषता यह है कि इसका उद्देश्य लोगों के विचारों, मनोवृत्तियों तथा व्यवहारों को नियंत्रित करके एक निश्चित दिशा में मोड़ना होता है।

प्रचार की पाँचवीं विशेषता यह है कि इसकी सबसे प्रमुख मनोवैज्ञानिक प्रविधि सुझाव है। प्रचारकर्ता को कुछ कहना चाहता है अथवा जो कुछ दूसरों से करवाना चाहता है उसे सुझाव के तौर पर इस प्रकार मनोवैज्ञानिक तथा प्रभावपूर्ण ढंग से प्रस्तुत करता है कि दूसरे लोग उस सुझाव को ग्रहण कर सकें। दूसरे शब्दों में यह कहा जा सकता है कि 'सुझाव प्रचार की क्रियाशीलता की कुंजी है।'

प्रचार की छठी विशेषता यह है कि यह प्रत्यक्ष तथा अप्रत्यक्ष दोनों प्रकारों से होता है। दूसरे शब्दों में प्रचार सिर्फ प्रत्यक्ष रूप से ही नहीं किया जाता है बल्कि अप्रत्यक्ष तौर से भी किया जाता है।

प्रचार की सातवीं विशेषता यह है कि प्रचारकर्ता द्वारा प्रचार की शक्ति का प्रयोग जितनी ज्यादा कुशलता के साथ किया जाता है, प्रचार के उतना ही ज्यादा सफल बनने की संभावना होती है। प्रचारकर्ता सर्वप्रथम दूसरे व्यक्तियों के विचारों, मतों तथा मूल्यों, आदि को परिवर्तन करने एवं नियंत्रित करने का प्रयत्न करता है। लेकिन उसका उद्देश्य प्राय: उन व्यक्तियों की बाह्य क्रियाओं को प्रभावित करना होता है। प्रचारकर्ता अपने उद्देश्य की पूर्ति हेतु संवेगात्मक अपील करता है, अपने वाक्‌चातुर्य का प्रदर्शन करता है अथवा दूसरे अनोखे तथा आकर्षक ढंग अपनाकर लोगों का ध्यान अपनी तरफ खींचता है। वह यह सब इस ढंग से करता है ताकि लोगों को यह पता न चल सके कि प्रचारकर्ता अपनी कुछ स्वार्थपूर्ति की वजह सुझाव दे रहा है।

प्रचार की आठवीं विशेषता यह है कि किसी विषय पर एक से ज्यादा विकल्प होने पर ही प्रचार संभव हो पाता है। अर्थात् यदि विकल्प एक से ज्यादा नहीं होंगे तो प्रचार संभव नहीं हो पाएगा।

प्रचार की नौवीं विशेषता यह है कि इसका उद्देश्य अच्छा तथा बुरा दोनों हो सकता है। दूसरे शब्दों में प्रचार अच्छे उद्देश्य से भी किया जाता है तथा बुरे उद्देश्य से भी किया जाता है।

प्रचार की दसवीं विशेषता यह है कि यह विचारों को नियंत्रित करने वाले साधनों में सबसे ज्यादा प्रभावपूर्ण, सफल तथा निश्चित साधन है।

प्रचार की ग्यारहवीं विशेषता यह है कि यह सामान्यतया एक व्यक्ति तथा समूह द्वारा दूसरे व्यक्ति और समूह के विरुद्ध किया जाता है। दूसरे शब्दों में प्रचार दूसरे व्यक्ति अथवा समूह के लिए किया जाता है।

प्रचार की बारहवीं विशेषता यह है कि प्रचार के उद्देश्य की पूर्ति के लिए प्रचारकर्ता विभिन्न साधनों (जैसे—रेडियो, समाचार-पत्र, सिनेमा एवं सार्वजनिक भाषणों), आदि का प्रयोग करता है। इन साधनों द्वारा प्रचार करने से जहाँ एक तरफ व्यक्तियों के भावों को नियंत्रित किया जाता है वहीं दूसरी तरफ उनमें विरोधी संवेगों का संचार न होने देने का प्रयत्न करता है। सुनियोजित एवं सुसंचालित प्रचार में ऐसी शक्ति होती है जिससे कि अनेक व्यक्तियों को समान कार्य करने के लिए विवश किया जा सकता है।

प्रचार के रूप या प्रकार

विभिन्न मनोवैज्ञानिकों ने प्रचार के विभिन्न प्रकारों की चर्चा की है जो निम्नलिखित हैं—

किम्बाल यंग (Kimball Young) ने प्रचार के तीन तरहों की चर्चा की है जो निम्नलिखित हैं—

(i) रूपांतरण करने वाला प्रचार—रूपान्तरण करने वाला प्रचार उस प्रचार को कहा जाता है जिसमें प्रचारकर्ता का उद्देश्य व्यक्तियों के विचारों, विश्वासों तथा मनोवृत्तियों में बदलाव लाना होता है। व्यापार संबंधी विज्ञापन को इस प्रचार के उदाहरण में गिनाया जा सकता है।

(ii) एकीकरण करने वाला प्रचार—एकीकरण करने वाला प्रचार उस प्रचार को कहा जाता है जिसका प्रयोग वर्तमान मूल्यों, विश्वासों तथा मनोवृत्तियों को दृढ़ बनाने के उद्देश्य से किया जाता है। युद्धकाल में अपने देशवासियों के धैर्य एवं साहस को दृढ़ बनाने के लिए इस प्रकार के प्रचार का सहारा लिया जाता है।

(iii) साधनात्मक प्रचार—साधनात्मक प्रचार उस प्रचार को कहा जाता है जिसमें प्रचारकर्ता 'बाँटो तथा शासन करो' की नीति का पालन करता है। इसका प्रयोग राजनीतिक क्षेत्र में अथवा युद्धकाल में विरोधियों में फूट डालने के लिए किया जाता है।

एल. डब्ल्यू. डूब (L. W. Doob) ने प्रचार के तीन तरहों की चर्चा की है जो निम्नलिखित हैं—

(i) प्रकट प्रचार—प्रकट प्रचार उस प्रचार को कहा जाता है जो प्रकट तौर से किया जाता है। दूसरे शब्दों में इसके बारे में लोगों को बताया जाता है।

(ii) देर से प्रकट प्रचार—देर से प्रकट प्रचार उस प्रचार को कहा जाता है जिसे देर से प्रकट किया जाता है। दूसरे शब्दों में प्रकट प्रचार की तरह यह तुरंत नहीं किया जाता है।

(iii) अप्रकट प्रचार—अप्रकट प्रचार उस प्रचार को कहा जाता है जो प्रकट तौर से नहीं किया जाता लेकिन अप्रकट रूप से किया जाता है।

उपर्युक्त विद्वानों द्वारा प्रचार के बताए गए प्रकारों के अलावा कुछ और तरह के प्रचार होते हैं जो निम्नलिखित हैं—

(i) प्रत्यक्ष प्रचार—प्रत्यक्ष प्रचार उस प्रचार को कहा जाता है जिसमें प्रचारकर्ता का नाम तथा प्रचार का उद्देश्य स्पष्ट होता है। दूसरे शब्दों में इस तरह का प्रचार प्रत्यक्ष रूप से किया जाता है। इसमें कुछ छिपाया नहीं जाता है। उदाहरण के लिए भारत सरकार का जीवन बीमा निगम, परिवार नियोजन तथा अल्प बचत योजना, आदि अनेक बातों के लिए प्रत्यक्ष रूप से प्रचार कर रही है।

(ii) अप्रत्यक्ष प्रचार—अप्रत्यक्ष प्रचार उस प्रचार को कहा जाता है जिसमें प्रचारकर्ता का नाम तथा प्रचार का उद्देश्य जनता के समक्ष स्पष्ट नहीं रहता है। इसमें प्रचारकर्ता अपने उद्देश्य की पूर्ति हेतु अप्रत्यक्ष रूप से प्रचार करता है। इसे एक उदाहरण के द्वारा समझा जा सकता है। पाकिस्तान का भारत विरोधी प्रचार कश्मीर को हड़पने हेतु है।

(iii) प्राथमिक प्रचार—प्राथमिक प्रचार उस प्रचार को कहा जाता है जिसमें समाज में पहले से ही व्याप्त अभिवृत्तियों अथवा पूर्वाग्रहों, आदि को भड़काया जाता है। उदाहरणस्वरूप हिंदुओं तथा मुसलमानों के बीच पहले से ही कुछ न कुछ तनातनी चली आ रही है। इस स्थिति का लाभ उठाकर आजाद कश्मीर की सरकार मुसलमानों को जिहाद हेतु भड़काती है।

(iv) द्वैतीयक प्रचार—द्वैतीयक प्रचार उस प्रचार को कहा जाता है जिसमें पहले से कोई अभिवृत्ति उपस्थित नहीं रहती है। इस प्रकार के प्रचार को गौण प्रचार भी कहा जाता है। इसमें जनता में नए सिरे से कुछ अभिवृत्तियाँ पैदा की जाती हैं।

(v) चेतन प्रचार—चेतन प्रचार उस प्रचार को कहा जाता है जो जान-बूझकर किया जाता है दूसरे शब्दों में वह पहले से ही आयोजित होता है।

(vi) अचेतन प्रचार—अचेतन प्रचार उस प्रचार को कहा जाता है जिसमें प्रचार जानबूझकर नहीं किया जाता है लेकिन यह अनजाने में ही हो जाता है।

प्रचार का इतिहास

प्रचार का इतिहास अत्यन्त प्राचीन है। वर्तमान युग तो प्रचार का युग है ही परन्तु इसका यह अर्थ कदापि नहीं लगाया जाना चाहिए कि प्रचार पूर्णतया आधुनिक युग की ही उपज है। विश्व इतिहास में मानव के ज्ञान विकास की उत्तरोत्तर बढ़ोत्तरी पर यदि दृष्टिपात किया जाए तो यह पता चलता है कि प्रचार आधुनिक मानव समाज की ही एक महत्त्वपूर्ण क्रिया नहीं है परन्तु हमारे देश में प्राचीन काल से ही विभिन्न धर्म तथा धार्मिक संप्रदायों द्वारा अपने-अपने धर्म तथा संप्रदाय के प्रचार-प्रसार के लिए प्रयत्नशील रहते थे। अति प्राचीनकाल में ही आर्यो ने अपने धर्म के प्रचारार्थ वेदों, श्रुतियों, स्मृतियों, उपनिषदों और वेदांगों, आदि की रचना की थी। जब भारत में विभिन्न प्रकार के दार्शनिक विचार प्रसारित होने लगे तो भारत के प्राचीन ;षि-मुनियों ने अपने-अपने विचार की सत्यता सिद्ध करने हेतु प्राचीन ग्रंथों के आधार पर अनेक टीकाएँ, व्याख्याएँ और लेखमालाओं की रचना की। इन सभी से प्राचीन भारतीय धार्मिक विचारधाराओं का प्रचार होता था।

भारत में बौद्ध धर्म का प्रसार भी प्रचार की वजह से ही संभव हो पाया। गौतम बुद्ध एवं उनके संघ के अनेक अनुयायियों द्वारा न केवल भारतवर्ष में ही बौद्ध धर्म का प्रचार किया गया परन्तु उन्होंने बौद्ध धर्म की दुंदुभी श्रीलंका, वर्मा, चीन, जापान, थाईलैंड, मंगोलिया एवं मध्य एशियाई देशों तक में बजाई। इन सभी देशों में बौद्ध धर्म के प्रसार तथा विस्तार का प्रमुख श्रेय भारतीय बौद्ध धर्म के विद्वानों का प्रचार था। जिस प्रकार दक्षिणी-पूर्वी एशिया में हिंदू धर्म और बौद्ध धर्म का प्रचार किया गया, उसी प्रकार यूरोप में तथा पश्चिमी एशिया में ईसाई धर्म का प्रचार किया गया। अंग्रेजी के 'प्रोपेगैंडा' शब्द की उत्पत्ति लैटिन भाषा के शब्द 'प्रोपेगेयर' से हुई। उस समय इटली के रोम नगर में ईसाई विद्वानों तथा धार्मिक लोगों की एक विशाल सभा होती थी जिसका प्रमुख उद्देश्य दुनिया में ईसाई धर्म का प्रचार करना था। प्रचार कार्य सर्वप्रथम धार्मिक सिद्धांतों, विचारों एवं व्यवहारों के प्रसारण हेतु किया जाता था। इसी धर्म प्रचार के लिए स्पेन में ईसाई मिशन की स्थापना की गई। संभवत: 'प्रोपेगैंडा' शब्द अंग्रेजी भाषा में वहीं से लिया गया।

प्रजातांत्रिक व्यवस्था में भी प्रचार का अपना एक अलग महत्त्व रहा है। जो राज्याध्यक्ष विवेकशील होते हैं वे जनसम्पर्क के माध्यम से अपने पक्ष में प्रचार अभियान को बड़ी आसानी से सजीव बनाए रखते हैं। अमेरिकी राष्ट्रपति अब्राहम लिंकन (Abraham Lincon) सप्ताह में दो दिन बिना किसी रोक-टोक के जनता से मिलते थे तथा छोटे से छोटे व्यक्ति की साधारण शिकायतों को ध्यान तथा सहानुभूतिपूर्वक सुनते थे। व्यक्तियों से बात करने के संबंध में लिंकन ने कहा, "....जब मैं जनसाधारण के मध्य बैठकर

उनकी परेशानियाँ सुनता हूँ तो मैं समझता हूँ कि मेरे समय का इससे श्रेष्ठतर कोई उपयोग नहीं हो सकता। इस प्रकार मुझे अपने देश की अपार जनता के साक्षात् दर्शन होते हैं एवं मुझे स्मरण रहता है कि मैं भी इसी देश की ही संतान हूँ। अपने पद के उत्तरदायित्व से मुक्त होकर साल दो साल में मुझे पुनः साधारण जन बनना है। जनता के साथ घनिष्ठ सम्पर्क स्थापित करके मुझे अपने भीतर एक नई ताजगी और उमंग प्रतीत होती है, एकदम वैसे ही जैसे आनंदपूर्वक स्नान करने के बाद अनुभव होती है।''

अंग्रेजी भाषा में प्रोपेगैंडा की दृष्टि से सर विंस्टन चर्चिल (1874-1945) एक महान शिल्पी माने गए हैं। फ्रांस की हार के पीछे सन् 1940 में जब हिटलर ब्रिटेन को धमकियाँ दे रहा था तो उन्होंने ब्रिटिश संसद में एक भाषण दिया जिसकी साहित्यिक दृष्टि से बहुत मदद की गई। इसके उद्धरणों को लेकर बड़े-बड़े पोस्टर तथा पम्पलेट छापे गए। उन्होंने कहा, ''इस लड़ाई में जनता को खून तथा पसीना एक करना होगा और आँसू भी बहाने पड़ेंगे, किंतु फिर भी लड़ते रहना होगा। इसी प्रकार भारत के स्वतंत्रता संग्राम में नेताजी सुभाषचंद्र बोस ने भारत की सीमा पर तिरंगा झंडा फहराते हुए जनता को आह्वान कर कहा था, ''तुम मुझे खून दो मैं तुम्हें आजादी दूँगा—दिल्ली चलो।'' कितने भावपूर्ण सिद्ध हुए ये शब्द।

आधुनिक युग में प्रचार

आधुनिक युग में वैज्ञानिक रीति से प्रचार का सर्वप्रथम प्रयोग नेपोलियन बोनापार्ट (Nepolian Bonapart) ने अपने दीर्घकालीन युद्धों के समय किया था। उसने सभी समाचार-पत्रों में छपने वाली सूचनाओं पर रोक लगा दिया था। केवल वे ही सूचनाएँ फ्रांस के समाचार-पत्रों में छपती थीं जो वहाँ के सरकारी सूचना विभाग द्वारा प्रसारित की जाती थीं। इसके पश्चात् इंग्लैंड में वहाँ की सरकार के अन्न कानून (Corn Laws) के विरुद्ध समाचार प्रसार पर रोक लगे थे। द्वितीय महायुद्ध में तो प्रचार का प्रसार विश्वव्यापी हो गया। इस युद्ध में हिटलर के प्रसार मंत्री गोबेल्स ने तो प्रसार कार्य में कमाल ही कर दिखाया था। अपनी प्रचार योजनाओं के द्वारा वह झूठ को सत्य सिद्ध करने का प्रयास करता था। वर्तमान समय में अणुशक्ति तथा उपग्रह युग के विकास ने प्रचार क्रिया में चार चाँद जोड़ दिए हैं। प्रचार की दृष्टि से आज दुनिया लघु से लघुत्तर होता जा रहा है। अमेरिका के नगर न्यूयार्क प्रचलित पेय कोका-कोला आज विश्व भर का पेय बन गया है तो इसकी वजह प्रचार ही है। इसी प्रकार आज एक देश का सामान दूसरे देशों में लोकप्रिय है तथा धड़ल्ले से बिक रहा है, तो इसकी वजह सिर्फ प्रचार ही है। इस प्रकार यह पता चलता है कि आज के युग में प्रचार अपनी चरम सीमा पर है तथा आकाश की बुलंदियों को छू रहा है।

प्रचार के मनोवैज्ञानिक आधार

प्रचार की सफलता तथा असफलता लोगों की तात्कालिक मनोवैज्ञानिक स्थिति पर निर्भर करती है। अर्थात् लोगों की आवश्यकताओं, उनके संवेगों, विश्वासों एवं पूर्व धारणाओं और उस परिस्थिति में, जिसमें वे रह रहे हैं, पर यह निर्भर करता है कि वे किसी विशेष सुझाव को स्वीकार करेंगे या नहीं। इस तरह यह कहा जा सकता है कि प्रचार कुछ मनोवैज्ञानिक तत्त्वों पर निर्भर करता है जो लोगों को उनके विचारों, विश्वासों तथा अभिवृत्तियों को बदलने के लिए विवश करते हैं या उनकी सुझाव ग्रहण करने की

क्षमता को बढ़ा देते हैं। वास्तविकता यह है कि प्रचार की सफलता सुझाव पर निर्भर करती है। इसके अभाव में प्रचार का कोई महत्त्व नहीं होता है। इसलिए किम्बाल यंग (Kimball Young) ने कहा है कि, ''सुझाव प्रचार की क्रियाशीलता की कुंजी है।'' प्रचार ज्यादा से ज्यादा लोगों तक पहुँच सके या वह ठीक तरीके से हो सके इसके लिए यह जरूरी होता है कि वह लोगों की सुझाव एवं ग्रहण क्षमता में बढ़ोत्तरी करे। इसके लिए अनेक मनोवैज्ञानिक युक्तियों का प्रयोग किया जाता है। विभिन्न विद्वानों ने प्रचार की मनोवैज्ञानिक युक्तियों, विधियों, नियमों तथा सिद्धांतों की व्याख्या निम्नलिखित तरह से की है–

किम्बाल यंग (Kimball Young) ने अपनी पुस्तक 'Handbook of Social Psychology' में प्रचार के निम्नलिखित चार प्रमुख आधारों तथा तत्त्वों की व्याख्या की है–

(i) उद्देश्य–प्रचार का एक प्रमुख आधार प्रचार का उद्देश्य है। अत: प्रचार का उद्देश्य जनता के अनुभव, ज्ञान के स्तर, मान्यताओं तथा भावनाओं को ध्यान में रखकर निश्चित करना चाहिए। इस तरह यह पता चलता है कि प्रचार का एक उद्देश्य होता है।

(ii) प्रतीकात्मक सामग्री–प्रचार का दूसरा प्रमुख आधार प्रतीकात्मक सामग्री है। प्रचार के उद्देश्य को पूरा करने हेतु प्रचारकर्ता को भाषण, रेडियो, चलचित्र तथा प्रेस, आदि प्रतीकों तथा साधनों की सहायता लेनी पड़ती है। इस संबंध में रेडियो तथा चलचित्र ज्यादा लोकप्रिय हो रहे हैं।

(iii) सुझाव तथा दूसरे मनोवैज्ञानिक विधियाँ–प्रचार का तीसरा प्रमुख आधार सुझाव तथा मनोवैज्ञानिक विधियाँ होती हैं। किम्बाल यंग (Kimball Young) ने इस संबंध में लिखा है, ''प्रचार का सबसे महत्त्वपूर्ण मनोवैज्ञानिक आधार सुझाव है।'' इसके अतिरिक्त और भी दूसरे मनोवैज्ञानिक विधियाँ हैं जो प्रचार का महत्त्वपूर्ण आधार हैं। इन मनोवैज्ञानिक विधियों में प्रतिष्ठा, तर्क और पुनरावृत्ति, आदि आती हैं। सुझाव प्रचार हेतु अनिवार्य तत्त्व होता है क्योंकि इसकी प्रवृत्ति पर ही प्रचार की सफलता निर्भर करती है। इस संबंध में किम्बाल यंग का कथन है कि सुझाव में व्यक्ति बिना सोचे-समझे दूसरे की बातों को मान लेता है। प्रचारकर्ता का भी यही उद्देश्य होता है कि लोग बिना सोचे-समझे उसकी बातों को मान लें। इसलिए प्रत्येक प्रचारकर्ता सुझाव की सहायता लेता है। वह अपने प्रचार को प्रभावपूर्ण बनाने के लिए उन विधियों की सहायता लेता है जिनसे सुझाव ज्यादा प्रभावपूर्ण हो जाता है। इन विधियों में प्रचार को बार-बार दुहराया जाना, विश्वासपूर्ण स्वर, सुझाव देने वाले की प्रतिष्ठा और उद्देश्य का सामान्यीकरण, आदि आता है। यह प्रचार को संवेगपूर्ण बनाकर लोगों की भावनाओं को अपने उद्देश्य की दिशा में मोड़ने का प्रयास करता है। इस तरह यह कहा जा सकता है कि प्रचार की संपूर्ण प्रक्रिया सुझाव पर ही निर्भर है। प्रचार में सुझाव की महत्त्वपूर्ण भूमिकाओं को स्वीकार करते हुए किम्बाल यंग (Kimball Young) ने लिखा है, ''सुझाव प्रचार की क्रियाशीलता की कुंजी है।'' यंग के कथन की पुष्टि करते हुए एल. डब्ल्यू. डूब (L.W. Doob) ने लिखा है, ''प्रचार लोगों के मस्तिष्क को बंद करने की एक विधि है।'' इस प्रकार यह पता चलता है कि प्रचार सोचने-समझने की शक्ति को बंद कर देता है तथा व्यक्ति बिना सोचे-विचारे दूसरों के सुझावों को स्वीकार कर लेता है। ल्यूमले (Lumley) ने लिखा है कि, ''यह आलोचनात्मक शक्तियों को कमजोर कर देता है, भय तथा संदेश को पैदा करता है और मानसिक गुलामी को उत्पन्न कर देता है।'' इस प्रकार यह स्पष्ट है कि सुझाव प्रचार की क्रियाशीलता हेतु जरूरी होता है।

(iv) जनता द्वारा स्वीकृत और प्रभाव—प्रचार का चौथा मनोवैज्ञानिक आधार जनता द्वारा स्वीकृत और प्रभाव है। प्रचार तभी सफल होता है जब जनता उसे ग्रहण कर लेती है। दूसरे शब्दों में वह जनता के विचारों, मूल्यों, दृष्टिकोणों एवं व्यवहारों पर वांछित प्रभाव डाले। प्रचार का असर क्षणिक न होकर स्थायी होना चाहिए। पुनरावृत्ति, उचित सहायता, सरल एवं सुगम रूप तथा जनता के पूर्व विश्वासों तथा मूल्यों, संबंधित करके प्रचार के असर को स्थायी बनाने का प्रयास किया जाता है।

नाइट डनलप (Knight Dunlop) ने प्रचार की निम्नलिखित पाँच विधियाँ अपनी पुस्तक 'Civilised Life' में बताई हैं–

1. प्रचार की पुनरावृत्ति जरूरी है।
2. अपने उद्देश्यों को आदर्श तौर पर तथा विरोधी के उद्देश्य को निकृष्ट रूप में प्रस्तुत किया जाता है।
3. अपने प्रचार को इस प्रकार प्रस्तुत किया जाता है कि समस्या का यही एकमात्र हल है दूसरा कोई नहीं।
4. अपने प्रचार का प्रभाव स्थायी बनाए रखने हेतु अपने प्रचार में बच्चों को सम्मिलित करके प्रचार का लक्ष्य बनाया जाना चाहिए।
5. प्रभावपूर्ण तथा प्रतिष्ठित व्यक्तियों के लेखों तथा वक्तव्यों को अपने उद्देश्य के समर्थन में प्रस्तुत किया जाता है।

क्रेच तथा क्रचफील्ड (Krech and Crutchfield) ने 'Theory and Problems of Social Psychology' में प्रचार को अधिक उपयोगी तथा सफल बनाने हेतु निम्नलिखित सात मनोवैज्ञानिक सिद्धांत बताए हैं–

1. यह प्रचार ज्यादा स्वीकार कर लिया जाता है जो किसी आवश्यकता की पूर्ति करता है।
2. स्पष्ट तथा सरल स्थितियों से संबंधित प्रचार की अपेक्षा अस्पष्ट स्थिति से संबंधित प्रचार शीघ्र स्वीकार कर लिए जाते हैं।
3. प्रत्यक्ष सुझाव अथवा प्रचार की अपेक्षा अप्रत्यक्ष सुझाव या प्रचार सरलता से स्वीकार किया जाता है।
4. समूह के विश्वासों, मनोवृत्तियों, भावनाओं तथा जीवन–दर्शन से संबंधित प्रचार सरलता से स्वीकार किया जाता है।
5. वह प्रचार सरलता से स्वीकार किया जाता है जिसमें प्रभावपूर्ण उद्वेग उत्पन्न करने का गुण पाया जाता है।
6. प्रचार का सामना विरोधी प्रचार के द्वारा आसानी से किया जा सकता है न कि प्रचारकर्ता के तरीकों का भंडाफोड़ करके।
7. वह प्रचार सरलता से स्वीकार किया जाता है जिसमें प्रभावपूर्ण उद्वेग उत्पन्न करने का गुण पाया जाता है।

एल.डब्ल्यू. डूब (L.W. Doob) ने 'Propaganda'—'Its Psychology and Techniques' में प्रचार के सिद्धांतों की चर्चा की है। डूब के इन सिद्धांतों के संबंध में क्लाइनबर्ग (Klineberg) ने लिखा है, ये सिद्धांत प्रचार के जरूरी तत्त्वों के संबंध में किए गए कोशिश में सर्वाधिक तार्किक तथा

क्रमबद्ध प्रयास का प्रतिनिधित्व करते हैं।'' डूब ने प्रचार के निम्नलिखित आठ सिद्धांत बताए हैं–

(i) प्रचारकर्ता के इरादे का सिद्धांत–डूब के प्रचार का प्रथम सिद्धांत प्रचारकर्ता के इरादे का सिद्धांत है। डूब के अनुसार जो प्रचार जानबूझकर किया जाता है उसमें प्रचारकर्ता अपने उद्देश्य के संबंध में सचेत रहता है जबकि बिना सोचे-समझे किए गए प्रचार में प्रचारकर्ता अपने उद्देश्य एवं परिणाम के बारे में सचेत नहीं रहता है।

(ii) प्रचार के प्रकार का सिद्धांत–डूब ने प्रचार का दूसरा सिद्धांत प्रचार के प्रकार का सिद्धांत बताया है। उन्होंने प्रचार के प्रकट (Revealed), देर से भेद (Delayed Revealed) तथा अप्रकट तीन भेद बताए हैं। प्रकट प्रचार में प्रचारकर्ता का उद्देश्य पहले से ही स्पष्ट होता है, देर से प्रकट प्रचार में उद्देश्य देर से पता चलता है, तथा अप्रकट प्रचार में प्रचारकर्ता का उद्देश्य कभी ज्ञात नहीं होता।

(iii) बोधगम्यता का सिद्धांत–डूब ने प्रचार का तृतीय सिद्धांत बोधगम्यता का सिद्धांत बताया है। इसमें प्रचारकर्ता आकर्षक (Attraction), पुनरावृत्ति (Repetition) तथा सरलीकरण (Simplification), आदि विधियों के द्वारा अपने प्रचार को समझने योग्य बनाने का प्रयत्न करता है। इस संबंध में आज लिंग को विशेष महत्त्व दिया जा रहा है। अक्सर अधिकतर व्यापारिक प्रचार स्त्रियों के चित्रों या उनकी सम्मति के आधार पर किए जाते हैं।

(iv) वांछित एकीकरण का सिद्धांत–डूब के अनुसार प्रचार का चतुर्थ सिद्धांत वांछित एकीकरण का सिद्धांत है। इसमें प्रचारकर्ता अपने उद्देश्य की पूर्ति हेतु या अपने उद्देश्य की तरफ लोगों का ध्यान आकृष्ट करने हेतु कतिपय क्रियाएँ करता है।

(v) संबंधित मनोवृत्तियों का सिद्धांत–डूब के अनुसार प्रचार का पंचम सिद्धांत संबंधित मनोवृत्तियों का सिद्धांत है। इसमें प्रचारकर्ता अपने उद्देश्य की पूर्ति हेतु संबंधित व्यक्तियों की मनोवृत्तियों को उत्तेजित करता है।

(vi) उकसाने का सिद्धांत–प्रचार का छठा सिद्धांत उकसाने का सिद्धांत है। इस तरह के प्रचार में प्रचारकर्ता किसी प्रतिष्ठित और विख्यात व्यक्ति को अपने प्रचार का समर्थन करने हेतु प्रेरित करता है।

(vii) भविष्यवाणी न कर सकने के क्षेत्र का सिद्धांत–प्रचार का सप्तम सिद्धांत डूब के अनुसार भविष्यवाणी न कर पाने के क्षेत्र का सिद्धांत है। वांछित क्रिया के सिद्धांत के आधार पर प्रचारकर्ता को तब तक सफलता नहीं मिलती है जब तक वह अपने प्रचार के उद्देश्य की सफलता के संबंध में भविष्यवाणी कर सकने में असमर्थ होता है। इस असमर्थता को दूर करने हेतु प्रचारकर्ता अन्य पद्धतियों की मदद लेता है।

(viii) प्रतीकारात्मक प्रचार का सिद्धांत–डूब के अनुसार प्रचार का आठवाँ सिद्धांत प्रतीकारात्मक प्रचार का सिद्धांत है। इसमें प्रचारकर्ता अपने उद्देश्य में सफलता प्राप्त करने हेतु न सिर्फ अपने मत के समर्थन में प्रचार करता है अपितु वह विरोधी मनोवृत्तियों एवं प्रचारकों के विरोध में प्रचार करता है।

प्रचार का मनोविज्ञान

प्रचार को प्रभावी बनाने के लिए मनोवैज्ञानिक सिद्धांतों का सहारा लेना पड़ता है। भिन्न-भिन्न विद्वानों द्वारा इस संबंध में प्रस्तुत विचारों की चर्चा ऊपर की जा चुकी है। इसके अलावा भी जब किसी

बात का प्रचार किया जाता है तब मनोवैज्ञानिक आधार पर मनोवृत्तियाँ, संकेत, प्रेरणाएँ, विश्वास, संवेग एवं अनुभूतियाँ, आदि को जरूर ध्यान में रखा जाता है। प्रचार का मुख्य आशय मानव के इन मनोवैज्ञानिक तत्त्वों को प्रभावित करने, इनका उपयोग करने एवं इनको नियंत्रित कर मानव के व्यवहार में बदलाव करने का प्रयत्न करना है। विभिन्न विद्वानों द्वारा बताए गए प्रचार के मनोवैज्ञानिक आधार के अतिरिक्त निम्नलिखित आधारों या मनोवैज्ञानिक तत्त्वों की चर्चा की जा सकती है–

(i) प्रचार एवं सुझाव–प्रचार का एक मनोवैज्ञानिक आधार सुझाव है। जब किसी वस्तु का प्रचार किया जाता है, तो उस वस्तु के विषय में जिन लोगों की धारणाएँ उस वस्तु के प्रति प्रतिकूल होती हैं उनके सम्मुख नूतन सुझाव प्रस्तुत कर उनकी धारणाओं में बदलाव लाया जाता है। सुझाव देने का एक आधार प्रतिष्ठा सुझाव (Prestige Suggestion) है। उदाहरणस्वरूप अगर कोई व्यक्ति खादी का प्रयोग करता है एवं अगर यह उसका प्रचार करना चाहता है तो वह प्रतिष्ठा सुझाव के आधार पर यह कह सकता है कि खादी का उपयोग स्वयं महात्मा गाँधी भी करते थे।

(ii) प्रचार एवं प्रेरणाएँ–प्रचार का दूसरा मनोवैज्ञानिक आधार प्रेरणाएँ हैं। मनुष्य का हर व्यवहार उसकी प्रेरणाओं तथा जरूरतों पर निर्भर है। इसके बिना किसी भी व्यक्ति से कोई काम नहीं कराया जा सकता है। जिस चीज की कोई आवश्यकता नहीं है, जिससे कोई प्रेरणा नहीं मिलती है उसका प्रचार नहीं किया जा सकता है। प्रचार उसी का हो सकता है जिसकी लोगों को आवश्यकता हो या उसकी आवश्यकता उत्पन्न कर दी जाए। इसलिए जो सफल प्रचारक होते हैं वे लोगों की प्रेरणाओं को अपील करते हैं। तथापि भिन्न-भिन्न लोगों की प्रेरणाओं एवं जरूरतों में कुछ न कुछ अंतर होता है। लेकिन स्थूल तौर पर कुछ प्रेरणाएँ एवं जरूरतों सभी में देखी जा सकती हैं। उदाहरणस्वरूप हर व्यक्ति यह चाहता है कि समाज में उसका आदर हो एवं उसको अच्छा समझा जाए। हर व्यक्ति शक्ति प्राप्त करना चाहता है। प्रत्येक व्यक्ति अपने एवं अपने परिवार की सुरक्षा चाहता है। हर व्यक्ति अपने जीवन-सार को ऊँचा उठाना चाहता है। प्रचार में इन प्रेरणाओं, जरूरी आवश्यकताओं को उत्तेजित किया जाता है। किसी प्रचार के द्वारा लोगों की प्रेरणाओं को जितनी प्रबलता से जाग्रत किया जाएगा, उतना ही प्रचार कार्य सफल होगा।

(iii) प्रचार और विश्वास–प्रचार का तृतीय प्रमुख आधार लोगों के पूर्व निर्धारित विश्वासों में बदलाव लाना है। जब तक लोगों के पूर्व-निर्धारण विश्वासों को बदलने में सफलता नहीं मिलती है तब तक प्रचार साधन सफल नहीं हो पाता है। इसका कारण यह है कि लोग सबसे पहले अपने विश्वासों के आधार पर ही कार्य करते हैं एवं वे किसी भी ऐसे कार्य करने को उद्यत नहीं होते हैं जिनमें उनका विश्वास न हो। इसलिए प्रचारक को जिन व्यक्तियों के बीच प्रचार करना है, उनके विश्वासों को सर्वप्रथम जीतने की जरूरत होती है।

(iv) प्रचार और मानव की आवश्यकताएँ–प्रचार का चौथा प्रमुख आधार मानव की आधारभूत जरूरतें हैं। प्रचार से जितनी ज्यादा मानव जरूरत की पूर्ति होगी अथवा वह जितना ज्यादा मानवीय आवश्यकताओं की पूर्ति में सहायक होगा उतना ही अधिक प्रभावशाली एवं कारगर होगा।

(v) प्रचार एवं अभिवृत्तियाँ–प्रचार का पाँचवाँ प्रमुख आधार अभिवृत्तियाँ हैं। सभी मानव व्यवहार को करने से पूर्व कुछ अभिवृत्तियाँ बदल जाती हैं। इन अभिवृत्तियों के बनने के भी सामाजिक,

सांस्कृतिक और मनोवैज्ञानिक कारण होते हैं। जिस समाज में मानव की जो अभिवृत्तियाँ बन जाती हैं, मानव उन्हीं निश्चित अभिवृत्तियों के आधार पर अपना व्यवहार करने का आदी हो जाता है। इसलिए अगर लोगों के व्यवहार में किसी भी तरह का बदलाव लाना होता है तो सबसे पहले उनकी अभिवृत्तियों में बदलाव लाने का प्रयत्न किया जाता है। इसलिए प्रचारक के लिए यह जरूरी हो जाता है कि वह सर्वप्रथम लोगों की अभिवृत्तियों को प्रभावित करने वाले प्रसाधनों को अपने प्रयत्न साधन में प्रयोग करे। उदाहरणस्वरूप हर राजनीतिक दल जनता को यह विश्वास दिलाता है कि वह जनता का सच्चा हितैषी है एवं वही उसका कल्याण कर सकता है। सभी राजनीतिक दलों का यह उद्देश्य होता है कि वह जनता का दूसरे दलों से विश्वास उठा दे। लेकिन इन विश्वासों को बदलने में अभिवृत्तियों को ध्यान में रखना जरूरी होता है क्योंकि प्रचार बलपूर्वक नहीं किए जाते हैं। यदि जनता की अभिवृत्ति किसी तरफ नहीं है तो उस दशा में एकाएक प्रचार शुरू कर देना बेकार होता है। इसके लिए पहले जनता में अभिवृत्ति पैदा करना जरूरी होता है।

(vi) प्रचार, संवेग एवं अनुभूतियाँ—प्रचार का छठा मुख्य आधार प्रचार, संवेग एवं अनुभूतियाँ हैं। हर मानव में उनके स्वयं के संवेग एवं अनुभूतियाँ हुआ करती हैं। मानव अपने विचारों, विश्वासों, मनोवृत्तियों तथा व्यवहार में अपनी अनुभूतियों एवं संवेगों का दास होता है। मनुष्य में संवेग जितनी ज्यादा तीव्रता से पैदा होता है वह उतनी ही ज्यादा शीघ्रता एवं तीव्रता से किसी कार्य को करने या न करने को उद्यत होता है। उदाहरणस्वरूप अगर किसी राजनीतिक दल के प्रति किसी मतदाता की अनुभूति प्रबल है तो वह उस दल के प्रत्याशी को ही अपना वोट देता है। इसलिए क्रोध, प्रसन्नता, घृणा तथा प्रेम, आदि ऐसे संवेग हैं जिनके आधार पर मानव प्राय: कार्य करता है अथवा नहीं करता है। मानव की अनुभूतियाँ उनके कार्य करने अथवा न करने का मार्गदर्शन करती हैं।

उपरोक्त विवरणों से यह पता चलता है कि प्रचार के बहुत से मनोवैज्ञानिक आधार होते हैं। यही कारण है कि विभिन्न विद्वानों ने इसके भिन्न-भिन्न आधारों की चर्चा की है एवं इसके अलावा भी इसके कई कारणों की चर्चा की गई है।

प्रचार की प्रविधियाँ

प्रचार एक पूर्ण मनोवैज्ञानिक पद्धति है जो व्यक्तियों के सोचने के तरीके को प्रभावित करती है और उन्हें एक विशेष प्रकार से व्यवहार करने की प्रेरणा देती है। सामाजिक मनोवैज्ञानिकों ने प्रचार की भिन्न-भिन्न प्रविधियों का उल्लेख किया है। क्लाईड मिलर (Clyde Miller) ने प्रचार की सात तकनीकियों का वर्णन किया है। किम्बाल यंग (Kimball Young) ने भी अमेरिका का 'Institute for Propaganda Analysis' द्वारा बताई गई प्रचार की सरल प्रविधियों का वर्णन किया है। दोनों विद्वानों द्वारा बताई गई प्रविधियों में विविधता यह है कि क्लाईड मिलर (Clyde Miller) ने जहाँ 'Prejudice in Propaganda' प्रविधि का वर्णन किया है वहीं किम्बाल यंग (Kimball Young) ने 'Transference Device' का उल्लेख किया है। प्रचार की निम्नलिखित प्रविधियाँ कही जा सकती हैं—

(i) बदनाम करने की प्रविधि—प्रचार की प्रथम प्रविधि बदनाम करने की प्रविधि है। इस तकनीक का मतलब यह है कि प्रचारक स्वयं अपने विचारों या कार्यक्रमों हेतु अच्छा नाम देता है और

अपने विरोधी व्यक्तियों, उनके विचारों अथवा कार्यक्रमों को बुरे नामों से संबोधित करता है। इस प्रविधि का प्रयोग राजनीतिक-चुनाव के समय विशेष तौर पर किया जाता है। उदाहरणस्वरूप चुनाव के समय उपयोग राजनीतिक दल अपने को समाजसेवी, समाजवादी, मानवतावादी तथा राष्ट्रप्रेमी कहता है तथा विरोधी दलों को राष्ट्रद्रोही एवं पूँजीपतियों का समर्थक, आदि नामों से संबोधित करता है। बार-बार जब इस तरह की बुराई एवं बदनामी की जाती है तो मतदाताओं को धीरे-धीरे उसमें सच्चाई नजर आने लगती है।

(ii) प्रमाण-पत्र प्रविधि—प्रचार की द्वितीय प्रविधि प्रमाण पत्र प्रविधि है। प्रचार की इस प्रविधि में प्रचारक सम्मानित अथवा लोकप्रिय व्यक्तियों द्वारा वस्तु अथवा विचारों की अच्छाई एवं उपयोगिता का प्रमाण-पत्र प्रस्तुत करता है। व्यावसायिक प्रचार में इस प्रविधि का उपयोग ज्यादा देखा जाता है। उदाहरणस्वरूप नहाने के साबुन का प्रचार करते समय किसी प्रमुख फिल्म अभिनेत्री के द्वारा यह कहलवाया जाता है कि उसकी सुंदरता का राज यही साबुन है।

(iii) आकर्षक सामान्यीकरण प्रविधि—प्रचार की तृतीय प्रविधि आकर्षक सामान्यीकरण विधि है। प्रचार की इस प्रविधि में प्रचारक अपने विचारों को बहुत लुभावने तथा कर्णप्रिय वाक्यांशों के माध्यम से या शब्दखंडों में व्यक्त करता है। परिणामस्वरूप व्यक्तियों में भावात्मकता का जन्म होता है और व्यक्ति प्रचारक की बातों में विश्वास करने लगते हैं। उदाहरणस्वरूप कम्युनिस्ट दल वाले अपनी तरफ आकृष्ट करने के लिए रोजी-रोटी और कपड़ा देने का नारा देते हैं।

(iv) लोक भर्ती द्वारा समर्थन या प्रविधि—प्रचार की चौथी प्रविधि लोक भर्ती प्रविधि है। इस प्रविधि में प्रचारक इस प्रकार का व्यवहार करता है जो सामान्य जनता को पसंद हो एवं जिसके द्वारा उसके मन को जीता जा सके। यदा-कदा प्रचार को अधिकाधिक प्रभावशाली बनाने के बड़े-बड़े लोगों के प्रमाण-पत्र लेने के स्थान पर जन-साधारण में उस सामग्री की लोकप्रियता का प्रचार किया जाता है। इसका नजारा निर्वाचन के समय में देखा जा सकता है। चुनाव के समय में नेतागण इस विधि द्वारा प्रचार करते हैं। अक्सर ऐसा देखा जाता है कि स्वच्छ कपड़े पहनकर काम पर घूमने वाले नेता चुनाव के समय ग्रामवासियों के गंदे बच्चों को भी गोद में उठाने से नहीं हिचकते हैं। वे ऐसा इसलिए करते हैं ताकि लोग प्रसन्न होकर उन्हें अथवा उनके दल को वोट दे सकें।

(v) सर्वसम्मति का प्रभाव या सर्वसम्मति प्रचार प्रविधि—प्रचार की पाँचवीं मुख्य प्रविधि सर्वसम्मति प्रचार प्रविधि है। इस तकनीकी में सर्वमान्यता के सिद्धांत का सहारा लिया जाता है। इस तकनीकी में प्रचारक जनता के हृदय में यह विश्वास पैदा करने का प्रयास करता है कि जो कुछ भी वह कह रहा है, वह उसका अपना मत नहीं है अपितु अधिकांश लोगों का मत है। उदाहरणस्वरूप यदि रैले साइकिल का प्रचार करते समय अगर यह कहा जाए कि लाखों की पसंद रैले साइकिल है तो प्रचार की इस प्रविधि को सर्वसम्मति प्रचार प्रविधि (Bandwagon Device) कहा जाएगा।

(vi) एकांगी प्रचार या पत्तेबाजी—प्रचार की छठी प्रविधि एकांगी प्रचार अथवा पत्तेबाजी है। इस प्रविधि में प्रचारकर्ता का प्रमुख उद्देश्य केवल अपने पक्ष की, अपनी सामग्री की, अपने प्रचार की सत्यता, प्रामाणिकता एवं सार्थकता को साबित करना एवं विरोधी की असत्यता, अप्रामाणिकता एवं निरर्थकता को साबित करना होता है। इसमें वास्तविक कथ्य को तोड़-मरोड़ कर इस तरह जनता के सामने प्रस्तुत किया

जाता है ताकि वास्तविकता का पता लगाना मुश्किल हो जाए एवं लोग धोखे का शिकार हो जाएँ। इसे एक उदाहरण के आधार पर और ज्यादा स्पष्ट रूप से समझा जा सकता है। उदाहरणस्वरूप धोती बनाने वाला मिल मालिक धोती पर Braslete नाम %प्रट करने की जगह अगर Brasleti नाम %प्रट करवाकर धोती का प्रचार करे तो इसे एकांगी प्रचार या पत्तेबाजी द्वारा प्रचार का उदाहरण कहा जा सकता है। Braslete और Brasleti में जल्द अंतर महसूस करना प्रत्येक व्यक्ति के लिए संभव नहीं होता है। परिणामस्वरूप लोग धोखे का शिकार हो जाते हैं।

(vii) स्थानान्तरण प्रविधि—प्रचार की सातवीं प्रविधि स्थानान्तरण प्रविधि है। इस प्रविधि में प्रचारार्थ असंगत घटनाओं को प्रचार की सामग्री के साथ ही जोड़ दिया जाता है। जब प्रचारक जिस चीज का प्रचार करना चाहता है उसे किसी अलौकिक शक्ति की इच्छा या प्रतिष्ठित व्यक्ति के अस्तित्व के साथ जोड़ देता है और स्वयं अपने को गौण रखता है तब इस तकनीकी को स्थानान्तरण प्रविधि कहा जाता है। उदाहरणस्वरूप अगर कोई राजनीतिक दल आम चुनावों के समय अपने नारे के साथ किसी महापुरुष का नाम जोड़ देता है एवं उसके नाम पर मत माँगता है तो इसे स्थानान्तरण प्रविधियों द्वारा चुनाव प्रचार करना कहा जा सकता है। जैसे यदि कोई राजनीतिक दल चुनाव के समय यह नारा देता है कि महात्मा गाँधी के सपनों को पूरा करने हेतु अमुक दल को मत दीजिए तो इसे स्थानान्तरण प्रविधि द्वारा प्रचार का उदाहरण कहा जा सकता है।

(viii) प्रचार में पूर्वाग्रह—प्रचार की आठवीं प्रविधि प्रचार में पूर्वाग्रह है। इस प्रविधि का सबसे पहले वर्णन क्लाईड मिलर (Clyde Miller) ने किया था। जब प्रचारक प्रचार काम के पहले प्रचार करने वाले क्षेत्र के लोगों के पूर्वाग्रहों की जानकारी प्राप्त करता है एवं उसके पश्चात् प्रचार का कार्य शुरू करता है। तब इस प्रविधि को प्रचार में पूर्वाग्रह (Prejudice in Propaganda) कहा जाता है।

(ix) प्रचार की नौंवी प्रविधि—प्रचार की नौवीं प्रविधि Chamber of Horrors Device है। प्रचार की इस प्रविधि का सबसे पहले उपयोग रीगल (Rigel) ने किया था। जब प्रचारक प्रचार करते समय न सिर्फ सुझाव देता है बल्कि सुझाव के साथ-साथ संभावित विपत्तियों के बारे में भी बताता है तो उसे 'Chamber of Horrors Device' कहा जाता है। उदाहरणस्वरूप मुसलिम नेता यह नारा देकर प्रचार करता है कि 'इसलाम खतरे में है' तो इसे Chamber of Horrors Device द्वारा प्रचार कहा जाता है।

प्रचार और शिक्षा में भेद अथवा असमानता

प्रचार एवं शिक्षा दोनों के उद्देश्यों में काफी समानता है। साथ ही दोनों के साधनों में भी बहुत समानता है। अत: दोनों में अंतर बताना अथवा स्पष्ट विभाजक रेखा खींचना मुश्किल प्रतीत होता है। इस प्रकार का विचार बी. कुप्पुस्वामी (B. Kuppuswamy) ने देते हुए लिखा है, "It is very difficult to draw a line between where education ends and the propaganda starts." शिक्षा को कभी भी प्रचार के साधन के तौर पर उपयोग में लाया जा सकता है एवं प्रचार का सबसे बड़ा साधन शिक्षा है। साथ ही कुप्पुस्वामी (Kuppuswamy) ने यह भी मत दिया है कि प्रचार एवं शिक्षा संबंधित

समस्याएँ हैं। प्रजातांत्रिक समाजों में प्रजातंत्र के आदर्श (Ideals of Democracy) के बारे में व्याख्यान को शिक्षा समझा जाता है जबकि वही व्याख्यान निरंकुश अथवा तानाशाह देशों (Dictatorial countries) में प्रचार समझा जाता है। बी. कुप्पुस्वामी (B. Kuppuswamy) के ही शब्दों में, "The problem of distinction between propaganda and education is relative problem depending upon social norms and social goals of the group at the given time." क्योंकि प्रचार और शिक्षा की समस्या एक संबंधित समस्या (Relative Problem) है। इसलिए दोनों में स्पष्ट अंतर बताना एक मुश्किल काम है।

उपरोक्त कठिनाइयों के बावजूद प्रचार और शिक्षा में कुछ अंतर बताए जा सकते हैं जो निम्नवत् हैं—

प्रचार तथा शिक्षा में पहला अंतर एल. डब्ल्यू. डूब (L.W. Doob) के अनुसार यह है कि जब अंतिम लक्ष्य की प्राप्ति बिना सुझाव के की जाती है तब उसे शिक्षा कहा जाता है। इसके उल्टा जब लक्ष्यों की प्राप्ति के लिए सुझाव का उपयोग जरूरी हो जाता है तब उसे प्रचार कहा जाता है। किम्बाल यंग (Kimball Young) का यह कथन कि 'Suggestion is the key to the operation of Propaganda' भी इस तथ्य की पुष्टि करता है कि प्रचार के लिए सुझाव जरूरी है।

प्रचार और शिक्षा में दूसरा अंतर यह है कि प्रचार में वास्तविक तथ्य को छिपाकर गलत चित्र लोगों के सामने रखा जाता है। इसके उल्टा शिक्षा के द्वारा मनुष्यों को वस्तुस्थिति का वास्तविक ज्ञान कराया जाता है। इस अंतर का वर्णन ब्रोनर (Bronner) ने किया है।

प्रचार और शिक्षा में तीसरा अंतर यह है कि शिक्षा में नैतिकता की प्रधानता होती है। इसके उल्टा प्रचार में अनैतिकता की प्रधानता (Dominence of Immorality) होती है। शिक्षा के द्वारा मनुष्यों को वस्तुस्थिति का वास्तविक ज्ञान कराया जाता है। अत: यह काम नैतिक समझा जाता है। इसके विपरीत Card Stacking Device, Bandwagon Device, Transference Device एवं Chamber of Horrors, इत्यादि प्रचार की प्रविधियों द्वारा प्रचारक असल कथन को जनता के सामने नहीं रखता है बल्कि लोगों को गुमराह कर एवं वास्तविकता पर पर्दा डालकर अपने उद्देश्यों को ज्यादा-से-ज्यादा पूरा करना चाहता है। अत:यह एक अनैतिक काम होता है। क्योंकि आज प्रचार में अनैतिकता की प्रधानता हो गई है इसलिए इसके संबंध में जिरोल्ड (Gerould) ने लिखा है, 'Propaganda is a good word gone wrong' फ्रीडमैन (Freedman) ने भी उपरिलिखित विचारों का समर्थन किया है।

प्रचार और शिक्षा में चौथा अंतर यह है कि शिक्षा विविध प्रकार के तनावों की स्थिति को दूर करने में सहायक होती है। इसके उल्टा प्रचार विभिन्न तरह के तनावों को उत्पन्न करता है एवं बढ़ावा देता है। शिक्षा वैयक्तिक तनाव (Individual Tension) एवं सामाजिक तनाव (Social Tension) की स्थिति दूर करने में सहायता देती है। इसके विपरीत प्रचार में एक मनुष्य, एक समूह या एक देश अपने उद्देश्यों की पूर्ति के लिए 'Counter Propaganda Technique' का सहारा लेता है जिससे तनाव की स्थिति शुरू होती है और उसमें वृद्धि होती है।

प्रचार और शिक्षा में पाँचवाँ अंतर यह है कि प्रचार जनमत के विरुद्ध नहीं जा सकता है क्योंकि इसका प्रयोजन आत्मस्वार्थ की पूर्ति करना होता है और जनमत का ध्यान रखे बिना आत्मस्वार्थ की पूर्ति

नहीं हो सकती है। इसके उल्टा शिक्षा जनमत का उतना ख्याल नहीं करती है जितना सत्य का। इसका कारण यह है कि शिक्षा का काम सत्य पर पर्दा डालना नहीं होता है।

प्रचार तथा शिक्षा में छठा अंतर यह है कि प्रचार लोगों की भावना (Emotion) को जागृत करता है जबकि शिक्षा लोगों के Rational Will को जागृत करती है।

प्रचार एवं शिक्षा में सातवाँ अंतर यह है कि शिक्षा विभाग युगों के विचारकों की देन को सँजोकर रखती है ताकि जिन्दगी में भी लोग उसके प्रयोग से लाभान्वित हो सकें। इसके विपरीत प्रचार स्वार्थी मनुष्यों के प्रयास से जन्म लेता है एवं स्वार्थ की पूर्ति होते ही खत्म हो जाता है। यानि प्रचारक की देन को भविष्य के लिए सँजोकर नहीं रखा जाता है।

प्रचार और शिक्षा में आठवाँ अंतर यह है कि शिक्षा में समालोचना की संभावना रहती है जबकि प्रचार में समालोचना की गुंजाइश नहीं रहती है। प्रचार में मनुष्यों की बुद्धि को पंगु बनाकर या तार्किक शक्ति को दबाकर उनके व्यवहारों तथा मनोवृत्तियों को इच्छित दिशा में परिवर्तित करने का प्रयास किया जाता है। फलस्वरूप प्रचार में समालोचना की संभावना नहीं रहती है तथा इससे प्रभावित लोगों की क्रियाएँ अतार्किक तथा अविवेकपूर्ण होती हैं।

प्रचार एवं शिक्षा में नौवाँ अंतर प्रकार्यात्मक दृष्टिकोण से यह है कि जहाँ प्रचार सच का आवरण करता है वहीं शिक्षा सत्य का अनावरण करती है।

प्रचार एवं शिक्षा में दसवाँ अंतर यह है कि प्रचार का मुख्य प्रयोजन व्यक्तिगत स्वार्थ की पूर्ति करना होता है। इसके उल्टा शिक्षा का उद्देश्य सामूहिक स्वार्थ की पूर्ति करना होता है एवं एक स्वस्थ सामाजिक व्यवस्था का निर्माण करना होता है।

प्रचार तथा शिक्षा में ग्यारहवाँ अंतर यह है कि शिक्षा का स्वरूप समाज की परिस्थिति तथा जरूरत के अनुसार बदलता रहता है। इसके विपरीत प्रचार के स्वरूप में परिवर्तन लाने में प्रचारक की इच्छा ही प्रबल होती है।

प्रचार एवं शिक्षा में बारहवाँ अंतर यह है कि जहाँ शिक्षा कल्याणकारी है वहीं प्रचार अहितकारी है।

प्रचार के साधन

प्रचार पुराना समाज से लेकर आधुनिक समाज तक प्रमुख भूमिका अदा करता है। पुराना समाज सरल होते थे एवं उसमें पारम्परिक वार्तालाप एवं अधिक से अधिक भाषण के द्वारा प्रचार के प्रयोजन की पूर्ति हो जाती थी। लेकिन जैसे-जैसे समाज जटिल होता जा रहा है वैसे-वैसे प्रचार के नए-नए साधन विकसित होते जा रहे हैं। आज भाषण, शिक्षा, साहित्य, धर्म, रेडियो, समाचार-पत्र, सिनेमा, लाउडस्पीकर, स्टेज एवं सांस्कृतिक कार्यक्रमों, इत्यादि के द्वारा प्रचार का काम किया जाता है। यानी वर्तमान समय में प्रचार हेतु इन साधनों का उपयोग किया जाता है। प्रचार के ये साधन प्रत्यक्ष और अप्रत्यक्ष दोनों ही होते हैं। प्रचार के प्रत्यक्ष माध्यमों में प्लेटफार्म, सभा, जुलूस और नारे, आदि की गिनती की जा सकती है। इसमें प्रचारक जनता के सामने वैयक्तिक रूप से स्वयं उपस्थित होकर अपनी बात कहता है। इससे उसके बाहरी व्यक्तित्व का भी पता चलता है एवं प्रभाव पड़ता है। इसके उलट अप्रत्यक्ष माध्यमों में प्रचारक स्वयं जनता के सामने नहीं आता है। पत्र-पत्रिकाओं तथा साहित्यों के द्वारा उनके विचारों का पता चलता

है। रेडियो पर उसकी आवाज सुनाई पड़ती है। मोटे तौर पर यह माना जा सकता है कि प्रचार के प्रत्यक्ष साधन अप्रत्यक्ष साधनों की तुलना में ज्यादा प्रभावशाली होते हैं। लेकिन प्रत्यक्ष साधन उतने व्यक्तियों तक नहीं पहुँच पाते हैं जितने लोगों तक प्रचार के अप्रत्यक्ष साधन पहुँच पाते हैं। उदाहरणस्वरूप प्लेटफार्म या मंच से दिया गया भाषण ज्यादा-से-ज्यादा दो-तीन लाख लोगों तक पहुँच सकता है जबकि रेडियो का प्रसारण करोड़ों लोगों तक पहुँचता है। इस तरह यह पता चलता है कि प्रत्यक्ष साधनों की तुलना में अप्रत्यक्ष साधनों का ज्यादा महत्त्व होता है। प्रचार के लिए कब किस तरह के साधन का उपयोग किया जाए वह इस बात पर निर्भर करता है कि प्रचार का उद्देश्य और रूप किस तरह का है। प्रचार के कई साधन हो सकते हैं लेकिन उनमें से कतिपय मुख्य साधन निम्नलिखित हैं–

(i) सिनेमा (Cinema), (ii) प्रेस (Press), (iii) स्टेज (Stage), (iv) रेडियो (Radio), (v) टेलीविजन (Television), (vi) लाउडस्पीकर (Loudspeaker), (vii) धर्म (Religion), (viii) शिक्षा (Education), (ix) साहित्य (Literature), (x) सभा, जुलूस एवं नारे (Meetings, Processions and Slogans), (xi) सांस्कृतिक कार्यक्रम (Cultural Programme), तथा (xii) शक्ति का प्रयोग (Use of Force)

प्रचार का मुख्य प्रमुख साधन प्रेस (Press) है। प्रेस द्वारा समाचार-पत्र, पत्रिकाएँ, पोस्टर, पुस्तकें और प्रचार सामग्री, आदि प्रकाशित किए जाते हैं। इन सभी के माध्यम से प्रचार कार्य किया जाता है। प्रेस द्वारा प्रकाशित सभी सामग्रियों में समाचार-पत्रों का स्थान विशेष महत्त्वपूर्ण होता है। इन समाचार-पत्रों में व्यावसायिक विज्ञापन, लेख एवं संपादकीय, आदि छपते हैं जिनके द्वारा प्रत्यक्ष अथवा अप्रत्यक्ष रूप से प्रचार का कार्य किया जाता है। आधुनिक समाज में समाचार-पत्रों को पढ़ने के प्रति लोगों की अभिरुचि ज्यादा होती है। इन समाचार-पत्रों के द्वारा प्रचार कार्यों में बहुत ज्यादा मदद मिलती है। लुण्डबर्ग (Lundberg) तथा ए. डी. एनिस तथा एन. सी. मियर (A.D. Annis and N.C. Meier) आदि ने भी प्रायोगिक अध्ययनों के आधार पर प्रचार में समाचार-पत्रों के महत्त्व को स्वीकार किया है तथा इसे प्रचार का एक महत्त्वपूर्ण साधन बताया है। समाचार-पत्रों द्वारा न केवल व्यावसायिक प्रचार होता है बल्कि राजनीतिक प्रचार भी होता है। चुनाव के दिनों में सामाचार-पत्र चुनाव संबंधी प्रचार का एक प्रमुख साधन बन जाता है। साथ ही प्रेस द्वारा प्रकाशित बड़े-बड़े पोस्टरों के प्रयत्न लोगों का ध्यान आकर्षित कर वांछित दिशा में उनकी मनोवृत्तियों में परिवर्तन लाने का प्रयत्न किया जाता है, इस प्रकार प्रचार कार्य किया जाता है। सिनेमा के पोस्टरों द्वारा फिल्म का प्रचार करना इसका प्रत्यक्ष उदाहरण है। साथ ही प्रेस द्वारा प्रकाशित पत्रिकाओं में विज्ञापन देकर अथवा कार्टून छापकर प्रचार का कार्य किया जाता है। इसके साथ-साथ पुस्तकों एवं पत्रिकाओं में लेख प्रकाशित करके भी प्रचार का कार्य किया जाता है। भिन्न-भिन्न विद्वानों ने पुस्तकों को प्रचार का एक प्रमुख साधन माना है। इन विद्वानों में काउले (Cowley), वुल्फ (Wolf) और फिस्क (Fisk), आदि का नाम उल्लेखनीय है। काउले ने पुस्तकों के महत्त्व की चर्चा करते हुए कहा है कि कतिपय पुस्तकों में युगांतकारी बदलाव तक करने की क्षमता होती है। इसी तरह लेजर्स फील्ड (Lazursfeld) ने पत्रिकाओं को प्रचार का एक मुख्य साधन बताया है।

प्रचार का दूसरा महत्त्वपूर्ण साधन 'सिनेमा' (Cinema) है। सिनेमा के द्वारा न सिर्फ शिक्षित जनता के मध्य प्रचार का कार्य किया जाता है बल्कि अशिक्षित जनता के मध्य भी इस माध्यम से प्रचार कार्य

किया जाता है। अत: सिनेमा के माध्यम से शिक्षित एवं अशिक्षित हर प्रकार के लोगों की भावनाओं एवं मनोवृत्तियों को इच्छित दिशा में मोड़ने का प्रयास किया जाता है। सिनेमा के द्वारा जो प्रचार कार्य किया जाता है उसका प्रभाव लोगों के मस्तिष्क पर अधिक पड़ता है। इसका कारण यह है कि सिनेमा के द्वारा न केवल किसी वस्तु के प्रचार को सुना जाता है बल्कि देखा भी जाता है। उदाहरणस्वरूप अगर सिनेमा के द्वारा किसी टॉनिक (Tonic) का प्रचार किया जाता है तो दर्शक न सिर्फ उसके लाभों को कान से सुनते हैं बल्कि यह भी देखते हैं कि टॉनिक का उपयोग करने के पहले जो व्यक्ति दुबला-पतला नजर आता था वह टॉनिक का प्रयोग करने के बाद हृष्ट-पुष्ट हो गया है। इसे देखने का प्रभाव दर्शकों के ऊपर विशेष पड़ता है। फलत: सिनेमा प्रचार का एक महत्त्वपूर्ण साधन बन गया है। प्रचार में Prestige Suggestion का महत्त्व अधिक होता है। अत: सिनेमा के माध्यम में प्रचार कार्य करने पर कुछ प्रतिष्ठित व्यक्तियों द्वारा सुझाव उपस्थित किए जाते हैं जिससे प्रचारक के उद्देश्य की पूर्ति हो जाती है। सिनेमा के द्वारा न केवल भौतिक वस्तुओं का प्रचार किया जाता है बल्कि नए विचारों एवं आदर्शों का भी प्रचार किया जाता है। न्यूज रील एवं फिल्म के कहानियों के माध्यम से विभिन्न आदर्शों का प्रचार किया जाता है। वॉटसन (Watson), वुड (Wood) एवं फ्रीमैन (Freeman), आदि विद्वानों ने सर्वेक्षण के आधार पर सिनेमा को प्रचार का एक प्रमुख साधन बताया है।

प्रचार का तृतीय महत्त्वपूर्ण साधन रेडियो (Radio) कहा जा सकता है। रेडियो द्वारा संगीत, आदि मनोरंजन के कार्यक्रम प्रसारित किए जाते हैं। इन कार्यक्रमों के मध्य में विविध वस्तुओं, आदि का प्रचार किया जाता है। विभिन्न रेडियो स्टेशनों द्वारा संगीत के कार्यक्रमों के मध्य अपने उत्पादनों का प्रचार किया जाता है। मुख्य उद्देश्य उत्पादों का प्रचार करना ही होता है लेकिन प्रचार को अधिक प्रभावी बनाने हेतु गीत भी बजाए जाते हैं। यह तो व्यावसायिक प्रचार हुआ। रेडियो द्वारा न केवल व्यावसायिक प्रचार किया जाता है अपितु युद्ध के दिनों में जनता का मनोबल बनाए रखने का भी काम किया जाता है। रॉबिन्सन तथा अम्बरगर (Robinson and Umberger) एवं केन्ट्रिल (Cantril), आदि विद्वानों ने अपने अध्ययनों में रेडियो को प्रचार का एक मुख्य साधन सिद्ध किया है। रेडियो प्रचार का एक ऐसा साधन है जो ज्यादा-से-ज्यादा लोगों की पहुँच में है। अर्थात् इसके द्वारा अधिकाधिक संख्या में लोगों तक किसी बात को पहुँचाया जा सकता है।

प्रचार का चौथा महत्त्वपूर्ण साधन स्टेज (Stage) है। इस संदर्भ में यह लिखना अनुचित नहीं प्रतीत होता है कि प्रचार कार्य में मंच का महत्त्व उतना ज्यादा नहीं होता है जितना अधिक महत्त्व वक्ता का होता है। मंच चाहे कितना ही बड़ा और आकर्षक क्यों न हो जब तक उस पर अच्छा वक्ता नहीं होगा तब तक प्रचार का काम सफल नहीं हो पाएगा। निर्वाचन के दिनों में प्रचार में मंच का महत्त्व विशेष बढ़ जाता है क्योंकि कोई भी नेता मंच पर खड़ा होकर ही अपने विचारों को जनता के सामने रखकर उनकी मनोवृत्तियों को वांछित दिशा में परिवर्तित करने का प्रयास करता है। चूँकि मंच के माध्यम से प्रचार कार्य करने पर प्रचारक तथा जनता के मध्य आमने-सामने का संबंध रहता है। इसलिए प्रचारक को अपने व्यक्तित्व, हाव-भाव, आदि के द्वारा मौजूद लोगों को प्रभावित करने एवं उनकी क्रियाओं को परिवर्तित करने का मौका प्राप्त हो जाता है।

प्रचार का पाँचवाँ महत्त्वपूर्ण साधन लाउडस्पीकर (Loudspeaker) है। दरअसल यह प्रचार का

काफी कम खर्चीला साधन है। इसके द्वारा प्रचार करने से स्वाभाविक रूप से लोग वक्ता की तरफ आकृष्ट होते हैं। इस तरह शिक्षित एवं अशिक्षित, धनी और गरीब हर श्रेणी के लोगों को प्रचारक का संदेश पहुँच जाता है। चुनाव के समय में लाउडस्पीकर प्रचार का प्रमुख साधन बन जाता है।

प्रचार का छठा महत्त्वपूर्ण साधन टेलीविजन है। रेडियो के द्वारा सिर्फ आवाज लोगों तक पहुँचती है लेकिन टेलीविजन के द्वारा आवाज के साथ-साथ चित्र भी देखते हैं। इस प्रकार टेलीविजन द्वारा किया गया प्रचार कार्य ज्यादा प्रभावी होता है। टेलीविजन द्वारा आमने-सामने चित्रों के प्रसारण होने से लोगों पर उसका असर अत्यधिक होता है। विशेषकर प्रचार में तो इसकी भूमिका और ज्यादा हो जाती है यही कारण है कि आज टेलीविजन पर आधे से ज्यादा समय तक विभिन्न उत्पादों का प्रचार देखने को मिलता है। इस प्रकार टेलीविजन प्रचार का एक महत्त्वपूर्ण साधन दृष्टिगोचर होता है।

प्रचार का सातवाँ महत्त्वपूर्ण साधन शिक्षा (Education) है। इस के द्वारा विचारों, आदर्शों एवं मूल्यों का प्रचार किया जा सकता है। पुराने समय से ही जनता को राष्ट्रीय शिक्षा देने के पक्षधर नेतागण रहे हैं जिससे उनमें राष्ट्रीय विचारधारा का प्रचार हो सके। अगर कोई विदेशी भी किसी देश में आकर अपनी विचारधारा का प्रचार करना चाहता है तो वह शिक्षा के द्वारा ही करता है। भारत में ही ईसाई धर्म के प्रचारकों ने अपने धर्म के प्रचार में शिक्षा का व्यापक प्रयोग किया। जनता में भी अनुकूल विचारधारा फैलाने हेतु आजकल शिक्षा का उपयोग किया जाता है। प्रचार के साधन के रूप में शिक्षा को अपनाने पर अधिकतर उचित एवं तर्कपूर्ण बातों का ही प्रचार होता है। शिक्षा लोगों के व्यक्तित्व के विकास में भी सहायक सिद्ध होती है। इसलिए इसके द्वारा उन्हीं विचारों का प्रचार होता है जो गंभीर एवं सूक्ष्म तर्कों के द्वारा उपस्थित किए गए हों।

प्रचार का आठवाँ महत्त्वपूर्ण साधन धर्म (Religion) है। प्रचार हेतु धर्म के साधन का प्रचलन प्राचीन समय से ही चलता आ रहा है। धर्म का आम जनता पर गहरा असर होता है। जिन विचारों एवं आदर्शों को धार्मिक ग्रंथों अथवा संतों एवं महापुरुषों का समर्थन मिला हुआ रहता है उसे सामान्य जनता जल्दी ग्रहण करती है। धार्मिक स्वीकृति के पीछे दैवी स्वीकृति की बात मानी जाती है। यह माना जाता है कि स्वयं ईश्वर उन विचारों या आदर्शों के पक्ष में हैं। साथ ही स्वर्ग एवं नर्क की कल्पना भी धर्म के साथ रहती है। लोग यह मानते हैं कि ईश्वर की आज्ञाओं को मानने से स्वर्ग की प्राप्ति होती है एवं नहीं मानने से नर्क की प्राप्ति होती है। इसलिए जिन बातों को धर्म की स्वीकृति मिल जाती है उनका प्रचार आसानी से हो जाता है। भारत में महात्मा गाँधी के विचारों का इतना ज्यादा प्रचार होने का मुख्य कारण धार्मिक प्रभाव ही था। अगर वे महात्मा नहीं होते तो शायद भारत जैसे धर्मपरायण देश में उनके विचारों का इतना ज्यादा प्रचार नहीं हुआ होता।

प्रचार का नौवाँ महत्त्वपूर्ण साधन साहित्य (Literature) है। तथापि साहित्य में प्रचार की मनोवृत्ति रखना एक दोष माना गया है। लेकिन फिर भी साहित्य हमेशा प्रचार के मुख्य साधनों में से एक रहा है। कुछ पुस्तकें तो मात्र प्रचार की दृष्टि से लिखी जाती हैं। उदाहरणस्वरूप मार्क्स और इंगेल्स (Marx and Engels) द्वारा लिखी गई पुस्तक 'Communist Manifesto' साम्यवादी विचारधारा का प्रचार करता रहा है। इसी तरह गाँधी एवं विनोबा भावे ने सर्वोदय के प्रचार-प्रसार के लिए कई पुस्तकें लिखीं। इन पुस्तकों से प्रत्यक्ष प्रचार होता है। इसके अतिरिक्त कहानी, नाटक, उपन्यास, कविता एवं लेख के द्वारा

भी विभिन्न विचारधाराओं का प्रचार होता रहता है। साहित्यों के द्वारा राजनीतिक विचारों के सिर्फ दर्शन संबंधी विचारों को भी प्रचारित किया गया है। देश पर संकट आने पर देश के कवियों और साहित्यकारों ने देश के लोगों को देशभक्ति एवं त्याग की भावनाओं से अवगत कराया है। साहित्य के द्वारा जो प्रचार किया जाता है उसका असर लोगों के भावों तथा अनुभूतियों पर गहरे रूप में पड़ता है। हालाँकि साहित्य के द्वारा किया गया प्रचार अप्रत्यक्ष होता है लेकिन यह अधिक प्रभावकारी होता है। साहित्य द्वारा प्रचार में प्रचारक अथवा साहित्यकार के व्यक्तित्व एवं निजी योग्यता का भी बहुत अधिक प्रभाव पड़ता है।

प्रचार का दसवाँ महत्त्वपूर्ण साधन सभा, जुलूस एवं नारे (Meetings, Processions and Slogans) हैं। भिन्न-भिन्न सभाओं में जुलूस एवं नारों, आदि का बहुत महत्त्व होता है। सभा चाहे राजनीतिक हो, धार्मिक हो अथवा आर्थिक हो, इन सभी में जुलूस एवं नारों की महत्त्वपूर्ण भूमिका होती है। विभिन्न राजनीतिक दल अपने पक्ष में प्रचार करने के लिए सभाओं का आयोजन करते हैं, जुलूस निकलवाते हैं तथा नारे लगवाते हैं। प्रचार के इन साधनों का प्रभाव जनता के संवेगों पर पड़ता है। सभाओं एवं जुलूसों में जो व्यक्ति सम्मिलित होते हैं उनका व्यवहार भीड़ के सदस्यों जैसा हो जाता है। उनकी विवेकशीलता कम हो जाती है एवं सुझाव ग्रहणशीलता बढ़ जाती है। इसलिए किसी भी बात के पक्ष अथवा विपक्ष में आसानी से प्रचार किया जाता है। नारे पूरे संवेग और तीव्र आवाज के साथ लगाए जाते हैं। सामूहिक नारे लगाने से लोगों में तीव्र संवेग का प्रसार होता है और प्रचारकर्ता के प्रयोजन की पूर्ति हो जाती है। इस तरह यह पता चलता है कि सभा, जुलूस एवं नारे प्रचार का एक मुख्य साधन हैं।

प्रचार का ग्यारहवाँ महत्त्वपूर्ण साधन सांस्कृतिक कार्यक्रम (Cultural Programme) है। सांस्कृतिक कार्यक्रमों में नाटक, संगीत का आयोजन, नृत्य कार्यक्रम का आयोजन तथा कवि सम्मेलन, इत्यादि मुख्य हैं। इन सभी के माध्यम से प्रचार किया जाता है।

प्रचार का बारहवाँ प्रमुख साधन शक्ति का प्रयोग (Use of Force) है। हालाँकि प्रचार में शक्ति का प्रयोग नहीं किया जाना चाहिए जबकि फिर भी शक्ति का प्रयोग हमेशा से प्रचार का एक महत्त्वपूर्ण साधन रहा है। इस संबंध में हैडमोवस्की (Hadamovsky) ने कहा है कि प्रचार तथा शक्ति कभी भी एक-दूसरे के विरोधी नहीं रहे हैं। शक्ति का उपयोग प्रचार का एक भाग हो सकता है। प्राचीनकाल से ही शासकों एवं सरकारों ने अपनी विचारधारा को फैलाने में शक्ति से काम लिया है। धर्म के प्रचार में तो शक्ति हमेशा से एक प्रमुख साधन रही है। खासकर मुस्लिम धर्म के प्रचारकों ने तो हमेशा धर्म के प्रचार में शक्ति का उपयोग किया है। ईसाई धर्म प्रचारकों ने भी शक्ति का प्रयोग किया है। इसी तरह हिटलर, मुसोलिन एवं स्टेलिन, आदि तानाशाहों ने अपनी विचारधारा के प्रचार के लिए शक्ति का प्रयोग किया। जबकि शक्ति के उपयोग को आज प्रचार के लिए अच्छा नहीं समझा जाता है।

भ्रामक प्रचार का प्रतिरोध

मिथ्या प्रचार का हमेशा प्रतिरोध करना चाहिए। प्रचार चाहे सच्चे हों या झूठे जनता को सदैव प्रभावित करते हैं। सच्ची बातों के प्रचार से जनता का अधिकतर लाभ ही होता है। लेकिन अगर प्रचार गलत होता है तो उससे जनता में भ्रामक एवं गलत बातें फैलती हैं। साथ ही इससे तरह-तरह के तनाव भी

पैदा होते हैं। यदा-कदा प्रत्यक्ष संघर्ष की भी नौबत आ जाती है। भ्रामक प्रचार के कुपरिणाम का एक ज्वलन्त उदाहरण यहाँ पेश किया जा रहा है। जर्मनी में यहूदियों के खिलाफ भ्रामक प्रचार के द्वारा इतनी घृणा उत्पन्न की गई कि नाजी दल के सदस्यों द्वारा लाखों यहूदियों की हत्या होने पर भी इस अत्याचार का कोई विरोध नहीं किया गया। इसी तरह के भ्रामक प्रयासों के माध्यम से मध्य युग में अनेक धर्म प्रचारकों ने विरोधी धर्मों के प्रति घृणा एवं %हसा को उकसाया। क्रूसेड (Crusades) एवं जिहाद की घटनाओं से मानव इतिहास के पन्ने रँगे पड़े हैं जो कि मिथ्या प्रचार के खतरे के जीवित उदाहरण हैं। राजनीतिक क्षेत्र में भी बराबर भ्रामक प्रचार देखने में आते हैं। पाकिस्तान द्वारा बराबर इस बात का प्रचार करना कि कश्मीर भारत का हिस्सा नहीं है, मिथ्या प्रचार का एक नायाब नमूना है। इस तरह के मिथ्या प्रचारों से अन्तर्राष्ट्रीय तनाव भी बढ़ता है। इससे जनता का मन विषाक्त हो जाता है। थोड़ी-सी चिनगारी उनमें बेकार का भय एवं घृणा पैदा कर देती है। इसी तरह चीन के माध्यम से भी बराबर यह प्रचार किया जाना कि भारत के हजारों मील जमीन पर उसका जन्मसिद्ध अधिकार है, मिथ्या प्रचार ही कहा जा सकता है। इस तरह यह पता चलता है कि मिथ्या प्रचार के कई कुपरिणाम होते हैं एवं उनका प्रतिरोध किया जाना जरूरी होता है।

भ्रामक प्रचार के प्रतिरोध के उपाय

मिथ्या प्रचार का प्रतिरोध किया जाना जरूरी होता है। इसलिए आजकल की सरकारों ने इस ओर ध्यान देना शुरू किया है। अनेक मनोवैज्ञानिकों द्वारा भी इस दिशा में उपयोग किए गए हैं। इन प्रयोगों में बिडिल (Biddle) तथा कोलियर (Collier) के प्रयोग प्रमुख हैं। भ्रामक प्रचार के प्रतिरोध के निम्नवत उपाय सुनाए जा सकते हैं—

(i) विरोधी प्रचार—मिथ्या प्रचार के प्रतिरोध का पहला उपाय यह है कि इसके विरुद्ध विरोधी प्रचार किए जाने चाहिए। यदि लोगों को यह समझा दिया जाए कि वर्षों में खोई गई शक्ति को एकाएक वापस नहीं लाया जा सकता है तो जनता इस तरह के झूठे प्रचार से बच सकती है। विरोधी प्रचार के माध्यम से जनता में विभिन्न क्षेत्रों में स्वस्थ अभिवृत्ति एवं विश्वास उत्पन्न किए जा सकते हैं।

(ii) शिक्षा—शिक्षा के द्वारा मिथ्या प्रचार का प्रतिरोध किया जा सकता है जो इसका दूसरा उपाय है। मिथ्या प्रचार से ज्यादातर अशिक्षित लोग ही प्रभावित होते हैं। शिक्षित लोग आसानी से इस तरह के बहकावे में नहीं आते हैं। वैज्ञानिक शिक्षा के माध्यम से लोगों को हर प्रकार की बात को बुद्धि से परखने की शिक्षा दी जानी चाहिए जिससे वह किसी तरह के भुलावे तथा बहकावे में न आएँ।

(iii) जनता को मिथ्या प्रचार के बारे में सूचनाएँ देना—मिथ्या प्रचार के प्रतिरोध का तीसरा उपाय यह है कि जनता को इस संबंध में सूचित किया जाए। यह काम कुछ सामाजिक संस्थाओं अथवा सरकारी संस्थाओं को सौंपा जा सकता है। अमेरिका में न्यूयार्क की प्रचार विश्लेषण संस्था यह कार्य करती है। पत्र-पत्रिकाओं, रेडियो, पोस्टरों, किताबों एवं पर्चों के द्वारा जनता को मिथ्या प्रचार के प्रति सतर्क रहने की चेतावनी दी जा सकती है।

(vi) कानूनी रोकथाम—मिथ्या प्रचार के प्रतिरोध का चौथा उपाय यह है कि इसके लिए कानूनी रोकथाम की जाए। मिथ्या प्रचार को रोकने के लिए सरकार को कठोर कदम उठाना चाहिए। ऐसे प्रचार

को गैर-कानूनी कर देना चाहिए। साथ ही जो लोग मिथ्या प्रचार करते हुए पकड़े जाएँ, उन्हें सरकार की ओर से कड़ी सजा देने की व्यवस्था की जानी चाहिए।

(v) सामाजिक सुधार—मिथ्या प्रचार के प्रतिरोध का पाँचवाँ उपाय यह है कि सामाजिक सुधार किया जाए। समाज में अनेक ऐसे अंधविश्वास एवं पूर्वाग्रह प्रचलित हैं जिनके आधार पर मिथ्या प्रचार का प्रसार करना आसान हो जाता है। अत: यह जरूरी है कि ऐसे अंधविश्वासों एवं पूर्वाग्रहों को खत्म किया जाए ताकि भ्रामक प्रचार न हो सके। इस तरह सामाजिक सुधार के जरिए मिथ्या प्रचार का प्रतिरोध किया जा सकता है।

(vi) आर्थिक सुधार—मिथ्या प्रचार के प्रतिरोध का छठाँ उपाय यह है कि आर्थिक सुधार किया जाए। कुछ आर्थिक परिस्थितियाँ भी ऐसी होती हैं जिनकी वजह से लोग आसानी से भुलावे में आ जाते हैं। भ्रामक प्रचार का सबसे ज्यादा प्रभाव गरीबों पर देखा जा सकता है। वे लोग ऐसी चीजों की तलाश में रहते हैं जिनमें पैसा कम खर्च हो एवं फायदा ज्यादा हो। अत: प्रचारक के लिए उन्हें फँसाना आसान होता है। प्रचारक झूठे वायदे करके उन्हें फँसा लेता है। अत: यह जरूरी है कि गरीबों का आर्थिक सुधार किया जाए। दूसरे शब्दों में यह कहा जा सकता है कि भ्रामक प्रचार के प्रतिरोध हेतु कतिपय कुछ आर्थिक सुधार करना जरूरी होता है।

उपरोक्त विवरणों से यह पता चलता है कि भ्रामक प्रचार के प्रतिरोध के लिए किसी एक उपाय से ही काम नहीं चलता है अपितु इसके लिए एक से ज्यादा उपायों का किया जाना जरूरी होता है। भ्रामक प्रचार के प्रतिरोध के लिए लोगों को शिक्षित किए जाने के साथ-साथ भ्रामक प्रचार का पर्दाफाश किया जाना भी अच्छा होता है। साथ ही सरकार के लिए यह जरूरी होता है कि वह दोषियों को कठोर से कठोर दंड दे। इतना ही नहीं अपितु समाज से ऐसी सामाजिक एवं आर्थिक परिस्थितियों को दूर करना भी आवश्यक होता है जो भ्रामक प्रचार में सहायक सिद्ध होती हैं। इस तरह यह कहा जा सकता है कि भ्रामक प्रचार प्रतिरोध के कई उपाय हैं।

प्रचार के सिद्धांत

प्रचार के कतिपय सिद्धांत भी होते हैं। प्रो. डूब (Prof. Doob) ने प्रचार के कुछ ऐसे सिद्धांत प्रतिपादित किए हैं जो ऑटो क्लाइबर्ग के शब्दों में प्रचार के जरूरी तत्त्वों के संबंध में अब तक किए गए सभी प्रयत्नों में सबसे ज्यादा तार्किक एवं क्रमबद्ध प्रयास का प्रतिनिधित्व करते हैं। प्रचार के सिद्धांत निम्नवत् हैं—

1. बोध का सिद्धांत,
2. प्रचारक के इरादे का सिद्धांत,
3. वांछित संगठन का सिद्धांत,
4. प्रचार के प्रकार का सिद्धांत,
5. विरोधी प्रचार का सिद्धांत,
6. संबंधित मनोवृत्तियों का सिद्धांत,

7. अनुनय का सिद्धांत,
8. भविष्यवाणी न कर सकने के क्षेत्र का सिद्धांत।

प्रचार के प्रकार्य या महत्त्व

वर्तमान जटिल समाजों में प्रचार का महत्त्व दिनानुदिन बढ़ता जा रहा है। चाहे वह सामाजिक जीवन का कोई भी फलक हो, प्रचार के महत्त्व से अछूता नहीं है। फलक चाहे सामाजिक हो, आर्थिक हो, धार्मिक हो, राजनीतिक हो अथवा सांस्कृतिक अथवा युद्ध अथवा शिक्षा सभी में प्रचार का महत्त्व बढ़ता जा रहा है। सामाजिक जीवन में प्रचार की भूमिका को स्पष्ट करते हुए हुलियालकर (Hulyalkar) ने 'Outlines of Social Psychology' में लिखा है, ''प्रचार सूचना एवं शिक्षण का एक अंग है और वह व्यक्तियों तथा समाजों के व्यवहारों को नियंत्रित करता है। यह मनोवृत्तियों का नियंत्रण और निर्माण भी करता है। यह सामाजिक नियंत्रण का इतना शक्तिशाली साधन है कि इसके उचित प्रयोग से संपूर्ण समाज का स्वरूप बदला जा सकता है। युद्ध और शांति, रचनात्मक अथवा विनाशकारी सभी दशाओं में प्रचार सदैव उपयोगी रहा है और रहेगा।''

यूँ तो हरएक समाज में प्रचार का महत्त्व है लेकिन लोकतांत्रिक समाजों में इसका महत्त्व और ज्यादा बढ़ जाता है लोकतंत्र में जनता को शासन व्यवस्था, अपने अधिकार एवं कर्त्तव्य तथा लोकतांत्रिक आदर्शों की जानकारी होना जरूरी होता है एवं इनका प्रसार जनता में प्रचार के माध्यम ही होता है। लोकतंत्र में जनता द्वारा चुने हुए प्रतिनिधि कार्य करते हैं। ये विभिन्न राजनीतिक दलों से आते हैं। सभी दल के प्रतिनिधि चुनाव के समय में अपनी-अपनी नीतियों, आदर्शों एवं कार्यक्रमों को प्रचार के माध्यम से ही जनता तक पहुँचाते हैं। इस तरह वे जनता का समर्थन हासिल करते हैं। इसी तरह सरकार भी अपनी विविध नीतियों, योजनाओं एवं कार्यक्रमों को प्रचार के माध्यम से ही जनता तक पहुँचाती है ताकि जनता उनका मूल्यांकन कर सके। इस विधि से यह पता चलता है कि प्रचार लोकतंत्र के लिए बहुत जरूरी है। जबकि यही प्रचार कभी-कभी लोकतंत्र के लिए नुकसानदायक भी होता है। कभी-कभी लोकतंत्र विरोधी तत्त्व उग्र तथा प्रभावपूर्ण तरीके से प्रचार करके जनता को अपने पक्ष में करके अपने स्वार्थों की पूर्ति करते हैं। इस संबंध में लॉसवेल (Lasswell) ने लिखा है, ''लोकतांत्रिक परिस्थितियों में ऐसा प्रतीत होता है कि इस प्रकार का प्रचार उन आधारभूत मान्यताओं को नष्ट कर देता है जिन पर लोकतांत्रिक संस्थाएँ आधारित होती हैं और उसके विरुद्ध संवेगात्मक विद्रोह का रास्ता साफ कर देता है।''

सामाजिक जीवन में प्रचार की भूमिका को निम्नलिखित आधारों पर स्पष्ट किया जा सकता है—

(i) मनोवृत्तियों तथा व्यवहारों पर नियंत्रण—प्रचार का पहला प्रकार्य अथवा महत्त्व यह है कि इसके माध्यम से मनोवृत्तियों तथा व्यवहारों पर नियंत्रण किया जाता है। आजकल जीवन की जटिलताओं के साथ-साथ सामाजिक नियंत्रण के साधनों में भी वृद्धि होती जा रही है। इन नियंत्रण के साधनों में प्रचार का स्थान काफी प्रमुख होता जा रहा है। इसके माध्यम से व्यक्तियों के व्यवहारों, विचारों और मनोवृत्तियों पर नियंत्रण किया जा सकता है। साथ ही इसमें बदलाव भी लाया जा सकता है। प्रेस, रेडियो, टेलीविजन एवं चलचित्र, इत्यादि के माध्यम से लोगों के व्यवहारों और विचारों को एक निश्चित दिशा में मोड़ने का

प्रयास किया जाता है। सरकार भी अपनी योजनाओं, नीतियों तथा आदर्शों के अनुरूप जनमत तैयार करने के लिए प्रचार करती है। सामाजिक कुरीतियों तथा बुराइयों को दूर करने के लिए भी प्रचार की मदद ली जाती है। इस प्रकार यह पता चलता है कि प्रचार मनुष्यों की मनोवृत्तियों एवं व्यवहारों पर नियंत्रण करता है।

(ii) धर्म तथा प्रचार—प्रचार का दूसरा प्रकार्य या महत्त्व यह है कि इसके माध्यम से धर्म का प्रचार किया जाता है। प्रचार का उपयोग धर्म के विस्तार के लिए भी किया जाता है। भारतवर्ष में ही ईसाई धर्म के प्रचार और विस्तार के लिए ईसाई मिशनरियों ने चिकित्सा, शिक्षा, इत्यादि सुविधाएँ प्रदान करके अपने धर्म का प्रचार किया। आज अनेक धार्मिक फिल्मों से भी धार्मिक मतों एवं विश्वासों का प्रचार किया जाता है। इस प्रकार यह पता चलता है कि विभिन्न धार्मिक मतों एवं विश्वासों के नियंत्रण में भी प्रचार की भूमिका महत्त्वपूर्ण होती है।

(iii) शिक्षा और प्रचार—प्रचार का तीसरा प्रमुख प्रकार्य या महत्त्व यह है कि इसके माध्यम शिक्षा का प्रसार किया जाता है। आज शिक्षा के क्षेत्र में भिन्न-भिन्न प्रकार के ज्ञान और प्रशिक्षण प्रदान करने के लिए शिक्षा की सहायता ली जाती है। विभिन्न विकास योजनाओं, परिवार नियोजन कार्यक्रमों एवं अन्य समस्याओं के प्रति जनता को जागरूक करने के लिए किताबों पत्रिकाओं, रेडियो, टेलीविजन एवं चलचित्र के माध्यम से प्रचार किया जाता है। इस तरह यह पता चलता है कि शिक्षा के द्वारा भिन्न-भिन्न क्षेत्रों में प्रचार किया जाता है।

(iv) वाणिज्य, व्यापार एवं प्रचार—प्रचार का चौथा महत्त्वपूर्ण प्रकार्य या महत्त्व यह है कि वाणिज्य एवं व्यापार के क्षेत्र में भी प्रचार प्रमुख भूमिका अदा करता है। आज व्यापार संबंधी प्रचार समाचार-पत्रों, पत्रिकाओं, रेडियो, टेलीविजन, चलचित्र, पर्चों और पोस्टरों, आदि के द्वारा किया जाता है। रेडियो पर तो व्यापार संबंधी प्रचार करने के लिए कुछ विशेष कार्यक्रमों को ही निर्धारित कर दिया गया है। इस तरह यह पता चलता है कि प्रचार आधुनिक वाणिज्य तथा व्यापार का प्रमुख आधार है।

(v) राजनीति एवं प्रचार—प्रचार का पाँचवाँ महत्त्वपूर्ण प्रकार्य अथवा महत्त्व यह है कि यह राजनीति के क्षेत्र में भी प्रमुख भूमिका अदा करता है। राजनीति के क्षेत्र में भी प्रचार का स्थान बहुत प्रमुख होता है। सभी राजनीतिक दल अपनी नीतियों, आदर्शों और कार्यक्रमों का प्रचार कर जनमत को अपने तरफ में करना चाहती है। सरकार भी अपनी नीतियों और कार्यक्रमों को प्रचार के द्वारा से ही जनता तक पहुँचाती है ताकि जनता उसका मूल्यांकन कर सके। इस तरह यह पता चलता है कि प्रचार राजनीति के क्षेत्र में भी प्रमुख भूमिका अदा करता है।

(vi) शांतिकाल एवं प्रचार—प्रचार का छठाँ महत्त्वपूर्ण प्रकार्य अथवा महत्त्व है कि इसका प्रयोग शांतिकाल में भी किया जाता है। शांतिकाल में जनता की समस्याओं और सामाजिक बुराइयों के विरुद्ध प्रचार के माध्यम जनमत तैयार करके उन्हें हल करने में मदद मिलती है। इसी तरह शिक्षा, धर्म, राजनीति और व्यापार, भिन्न-भिन्न क्षेत्र में विभिन्न प्रचार का काम शांतिकाल में ही किए जाते हैं। इस संबंध में क्रेच और क्रचफील्ड (Krech and Crutchfield) ने लिखा है, "यह युद्ध के अस्त्र के रूप में अणु बम से भी अधिक घातक होता है और शांति के यंत्र के रूप में संयुक्त राष्ट्र संघ से भी अधिक प्रभावपूर्ण देखा गया है।" इस तरह यह पता चलता है कि शांतिकाल में भी प्रचार का महत्त्व होता है।

(vii) युद्धकाल एवं प्रचार—प्रचार का सातवाँ प्रकार्य अथवा महत्त्व युद्धकाल में नजर आता है। आधुनिक युग में युद्ध की प्रकृति जटिल हो गई है। अतः इसमें प्रचार का महत्त्व और ज्यादा बढ़ गया है। युद्धकाल में प्रचार के माध्यम अपने समूह को युद्ध में ज्यादा सक्रिय रूप से हिस्सा लेने के लिए प्रोत्साहित किया जाता है एवं शत्रु समूह को हतोत्साहित किया जाता है। कविताओं, नाटकों, गीतों, वीरों की कहानियों एवं उदाहरणों और शहीदों की स्मृति, आदि के द्वारा अपने वर्ग में धैर्य, साहस, वीरता एवं देशरक्षा की भावनाओं का संचार किया जाता है। साथ ही दुश्मन वर्ग के प्रति जनता में घृणा एवं बदला लेने की भावना एवं शत्रु के कार्यों को अनुचित बताने के लिए प्रचार की मदद ली जाती है। इस तरह यह पता चलता है कि युद्धकाल में प्रचार का महत्त्व बहुत होता है।

(viii) सामाजिक प्रगति का आधार—प्रचार का आठवाँ प्रकार्य या महत्त्व यह है कि यह सामाजिक प्रगति का आधार होता है। सामाजिक जरूरतों और परिस्थितियों के आधार पर निर्मित नवीन आविष्कार पद्धतियाँ, आदर्श, मूल्य एवं विचारधाराएँ, आदि जो सामाजिक प्रगति के आधार हैं, प्रचार की सहायता से ही जनता तक तथा एक समाज से दूसरे समाज तक पहुँचाए जाते हैं। इस तरह यह पता चलता है कि प्रचार सामाजिक प्रगति का आधार होता है।

(ix) सामाजिक परिवर्तन का साधन—प्रचार का नौवाँ प्रकार्य या महत्त्व यह है कि यह सामाजिक परिवर्तन का साधन भी है। आज के युग में नियोजित परिवर्तनों को ज्यादा महत्त्व दिया जा रहा है। इसके लिए यह जरूरी होता है कि पहले उन नवीन कार्यक्रमों या योजनाओं को जनता के समक्ष रखा जाए ताकि जनता उसकी अच्छाइयों एवं बुराइयों पर विचार कर सके। जनता तक किसी कार्यक्रम को पहुँचाने के लिए प्रचार ही एकमात्र साधन होता है। कई नियोजित प्रकार के परिवर्तनों के लिए प्रचार की बहुत अधिक आवश्यकता होती है। इस तरह यह पता चलता है कि प्रचार सामाजिक परिवर्तन का एक साधन है जो इसका एक प्रकार्य या महत्त्व है।

प्रचार की सीमाएँ

प्रचार मनुष्यों एवं समूहों के विचारों, मनोवृत्तियों तथा व्यवहारों को प्रभावित और नियंत्रित करने की एक विधि है। मनुष्यों एवं समूहों को किन्हीं निहित स्वार्थों और प्रयोजनों के आधार पर प्रभावित करना सरल काम नहीं है। वास्तव में प्रचार की सफलता कुछ परिस्थितियों पर निर्भर करती है। दूसरे शब्दों में यह कहा जा सकता है कि प्रचार की कुछ सीमाएँ होती हैं जिनका ध्यान रखना प्रचारकर्ता के लिए जरूरी होता है। ये सीमाएँ निम्नलिखित हैं—

1. वह तभी प्रभावशाली होती है जब जनता का ज्ञान एवं शिक्षा सीमित होती है। यानी शिक्षित तथा अधिक ज्ञानवान मनुष्यें पर प्रचार का प्रभाव सरलता से नहीं पड़ता है।
2. इसका प्रभाव पुरुषों की तुलना स्त्रियों पर अधिक पड़ता है। साथ ही इसका असर वयस्कों की अपेक्षा बच्चों पर ज्यादा पड़ता है।
3. प्रचार में शारीरिक बल का प्रयोग होने पर शिक्षित और उच्च वर्ग उससे विमुख हो जाता है। यानी वह ऐसे प्रचारों का विरोध करता है।
4. प्रचार के असर को विरोधी प्रचार सीमित कर देता है। अर्थात् अगर किसी चीज का प्रचार किया

जा रहा हो और उसके साथ उसका विरोधी प्रचार भी हो रहा हो तो उस प्रचार का महत्त्व कम हो जाता है।

5. अनुकूल एवं सामाजिक परिस्थितियों से संबंधित प्रचार सरलता से स्वीकार कर लिया जाता है। जबकि सामाजिक परिस्थितियों के प्रतिकूल प्रचार को सरलता से स्वीकार नहीं किया जाता है।
6. जनता के प्रचलित विचार, विश्वास और आदर्शों के प्रतिकूल प्रचारों को सफलता नहीं मिलती है। यानी जो प्रचार जनता की मान्यताओं के विपरीत होता है उसे मान्यता नहीं मिलती है। इसके विपरीत जो प्रचार जनता के विचारों, विश्वासों तथा आदर्शों के अनुकूल होता है उसे मान्यता मिल जाती है।
7. प्रचार में शारीरिक बल का उपयोग होने पर शिक्षित तथा उच्च वर्ग ऐसे प्रचार का विरोधी बन जाता है।
8. यदि जनता से प्रचार के प्रयोजन छिपे होते हैं तो प्रचार सहजता से साफ हो जाता है। इसके विपरीत प्रयोजनों के प्रकट हो जाने पर सफलता मुश्किल हो जाती है।
9. जिन परिस्थितियों और वस्तुओं का प्रत्यक्ष ज्ञान संभव होता है उसके संबंध में प्रचार सफल नहीं हो पाता है जबकि जटिल परिस्थितियों से संबंधित प्रचार सरलता से स्वीकार कर लिया जाता है।

प्रचार का मूल्यांकन

प्रचार को अपने प्रयोजनों में कहाँ तक सफलता मिली है, प्रचार की दिशा एवं गति में क्या-क्या बदलाव या काम सुधार करना चाहिए, इन सभी प्रश्नों का उत्तर मूल्यांकन के माध्यम से मिलता है। ऐसा नहीं है कि मूल्यांकन हमेशा प्रचार अभियान की समाप्ति पर ही होता है। प्रचार का काम हमेशा चलता रहता है। मूल्यांकन का काम भी प्रचार काम के साथ ही किया जाना चाहिए। इससे यह पता चलता है कि प्रचार सही दिशा में हो रहा है अथवा नहीं। अगर प्रचार काम में किसी तरह की परेशानी रह जाती है तो उसमें तत्काल सुधार होना चाहिए।

किसी भी लोकतंत्र में सरकार के प्रचार अभियानों का मूल्यांकन भिन्न-भिन्न सूत्रों से प्राप्त जनता की प्रतिक्रियाओं के आधार पर किया जाता है। ये प्रतिक्रियाएँ निम्नवत् सूत्रों से प्राप्त होती हैं—

(i) प्रतिनिधि संस्थाएँ—सभी राज्य में ग्राम स्तर से लेकर राज्य स्तर तक पंचायतें, पंचायत समितियाँ और जिला परिषदें, इत्यादि कार्य करती हैं। उनमें सम-सामयिक समस्याओं पर चर्चा होती रहती है। इस चर्चा से अनुमान लगाया जा सकता है कि जनता सरकार के पक्ष को किस सीमा तक स्वीकार करती है और इस दिशा में और क्या करना अपेक्षित है।

(ii) राजनीतिक संगठन—राजनीतिक संगठन तथा अन्य सार्वजनिक संस्थाएँ भी समय-समय पर अपने विचार प्रकट करती हैं जिनके आधार पर प्रचार काम का मूल्यांकन किया जा सकता है।

(iii) पत्रों एवं डाक द्वारा—साधारण डाक द्वारा भी मनुष्य अपनी सम्मतियाँ या शिकायतें सरकारी विभागों या सार्वजनिक संस्थाओं को लिखकर भेजता है। कई कारोबारी दफ्तरों या बड़े-बड़े कारखानों में भिन्न-भिन्न पेटियाँ रखी जाती हैं जिनमें कोई भी मनुष्यों अपनी शिकायतें या अपने सुझाव लिखकर डाल सकता है।

(iv) प्रेस द्वारा प्राप्त प्रतिक्रियाएँ–सामाचार-पत्रों में सम्पादकीय, विशेष लेख अथवा समाचार चिट्ठियाँ एवं सम्पादक के नाम पत्र, आदि ऐसे स्तम्भ होते हैं जिनके द्वारा यह पता चलता है कि जनता सरकार की नीतियों को कहाँ तक समझती है और इसमें प्रचार की दिशा में और क्या कुछ करना शेष है। इस तरह यह पता चलता है कि प्रेस के जरिए प्राप्त प्रतिक्रियाओं से प्रचार का मूल्यांकन होता है।

प्रचार एक अच्छा शब्द है जो बुरा बन गया है

प्रचार एक अच्छा शब्द है जो बुरा बन गया है। (Propaganda is a Good Word Gone Wrong), यह तथ्य वास्तव में सत्य है जो कैथरिन जिरॉल्ड (Katherine Gerould) द्वारा कहा गया है। प्रचार एक ऐसी प्रविधि है जिसका उपयोग अच्छे एवं बुरे दोनों रूपों में किया जा सकता है। यदि प्रचार का एक प्रविधि के तौर पर मूल्यांकन किया जाए तो यह न तो अच्छा है और न बुरा। यह प्रचार का उपयोग करने वाले पर निर्भर करता है कि वह उसका उपयोग अच्छे कार्यों के लिए करता है या बुरे कार्यों के लिए। यदि कोई बुरे कार्यों के लिए प्रचार का प्रयोग करता है तो इसमें प्रचारकर्त्ता की कोई गलती नहीं कही जा सकती है बल्कि यह गलती प्रयोगकर्ता की होती है। इस संबंध में बी. कुप्पुस्वामी (B. Kuppuswamy) ने 'An Introduction to Social Psychology' में लिखा है, "प्रचार एक प्रविधि है जिसका प्रयोग व्यक्तियों तथा संपूर्ण समूह के कल्याण के लिए किया जा सकता है। अत: दोष प्रचार की प्रविधि में नहीं है अपितु उस तरीके में है जिससे कुछ व्यक्ति अथवा व्यक्तियों के समूह इन प्रविधियों का प्रयोग सामूहिक कल्याण के लिए न करके अपने स्वार्थों के लिए करते हैं।" इन्हीं कारणों से लोग सामान्यत: प्रचार का आशय झूठ बोलने से लगाते हैं। जैसा कि किम्बाल यंग (Kimball Young) ने लिखा है कि "बहुत से व्यक्ति इस शब्द को बुरे अर्थों में मानने लगे हैं।" (Many people have come to regard the term as one of evil and sinister connotation.") प्रचार को बुरा मानने की वजह यह है कि महायुद्धों के दौरान इसका गलत अर्थों में व्यापक रूप से प्रयोग किया गया। इस समय रूस, इटली, जर्मनी एवं जापान, इत्यादि देशों ने प्रचार मंत्रालय की बाकायदा स्थापना की। इस मंत्रालय द्वारा बाकायदा इस तरह का झूठा प्रचार किया जाने लगा। ताकि लोगों में यह विश्वास उत्पन्न हो जाए कि वे संसार में सर्वाधिक शक्तिशाली हैं। साथ ही संपूर्ण विश्व पर शासन करने का एकमात्र उन्हीं का अधिकार है। दरअसल इसके जरिए वे संपूर्ण विश्व पर अपना प्रभुत्व स्थापित करना चाहते थे। इस पैदा हिटलर (Hitler) ने प्रचार के जरिए जर्मनी के लोगों में यह विश्वास पैदा कर दिया कि जर्मनी संसार की सर्वश्रेष्ठ प्रजाति है, इसलिए उन्हें ही विश्व पर शासन करने का एकमात्र अधिकार है। इस प्रकार झूठे प्रचार के द्वारा लोगों को युद्ध के लिए प्रेरित कर दिया गया। इतिहास के इन उद्धरणों से यह पता चलता है कि प्रचार वास्तव में बुरा नहीं था जबकि इसे झूठ अथवा बुरे का समानार्थक अपने स्वार्थ-सिद्धि के लिए बना दिया गया। पुराने समय को ही क्यों कोसा जाए? आज भी ऐसे लोगों की कमी नहीं जो प्रचार का बुरे अर्थों में उपयोग करते हैं। आज राजनीति, व्यापार, धर्म एवं अन्य क्षेत्रों में कुछ लोग अपने निहित स्वार्थों की पूर्ति के लिए झूठा प्रचार करते हैं। इस प्रकार यह मत होता है कि प्रचार एक अच्छा शब्द है जिसे लोगों ने बुरा बना दिया है।

उपरोक्त विवेचनों से यह पता चलता है कि प्रचार सदैव सामाजिक नियंत्रण का एक प्रमुख साधन

रहा है और रहेगा। आधुनिक लोकतांत्रिक एवं वर्ग समाज में सामाजिक नियंत्रण का कोई भी साधन इतना प्रभावपूर्ण एवं महत्त्वपूर्ण नहीं है जितना कि प्रचार। यही कारण है कि वर्तमान युग को प्रचार का युग कहा जाता है। आज शायद ही जीवन का कोई फलक हो जो प्रचार से अछूता हो। यह बात पृथक् है कि प्रचारक का उद्देश्य क्या है। जब अच्छे अर्थों में प्रचार का उपयोग किया जाता है तो प्रचार अच्छा बन जाता है एवं अगर बुरे अर्थों में प्रचार का उपयोग किया जाता है तो यह बुरा बन जाता है। इसमें दोष प्रचार का नहीं होता अपितु प्रचारक का होता है, चूँकि प्रचारक ही अच्छे एवं बुरे दोनों अर्थों में इसका उपयोग करता है। चाहे इसका उपयोग जिन अर्थों में किया जाए जबकि यह वास्तविकता है कि प्रचार सामाजिक नियंत्रण का एक साधन है। इस संबंध में क्रेच एवं क्रचफील्ड ने लिखा है, ''प्रचार (मौखिक एवं लिखित) ने मनुष्य को नियंत्रित करनेवाली शक्तियों में महत्त्वपूर्ण स्थान प्राप्त कर लिया है।''

8

भारतीय राजनीति में जातिवाद और वर्ग संघर्ष

भारत एक विशाल देश है जहां पर विभिन्न समुदाय के लोग निवास करते हैं। इन समुदायों में जहां एक तरफ वर्ग व्यवस्था बनायी गयी है वहीं दूसरी तरफ इनमें उपजातियां समाहित हो गयी हैं। विश्व समुदाय के सामने यह अवधारणा एक विशेष समस्या के रूप में उभरी है। वास्तविकता तो यह है कि भारतीय समाज में जातिवाद की प्रवृत्ति के कारण विभिन्न प्रकार को विसंगतियाँ उत्पन्न हो रही हैं। अर्थात् जातिवाद को हम अपनी जाति विशेष के हितों के लिये ही प्रयत्न करने की एक विचार धारा कह सकते है। इस प्रवृत्ति से जहाँ अल्पजातियों के हितों की अस्तितव खतरे में होता है वहीं समाज का वातावरण भी अन्तर्गत से परिपूर्ण हो जाता है, जो वर्तमान समय में एक गंभीर समस्या है।

जांतिवाद, सम्प्रदामवाद व क्षेत्रवाद विभिन्न जातियों के बीच पाई जाने वाली खाई को और भी चौड़ा करना तथा दूसरे के प्रति घृणा द्वेष या प्रतिस्पर्द्धा आदि के रूप में अभिव्यक्त होती है। अपनी जाति के स्वार्थ को सर्वोपरि समझना जातिवाद का सबसे सामान्य रूप है जोकि इस भावना पर आधारित है कि एक जाति के सदस्यों का पहले अपनी जाति के प्रति नैतिक कर्तव्य है फिर कही अन्य लोगों के प्रति उस प्रकार के कर्तव्य निभाने का प्रश्न उठता है।

जातिवाद का अर्थ एवं परिभाषा

जातिवाद एक जाति के सदस्यों की वह भावना जो अपनी जाति के हित के सम्मुख अन्य जातियों के सामान्य हितों की अवहेलना और प्राय: हनन करने को प्रेरित करती है अर्थात् स्वार्थपरता की विचारधारा का प्राबल्य की कही-न-कहीं जातिवाद का ही परिणाम होता है। किस प्रकार केवल अपनी जाति का ही कल्याण और प्रगति हो यही चिंता उन्हें देश या समाज या जातियों के सामान्य हितों का ध्यान नहीं रखने देती है। मानव भावनाओं का यह संकुचित रूप ही जातिवाद है।

डॉ. कैलासनाथ शर्मा के अनुसार, जातिवाद या जाति भक्ति एक जाति के व्यक्तियों की वह

भावना है जो देश के या समाज के सामान्य हितों का ख्याल न रखते हुये केवल अपनी जाति के सदस्यों के उत्थान, जातीय एकता और और जाति की सामाजिक प्रस्थिति को दृढ करने के लिये प्रेरित करती हो।

अत: स्पष्ट है कि जातिवाद के दो आधार होते हैं। पहला मनोवैज्ञानिक और दूसरा व्यावहारिक। मनौवैज्ञानिक से जातिवाद से प्रभावित व्यक्ति अपनी भावनाओं को अपनी ही जाति में केन्द्रित कर देता है और उन्हीं के कल्याण के लिये चिंता करता है। यह चिंता या इस प्रकार की भावनायें संकुचित हैं क्योंकि यह समग्र समाज के सामान्य हितों का ध्यान नहीं रखता है। इस कारण यह सामान्य या जनकल्याण के लिए द्योतक है। इस दृष्टिकोण से जातिवाद को समाज विरोधी भी कहा जा सकता है। जातिवाद का दूसरा पहलू क्रियात्मक या व्यावहारिक है। इसका तात्पर्य यह है कि जातिवाद से प्रेरित व्यक्ति अपनी ही जाति के कल्याण के लिए सोचते-विचारते ही नहीं है बल्कि उसी के अनुसार कार्य भी करते हैं अर्थात् अपने विचारों व भावनाओं को एक व्यावहारिक रूप भी देते हैं।

इसी का परिणाम यह होता है कि एक जाति के लोग कुछ ऐसे कार्य करते हैं जिनसे कि उस जाति के सदस्यों का कल्याण हो। जातीय शिक्षा संस्थान आदि खोलकर या अस्पताल बनवाकर या नौकरी के लिये भर्ती करने के समय पक्षपातपूर्ण व्यवहार करके अपनी जाति के लोगों को लाभ पहुंचाते हैं। ये सभी जातिवाद के क्रियात्मक या व्यावहारिक पहलू के अन्तर्गत ही आते हैं। अत: स्पष्ट है कि जातिवाद में आन्तरिक भावनाएं भी पर्याप्त नहीं है, अपनी जाति के सदस्यों के हितों को ध्यान में रखते हुए उन भावनाओं की वास्तविक क्रियाओं के रूप में बाहरी अभिव्यक्ति भी आवश्यक है। व्यावहारिक रूप में तथा मनोवैज्ञानिक दृष्टिकोण से आन्तरिक भावनायें ही बाहरी क्रियाओं को करने की प्रेरक शक्ति बन जाती है।

जातिवाद के विकास पर प्रभाव डालने वाले प्रमुख तत्व

(1) प्रचार व यातायात के साधनों में विकास—यातायात और प्रचार के साधनों का विकास होने के कारण वर्तमान समय में जातिवाद को पर्याप्त बढ़ावा मिल रहा है। जिसके कारण और बिखरे हुए एक जाति के सदस्यों में नाता दृढतर होता जा रहा है। जहाँ एक ओर यातायात के साधनों में उन्नति होने से एक जाति के सदस्य देश के विभिन्न भागों में बिखर गए, वहां दूसरी ओर इन्हीं साधनों ने उन्हें संगठित करने में सहायता भी दी है। आज देश के विभिन्न भागों में और विभिन्न समयों में जातीय सम्मेलन होते हैं और उनमें देश के कोने-कोने से उस जाति के सदस्य भाग लेने आते हैं और अपने सामान्य हितों की रक्षा करने के उपायों को सोचते तथा उसी के अनुसार प्रयत्न करते हैं। साथ ही समाचार पत्रों एवं जातीय प्रत्रिकाओं के द्वारा जातिवाद की भावनाओं पर प्रचार अब सरल हो गया है।

(2) विवाह सम्बन्धी प्रतिबन्ध—जाति प्रथा के अन्तर्गत अपनी ही जाति में विवाह करने का निर्देश है और इसका पालन भी हजारों वर्षो से किया जा रहा है। अन्तर्विवाह सम्बन्धी यह जातीय नियम व्यावहारिक रूप में केवल अपनी ही उपजाति में विवाह करने की अनुमति देता है और एक उपजाति की सदस्य संख्या भी सीमित ही होती है। इसका परिणाम यह हुआ है कि प्रत्येक जाति या उपजाति का एक वैवाहिक समूह बन गया है जिसमें प्रत्येक सदस्य एक-दूसरे से किसी न किसी रूप में विवाह सम्बन्धों

के द्वारा सम्बन्धित हो गये हैं। इस प्रकार के नाते रिश्तेदार एक दूसरे के हितों का अधिक ध्यान रखते हैं और उसी के अनुसार काम भी करते हैं इसी से जातिवाद का विकास होता है।

(3) जाति प्रतिष्ठा में वृद्धि हेतु—आज के संसार ने समानता के द्वार सबसे लिए खोल दिया है। पर जाति की प्रतिष्ठा इसी आधार पर स्थिर रह सकती है कि इस सुविधा से लाभ उठाकर एक जाति के अधिक-से-अधिक व्यक्ति अपनी स्थिति को ऊँचा-उठायें। इसके लिए आज नये ढंग से प्रयत्न करने की आवश्यकता होती है। क्योंकि पहले ही बताया जा चुका है कि सामाजिक स्थिति को निर्धारित करने वाले आधार बदल गए हैं। आज वह जरूरत है कि एक जाति के अधिकाधिक सदस्य शिक्षित हों, अच्छे पदों पर नियुक्त हों या राजनीतिक सत्ता के अधिकारी हो तब कही उस जाति की स्थिति सामाजिक जीवन में ऊँची उठ सकती है। इसलिए प्रत्येक जाति इस सम्बन्ध में प्रयत्नशील है कि अपने सदस्यों को अधिकाधिक सुविधा प्रदान करे, ताकि उनकी सामाजिक स्थिति ऊँची उठ सके।

(4) शहरीकरण—शहरीकरण के कारण वर्तमान समय में सभी जातियों को यह मौका मिला है कि वह अपने हितों की रक्षा करने के लिए अपने एक विशेष संगठन का निर्माण करें। वास्तव में नगर की परिस्थितियाँ ही इस प्रकार की हैं उनमें विशेषीकरण की आवश्यकता होती है इसीलिये यह देखा जाता है कि जीवन के विभिन्न पहलुओं से सम्बन्धित विशिष्ट समीति और संस्थायें नगरों में विद्यमान है। श्रमिकों के स्वार्थों की रक्षा के लिए एक विशिष्ट संगठन श्रमिक संघ है मालिकों के हितों के रक्षार्थ मालिकों का अपना संगठन है। उसी प्रकार वकील संघ, दुकानदार संघ, हलवाई संघ यहाँ तक कि रिक्शाचालक संघ भी विभिन्न वर्गों के स्वार्थों की रक्षा के लिये नगरों में पनप गए हैं। इस पर्यावरण के बीच जाति ही क्यों पिछडी रहे। नगर की यह परिस्थिति प्रत्येक जाति को इस बात के लिए प्रेरित करती है कि वह एक विशिष्ट संगठन के द्वारा अपने स्वार्थों की रक्षा करें और नागरिक समूदाय में अपनी जाति के सदस्यों की प्रतिष्ठा की उन्नति करने के लिए उन्हें हर प्रकार की सुविधायें प्रदान करें।

(5) औद्योगिक विकास—आधुनिक औद्योगिक विकास के साथ-साथ असंख्य नए पेशों का जन्म हुआ और इन पेशों में काम करने के लिए सभी को समान अवसर प्रदान किये गये अर्थात् जातीय आधार पर उन पेशों का न तो विभाजन किया गया और न ही ऐसा करना सम्भव था। इसका परिणाम यह हुआ कि प्रत्येक पेशों के दृष्टिकोण से सभी जाति के सदस्य एक स्तर पर आ खड़े हुए और पेशों की नियुक्ति के सम्बन्ध में उनमें पर्याप्त प्रतिस्पर्द्धा बढ़ी। फलत: प्रत्येक जाति के लिए यह आवश्यक हो गया कि वह इन पेशों में नियुक्ति के सम्बन्ध में अपने सदस्यों को कुछ संरक्षण प्रदान करें क्योंकि अनुभव के आधार पर यह समझा गया कि केवल व्यक्तिगत योग्यता पर निर्भर करना ही उचित न होगा, व्यक्तिगत प्रयत्नों की भी आवश्यकता है अर्थात् एक ओर जाति की ओर से सदस्यों के व्यक्तिगत गुणों के विकास के लिए शिक्षा आदि की सुविधा होनी चाहिये, साथ ही उस जाति के जो लोग उच्च पद पर हैं, वे व्यक्तिगत रूप से यह भी प्रयत्न करें कि नौकरी में नियुक्ति के सम्बन्ध में भी उनका अपनी ही जाति के सदस्यों को अधिक अक्सर मिले, चाहे उनकी व्यक्तिगत योग्यता कम ही क्यों न हो, क्योंकि खुली प्रतिस्पर्द्धा में उनसे भी योग्य व्यक्ति आ सकते हैं और आते हैं।

औद्योगिक विकास ने एक दूसरे रूप में भी जातिवाद के पनपने में मदद की है। औद्योगीकरण के फलस्वरूप अधिक से अधिक लोग नौकरी करने के उद्देश्य से शहरों की ओर पलायन करते हैं और वहीं

पर निवास भी करते हैं। इसके अलावा औद्योगीकरण ने गांव के गृह-उद्योगों को नष्ट कर दिया और इनमें लगे कारीगर बेकार हो गए और नौकरी की खोज में गांव से शहर में जाकर बसने लगे। इन सब कारणों से संयुक्त परिवार का विभाजन हुआ और लोगों को अब तक पारिवारिक आधार पर जो सुरक्षा मिलती थी उसका बहुत हद तक अन्त हो गया।

जातिवाद के दुष्प्रभाव

जातिवाद की बढ़ती प्रवृत्ति के कारण सामाजिक व्यवहार तथा समाज पर पड़ने वाले दुष्प्रभाव निम्नवत हैं–

(1) जातिवाद प्रजातन्त्र के लिए घातक–जातिवाद और प्रजातन्त्र दोनों एक-दूसरे के विरोधी हैं। अनेक पेशेवर नेता राजनीतिक क्षेत्र में इस जातिवाद से लाभ उठाते हैं और चुनाव के समय जाति के नाम पर ही वोट मांगते हैं और सफल भी होते हैं। इससे प्रायः ऐसे व्यक्ति चुन लिए जाते हैं, जो अपनी ही जाति के हितों के सम्मुख समाज के सामान्य हितों की बलि दे देते हैं। समानता का नारा लगता है, पर व्यावहारिक रूप से जातिवाद का ही डंका बजता रहता है।

(2) औद्योगिक कुशलता में बाधा—सरकारी तथा अन्य प्रकार की नौकरियों में नियुक्ति जाति के आधार पर होती है इस कारण प्रायः ऐसे ही लोगों की भरमार होती है जो अयोग्य और निकम्मे होते हैं। इसका परिणाम यह होता है कि योग्य और कुशल व्यक्तियों को मौका ही नहीं मिलता है। विभिन्न उद्योगों में काम करने वाले श्रमिकों के सम्बन्ध में जो अध्ययन हुए हैं, उससे यह पता चलता है कि जातिवाद के कारण सैकड़ों क्षमताशाली कुशल श्रमिक शहर में बेकार घूम रहे हैं तथा नौसिखिए, अयोग्य और अंकुशल सिर्फ श्रमिक बहुत बड़ी संख्या में उद्योगों में लगे हुए हैं।

(3) राष्ट्रीयता के विकास में बाधा—जातिवाद स्वस्थ राष्ट्रीयता के विकास में बाधक है। एक तो जाति-प्रथा ने स्वयं ही भारतीय समाज को अनेक भागों में बांट दिया है उस पर जातिवाद के आधार पर इन विभिन्न भागों के बीच जब तनाव या संघर्ष कटु हो जाता है, सामुदायिक भावना का जो संकुचित रूप दिखाई देता है वह वास्तव में भंयकर है। राष्ट्रीय विकास के लिए यह आवश्यक है कि स्वस्थ सामुदायिक भावना का विकास हो, पर जातिवाद उस स्थिति को उत्पन्न होने ही नहीं देता। यह राष्ट्रीय एकता और प्रगति के लिए कितना घातक है, यह शायद पृथक रूप से समझाने की आवश्यकता नहीं है। जहाँ आज राष्ट्र के नेतागण तथा सरकार जाति-पांति के भेदभाव को दूर करने में प्रयत्नशील है और जहाँ भारतीय संविधान किसी भी नागरिक के विरूद्ध केवल धर्म, जाति, जन्मस्थान अथवा इनमें से किसी भी आधार पर कोई विभेद न करने का विधान देता है, वहां जातिवाद अपने संकुचित क्षेत्र के अन्तर्गत कुछ संकुचित आदर्शो की प्रस्तुत के लिए प्रयत्नशील रहता है यह अवस्था देश और जनहित के लिए घातक है। जाति राष्ट्र से बड़ी नहीं है और न ही उसका स्थान राष्ट्र से ऊँचा है, इस सत्य को भी जातिवाद वे प्रवर्तक क्यों भूल जाते हैं—यह एक गहन मनोवैज्ञानिक अध्ययन का विषय है।

(4) नैतिक पतन–जातिवाद से प्रेरित होकर अपनी जाति के सदस्यों को हर प्रकार की सुविधा प्रदान करने के लिए अनेक अनुचित और अनैतिक उपायों का सहारा लिया जाता है। इससे जातिवाद के नाम पर नैतिक पतन भी होता है। नैतिकता सभी प्रकार की संकीर्णता की विरोधी है, लेकिन जातिवाद

यही सिखाता है कि अपनी जाति के हित के सम्मुख अन्य जातियों के सामान्य हितों की या समग्र समाज के कल्याण की अवहेलना, यहाँ तक कि हनन भी किया जा सकता है। मानव-भावनाओं का यह संकुचित रूप जब जातिवाद के रूप में प्रकट होता है तो नैतिक पतन सम्भवत: हो ही जाता है।

जातिवाद की समस्या निराकरण के उपाय

वर्तमान समय में जातिवाद की जो समस्या बढ़ रही है उसके निराकरण के उपाय निम्नलिखित हैं—

(1) उचित शिक्षा—शिक्षा के द्वारा ही मनुष्य की आदिम प्रवृत्तियों का शोधन होता है। अत: जब तक शिक्षा का प्रचार-प्रसार विस्तृत स्तर पर नहीं होगा तब तक जातिवादी व्यवस्था व प्रवृत्ति का निर्मलन किसी भी दशा में सम्भव नहीं है। शिक्षा संस्थाओं में मनोरंजन के विभिन्न साधनों आदि के माध्यम में ऐसी व्यवस्था होनी चाहिए। बच्चों के मन में जाति पांति का भेदभाव उत्पन्न ही न हो सके और दूसरी और जातिवाद के विरूद्ध स्वस्थ जनमत पनप सके। इसके लिए सामूहिक शिक्षा की आवश्यकता है और इस कार्य में सभी संस्थाओं व साधनों का सहयोग भी आवश्यक है। इस प्रकार की शिक्षा के द्वारा समाज में नई मनोवृतियों और व्यवहारों की विकसित करने का प्रयत्न करना होगा।

(2) आर्थिक और सांस्कृतिक समानता—विभिन्न जातियों में आर्थिक और सांस्कृतिक असमानता उनमें पारस्परिक द्वेष और प्रतियोगिता को जन्म देती है जिसका आधार आगे चक्कर जातिवाद ही होता है। इसे समाप्त करने के लिए उनमें आर्थिक और सांस्कृतिक समानता लानी होनी ताकि इस समानता के आधार पर ही वे एक-दूसरे के निकट आ सकें। यह कार्य सामाजिक और आर्थिक प्रगति के द्वारा ही किया जा सकता है जिससे कि औद्योगिक दृष्टि से परिपक्व समाज का निर्माण किया जा सके और एक ऐसी सामाजिक व्यवस्था स्थापित की जा सके जिसमें सभी नागरिकों को समान अवसर प्राप्त हो।

(3) नवीन सामाजिक सांस्कृतिक संगठनों की स्थापना—विभिन्न प्राचीन परम्पराओं तथा रीति रिवाजों के कारण जाति-प्रथा और इससे सम्बन्धित भावनायें भारत के सम्पूर्ण वातावरण में छाई है और यहाँ के प्रत्येक व्यक्ति की नस नस में समाई हुई है। इसलिए जातीय भावनाओं को किसी-न-किसी रूप में अभिव्यक्ति करना ही उनके लिये स्वाभाविक है। इसकी अभिव्यक्ति को दबाना उचित न होगा। अधिक वैज्ञानिक तरीका यह होगा कि इस अभिव्यक्ति के क्षेत्र को बदल दिया जाए। इसके लिए यह आवश्यक है कि नये प्रकार के सामाजिक व सांस्कृतिक समूहों का संगठन किया जाय और इन संगठनों में सभी जाति के लोगों की सदस्यता हो। इस प्रकार के संगठन बन जाने से लोगों को अपनी जातीय भावनाओं को व्यक्त करने का एक आधार प्राप्त होगा, लेकिन इस आधार से किसी एक जाति की नहीं बल्कि एकाधिक जातियों के हितों की रक्षा व सामान्य प्रगति सम्भव होगी। परन्तु स्मरण रहे कि इस प्रकार के समूह कहीं कोई विशिष्ट समूह-स्वार्थ की पूर्ति के लिये संगठित न हो जायें। यह हो सकता है कि एकसमान आर्थिक या धार्मिक स्वार्थ रखने वाले व्यक्ति एक साथ मिलकर एक संगठन का निर्माण करें और कालान्तर में यह संगठन इतना शक्तिशली हो जाये कि सामान्य स्वार्थों को आघात लगे। यह परिस्थिति जातिवाद का ही एक दूसरा रूप या उससे भंयकर हो सकता है। इसलिए यह नितांत आवश्यक है कि हमारी संस्कृति व सभ्यता के विकास के लिए जातिवादी प्रथा को दूरी से नकाराना होगा ताकि राष्ट्र व समाज का बहुआयामी विकास सम्भव हो सके।

(4) जाति-प्रथा का उन्मूलन—जातिवाद को समाप्त करने के लिए प्राय: यह सुझाव दिया जाता है कि जाति-प्रथा को ही समाप्त कर दिया जाए। भारतीय संविधान में जाति-पांति के भेदभाव को मिटाने के आदर्श को सामने रखा गया है। सरकारी तौर पर कुछ कानून भी पास किए गए हैं। इन सबके आधार पर यह विश्वास दिलाया जाता है कि भारत में शीघ्र ही जाति-विहिन समाज बनेगा। लेकिन इस प्रकार की कल्पना वास्तव में व्यावहारिक नहीं है क्योंकि भारतीय समाज में जाति-प्रथा की जड़ इतनी गहरी बैठ चुकी है कि दो-चार कानून पास करके उसे समाप्त नहीं किया जा सकता। वास्तव में इससे भी कुछ व्यावहारिक उपायों को हमें खोजना होगा।

(5) अन्तर्जातीय विवाह को बढ़ावा—घुरिये ने जातिवाद की समस्या को हल करने के अन्तर्जातीय विवाह को लोकप्रिय करने की आवश्यकता पर अधिक जोर दिया है। अन्तर्जातीय विवाह से विभिन्न जाति के दो लड़के और लड़कियों को ही नहीं बल्कि बहुधा उन दोनों के परिवारों को भी एक-दूसरे के निकट आने का अवसर प्राप्त होता है। इस रूप में जाति-प्रथा उपेक्षित होगी और विभिन्न जातियों के बीच जो खाई है वह नष्ट हो जाएगी और जातिवाद के विरोध में क्रियात्मक आवाज उठने लगेगी। वे व्यक्ति जो जाति के बन्धनों को तोड़कर विवाह करते हैं, केवल जातिविहिन वातावरण की ही दृष्टि नहीं करेंगे बल्कि एक ऐसे पीढी का भी पोषण करेंगे जो जाति-प्रथा की कट्टर विरोधी होगी। ऐसी अवस्था इस बात की है कि समाज में उन अनुकूल परिस्थितियों को उत्पन्न किया जाए जिनसे कि अन्तर्जातीय विवाह को प्रोत्साहन मिल सके। आज भी ऐसे विवाहों के लिए इस देश में सामाजिक परिस्थितियां अनुकूल नहीं हैं और जो लोग इस प्रकार के विवाह कर लेते हैं, उन्हें काफी परेशानी उठानी पड़ती है। सौभाग्यवश इस दिशा में परिवर्तन शुरू हो गया है और यही कारण है कि ज्यों-ज्यों इस प्रकार के विवाहों को प्रोत्साहन मिलेगा त्यो-त्यो उसका कुछ-न-कुछ प्रभाव जातिवाद की निराकरण प्रक्रिया पर अवश्य पड़ेगा।

(6) जाति शब्द का न्यूनतम प्रयोग—स्पष्ट है कि जातिवाद का हल कानून बनाकर या दो-चार दिनों के प्रयत्नों से सम्भव नहीं बल्कि इसके लिए तो निरन्तर प्रयास की आवयकता है और इस बीच जाति शब्द का कम से कम प्रयोग होना चाहिए, जिससे अल्प आयु के बच्चों के मन में उसका कोई अविशेष न रह जाए। शिक्षा संस्थाओं और सरकारी कार्यालयों को इस सम्बन्ध में विशेष सचेत होना होगा और किसी भी रूप में जाति शब्द का उल्लेख करवाकर जाति के महत्व को बढ़ावा नहीं देना चाहिए।

9

भारतीय राजनीति में पंचायती राज की भूमिका

सन् 1950 में भारत का नया संविधान लागू हुआ। केन्द्र सरकार के अनेक महत्वपूर्ण मंत्रालयों का गठन किया गया। उसमें से पंचायती राज्य एवं सामुदायिक विकास मंत्रालय की स्थापना उल्लेखनीय थी। गांधी जी ग्राम राज्य के पक्षधर थ। उनका मानना था कि स्वाधीन भारत की राजनीतिक व्यवस्था में ग्राम ही केन्द्र में होना चाहिए और उसे ही व्यवस्था की इकाई माना जाना चाहिए। गांधी जी चाहते थे कि देश की पंचायती व्यवस्था संस्थाओं को अधिक मजबूत और प्रभावी बनाया जाए। हालांकि 1 नवम्बर 1956 को मध्य भारत, विन्ध्य प्रदेश, महाकौशल और भोपाल को जोड़ कर एक नया राज्य बनाया गया, जिसका नाम मध्यप्रदेश रखा गया। इस राज्य के गठन होने के बाद से ही ग्रामपंचायतों को महत्व दिया गया। यहां की पंचायती राज संस्थाओं का आधार भूत स्वरूप ग्राम पंचायत ही रहा है। ग्राम पंचायतों का स्वरूप बहुत प्राचीन रहा है। प्राचीन समय से अब तक मध्य प्रदेश की ग्राम पंचायतें ही पंचायती राज का मुख्य आधार रही हैं।

सन् 1962 के अधिनियम के आधार पर पंचायतों की स्थापना

मध्य प्रदेश को राज्य का दर्जा प्राप्त होने के उपरांत पहला पारित अधिनियम मध्य प्रदेश पंचायत अधिनियम 1962 था। यह 20 जुलाई सन 1962 को मध्य प्रदेश के राजपत्र (गजट) में प्रकाशित हुआ। इस अधिनियम के अन्तर्गत ग्रामसभा से ग्राम पंचायतों के निर्माण के लिए व्यवस्था की गयी।

ग्रामसभा की व्यवस्था

पंचायती राज व्यवस्था का ग्रामसभा मुख्य आधार रही है। 1962 के अधिनियम के अनुसार ग्राम सभा का गठन इस अधिनियम के द्वारा एक ग्रामसभा का निर्माण एक हजार या उससे अधिक की जनसंख्या पर ही की जा सकती है और एक ग्राम सभा के अन्तर्गत आने वाले लोग गाँव के मूल निवासी होंगे। ग्रामसभा एक मतदाता सूची होगी, जो जिलाधीश या ऐसे दूसरे पदाधिकारी के नियंत्रण में होगी। इस ग्रामसभा का सरपंच एवं उप-सरपंच ग्रामसभा का पदेन सरपंच व उप-सरपंच होगा। प्रतिवर्ष इस

ग्राम सभा के कम से कम दो अधिवेशन होंगे। किन्तु सरपंच की विशेष उपस्थिति में ही ग्रामसभा का विशेष अधिवेशन बुलाया जा सकेगा।

मध्य प्रदेश में नवनिर्मित ग्रामसभा को प्रारम्भ से ही विकास कार्य दिये थे। मध्य प्रदेश शासन के प्रतिवेदन के अनुसार ये विकास कार्य ग्रामसभा को करने होते थे जो कि वित्तीय प्रावधानों की सीमाओं के भीतर संचालित किए जाते थे।

ग्राम पंचायत की स्थापना

पंचायती राज अधिनियम 1962 के अनुसार ग्राम पंचायत अपनी ग्रामसभा के नाम से एक निगम निकाय होगी जिसका मुख्यालय उसी ग्राम में होगा। ग्राम पंचायत में कुल दस सदस्यों का चुनाव किया जायेगा तथा ग्रामसभा की जनसंख्या यदि 1000 से अधिक हुई तो एक चुना हुआ सदस्य प्रति 250 व्यक्ति के मान से होगा। ग्राम पंचायत में महिलाओं, अनुसूचित जातियों तथा अनुसूचित जनजातियों को आरक्षण दिया जाएगा। यह आरक्षण ग्राम की संपूर्ण जनसंख्या में महिलाओं, पिछड़े वर्गों, अनुसूचित जाति तथा अनुसूचित जनजातियों की संख्या के आधार पर प्रदान किया जायेगा। इसके अलावा इस अधिनियममें यह प्रावधान भी किया गया है कि सरपंच और अन्य पंचों की कार्यावधि पांच साल की होगी। इन पांच वर्षों में इनके द्वारा किया गया काम और व्यवहार ग्रामीण विकास के हित में नहीं होता है तो इनके खिलाफ अविश्वास प्रस्ताव लाने का प्रावधान भी किया गया है। पंचों के दो तिहाई बहुमत से पारित अविश्वास प्रस्ताव के द्वारा सरपंच को सरपंच के पद से हटाया जा सकता है।

पंचायती राज अधिनियम 1981 के आधार पर पंचायतों की स्थापना

सन् 1962 में निर्मित किये गये पंचायती राज अधिनियम की जटिलताओं को समाप्त करने के लिए मध्य प्रदेश पंचायत अधिनियम 1981 बनाया गया जो कि 1 अक्टूबर, 1981 को राजपत्र में प्रकाशित हुआ तथा इसे 24 अप्रैल, 1981 से लागू किया गया। इस अधिनियम में ग्राम पंचायत, जनपद पंचायत तथा जिला पंचायत के मध्य संगठनात्मक व कृत्यात्मक संबंध स्थापित किया गया। इस अधिनियम में जनपद पंचायत के गठन के लिए सर्वप्रथम प्रयास किए गए तथा इसे विकासखंड स्तर पर स्थापित करने का नियम बनाया गया।

ग्राम पंचायत की स्थापना—पंचायती राज अधिनियम 1981 द्वारा ग्राम सभा इकाई को खत्म कर ग्राम पंचायत से जोड़ दिया गया। अधिनियम के द्वारा ग्राम पंचायतों के गठन के लिए जिलाधीश या उप-जिलाधीश को अधिकार दिया गया है। जिलाधीश के आदेशानुसार ही ग्राम पंचायतों का गठन किया जाएगा। ग्राम पंचायत 1000 से ज्यादा जनसंख्या वाले ग्राम में स्थापित की जा सकेगी। सरपंच का चुनाव प्रत्यक्ष रीति से पंचों के द्वारा होगा तथा कोई पंच ही सरपंच के रूप में चुना जा सकेगा। यदि सरपंच अपने उत्तरदायित्व निभाने में समर्थ नहीं रहता है, तो सभी पंच बहुमत से उसे पदमुक्त कर सकते हैं।

जनपद पंचायत की स्थापना—1981 के पंचायती राज अधिनियम के अनुसार प्रत्येक तहसील के लिए जनपद पंचायत का गठन किया जाता है इसमें कम से कम 15 से 30 तक सदस्य हो सकते हैं। इस जनपद पंचायत के सफल संचालन हेतु अध्यक्ष तथा उपाध्यक्ष को चुना जाएगा। इसमें से

जनपद पंचायत के अध्यक्ष हेतु महिला, पिछड़ा वर्ग, अनुसूचित जाति तथा अनुसूचित जनजाति के लोगों के लिए यथायोग्य आरक्षण व्यवस्था है। इस अधिनियम के अन्तर्गत यदि अध्यक्ष का पद आरक्षित है तो उपाध्यक्ष का पद आरक्षण से मुक्त रहेगा और उपाध्यक्ष का पद आरक्षित होने पर अध्यक्ष का पद आरक्षण से स्वतंत्र रहेगा।

जनपद पंचायत के निर्माण के उपरान्त अध्यक्ष और उपाध्यक्ष का कार्यकाल ढाई-ढाई वर्ष दो चरणों में विभाजित होगा। यदि इनके खिलाफ अविश्वास प्रस्ताव लाया जाता है, तो उसे पारित करवाने के लिए कार्यपालन अधिकारी एक सम्मेलन आयोजित करता है जिसमें अविश्वास प्रस्ताव रखा जाता है।

जिला पंचायत की स्थापना—1981 के अधिनियम में दिये गये प्रावधान के आधार पर जनपद पंचायत के चुने हुए सदस्य, उपाध्यक्ष तथा अध्यक्ष आदि मिलकर जिला पंचायत का गठन करते हैं। इनके अतिरिक्त विभिन्न शासकीय तथा प्रशासकीय अधिकारियों के द्वारा जिला पंचायत का गठन होता है। मध्य प्रदेश पंचायती राज अधिनियम 1981 के द्वारा जनपद पंचायत अध्यक्ष जिला पंचायत में जनपद का प्रतिनिधित्व करता है तथा विभिन्न अधिकारी अलग-अलग विभागों का प्रतिनिधित्व करते हैं। जिला पंचायत के सभापति तथा उप-सभापति के पदों में से कोई एक पद अनुसूचित जाति, अनुसूचित जनजाति या पिछड़ा वर्ग से किसी एक के लिए आरक्षित रहेगा। जिला पंचायत के अधिकारियों का चयन करने में जनपद पंचायत के समस्त प्रतिनिधि शामिल होते हैं।

पंचायती राज अधिनियम 1984 के आधार पर पंचायतों की स्थापना

मध्य प्रदेश पंचायती राज अधिनियम 1981 के पश्चात् संशोधन करके मध्य प्रदेश पंचायती राज अधिनियम 1984 (संशोधित) बनाया गया। इसका उद्देश्य मध्य प्रदेश अध्यादेश क्रमांक 6 सन् 1981 को प्रस्थापित करना था।

ग्राम पंचायत का गठन

ग्राम पंचायत की स्थापना—संशोधित पंचायती राज अधिनियम 1984 के आधार पर ग्राम पंचायत का गठन बोर्डों के चयनित सदस्य और अधिनियम की उपधारा (3) (4) या (5) के तहत सहयोजित पंच मिलकर करेंगे। यदि कोई वार्ड किसी पंच को निर्वाचित नहीं करता तो राज्य सरकार या संबंधित अधिकारी यथासंभव शीघ्र पंचायतों की नियुक्ति करेगा तथा नियुक्त व्यक्ति मिलकर ग्राम पंचायत का गठन करेंगे। इस ग्राम पंचायतों के गठन में महिलाओं, अनुसूचित जातियां, अनुसूचित जनजातियां तथा सहकारी सोसायटियां मिलकर प्रतिनिधित्व करेंगी। निर्वाचित पंचों में यदि कोई महिला न हो तो इस संशोधित अधिनियम के अनुसार ग्राम की महिला मतदाता को पंच के रूप में सहयोजित किया जा सकता है। इसके अतिरिक्त ग्रामीण क्षेत्र की संपूर्ण जनसंख्या में से अनुसूचित जाति, अनुसूचित जनजाति के व्यक्तियों की संख्या के अनुसार ग्राम पंचायत के सरपंच के पदों का आरक्षण होगा।

इस अधिनियम में यह व्यवस्था की गयी है कि ग्राम पंचायत के गठन में निर्वाचित पंचों में किसी सहकारी सोसायटी का कोई सदस्य न हो तो ग्राम पंचायत ऐसी सहकारी सोसायटी की समिति के उससे सदस्य को सहयोजित करेगी जो ग्राम पंचायत क्षेत्र का मतदाता हो एवं जिसके पास ग्राम पंचायत के अहर्तादायक योग्यता हो।

जनपद पंचायत की स्थापना—पंचायती राज अधिनियम 1984 में यह व्यवस्था की गयी है कि जनपद पंचायत के गठन में न्यूनतम 15 और अधिकतम 30 सदस्य शामिल होगें। ये सदस्य ग्राम पंचायतों के चुने हुए सदस्य होंगे। जनपद पंचायत के लिए नगर निगम या नगर पालिका के चुने हुए पार्षद अथवा क्षेत्र विशेष के विकास अधिकारी में से चुने जाएं। जनपद पंचायत के लिए एक प्रतिनिधि राज्य विधानसभा का भी होगा, जो उस निर्वाचन क्षेत्र का निवासी हो। इसके अतिरिक्त जनपद पंचायत के गठन में महिला, अनुसूचित जाति, अनुसूचित जनजाति, सहकारी विपणन सोसायटी, मंडी समिति को भी उचित प्रतिनिधित्व दिया जाएगा।

जिला पंचायत की स्थापना—इस संशोधित अधिनियम के अन्तर्गत जिला पंचायत को एक केन्द्रीय संस्था मानी गई है और इसी आधार पर इसके गठन के लिए कानून बनाया गया है। इस अधिनियम के अनुसार प्रत्येक जिला पंचायत निम्नलिखित में से मिलकर बनेगी—

1. जनपद पंचायतों के अध्यक्ष।
2. लोकसभा के सभी ऐसे सदस्य, जो उन संसदीय निर्वाचन क्षेत्रों का प्रतिनिधित्व करते हों, जो पूरी तरह या अंशतः इसी जिले के हों।
3. जिला सहकारी केन्द्रीय बैंक तथा जिला भूमि विकास बैंक का अध्यक्ष।
4. मध्य प्रदेश से चयंनित और जिले में मामूली तौर पर रहने वाले राज्यसभा के सदस्य।
5. राज्य विधानसभा के ऐसे सभी सदस्य जो इन विधानसभा क्षेत्रों का प्रतिनिधित्व करते हों, जो पूरी तरह या अंशतः इसी जिले के भाग हों।

जिला पंचायत सभापति, उप-सभापति, अध्यक्ष, उपाध्यक्ष के पद के लिए महिला, अनुसूचित जाति, अनुसूचित जनजाति के प्रत्याशियों हेतु आरक्षण का प्रावधान है। इस स्थिति में जिला पंचायत का गठन अधिमान्य नहीं होगा—

जब जिले के अंदर किसी जनपद पंचायत का गठन नहीं हुआ हो या जब जिले की किसी भी जनपद पंचायतों में अध्यक्ष का पद खाली हो।

पंचायती राज अधिनियम 1990 के आधार पर पंचायतों की स्थापना

2 अक्टूबर, 1985 को मध्य प्रदेश में पंचायती राज व्यवस्था का गठन कर एक नया अधिनियम "मध्य प्रदेश पंचायती राज अधिनियम 1985" बनाया गया। इस अधिनियम में पंचायती राज को व्यापक करते हुए पंचायतों के अधिकारों में ज्यादा विस्तार किया गया साथ ही पंचायतों को ग्रामीण विकास के लिए कई कार्य प्रदान किए। यह अधिनियम ग्रामीण तथा शहरी क्षेत्रों में समन्वय की दृष्टि से अति उत्तम माना जाता है। पंचायतों की स्थापना के विषय में पूर्व अधिनियम (1981) के समान ही अनुशंसाएं हैं। इसके बाद मध्य प्रदेश में नया अधिनियम 31 जुलाई, 1990 को गठित हुआ। इसे जिला मध्य प्रदेश पंचायती राज अधिनियम 1990 कहा जाता है। इस अधिनियम के अनुसार पंचायती राज की स्थापना के लिए त्रिस्तरीय संस्थाएं बनाने के प्रावधान किए गए हैं।

ग्राम पंचायत की स्थापना—पंचायती राज अधिनियम 1990 के अनुसार प्रत्येक ग्रामसभा में एक पटवारी की नियुक्ति की जाएगी तथा ग्रामसभा का वह नाम विनिर्दिष्ट करेगी जिस नाम से वह जानी

जाएगी। हर ग्रामसभा के लिए एक मतदाता सूची होगी जो इस अधिनियम तथा उसके अन्तर्गत बनाए गए नियमों के उपबंधों के अनुसार बनाई जाएगी। प्रतिवर्ष कम से कम एक सम्मेलन इस ग्रामसभा का आयोजित किया जाएगा।

ग्राम पंचायत की स्थापना—अधिनियम 1990 के अनुसार प्रत्येक ग्रामसभा के लिए ग्राम पंचायत होगी। किसी ग्रामसभा में जहां अधिकतम तीन ग्राम हों जिनकी सकल जनसंख्या 5000 से अधिक हो वहां एक नगर पंचायत होगी। हर ग्रामसभा को कम से कम 10 वार्डों में बाँटा जाएगा और वार्डों की अधिकतम संख्या 20 से ज्यादा नहीं होगी। 10 प्रतिशत स्थान महिलाओं के लिए इस अधिनियम में आरक्षित किए गए हैं तथा अनुसूचित जातियों और जनजातियों के लिए आरक्षण की व्यवस्था की गई है। इस अधिनियम के आधार पर कोई भी व्यक्ति ग्राम पंचायत में पंच के लिए एक से ज्यादा स्थानों से खड़ा नहीं हो सकता है। यह उपबंध अधिनियम की धारा 13 में दिया गया है। अगर हर ग्राम पंचायत का सरपंच या उप-सरपंच संसद के किसी भी सदन का सदस्य या राज्य विधानसभा का सदस्य या किसी सहकारी समिति का सभापति या उप-सभापति निर्वाचित हो जाता है, तो उसका पद रिक्त किया हुआ समझा जाएगा। जनपद पंचायत तथा पंचायतों के गठन के बारे में पूर्व अधिनियम में कोई विशेष संशोधन नहीं किया गया है।

पंचायती राज अधिनियम 1993 के आधार पर पंचायतों की स्थापना

मध्य प्रदेश की सरकार ने पंचायती राज व्यवस्था के चहुमुखी विकास के प्रयोजन से राज्य में सर्वप्रथम संविधान के 73वें संशोधन को लागू किया। इससे संविधान की भावना के अनुसार पंचायती राज प्रणाली में सभी वर्गों की भागीदारी तय की गई। केन्द्र सरकार द्वारा पंचायती राज संस्थाओं को संगठित एवं सुगठित करने तथा जवाबदेह बनाने के लिए 24 अप्रैल, 1993 को भारतीय संविधान में 73वां संशोधन किया गया। इसके बाद संपूर्ण राष्ट्र में पंचायती राज संस्थाओं को एकरूपता मिली। इस संशोधन के बाद मध्य प्रदेश में 30 दिसम्बर, 1993 को मध्य प्रदेश पंचायती राज अधिनियम गठित हुआ जिसे 24 जनवरी, 1994 को राज्यपाल से मंजूरी मिली। इसे पारित करने के लिए 30 मई, 1994 को अध्यादेश जारी किया गया।

मध्य प्रदेश पंचायती राज अधिनियम 1993 में पंचायतों का गठन करने के उद्देश्य से निम्नलिखित व्यवस्थाएं की गयी—

1. ग्राम पंचायत के सभी वार्डों में एक-एक पंच निर्वाचित होगें जो अपने क्षेत्र का प्रतिनिधित्व करेंगे।
2. ग्राम पंचायत, जनपद तथा जिला पंचायत के निर्वाचन का प्रकाशन होने के 30 दिन की अवधि में ही धारा 20 (1) के अनुसार इनका प्रथम सम्मेलन आयोजित किया जाएगा।
3. ग्राम पंचायत, जनपद या जिला पंचायत में यदि कोई व्यक्ति एक से अधिक स्थानों पर चुना जाता है तो उसे एक को छोड़कर बाकी पद छोड़ने होंगे।
4. राज्य विधान मंडल को यह अधिकार दिया गया है कि वह पिछड़े वर्ग के लिए पद आरक्षित कर सकता है।

5. धारा 42 के अुनसार पंचायती राज संस्थाओं के गठन के लिए सदस्यों के निर्वाचन के लिए राज्य चुनाव आयोग का गठन किया है।
6. 5 वर्ष का कार्यकाल हर पंचायती राज संस्थाओं का होगा जिसके पूरा कर लेने के बाद 6 माह के भीतर आगामी पंचायतों का गठन करना अनिवार्य होगा।
7. राज्य विधान मंडल ने पहले की अपेक्षा और भी अधिक व्यापक शक्तियां प्रदान की है।
8. ग्राम पंचायत के पद अधिनियम की धारा 243 बी (5) के अुनसार जनपद पंचायत के सदस्य तथा जिला पंचायत के सदस्यों का निर्वाचन सीधे मतदान द्वारा होगा। जनपद अध्यक्ष तथा जिला पंचायत के अध्यक्ष का चुनाव क्रमशः जनपद तथा जिला पंचायत के सदस्यों द्वारा किया जायेगा।
9. धारा 243 डी, 243 एफ के द्वारा प्रत्येक पंचायत स्तर पर अनुसूचित जाति एवं अनुसूचित जनजाति के लिए पद आरक्षित किए गए हैं। आरक्षित पदों का अनुपात कुल जनसंख्या में इनके अनुपात के अनुसार होगा। आरक्षित पदों में से एक तिहाई पद अनुसूचित जाति और अनुसूचित जनजाति की महिलाओं के लिए आरक्षित होंगे।
10. प्रथम सम्मेलन की तारीख से निर्वाचित सरपंच को पद का कार्यभार ग्रहण किया माना जायेगा।
11. ग्राम पंचायत के सचिव को यह अधिकार दिया गया कि वह साल में कम-से-कम एक बार ग्राम सभा का सम्मेलन बुलाएगा जिसकी अध्यक्षता सरपंच करेगा लेकिन यदि एक तिहाई से ज्यादा सदस्य लिखित में मांग करते हैं तो 30 दिन के भीतर विशेष सम्मेलन बुलाया जा सकता है। इस सम्मेलन के लिए ग्रामसभा के 10 प्रतिशत सदस्यों की उपस्थिति जरूरी है। अगर कोरम पूरा नहीं होता है तो सम्मेलन स्थगित हो जाएगा। माह में कम से कम एक बार ग्राम पंचायत का सम्मेलन बुलाया जाना जरूरी है।
12. पंचायतों को संवैधानिक दर्जा दिया गया। इसकी धारा 8 के अनुसार ग्राम के लिए ग्राम पंचायत, विकासखण्ड के लिए जनपद पंचायत तथा जिले के लिए जिला पंचायत का निर्माण किया गया है।

पंचायती राज अधिनियम 2001 के आधार पर पंचायतों की स्थापना

स्वराज स्थापित करना ही इस अधिनियम का प्रमुख प्रयोजन है। ग्रामीण क्षेत्रों में ग्रामीणों को आत्मनिर्भर बनाने हेतु ग्राम स्वराज की स्थापना की गई। इसी कारण से इसे ग्राम स्वराज अधिनियम 2001 भी कहा जाता है। इस अधिनियम के अन्तर्गत ग्राम स्वराज स्थापित करने के लिए ग्रामसभा से लेकर जिला पंचायत तक की स्थापना की व्यवस्था की गयी है।

ग्राम सभा की स्थापना—पंचायती राज अधिनियम 2001 के अनुसार पर प्रत्येक एक पटवारी क्षेत्र हेतु एक ग्रामसभा तथा हर एक ग्रामसभा हेतु एक ग्रामपंचायत की स्थापना की जायेगी। किसी ग्रामसभा में ज्यादा से ज्यादा तीन ग्राम हों, जिनकी संपूर्ण जनसंख्या 5000 से ज्यादा हो, वहां नगर पंचायत स्थापित होगी। प्रत्येक वर्ष ग्रामसभा का कम से कम एक सम्मेलन होना जरूरी है जिसकी अध्यक्षता सरपंच और उसके न होने पर उप-सरपंच करता है। इस सम्मेलन में ग्राम पंचायत अपने लेखाओं का वार्षिक ब्योरा, पिछले वित्तीय वर्ष के प्रशासन की रिपोर्ट, अगले वित्तीय वर्ष के लिए कार्यक्रम तथा पिछली संपरीक्षण

की टिप्पणी रखती है। हर ग्रामसभा को कम से कम 10 वार्डों में विभाजित किया जाता है तथा प्रत्येक वार्ड से एक पंच चुना जाता है।

ग्राम पंचायत की स्थापना—ग्राम सभा के समस्त वार्डों से निर्वाचित सरपंच और पंचों को शामिल कर एक ग्राम पंचायत की स्थापना की जाती है। इसका कार्यकाल 5 वर्ष होता है। अगर इस बीच निर्वाचन नहीं होते हैं तो पंचायतें स्वत: भंग हो जाती हैं। इनके भंग होने के 6 माह उपरान्त कराना अनिवार्य हो जाता है।

अनुसूचित जाति व अनुसूचित जनजाति तथा पिछड़े वर्ग के ग्राम पंचायतों में जो स्थान आरक्षित किये गये हैं उनमें से एक तिहाई हिस्सा महिलाओं के लिये सुरक्षित रखा गया है। प्रत्यक्ष प्रणाली में ग्राम पंचायतों में सरपंच व पंचों का चुनाव किया जाएगा। किन्तु उप-सरपंच का चुनाव निर्वाचित पंचों के द्वारा किया जाएगा।

जनपद पंचायत की स्थापना—जिले प्रत्येक तहसील में एक जनपद पंचायत की स्थापना की जायेगी। इसके लिए राज्य सरकार अधिसूचना के जरिए जनसंख्या (50,000 से कम न होगा) के अनुसार किसी विकासखंड को चुनाव क्षेत्रों में विभाजित करेगी। किसी विकासखंड की जनसंख्या 50,000 से कम होने पर वहां कम से कम 10 निर्वाचन क्षेत्र अवश्य होने चाहिए। किसी भी निर्वाचन क्षेत्र की कुल जनसंख्या 25 से ज्यादा न हों।

पंचायती राज अधिनियम 2001 के अनुसार जनपद पंचायत का गठन निम्न प्रकार होगा—

1. यदि कोई सहयोजित सदस्य हो।
2. निर्वाचन क्षेत्रों से चुने हुए सदस्य।
3. जनपद पंचायत में आरक्षण की व्यवस्था ग्राम पंचायत के समान ही रहेगी।
4. राज्य विधानसभा के सभी सदस्य जिनका चुनाव पूरी तरह नगरीय है, वे जनपद पंचायत के सदस्य नहीं हो सकते हैं।

जनपद पंचायत के अध्यक्ष और उपाध्यक्ष का चुनाव करने हेतु एक सम्मेलन बुलाया जायेगा। जनपद पंचायत के अध्यक्ष का स्थान अनुसूचित जाति तथा अनुसूचित जनजाति हेतु आरक्षित रहेगा। अध्यक्ष का पद आरक्षित नहीं है, तो उपाध्यक्ष का पद इन वर्गों के लिए आरक्षित रहेगा।

जिला पंचायत की स्थापना—पंचायती राज अथवा ग्राम-स्वराज्य अधिनियम 2001 के अनुसार जिला पंचायत हेतु पूरे जिले को कम-से-कम 50,000 की जनसंख्या में विभाजित किया जायेगा। प्रत्येक हर चुनाव क्षेत्र से निर्वाचित सदस्यों की संख्या कम से कम 10 तथा ज्यादा से ज्यादा 35 हो सकती है। जिला पंचायतों के गठन हेतु जनपद पंचायत तथा ग्राम पंचायत के समान ही आरक्षण की व्यवस्था है तथा इन आरक्षित पदों में भी 1/3 पद महिलाओं हेतु आरक्षित है।

ग्राम स्वराज अधिनियम 2001 के आधार पर जिला पंचायत का गठन इस प्रकार होगा—

1. लोकसभा के ऐसे सभी सदस्य जो संसदीय निर्चाचन क्षेत्रों का प्रतिनिधित्व करते हैं जो पूरी तरह या आंशिक रूप से जिले के भाग हैं।
2. मध्य प्रदेश राज्य से चुने हुए राज्यसभा के सभी इसी तरह के सदस्य जिनका नाम उस जिले में किसी भी ग्राम पंचायत की मतदाता सूचियों में है।

3. राज्य विधानसभा के सभी सदस्य जो उस जिले से चुने गए हैं।
4. निर्वाचन क्षेत्र के सदस्य।
5. जिला सहकारी बैंक तथा जिला सहकारी तथा विकास बैंक के अध्यक्ष।

लोक सभा और राज्य सभा के वे सदस्य जो नगरों से चयनित किये गये हैं, जिला पंचायत के सदस्य नहीं बन सकते हैं।

पंचायतों की शक्तियाँ

भारत की स्वतंत्रता के उपरान्त ग्रामीण क्षेत्रों का सर्वांगीण विकास करने के लिए सरकार द्वारा समय-समय पर विशेष कदम उठाए गये। इसी विकास से सम्बन्धित केन्द्र सरकार ने पंचवर्षीय योजना चलाई, जिसके तहत बनाये गये विविध योजनाओं पर काफी धन भी खर्च किया गया। इतना सब कुछ करने के बाद भी ग्रामीण क्षेत्रों का सन्तोषजनक विकास नहीं हुआ। विकास कार्यक्रम चलाया गया और इस दौरान असफलता ही ज्यादा मिली है क्योंकि ग्रामीण जनता को प्रत्येक कार्य हेतु सरकारी अधिकारियों पर आश्रित रहना पड़ता था, जबकि ग्रामीण क्षेत्रों की ज्यादातर समस्याओं का निदान ग्रामीण क्षेत्रों के सीमित संसाधनों के अंदर ही संभव है। परन्तु ग्रामीण क्षेत्रों में स्थानीय शासन की अनुपस्थिति में ग्रामीण विकास शासकीय मशीनरी पर आश्रित होकर रह गया था। अत: समय-समय पर राज्य सरकार द्वारा इस बात के प्रयास किए गए कि ग्रामीण स्तर पर ही प्रशासनिक तंत्र कायम हो सकें। स्थानीय प्रशासन के लिए जरूरी है कि स्थानीय ग्रामीण क्षेत्रों के चुने हुए प्रतिनिधियों को ज्यादा अधिकार दिए जाएं कि वे अपने उत्तरदायित्वों का सही प्रकार से निर्वहन कर सकें।

ग्रामीण इलाकों का सर्वांगीण विकास करने के लक्ष्य से भारतीय संविधान ग्यारहवीं अनुसूची शामिल करके सामाजिक न्याय एवं आर्थिक विकास हेतु 29 विषय ग्राम पंचायतों को दिए गए हैं। ये सभी विषय ग्राम पंचायतों द्वारा किए जा रहे विकास कार्यों से जुड़े हुए हैं। मध्य प्रदेश सरकार ने 11वीं अनुसूची के अनुसार ग्राम पंचायतों को ग्रामीण क्षेत्रों के आर्थिक, सामाजिक विकास से जुड़ी हुई सभी विभागों के प्रमुख कार्य एवं अधिकार प्रदान किए हैं। ग्रामीण क्षेत्रों में आर्थिक और सामाजिक विकास एक साथ मिलकर हो सके इसलिये मध्य प्रदेश की सरकार ने ग्राम पंचायतों को कुछ विभागों के कार्य और अधिकार प्रदान किये हैं। वे विभाग इस प्रकार हैं—

1. पंचायत एवं ग्रामीण विकास विभाग,
2. खेलकूद तथा युवक कल्याण विभाग,
3. श्रम विभाग,
4. लोक स्वास्थ्य यांत्रिकी विभाग,
5. महिला एवं बाल विकास विभाग,
6. आदिम जाति तथा अनुसूचित जाति कल्याण विभाग,
7. राजस्व विभाग,
8. दुग्ध एवं कुक्कुट विकास विभाग,
9. पशुधन विभाग,

10. ग्रामोद्योग विभाग,
11. जल संसाधन विभाग,
12. ग्रामीण विद्युतीकरण और ऊर्जा विभाग,
13. खाद्य एवं नागरिक आपूर्ति उपभोक्ता संरक्षण विभाग,
14. खनिज संसाधन विभाग,
15. कृषि विभाग,
16. लोक स्वास्थ्य तथा परिवार कल्याण विभाग,
17. आवास तथा पर्यावरण विभाग,
18. धार्मिक न्यास तथा धर्मस्व विभाग,
19. गृह विभाग,
20. वाणिज्य और उद्योग विभाग,
21. मत्स्य पालन विभाग, कृषि
22. जनशक्ति नियोजना तथा तकनीकी शिक्षा विभाग,
23. समाज कल्याण विभाग,
24. स्कूली शिक्षा विभाग,
25. वित्त विभाग,
26. वन विभाग।

उपर्युक्त वर्णित समस्त विभागों को ग्राम पंचायतों द्वारा स्थापित की गयी है। इन सभी विभागों का प्रमुख उद्देश्य ग्रामीण क्षेत्रों का सर्वांगीण विकास करना है।

ग्राम पंचायत के प्रमुख कार्य—मध्य प्रदेश को अलग राज्य का दर्जा मिलने के बाद यहां पर सन् 1962 में पहला पंचायती राज अधिनियम बनाया गया था। इस अधिनियम में पंचायती संस्थाओं को विकास कार्य करने के लिए कई तरह के कार्य एवं अधिकार प्रदान किए गए थे, जिससे पंचायतों के सदस्य अच्छी तरह से कार्य कर सकें। मध्य प्रदेश पंचायती राज अधिनियम 1962 की धारा 38 एवं 39 में ग्राम पंचायतों को विभिन्न कार्य दिये गये जिनमें से कुछ प्रमुख कार्यो को निम्नलिखित पंक्तियों में स्पष्ट किया गया है—

1. ग्रामीण क्षेत्र में प्रकाश की व्यवस्था करना।
2. ग्राम में कुटीर एवं लघु उद्योगों का विकास करना।
3. पशुधन के विकास तथा संरक्षण हेतु कांजी हाउस खोलना और उसका संचालन करना।
4. ग्रामीण क्षेत्र में कृषि का समग्र विकास करना।
5. ग्रामीण क्षेत्र में पुलों तथा सड़कें बनबाना।
6. गाँव में कुएं, तालाब का निर्माण एवं मरम्मत करना।
7. ग्राम में सार्वजनिक स्थानों पर अतिक्रमण को रोकना एवं हटाना।
8. ग्रामीण क्षेत्र में शिक्षा का विकास करना।

9. सामाजिक विकास के लिए ग्रामीण क्षेत्र में अस्पृश्यता, छूआछूत, जातिगत भेद–भाव को समाप्त करना।
10. सम्पूर्ण ग्रामीण क्षेत्र में साफ–सफाई की व्यवस्था करना।
11. बाजारों तथा मेलों की सार्वजनिक स्थानों पर व्यवस्था करना।
12. जन्म, मृत्यु एवं विवाहों का ग्रामीण क्षेत्र में पंजीयन करना।
13. भू–राजस्व तथा अन्य तरह से वित्तीय व्यवस्था करना।
14. संबंधित ग्रामीण क्षेत्र की जनगणना के कार्य में सरकारी तंत्र की सहायता करना।

उपर्युक्त वर्णित समस्त कार्य ग्राम पंचायत के प्रमुख व विवेकाधीन है परन्तु सन् 1981 के अधिनियम में विवेकाधीन कार्यों के लिए कोई उपबंध नहीं किया गया है। 1962 के अधिनियम में ग्राम में मूल 55 कार्य तय हुए थे, किन्तु अधिनियम में कार्य घटाकर 29 कर दिए गए क्योंकि कई कार्यों को अव्यावहारिक मानकर समाप्त कर दिया गया। इन कार्यों को करने की शक्ति भी ग्राम पंचायतों में प्रदान की गई है। सार्वजनिक सुविधाएं व सुरक्षा के संबंध में 1981 के अधिनियम में ग्राम पंचायतों के अधिकार कम कर दिए गए हैं।

10

अन्तर्राष्ट्रीय मंच पर भारतीय राजनीति

गुट निरपेक्षता

द्वितीय विश्व युद्ध के दौरान भारत ही मात्र एक देश था जिसने किसी गुट में शामिल होना स्वीकार नहीं किया। भारत की नीति पूर्णतः स्वतंत्र तथा सक्रिय थी यह सकारात्मक विचारों पर आधारित नीति थी। भारत में कभी भी राजनीति का साथ नहीं छोड़ा केवल गुट निरपेक्ष राजनीति का साथ दिया। गुट निरपेक्षता की नीति ऐसी नीति है जिसे अपनाकर हम स्वतंत्र रूप से संकटों का सामना कर सकते हैं। नेहरू 1949 में अमरीकी कांग्रेस में अपने विचार प्रस्तुत करते हुए कहा था कि यदि कहीं पर स्वतंत्रता संकट में पड़ेगी या न्याय को खतरा होगा या कहीं आक्रमण किया जायेगा, तो हम न तो तटस्थ रह सकते हैं और न रहेंगे। हमारी नीति तटस्थवादी नहीं है, बल्कि यह ऐसी नीति है, जो सक्रिय रूप से शान्ति स्थापित करने और उसे मजबूत आधार देने की नीति है। **के.एम. पणिक्कर** ने भारत की विदेश नीति के संदर्भ में यह कहा था कि भारत ने अपने लिए एक स्वतंत्र स्थान बनाया है और अपने जैसे अन्य राज्यों के सहयोग से अंतर्राष्ट्रीय सद्भाव स्थापित करने में उसका काफी प्रभाव रहा है। एक प्रकार से यह नीति **महात्मा गांधी** के अहिंसा के विश्वास को प्रोत्साहन देती है। भारत की नीति के समीक्षकों ने शुरू में ही यह कहा था कि यह नीति "लोकतंत्र के पक्ष में तटस्थता" की नीति होगी।

स्वतंत्रता प्राप्ति के पश्चात् नेहरू जी ने 4 दिसम्बर, 1947 भारत की संविधान सभा में कहा था कि गुट-निरपेक्षता का अर्थ तटस्थता भी होता है। उन्होंने कहा था कि, हमने पिछले एक वर्ष में यह घोषणा की है कि हम किसी एक समूह विशेष के साथ अपने को जोड़कर नहीं रखेंगे। इसका तटस्थता से या इसी प्रकार की निष्क्रियता से कुछ लेना-देना नहीं है। "यदि कहीं कोई बड़ा युद्ध होता है, तो कोई कारण नहीं कि हम उसमें कूद ही पड़े—यदि हम ऐसा कर सकें तो हम युद्ध में शामिल नहीं होंगे, और यदि ऐसा करना हमारे हित में हुआ तो हम किसी पक्ष के साथ अपनी इच्छा से समय आने पर युद्ध में भाग ले भी

सकते हैं।" दो विश्व युद्ध होने के पश्चात् विश्व में कोई तीसरा महायुद्ध न छिड़ जाय भारत इससे बचाना चाहता था।

नेहरू जी का कथन था कि यदि कोई विपत्ति आयेगी तो वह समस्त संसार को प्रभावित करेगी। हमारा पहला प्रयास यह होना चाहिए कि हम विपत्ति को आने ही न दे नेहरू ने 1949 में भारत के इस संकल्प को दोहराते हुए कि हम शक्ति गुटों से दूर रहेंगे। कहा था कि, "यदि किसी कारण से हमें एक शक्ति गुट में शामिल होना ही पड़ता है तो शायद एक दृष्टिकोण से हम कुछ भला ही करेंगे, पर मुझको इसमें कोई भी शंका नहीं लगती कि एक विशाल दृष्टिकोण से ऐसा करना न केवल भारत के बल्कि विश्व शान्ति के लिए हानिकारक होगा।"

विदेश नीति के परिप्रेक्ष्य में भारत की सदा से ही कुछ न कुछ प्राथमिकताएं रही हैं जो निम्न प्रकार हैं–

1. देश का आर्थिक विकास,
2. विदेशी मामलों में कार्य करने की स्वतंत्रता,
3. देश की सम्प्रभुता और प्रादेशिक अखण्डता को सुरक्षित रखना तथा
4. विश्व शान्ति बनाए रखना।

भारत को हमेशा सेयद उम्मीद है कि इन उद्देश्यों की प्राप्ति केवल शक्ति गुटों से दूर रहकर और विदेश नीति संबंधी निर्णय स्वतंत्रता से लेकर संभव है।

पं. नेहरू के व्यक्तित्व से भला ऐसा कौन होगा जो अवगत न हो। वह एक उदारवादी तथा परिचमी विचार धारा वाले व्यक्ति थे। वह प्रतिवद्रता का समर्थन करते थे। परन्तु उन्होंने कभी भी उन सैनिक गठबंधनों का समर्थन नहीं किया जिन्हें अमेरिका ने साम्यवाद के प्रसार को रोकने के लिए स्थापित किया था। उन्होंने सैनिक संधियों का यह कहकर विरोध किया था कि उनसे उपनिवेशवाद को नए रूप में प्रोत्साहन मिलता है(तथा इन संधियों के प्रतिक्रिया स्वरूप दूसरे गुट में भी सैनिक संधियां होंगी और अस्त्रों के लिए दौड़ शुरू हो जायेगी। नेहरू समाजवाद से भी प्रभावित थे और उन्होंने लोकतांत्रिक समाजवाद के विचार का समर्थन किया था। नेहरू जी साम्यवाद के पक्ष में नहीं थे उनका विचार था कि सामयवादी राज्य एकाधिकारवादी होता है। उन्होंने माकर्जवाद के सिद्धांत को भी नकार दिया। नेहरू ने अन्तर्राष्ट्रीय संबंधों में शक्ति गुटों की राजनीति के विचार का ही विरोध किया था। इस प्रकार भारत की नीति का उद्देश्य एक तीसरा गुट बनाना नहीं था, परन्तु नए स्वतंत्र हुए राज्यों की निर्णय करने की स्वतंत्रता सुनिश्चित करने के लिए एक कदम था। भारत को गुट–निरपेक्षता नीति को अपनाने का उद्देश्य शांति स्थापित करना था।

भारत की गुट–निरपेक्षता की नीति अन्तर्राष्ट्रीय संबंधों में स्थिति बदलाव करने की नीति थी जो विश्वद्वित की नीति थी इस नीति के उद्देश्य निम्न थे–

1. उपनिवेशवाद का विरोध।
2. साम्राज्यवाद का विरोध।
3. जाति–भेद का विरोध।
4. नव–उपनिवेशवाद का विरोध।

5. सभी देशों के मध्य मैत्रीपूर्ण संबंधों को प्रोत्साहन देती है।
6. गुट-निरपेक्षता बल प्रयोग को अस्वीकार करके अन्तर्राष्ट्रीय विवादों के शान्तिपूर्ण समाधान का समर्थन करती है।
7. यह सभी परमाणु अस्त्रों के विनाश और पूर्ण निरस्त्रीकरण की सिफारिश करती है।
8. गुट-निरपेक्षता संयुक्त राष्ट्र को शक्तिशाली बनाने की नीति है।

भारत की विदेश नीति समस्त मानवता की सामाजिक और आर्थिक समस्याओं के समाधान पर जोर देती है। भारत एक ऐसी अर्थव्यवस्था करना चाहता है, जो उत्तरी राष्ट्रीय स्तर पर हो। गुट-निरपेक्षता इस विचार का खण्डन करती हैं कि महाशक्तियां किसी भी प्रकार अन्य देशों से श्रेष्ठ हैं। यह तो सभी राज्यों की समानता की वकालत करता है।

गुट-निरपेक्षता नीति अपनाने की वजह

भारत द्वारा इस नीति को अपनाने की सबसे ठोस वजह अपनी स्वतंत्रता की सुरक्षा वह विश्व के अन्य देशों के साथ अपने मधुर संबंध बनाना चाहता था। इसके अतिरिक्त आर्थिक विकास पर भारत बहुत अधिक बल दे रहा था। यह नीति लगभग पचास वर्ष के लिये सफलतापूर्वक लागू की गयी।

एम.एस. राजन ने गुट-निरपेक्षता की नीति अपनाने के कारणों का उल्लेख किया है जिनमें कुछ निम्न हैं–

1. अमेरिका या सोवियत गुट के साथ भारत की संलग्नता अन्तर्राष्ट्रीय तनाव को बढ़ा सकती थी। इससे अन्तर्राष्ट्रीय शान्ति को प्रोत्साहन मिलने वाला नहीं था। इसीलिए नेहरू ने कहा था कि शक्ति गुटों से विपत्तियां आयेंगी और भारत इनसे दूर रहना चाहता था। इसके अतिरिक्त भारत ने आगे चलकर यह भी अनुभव किया कि देश के आकार को ध्यान में रखते हुए, भौगोलिक और सामाजिक महत्व के कारण, और सभ्यता के विकास में उसके योगदान के आधार, अन्तर्राष्ट्रीय तनाव कम करने, शान्ति के प्रोत्साहन देने और दोनों गुटों के बीच एक सेतु का कार्य करने की सकारात्मक भूमिका उसको निभानी थी।
2. भारत का यह पारम्परिक विश्वास है कि सत्य और अच्छाई किसी एक धर्म या दर्शन के एकाधिकार में नहीं होते। भारत सहनशीलता में विश्वास करता है। उस समय की स्थिति में सहनशीलता और शान्तिपूर्ण सह-अस्तित्व ही देश के हित में थे। भारत जिस आदर्श पर चलना चाहता था, वह था—मित्रता सबके साथ, शत्रुता किसी से नहीं।
3. भारत किसी भी अन्य प्रभुसत्ता सम्पन्न देश की तरह अपने निर्णय स्वयं करना चाहता था तथा किसी दूसरे देश की डोरी के साथ बंधना नहीं चाहता था। दूसरे शब्दों में, भारत प्रत्येक प्रश्न का गुण-दोष के आधार पर स्वयं निर्णय करना चाहता था।
4. देश की आंतरिक स्थिति भी गुट-निरपेक्षता की नीति अपनाने के लिए बहुत कुछ उत्तरदायी थी।
5. भारत ने भावनात्मक और वैचारिक कारणों से भी किसी शक्ति गुट में शामिल न होने का निर्णय किया। भारत पश्चिमी गुट में इसलिए भी शामिल नहीं हो सकता था, क्योंकि इस गुट के अनेक देश उपनिवेशवादी शक्ति थे या रह चुके थे। कुछ देश अब जातीय भेद का व्यवहार कर रहे थे।

दूसरी ओर, भारत सोवियत गुट में इसलिए शामिल नहीं हो सकता था, क्योंकि साम्यवाद की विचारधारा भारत को कभी स्वीकार्य नहीं थी।

6. भारत ने जब अपने आर्थिक विकास के लिए अनेक परियोजनाएं लागू कीं तो उनकी सफलता के लिए विदेशी पूंजी की तुरन्त आवश्यकता थी। राजनीतिक तौर पर यह उचित नहीं था कि हम किसी एक विशेष देश से सहायता लेते। देश के लिए लाभदायक तो यह था कि हमें जहां से भी सहायता मिले, उसे स्वीकार करें, यदि उसके साथ कोई कठिन शर्तें न जुड़ी हों।
7. भारत न तो एक बड़ी शक्ति था और न बिल्कुल महत्वहीन राष्ट्र ही था। भारत के पास एक महान् शक्ति बनने की सम्भावना अवश्य थी। गुट-निरपेक्षता की नीति भारत की वर्तमान आवश्यकताओं और उसकी राष्ट्रीय पहचान बनाए रखने के लिए आवश्यक थी, दूसरी ओर गुट-निरपेक्षता का उद्देश्य यह भी था कि भविष्य में भारत को एक महान् शक्ति के रूप में उभरने में सहायता मिले।

एम.एस. राजन के अनुसार यदि भारत सरकार किसी भी गुट के साथ संलग्न होने का निर्णय करता, तो उससे राजनीतिक विवादों और देश की अस्थिरता को बल मिलता। गुट-निरपेक्षता अपनाने की वजह कोई भी हो, यह स्पष्ट है कि भारत की जनता ने आमतौर पर नेहरू की इस नीति का समर्थन किया। अन्य कई देशों ने भी इस नीति का समर्थन इसलिए किया क्योंकि वह नीति उनके राष्ट्रीय हितों के अनुकूल थी।

सन् 1961 में गुट निपरेक्ष आन्दोलन का प्रारम्भ भारत की आगवानी में बेल्ग्रेड में किया गया। औपचारिक रूप से गुट-निरपेक्ष आंदोलन का शुभारम्भ प्रधानमंत्री नेहरू, यूगोस्लाविया के राष्ट्रपति **टीटो** और मिस्त्र के राष्ट्रपति **नासिर** ने किया। इस गुट-निरपेक्ष देशों के पहले सम्मेलन में पच्चीस देशों ने भाग लिया। इसकी अध्यक्षता **टीटो** ने की थी। किस देश को बुलाना है और किसको नहीं, इसका निर्णय सामूहिक रूप से **नेहरू, नासिर** और **टीटो** ने किया था। उन्होंने निमन्त्रण भेजते समय विभिन्न देशों की विदेश नीतियों का परीक्षण किया था। पहले शिखर सम्मेलन में भाग लेने के लिए पांच तथ्यों का निर्धारण किया गया था जिनका विवरण निम्न है—

1. उस देश की भूमि पर कोई भी विदेशी सैनिक अड्डा स्थापित न किया गया हो(
2. वह देश गुट-निरपेक्षता और शांतिपूर्ण सह-अस्तित्व की विदेश नीति पर स्वतंत्र आचरण करने वाला हो(
3. उसने किसी महा-शक्ति के साथ कोई द्विपक्षीय संधि न की हो(
4. वह देश उपनिवेशवाद और साम्राज्यवाद का विरोध करता हो(और
5. वह देश शीत युद्ध से संबंधित न हो।

इस प्रकार सबसे पहले केबल 25 देशों ने इस नीति को अपनाने में आगे आये परन्तु विशेषता के दृष्टिकोण से इसकी संख्या निरन्तर बदलती रही। इस आंदोलन की सदस्य संख्या बढ़कर 2003 में 116 तक पहुंच गयी। समय-समय पर इसके शिखर सम्मेलन होते हैं, जिनमें अन्तर्राष्ट्रीय राजनीति के विभिन्न ज्वलंत प्रश्नों पर विचार किया जाता है, और यह प्रयत्न किया जाता है कि आंदोलन के सभी देश एक समान दृष्टिकोण अपनाएं। यह कार्य कठिन अवश्य हो गया है, क्योंकि सदस्य संख्या बढ़ने से सहमति आसानी से नहीं हो पाती।

1961–2003 की अवधि में तेरह शिखर सम्मेलन सम्पन्न हो चुके हैं, जाकार्ता, कार्टेगना, डर्बन एवं कुआलालम्पुर के शिखर सम्मेलन शीतयुद्ध के समाप्त होने के बाद हुए। उस समय तक सोवियत संघ का विघटन हो चुका था। उपनिवेशवाद का पूरी तरह उन्मूलन हो गया था, नामीबिया स्वतंत्र हो चुका था और दक्षिण अफ्रीका में रंगभेद समाप्त हो गया था। शीतयुद्ध के समाप्त होने पर गुट-निरपेक्षता का औचित्य अवश्य कम हुआ है परन्तु अभी भी इसका कुछ प्रभाव ना हुआ है।

गुट-निरपेक्षता के काल

भारत की गुट-निरपेक्षता की नीति को पांच कालों में वर्गीकृत किया गया है, जिनका उल्लेख निम्न है—

पहला काल (1946-1954)—इसका पहला चरण स्वतन्त्रता प्राप्ति के साथ ही प्रारम्भ हुआ और नेहरू ने 1954 तक की अवधि में बड़े जोश के साथ इसे लागू किया। उन्होंने प्रधानमंत्री बनते ही सन् 1946 में गुट-निरपेक्ष नीति की रूपरेखा प्रस्तुत की थी। उन्होंने यह स्पष्ट कर दिया था कि भारत का इरादा उस समय उभर रहे किसी भी शक्ति गुट में शामिल होने का नहीं था, फिर भी ऐसा विश्वास किया जाता है कि पहले चरण में भारत का झुकाव अमेरिका और उसके मित्र देशों की तरफ था। भारत ने गणराज्य बन जाने पर भी राष्ट्रमण्डल का सदस्य बने रहने का निर्णय किया था। मलाया और हिन्द-चीन में उस समय साम्राज्यवाद-विरोधी आंदोलन चल रहे थे, भारत उनके बारे में आमतौर पर चुप रहा।

भारत ने संयुक्त राष्ट्र के जून 1950 के उस प्रस्ताव का समर्थन किया, जिसमें दक्षिण कोरिया पर आक्रमण के लिए उत्तर कोरिया को दोषी ठहराया गया था। उस समय अंतर्राष्ट्रीय प्रश्नों पर भारत का जो दृष्टिकोण था, उस पर सोवियत नेता **स्टालिन** ने निराशा व्यक्त की थी। उत्तर कोरिया को आक्रामक घोषित करने वाले संयुक्त राष्ट्र के प्रस्ताव का समर्थन करने के लिए सोवियत संघ ने भारत की आलोचना की। परन्तु जब 1950 के अंत में संयुक्त राष्ट्र की सेनाएं चीन की ओर बढ़ने लगीं तो भारत ने अमेरिका की इस कार्य के लिए निन्दा की। उस समय अचानक सोवियत संघ ने भारत को सराहा। इससे पूर्व 1949 में नेहरू अमेरिका गए और उन्होंने ब्रिटेन की प्रशंसा की। पहले चरण में भारत का अमरीकी गुट की ओर झुकाव होने के कई कारण थे।

भारत अपने रक्षा उपकरणों के लिए काफी हद तक ब्रिटेन पर निर्भर था। हमारी सशस्त्र सेनाओं का प्रशिक्षण और संगठन ब्रिटिश प्रणाली पर हुआ था। भारत का बुद्धिजीवी वर्ग और राजनीतिक नेतागण ब्रिटेन की शासन प्रणाली के आदर्शों से काफी हद तक प्रभावित थे। नेहरू सहित देश के अनेक राष्ट्रीय नेताओं ने ब्रिटेन की उच्च शिक्षा संस्थाओं में शिक्षा प्राप्त की थी और संसदीय लोकतंत्र का ज्ञान प्राप्त किया था। भारत के व्यापारिक संबंध अधिकतर पश्चिमी देशों के साथ थे और हम अपने आर्थिक विकास के लिए पश्चिम से प्राप्त होने वाली आर्थिक सहायता पर निर्भर थे। उस समय की सोवियत नीति विकासशील देशों की सहायता देने के पक्ष में नहीं थी। सोवियत संघ का विश्वास था कि जो भी देश साम्यवादी नहीं थे, वे निश्चय ही साम्यवाद-विरोधी थे। लेकिन यह बात सही नहीं थी।

नेहरू ने 1952 में संसद में यह स्वीकार किया था कि ब्रिटेन और अमेरिका के साथ भारत के संबंध अधिक सौहार्द्रपूर्ण थे और यह हमारी धरोहर का परिणाम था। पश्चिम की ओर भारत का झुकाव

होने के बावजूद भारत की नीति आमतौर पर गुट-निरपेक्ष ही रही है। नेहरू के नेतृत्व में भारत ने पूर्व और पश्चिम के बीच सेतु बनने का प्रयास किया था। भारत ने विभिन्न देशों का साथ दिया जैसे- कोरिया युद्ध में भारत ने अमरीकी सेनाओं द्वारा चीन पर सम्भावित आक्रमण का खुलकर विरोध किया था। चीन में साम्यवादी क्रान्ति के शीघ्र बाद 1949 में ही भारत ने मान्यता प्रदान कर दी थी। फिर भी जब तक **स्टालिन** जीवित रहा भारत और सोवियत संघ के बीच पारस्परिक सद्भावना और पूर्ण मैत्री सम्भव नहीं हो सकी। हां, **स्टालिन** के मृत्यु के बाद जब भारत ने अमेरिका का यह प्रस्ताव अस्वीकार कर दिया कि वह साम्यवाद-विरोधी सैनिक गठबंधन, दक्षिण-पूर्व एशिया संधि संगठन का सदस्य बने तब सोवियत गुट के देशों ने भारत से मित्रता करना प्रारम्भ कर दिया।

दूसरा काल (1954-1962)—गुटनिरपेक्षता का दूसरा काल अति महत्वपूर्ण था इस काल में दो महत्वपूर्ण परिवर्तन हो चुके थे। अमेरिका के राष्ट्रपति ट्र मन का कार्यकाल 1953 के आरम्भ में समाप्त हो गया। उधर सोवियत संध के नेता **स्टालिन** की मृत्यु हुई और साम्यवादी दल के प्रधान के रूप में **ड्रूश्चेव** उसके उत्तराधिकारी बने। नये सोवियत नेता का दृष्टिकोण भारत-विरोधी नहीं था। सबसे मैत्री संबंध रखने की **नेहरू** की नीति का यह परिणाम हुआ कि अमेरिका और सोवियत संघ दोनों ने गुट-निरपेक्षता की नीति का पुन: मूल्यांकन किया। इस बीच साम्यवादी चीन के साथ भारत के संबंधों का मधुर विकास होता रहा।

सन् 1954 में चीन के प्रधानमंत्री **चाऊ-एन-लाई** और **नेहरू** ने पंचशील के प्रसिद्ध समझौते की घोषणा की थी। दूसरे, भारत ने हिन्द-चीन के संघर्ष को सुलझाने में महत्वपूर्ण भूमिका निभायी, जिसके परिणामस्वरूप उस देश में सामान्य स्थिति बहाल करने के लिए जिस आयोग का गठन किया गया, भारत को उसका अध्यक्ष बनाया गया। तीसरे, पाकिस्तान अमेरिका के नेतृत्व में बनाए गए सैनिक गठबंधन दक्षिण पूर्व एशिया संधि संगठन का सदस्य बन गया (उससे पूर्व भारत ने इस संगठन की सदस्यता अस्वीकार कर दी थी)। इससे भारत की सुरक्षा के लिए संकट उत्पन्न हो गया, क्योंकि भारत के प्रति मित्रता न रखने वाला पाकिस्तान, अमरीकी अस्त्रों की सहायता से, सैनिक रूप से कहीं अधिक शक्तिशाली हो जाने वाला था। अमेरिका ने भारत की इस आपत्ति को अस्वीकार कर दिया था कि अमरीकी हथियारों के मिलने से, पाकिस्तान भारत के विरुद्ध उनका प्रयोग करेगा। अमेरिका ने भारत को यह आश्वासन दिया कि पाकिस्तान द्वारा अमरीकी हथियार भारत के विरुद्ध प्रयोग नहीं किए जाएंगे। इस नए सैनिक गठबंधन से भारत का झुकाव सोवियत गुट की ओर बढ़ गया।

1954 के हिन्द-चीनी भाई-भाई समझौते के बाद भारत ने सोवियत संघ के दो प्रमुख नेताओं, पार्टी के प्रधान **ड्रूश्चेव** और प्रधानमंत्री **बुल्गानिन**, को भारत आने के लिये आमंत्रित किया। यह किसी भी सोवियत नेता की प्रथम भारत यात्रा थी। दोनों सोवियत नेताओं का भारत में जिस प्रकार भव्य स्वागत हुआ उससे शांतिपूर्ण सह-अस्तित्व की भावना में दोनों देश एक-दूसरे के बहुत निकट आ गए।

1956 में दो अंतर्राष्ट्रीय संकट उत्पन्न हुए। स्वेज नहर के राष्ट्रीयकरण के प्रश्न पर ब्रिटेन, फ्रांस और इजराइल ने मिस्र पर आक्रमण किया। उसके कुछ ही समय बाद सोवियत प्रभुत्व के विरुद्ध, हंगरी में एक विद्रोह हुआ, जो सोवियत संघ के लिए एक जबर्दस्त चुनौती थी। इसके उत्तर में सोवियत संघ ने हस्तक्षेप करके विद्रोह को पूरी तरह कुचल दिया और एक नई सरकार की स्थापना की। इस विरोध का

कारण सेवियत गुट का अधिक प्रभाव था। जहां भारत ने मिस्र के विरुद्ध ब्रिटेन, फ्रांस और इजराइल के आक्रमण की जबर्दस्त निन्दा की थी, वहीं उसने हंगरी में सोवियत हस्तक्षेप की मामूली-सी आलोचना मात्र की और महासभा में सोवियत कार्यवाही के विरुद्ध मतदान भी नहीं किया। पश्चिमी देशों में भारत के इस बर्ताव से असंतोष फैल गया।

1961 में जहां एक ओर **नेहरू, नासिर** और **टीटो**, गुट-निरपेक्ष आंदोलन आरम्भ करने की तैयारी कर रहे थे, वहां लगभग उसी समय भारत ने गोवा को पुर्तगाली शासन से मुक्त कराने का कार्य शुरू किया। भारतीय सेना ने गोवा को स्वतंत्र कराने के लिये बल का प्रयोग किया। गोवा में भारतीय कार्यवाही की पश्चिमी देशों ने नग्न आक्रमण कह कर निन्दा की। इसके उत्तर में भारत के रक्षा मंत्री **कृष्ण मेनन** ने कहा कि उपनिवेशवाद एक स्थायी आक्रमण था इसलिए पुर्तगाल के औपनिवेशिक आक्रमण का मुकाबला सैनिक कार्यवाही से ही किया जा सकता था। ऐसा करना भारत के राष्ट्रीय हित में था। इस आलोचना के बावजूद बाण्डुंग में एशिया-अफ्रीकी देशों के 1955 में हुए सम्मेलन में भारत ने प्रमुख भूमिका निभायी थी। इस प्रकार से 1961 में बैल्ग्रेड के प्रथम गुट-निरपेक्ष सम्मेलन की पहल बांण्डुग सम्मेलन से हो गयी थी। इस बीच 1960 में भारत ने संयुक्त राष्ट्र की प्रार्थना पर कांगों में शांति स्थापना के लिए अपनी सेना भेजी थी।

तीसरा काल (1962-1971)—भारत की प्रतिष्ठा तथा गुट निरपेक्षता उस समय अधिक प्रभावित हुई, जब उससे सभी अनिवार्य संधि शर्तों को तोड़ना पड़ा, जब चीन ने 1962 में भारत पर आक्रमण कर दिया, परन्तु सोवियत संघ ने उम्मीद के अनुसार साहयता नहीं की। बहुसंख्यक गुट-निरपेक्ष देशों ने भी चीनी आक्रमण की निन्दा नहीं की। परंतु ब्रिटेन और अमेरिका द्वारा सहायता की पेशकश की गयी। चीन द्वारा पंचशील के सिद्धान्तों की अवहेलना से भारतीय जनता में आक्रोश उत्पन्न हुआ। भारत के बुद्धिजीवी वर्ग द्वारा बदली हुई परिस्थितियों में गुट-निरपेक्षता की नीति की वैधता को चुनौती दी गयी।

भारत के भूतपूर्व गवर्नर जनरल सी. राजगोपालाचारी और वरिष्ठ नेता आचार्य कृपलानी ने इस नीति को गलत ठहराया और श्री जयप्रकाश नारायण ने इस बात पर प्रसन्नता प्रकट की। अब भारत पश्चिम देशों की ओर आकर्षित होने लगा था। **कृपलानी** जी ने कहा कि मानसिक और भावात्मक तौर पर, चीनी आक्रमण के बाद, भारत "साम्यवादी गुट के पक्ष में" अब गुट-निरपेक्ष नहीं रह गया था। उन्होंने कहा कि पश्चिम से हथियारों की सहायता स्वीकार करने के कारण भारत ने गुट-निरपेक्षता से समझौता कर लिया था।

राजाजी तो यह भी मानते थे कि भारत औपचारिक रूप से गुट-निरपेक्षता को छोड़कर पश्चिम के निकट चला जायेगा। माइकल ब्रेशर ने, 1962 के युद्ध के दौरान गुट-निरपेक्षता पर दबाव के कारण दो परिणाम निकाले। उनके अनुसार, एक तो यह हुआ कि भारत दोनों महाशक्तियों से बराबर की दूरी के सिद्धान्त को छोड़कर अमेरिका और सोवियत संघ दोनों के साथ-साथ बराबर की निकटता के अनुसार कार्य करने लगा। दूसरा यह हुआ कि विश्व राजनीति में नेहरू-मेनन की अवधारणा के अनुसार भारत सकारात्मक और गतिशील भागीदारी छोड़कर, नकारात्मक गुट-निरपेक्षता को अपनाने लगा। उनका मानव या कि भारत की गुट निरपेक्षता की अवधारणा अब अपने पुराने रूप में न होकर मात्र एक प्रयोज्या शब्द रहा गया है।

1964 में नेहरू की मृत्यु के पश्चात् उनके उत्तराधिकारी लाल बहादुर शास्त्री ने विदेश मंत्रालय अपने पास नहीं रखा। शास्त्री जी के 18 माह के कार्यकस के दौरान भारत में भीषण खाद्य संकट उत्पन्न हो गया था। अमेरिका भारत की मदद इस शर्त पर करना चहता था कि भारत अमेरिका की वियतनाम नीति का समर्थन करे। जब शास्त्री ने ऐसा करने से इनकार कर दिया तब अमेरिका के राष्ट्रपति **जॉनसन** ने भारत के प्रधानमंत्री का यह कहकर अपमान किया, कि शास्त्री की प्रस्तावित अमेरिका यात्रा को स्थगित किया जायेगा। शास्त्री ने अपने इस अपमान का बदला इस प्रकार लिया कि जब जॉनसन ने पुन: निमन्त्रण भेजा तब स्वयं शास्त्री जी ने अमरीका की यात्रा पर जाने से मान कर दिया। शास्त्री का यह निर्णय उचित ही था क्योंकि इसके पहले भारत के सम्मान के प्रति जॉनसन की टिप्पणी कटुतापूर्ण थी।

1965 में पाकिस्तान ने भारत के विरुद्ध युद्ध किया तब अमेरिका और चीन दोनों ने पाकिस्तान का साथ दिया। यह स्वाभाविक ही था कि भारत सोवियत संघ के निकट आने लगा। युद्ध में पाकिस्तान की पराजय और भारत की स्पष्ट विजय हुई। इसके पश्चात् निश्चय ही भारत की प्रतिष्ठा में वृद्धि हुई। चीन द्वारा भारत को नीचा दिखाने के तीन वर्ष के भीतर ही भारत ने संसार को यह दिखा दिया कि उसके पास एक बड़ी शक्ति बनने की क्षमता थी। दुर्भाग्यवश 1966 में पाकिस्तान के राष्ट्रपति अयूब खां के साथ ताशकन्द समझौते पर हस्ताक्षर करने के कुछ समय बाद शास्त्री जी का स्वर्गवास हो गया।

1966 में इंदिरा गांधी ने देश की सत्ता की बागडोर संभाली उन्होंने एशिया और अफ्रीका के देशों की एकता को पुनर्गठित करने का प्रयास किया। उसके पश्चात् गुट-निरपेक्ष आंदोलन के तीनों अग्रणियों **टीटो, नासिर** और **इंदिरा गांधी** का दिल्ली में एक सम्मेलन हुआ, जिसमें आन्दोलन की प्रगति की समीक्षा की गयी। भारत ने 1967 में पश्चिम एशिया के युद्ध में इजराइल के विरुद्ध अरब देशों का समर्थन किया। इससे पश्चिम के देश असंतुष्ट हुए। फिर भी 1968 में भारत के विरोध के बावजूद सोवियत संघ ने पाकिस्तान को युद्ध सामग्री भेजी। फिर 1968 में ही सोवियत संघ ने चेकोस्लोवाकिया में हुए विद्रोह को दबाने के लिए सैनिक हस्तक्षेप किया। पश्चिमी देशों ने सोवियत संघ की आलोचना की, परंतु भारत अब भी मौन रहा इसका परिणाम यह था कि एक बार फिर भारत में आलोचकों ने यह कहा कि गुट-निरपेक्षता को त्याग ही देना चाहिए। भारत का झुकाव सोवियत संघ के प्रति बना रहा। नवम्बर 1969 में **रबात** में हुए इस्लामी देशों के सम्मेलन में कट्टरपंथियों ने भारत के प्रतिनिधि **फ़खरुद्दीन अली अहमद** को सम्मेलन में हिस्सा लेने की स्वीकृति नहीं थी। यह भारत का भारी अपमान था।

चौथा काल (1971-1990)—1971 में लोक सभा चुनाव में विजयी होने के बाद इन्दिरा गाँधी को पाकिस्तान के समक्ष संघर्ष करना पड़ा। यह था पूर्वी पाकिस्तान का उस देश की केन्द्र सरकार के विरुद्ध विद्रोह। पाकिस्तान में हुए संसदीय चुनाव में **शेख मुजीबुर्रहमान** के नेतृत्व वाली अवामी लीग को स्पष्ट बहुमत मिला। यह पार्टी पूर्वी पाकिस्तान का प्रमुख दल थी। बहुमत के बावजूद शेख़ साहब को प्रधानमंत्री नहीं बनाया गया वरन् उन्हें गिरफ्तार करके पश्चिम पाकिस्तान की एक जेल में डाल दिया गया। परिणामस्वरूप पूर्वी पाकिस्तान (जो अब बांग्लादेश) में गम्भीर विद्रोह हुआ। पाकिस्तान की सेनाओं के द्वारा दमन चक्र चलाए जाने पर लगभग एक करोड़ लोग शरणार्थियों के रूप में भारत आ गए। जिससे भारत में एक गम्भीर समस्या पैदा हो गयी और भारत-पाकिस्तान संबधं बहुत अधिक बिगड़ गए।

अन्त में दिसम्बर 1971 में पाकिस्तान का पूरा समर्थन किया। युद्ध से पूर्व अमेरिका पाकिस्तान की ओर से हस्तक्षेप कर सकता था। इस गंभीर स्थिति में भारत के पास एक ही विकल्प बचा था और इसके अनुसार अगस्त 1971 में भारत ने सोवियत संघ के साथ मैत्री और सहयोग की एक संधि पर हस्ताक्षर किए। इस संधि ने अमेरिका को हतोत्साहित किया, उसने धमकी तो दी थी कि परन्तु हस्तक्षेप नहीं किया। फिर भी अमेरिका ने पाकिस्तान को नैतिक और सैनिक सहायता अवश्य प्रदान की। चीन ने भी पाकिस्तान का का साथ दिया।

1971 की घटनाओं के परिणाम स्वरूप भारत अपनी गुट निरपेक्षता को बनाए रखते हुए संयुक्त राष्ट्र के काफी समीप आ गया परन्तु भारत ने सोवियत संघ के साथ कोई सैनिक समझौता नहीं किया था। यद्यपि भारत के पास भारत सोवियत संधि का कोई विकल्प नहीं था फिर भी आलोचकों का मानना था कि भारत ने गुट-निरपेक्षता छोड़कर सोवियत संघ के साथ संलग्नता की नीति अपना ली थी। इस संधि में यह प्रावधान था कि भारत और सोवियत संघ दोनों एक-दूसरे की स्वतंत्रता, सम्प्रभुता और प्रादेशिक अखण्डता का सम्मान करेंगे(दोनों में से कोई भी देश कोई ऐसी सैनिक संधि नहीं करेगा जो दूसरे के विरुद्ध होगी(और यह कि दोनों में से कोई देश किसी तीसरे देश को कोई ऐसी सहायता नहीं देगा जिसका सशस्त्र संघर्ष में दूसरे देश के विरुद्ध जिसका प्रयोग किया जा सके। सामान्य जनमानस के समर्थन के अभाव में इस पर टिप्पणी करने वाले निरुत्साहित हो गए एक ओर भारत-सोवियत संबंधों में बहुत सुधार हुआ तो दूसरी ओर भारत-अमरीकी संबंध काफी बिगड़ गए। जबकि इसके विपरीत भारत तथा सोवियत संघ में घनिष्ठता आ गयी।

केन्द्र में जनता पार्टी की सरकार (1977-79) ने गुट-निरपेक्षता की नीति में कोई परिवर्तन नहीं किया, यद्यपि विदेश मंत्री **अटल बिहारी वाजपेयी** ने यह विश्वास दिलाया कि उनकी सरकार गुट-निरपेक्षता को सही रूप देगी और सोवियत संघ की ओर अनावश्यक झुकाव को समाप्त करेगी, परन्तु वास्तव में स्वयं वाजपेयी ने भी सोवियत विरोधी नीति नहीं अपनायी। वास्तव में, उन्होंने पाकिस्तान और चीन के साथ संबंध सुधारने और सामान्य बनाने का प्रयत्न अवश्य किया। इसी समय प्रधानमंत्री मोरारजी देसाई अमरीकी राष्ट्रपति कार्टर के सामने नहीं झुके, और अमरीकी धमकी के बावजूद भारत ने परमाणु अप्रसार संधि पर हस्ताक्षर नहीं किए। इस सम्बन्ध में देसाई का मानना था की सोवियत से मैत्री सम्बन्ध बिना गुट निरपेक्षता छोड़े बढ़ता गया। इन्दिरा गांधी ने अपने दूसरे कार्यकाल (1980-1984) और राजीव गांधी सरकार (1984-89) ने भी सोवियत संघ के साथ बहुत मैत्रीपूर्ण संबंध बनाए रखे। यहां तक कि भारत की नीति को कई बार गुट-निरपेक्षता के साथ समझौता कहा गया। भारत लगातार इज़राइल विरोधी नीति अपनाता रहा, वह बराबर परमाणु अप्रसार सन्धि पर हस्ताक्षर करने से इनकार करता रहा, और उसने अफगानिस्तान में सोवियत हस्तक्षेप (1979-88) की निन्दा नहीं की। इसके बावजूद भारत लगातार गुट-निरपेक्ष आंदोलन में सक्रिय भाग लेता रहा।

1983 के शिखर सम्मेलन का आयोजन नई दिल्ली में किया गया। इससे पूर्व भारत की उस समय कड़ी आलोचना हुई थी, जब उसने 1977 के हवाना शिखर सम्मेलन में क्यूबा के राष्ट्रपति के उस भाषण की निन्दा नहीं की जिसमें सोवियत संघ को आन्दोलन का स्वभाविक मित्र कहा गया था।

परन्तु तत्कालीन प्रधानमंत्री चरणसिंह हवाना सम्मेलन में गए ही नहीं थे। 1990 शुरू होने से पहले ही शीतयुद्ध समाप्त हो गया और गुट-निरपेक्षता की नीति मझधार में रह गयी।

पांचवां काल (शीतयुद्ध के बाद का काल)—शीत युद्ध की समाप्ति 1989 से पूर्व हो चुकी थी परन्तु इसकी घोषणा माल्टा में अमरीकी राष्ट्रपति जॉर्ज बुश और सोवियत राष्ट्रपति गौर्बाचोव की भेंट के समय से की गयी। इस प्रकार सन् 1990 में उत्तर-शीतयुद्ध चरण आरम्भ हुआ। भारत का यह कहना है कि आर्थिक विकास और अंतर्राष्ट्रीय शांति के लिए गुट-निरपेक्षता आज भी प्रासंगिक है। जहां एक ओर वारसा समझौता तथा अन्य पश्चिमी सैनिक गठबंधन भंग हो चुके हैं, वहीं उत्तर अटलाण्टिक संधि संगठन आज भी जीवित है और उसका विस्तार हो रहा है। विदेश नीति के स्तर पर गुट-निरपेक्ष आंदोलन आज भी सक्रिय है जिसमें 116 सदस्य शामिल हैं। द्वितीय विश्व युद्ध के बाद देश की आर्थिक स्थिति नाजुक थी क्योंकि सम्पूर्ण विश्व में क्रांतिकारी परिवर्तन हो रहे थे तथा इस समय तक किसी नई वैश्विक व्यवस्था की स्थापना नहीं हुयी थी।

उत्तर शीतयुद्ध काल में गुट-निरपेक्षता का औचित्य

बीसवीं शताब्दी के अन्त में विश्व व्यवस्था का स्वरूप इतना विकृत हो चुका था कि इकसा अनुमान बुद्धि जीवी वर्ग भी नहीं लगा पा रहा था। शीतयुद्ध 1990 से पूर्व ही समाप्त हो गया था। इसकी समाप्ति की प्रक्रिया 1985 में ही शुरू हो गयी थी, जब गौर्बाचोव सोवियत साम्यवादी पार्टी के महासचिव बने थे। उन्होंने देश की राजनीति और अर्थव्यवस्था में अनेक सुधार आरम्भ किए, परन्तु उन सुधारों का परिणाम कुछ विचित्र ही हुआ। 1991 के अन्त में सोवियत संघ का विघटन हो गया। परन्तु विदेशी संबंधों में गौर्बाचोव और अमरीकी राष्ट्रपति रीगन ने बातचीत का जो सिलसिला शुरू किया वह संसार को शीतयुद्ध की समाप्ति की ओर ले गया। ये दोनों नेता चार वर्ष में (1985-1988) चार बार मिले और 1987 में एक अत्यन्त महत्वपूर्ण संधि पर हस्ताक्षर किए। इस संधि के द्वारा मध्यम-दूरी और कम-दूरी के परमाणु प्रक्षेपास्त्रों के उन्मूलन का निर्णय लिया गया। इस संधि का अनुमोदन 1988 में हुआ जिसने अगले वर्ष शीतयुद्ध के तनाव को समाप्त करने का मार्ग प्रशस्त कर दिया।

1989 में जर्मनी में बर्लिन की दीवार को गिरा दिया गया। जिसने बर्लिन नगर को दो भागों में विभाजित किया हुआ था, 1990 में पूर्वी जर्मनी ने साम्यवादी तथा पूंजीवादी व्यवस्था को अपनाया। साथ ही पूर्वी यूरोप के अनेक साम्यवादी देशों ने साम्यवादी व्यवस्था को छोड़ दिया। दिसम्बर 1991 में सोवियत संघ की महाशक्ति का विघटन हो गया और ये देश (पन्द्रह गणराज्य) संयुक्त राष्ट्र के सदस्य बने और रूस को सोवियत संघ का उत्तराधिकारी मान लिया गया। रूस को सुरक्षा परिषद् की स्थायी सदस्यता भी मिल गयी। यही कारण रहा कि ऐसी परिस्थिति में संसार में अमेरिका की महाशक्ति के रूप में दिखाई दे रहा है, परन्तु यह बात विचारणीय है कि जर्मनी तथा जापान भी काफी तेजी से आगे बढ़ रहे हैं।

सतीश कुमार ने 1993 में लिखा था कि संयुक्त राज्य अमेरिका सबसे अधिक शक्तिशाली देश के रूप में उभरा है। सैनिक और आर्थिक शक्ति के रूप उसका पहला स्थान है, यद्यपि जर्मनी और जापान उसकी आर्थिक सर्वोच्चता को चुनौती दे रहे हैं। उन्होंने यह भी कहा कि दक्षिण के देश विश्व राजनीति

में शक्तिहीन हो गए हैं और अब संसार पूर्व–पश्चिम विभाजन के स्थान पर उत्तर–दक्षिण में विभाजित हो गया है।

मुचकुंद दुबे के अनुसार, "यद्यपि संयुक्त राज्य अमेरिका सैनिक रूप से एक मात्र महाशक्ति है, पर जहां तक आर्थिक मामलों का संबंध है हम एक बहुध्रुवी संसार में रह रहे हैं।" भारत, परमाणु शक्ति बनाने के पश्चात्, बहुध्रुवीय विश्व पर जोर देने लगा।

कुछ विद्वानों के मतानुसार जब शीत युद्ध समाप्त हो गया तो गुट निरपेक्षता का औचित्य भी समाप्त माना जाना चाहिए। ऐसा कहा जाता था कि गुट–निरपेक्षता दो शक्ति गुटों की विशेष परिस्थिति का विशेष उत्तर थी। जिस समय संसार के अधिकतर देश दो में से किसी एक गुट में शामिल हो रहे थे, उस समय भारत का यह निर्णय कि वह तीसरा मार्ग चुनेगा, साहस और प्रगति का प्रतीक था। परन्तु जैसा कि नेहरू और भारत की विदेश नीति के अनेक समर्थकों ने बार–बार कहा, गुट–निरपेक्षता व्यवहार में, स्वतंत्र रूप से, विदेश संबंधों के निर्णय करने की नीति थी। इसका अर्थ हुआ कि भारत विदेश नीति निर्धारण में अमेरिका, लंदन व मास्को से आदेश नहीं मांगता उसका निर्धारण स्वतंत्र रूप से करता है। दूसरे, यह कि इस नीति ने कहीं से भी आर्थिक विकास के लिए सहायता लेने की सम्भावना खुली रखी थी। तीसरे, गुट–निरपेक्षता का उद्देश्य अन्तर्राष्ट्रीय शांति और विवादों का शांतिपूर्ण समाधान तलाश करना था। आज भी ये तीनों उद्देश्य पहले जैसे ही हैं इसलिए, फिर इनकी उपयोगिता तथा प्रासंगिकता क्यों कम हो?

जून 1991 में भारत की सत्ता पर **पी.वी. नरसिंह** का अधिकार था। यद्यपि उस समय सोवियत संघ का विघटन नहीं हुआ था, परन्तु शीतयुद्ध समाप्त हो चुका था। प्रधानमंत्री राव ने इस बात को दोहराया कि भारत गुट–निरपेक्षता की नीति पर पहले की तरह चलता रहेगा। 1992 में टोकियो में नरसिंह राव ने एक भाषण में अपने विचारों का प्रस्तुतीकरण इस प्रकार किया कि, "गुट–निरपेक्षता की विदेश नीति पर चलना आज पहले से भी अधिक प्रासंगिक हो गया है। गुट–निरपेक्षता का मूल आधार राष्ट्रों की स्वतंत्रता और उनके विकास का अधिकार है। चाहे गुटों की स्थिति कुछ भी क्यों न हो, चाहे किसी समय एक गुट हो या अनेक, गुट–निरपेक्ष देशों की यह इच्छा है कि वे अपने स्वतंत्रता बनाए और उसी के आधार पर किसी अन्य देश के साथ जुड़े बिना स्वयं अपने निर्णय कर सकें।"

नरसिम्हाराव का यह भी विचार था कि शीतयुद्ध के बाद जहाँ विश्व के ध्रुवीकरण की प्रक्रिया की स्थापना हो रही हो, वहां प्रभुत्व शब्द का कोई स्थान नहीं रह गया। एम.एस. राजन का भी यह तर्क है कि चाहे संसार एकध्रुवीय, द्विध्रुवीय या बहुध्रुवीय, कैसा भी हो छोटे और कमजोर देशों की विदेश नीति, के विकल्प के रूप में गुट–निरपेक्षता सदा ही वैध और प्रासंगिक रहेगी। वे गुट निरपेक्ष आन्दोलन को 1960 के पूर्व के समान ही महत्वपूर्ण मानते हैं कि गुट–निरपेक्ष आंदोलन आज भी उतना ही उपयोगी है जितना 1960 के दशक में था। इसका कारण यह है कि हम आज भी बड़ी शक्तियों के प्रभुत्व का शिकार हैं। 1996 में इन्द्रकुमार गुजराल ने भी, विदेश मंत्री के रूप में, गुट–निरपेक्षता की नीति में भारत के विश्वास को दोहराया। परन्तु इसका औचित्य धीरे–धीरे समाप्त हो जाएगा।

गुट निरपेक्षता की महत्वता में अभाव स्वतन्त्र रूप से विदेश नीति–निर्धारण के कारण आया है। यथा, 1996 में निरस्त्रीकरण सम्मेलन में जिस तरह भारत ने व्यापक परीक्षण निषेध संधि का विरोध

करके निषेषाधिकार का प्रयोग किया और फिर महासभा में भी उसके विरुद्ध मतदान किया, इससे स्पष्ट है कि कोई गुट-निरपेक्ष देश चाहे तो किसी भी प्रश्न पर मजबूती से निर्णय लेकर कार्य कर सकता है। अनेक दबावों के बावजूद भारत ने व्यापक परीक्षण निषेध संधि पर हस्ताक्षर नहीं किए। परंतु आर्थिक विकास के क्षेत्र में और सामाजिक परिवर्तन के लिए गुट-निरपेक्षता आज भी उतनी ही उपयोगी है जितनी 1947 में भारत की स्वतंत्रता के समय थी।

भारत के पूर्व विदेश सचिव एवं वर्तमान (2004) में भारत सरकार के राष्ट्रीय सुरक्षा सलाहकार जे.एन. दीक्षित के अनुसार गुट-निरपेक्ष होने से तात्पर्य—"अपने हितों के अनुसार, जहां तक संभव हो, विदेशी प्रभाव के बिना, निर्णय करने की स्वतंत्रता है।" इसमें विदेश और रक्षा नीतियों के संचालन की स्वतंत्रता भी निहित है। अतः चाहे गुट-निरपेक्ष आंदोलन का महत्व कम हो गया है, भारत आज भी गुट-निरपेक्ष रहेगा। कुछ प्रश्न जिन्होंने गुट-निरपेक्ष देशों को एक आंदोलन के मंच पर एकत्र किया था, वे निम्न हैं—

1. उपनिवेशवाद का उन्मूलन,
2. साम्राज्यवाद का विरोध,
3. जातिभेद के विरुद्ध संघर्ष
4. फ़िलीस्तीन का प्रश्न।

पहले तीन मुद्दे अब महत्वहीन हो गए हैं, और फ़िलीस्तीन की समस्या गुट-निरपेक्ष आंदोलन के बाहर सुलझायी जा रही है। समस्याओं के निराकरण तथा दूसरे देशों का ध्यान अपनी ओर आकर्षित करने हेतु इसकी स्थापना की गयी। शीतयुद्ध के बाद विश्व की सुरक्षा के प्रश्न अब उतने गम्भीर नहीं रहे गए हैं, जितने 1989 तक थे। इसलिए हमारा यह मत है कि गुट-निरपेक्ष आंदोलन को चाहिए कि अब वह समकालीन, विषयों के समाधान पर जोर दे। आज की समस्याएं अग्रलिखित हैं—

1. संसार में हिंसा और आतंकवाद,
2. आर्थिक असमानताएं,
3. मानव अधिकारों की समस्या
4. मानव-परिवेश।

गुट-निरपेक्ष आंदोलन के कई उद्देश्यों को आज क्षेत्रीय संगठनों ने अपना लिया है। तीसरी दुनिया के देशों में जो तकनीकी और आर्थिक परिवर्तन हुए हैं वे आसमान है। परिणामस्वरूप गुट-निरपेक्ष देशों में समृद्धि और जीवन के स्तर में असमानताएं आ गयी हैं। उन्हें दूर करना होगा।

दीक्षित ने अपना मत देते हुए कहा है कि यदि भविष्य में इस आंदोलन की कोई भूमिका है तो उसे बार-बार दोहराए गए घोषणा-पत्र जारी करने के स्थान पर नई चुनौतियों का समाना करना होगा। यह चुनौतियां निम्न हैं—

1. विकासशील देशों के लिए तकनीकी ज्ञान और पूंजी निवेश,
2. समाज और शिक्षा संबंधी प्रश्न,
3. मानव अधिकार
4. संसार में नए उभर रहे आर्थिक संबंध।

एक अन्य पूर्व विदेश सचिव एम.के. रसगोत्रा का विचार है कि संसार आज सचमुच एकध्रुवीय नहीं है। अमेरिका तो सदा से ही एक विशाल शक्ति रहा है। यह सम्भावना भी मौजूद है कि रूस एक बार फिर बड़ी शक्ति बन सकता है, यदि वह अपनी आन्तरिक समस्याएं सुलझा ले। जर्मनी और जापान नई आर्थिक महाशक्तियों के रूप में उभर रहे हैं। इसलिए गुट-निरपेक्षता आज भी प्रासंगिकता हो सकती है।

रसगोत्रा का यह भी मानना है कि जहां तक स्वतंत्र निर्णय करने का प्रश्न है भारत गुट-निरपेक्षता की नीति पर चलता रहेगा। परन्तु गुट-निरपेक्ष आंदोलन में परिवर्तन आवश्यक है। अतः इस समय शोषण की समस्या तथा पर्यावरणीय समस्याओं के निदान तथा नशीले पदार्थों के सेवन पर विशेष ध्यान देने की जरूरत है।

अप्रैल 1997 में गुट-निरपेक्ष देशों के विदेश मंत्रियों का सम्मेलन नई दिल्ली में हुआ। इसमें निम्न निर्णय किये गये—

1. आंदोलन को पहले से अधिक सकारात्मक भूमिका निभानी चाहिए,
2. विकासशील देशों के विचारों को प्रभावी बनाना चाहिए।
3. गुट-निरपेक्ष आंदोलन को भंग नहीं होने देना चाहिए।
4. इसे आज की सामाजिक और आर्थिक समस्याओं के समाधान तलाश करने चाहिए। (उदाहरण के लिए करोड़ों लोगों के लिए, भोजन जुटाना)

कुछ लोगों का कहना कि गुट-निरपेक्ष देशों के सम्मेलनों में केवल भाषण दिए जाते हैं। यदि इस आंदोलन को उपयोगी बनाना है तो शीतयुद्ध के बाद के विश्व में इसको सामाजिक, आर्थिक परिवर्तन का एक साधन बनना होगा ताकि तीसरी दुनिया के हितों को सुरक्षित करने के लिए एक नई अन्तर्राष्ट्रीय अर्थव्यवस्था स्थापित की जा सके, जिससे तीसरी दुनिया के देश अपना विकास कर सकें।

1997 में के. सुब्रह्मण्यम ने भारत की गुट-निरपेक्षता की नीति पर टिप्पणी करते हुए लिखा कि यह माना जाता है कि गुट-निरपेक्षता का सिद्धांत अन्तर्राष्ट्रीय संबंधों को भारत की देन है, परन्तु यह बात सच है कि यह नेहरू का आविष्कार नहीं था। नेहरू ने एक प्रकार से अमरीका के प्रथम राष्ट्रपति जॉर्ज वाशिंगटन का अनुकरण किया था। वाशिंगटन ने अपने विदाई संदेश में अपने देशवासियों से कहा था कि वे यूरोप की राजनीति में न उलझें। उस समय यूरोप में ब्रिटेन और फ्रांस दो महाशक्तियां थीं। उनसे दूर रहना एक प्रकार से गुट-निरपेक्षता थी। इसे नेहरू ने 20वीं शताब्दी के उत्तरार्द्ध की परिस्थति के अनुसार लागू करने का कार्य किया।

सुब्रह्मण्यम का यह विचार निश्चय ही विवाद का विषय है। 18वीं शताब्दी के अंत में वाशिंगटन द्वारा घोषित नीति की तुलना 20वीं शताब्दी के मध्य की गुट-निरपेक्षता से करना उचित प्रतीत नहीं होता। जो भी हो गुट-निरपेक्षता 20वीं शताब्दी के अन्त में, शीतयुद्ध के समाप्त होने के पश्चात् भी अप्रासंगिक नहीं मानी जा सकती। एक स्वतंत्र नीति निर्धारित करने वाले सिद्धान्त के रूप में इसकी प्रासंगिकता बनी ही रहेगी।

भारत की सुरक्षा का परमाणुकरण

1960 के दशक में भारत ने अपनी सुरक्षा हेतु परमाणु नीति का निर्धारण किया। भारत द्वारा उसी

अवधि में निरस्त्रीकरण और परमाणु अप्रसार संधि का कार्यकाल बढ़ाने के लिए 1995 में एक सम्मेलन हो रहा था, तब उसमें चीन ने यह वचन दिया था कि वह परमाणु विस्फोट के संबंध में पूर्ण सतर्कता से कार्य करेगा। जसजीत सिंह ने लिखा कि इस प्रकार का वचन देने के कुछ ही घण्टे पश्चात् चीन ने एक परमाणु विस्फोट किया। बाद में निरस्त्रीकरण सम्मेलन में चीन ने यह आग्रह किया कि व्यापक परीक्षण निषेध संधि को, भारत द्वारा अनुमोदन के पश्चात् ही स्वीकार किया जाए। जसजीत सिंह का कहना है कि, चीन के इस आग्रह का उद्देश्य भारत को स्थायी रूप से कमजोर स्थिति में रखना था। रूस और अमेरिका भी इस बात के इच्छुक थे कि भारत व्यापक परीक्षण निषेध संधि का अनुमोदन करे। इस प्रकार दोनों बड़े देश भारत को कमजोर स्थिति में देखना चाहते थे ताकि भारत उन दोनों देशों पर निर्भर बना रहे।

जसजीत सिंह ने व्यापक (परमाणु) परीक्षण संधि निषेध संधि (C.T.B.T) के संदर्भ में यह विचार व्यक्त किया था कि, सत्य तो यह है कि हम बिना परमाणु परीक्षण विस्फोट के गुजारा कर सकते थे। परन्तु हमारी अवरोधक मन:स्थिति का कोई विश्वास नहीं करेगा, जब तक हम दूर तक मार करने वाले प्रक्षेपास्त्रों का विकास और परीक्षण नहीं कर लेते। यदि भारत के रक्षा समीक्षक ऐसा अनुभव करते हैं तो कोई कारण नहीं है कि मध्यम दूरी के प्रक्षेपास्त्र कार्यक्रम को समाप्त या स्थगित कर दिया जाए। कोई भी सरकार राष्ट्र की सुरक्षा के साथ समझौता नहीं कर सकती है। अग्नि परियोजना को प्रक्षेपास्त्र स्थापित करके सम्पन्न किया जाना चाहिए। यदि ऐसा नहीं हुआ तो न केवल युद्ध या विदेशी आक्रमण की दशा में बल्कि शान्ति काल में बलपूर्वक चलायी गयी कूटनीति के समक्ष भी भारत के लिए अत्यंत संकटमय स्थिति उत्पन्न हो जायेगी।

डॉ. ए.पी.जे. अब्दुल कलाम को भारतीय प्रक्षेपास्त्र कार्यक्रम का जनक कहा जाता है। उन्होंने 1996 के अन्त में विचार व्यक्त किया कि क्षेत्रीय सुरक्षा की स्थिति अत्यन्त गम्भीर और चिन्ताजनक थी। उन्होंने स्पष्ट किया था कि भारत दो परमाणु अस्त्र सम्पन्न देशों (चीन और पाकिस्तान) से घिरा हुआ था। उन देशों के पास प्रक्षेपास्त्रों को छोड़ने की पूरी व्यवस्था थी।

डॉ. कलाम का यह तथ्य सही है कि किसी भी राष्ट्र की स्वतंत्र विदेश और रक्षा नीतियों के कुशल संचालन की योग्यता इस बात पर निर्भर करती है कि उसकी रक्षा व्यवस्था कितनी आत्म-निर्भर है। शक्ति ही शक्ति का आदर करती है और शक्ति प्रौद्योगिकी पर निर्भर होती है। प्रौद्योगिकी ही आर्थिक और सैनिक बल का प्राथमिक तत्व है और भारत की नितान्त आवश्यकता है कि वह एक प्रौद्योगिकी सम्पन्न राष्ट्र बने।

डॉ. कलाम के अनुसार भारत को एक "राष्ट्रीय इच्छा" की आवश्यकता है ताकि वह शक्तिशाली और आत्मनिर्भर बन सके। अब तक प्रौद्योगिकी नियंत्रण व्यवस्था भेदभावपूर्ण रही है। यथा, परमाणु अप्रसार संधि केवल कुछ देशों को परमाणु-सम्पन्न बने रहने का अधिकार देकर शेष के विरुद्ध भेदभाव की नीति अपाती है। भारत इसी कारण से निरन्तर इस संधि पर हस्ताक्षर करने के पक्ष में नहीं था। इसी भांति, परमाणु सम्पन्न राष्ट्रों ने व्यापक परीक्षण निषेध संधि को, पहले के विरोध के बावजूद स्वीकार करवा लिया क्योंकि वे स्वयं बहुत अधिक परीक्षण कर चुके थे। अब वे एक अन्य संधि पारित करवाना चाहते हैं क्योंकि उनके पास यह सामग्री प्रचुर मात्रा में उपलब्ध है।

डॉ. कलाम ने यह भी कहा है कि परमाणु शक्तियों की चाल है कि परमाणु-शक्ति सम्पन्न तथा

अन्य राष्ट्रों के मध्य प्रौद्योगिकी की खाई बनाए रखी जाए, अर्थात् उनमें स्पष्ट अन्तर या भेद बना रहे। इस प्रकार, अन्य देशों की, परमाणु शक्ति-सम्पन्न देशों पर निरन्तर निर्भरता बनी रहेगी। भारत को एक शक्तिशाली राष्ट्रीय इच्छा तैयार करने के लिए सजग रूप से कार्य करना होगा। हमें न केवल अवरोधक के रूप में प्रक्षेपास्त्रों को उत्पादित और स्थापित करना होगा, बल्कि उन्नत समाकलित निर्देशित प्रक्षेपास्त्र विकास कार्यक्रम को लागू रखना होगा ताकि भारत स्वयं अपने भरोसे पर अपनी सुरक्षा के लिए खतरों का सामना कर सके। भारत ने परमाणु परीक्षण के विषय में सिद्धान्त पर आधारित दृष्टिकोण अपनाया है। भारत ने 1968 की परमाणु अप्रसार संधि पर हस्ताक्षर, इस आधार पर नहीं किए कि यह भेदभाव बढ़ाती है। भेदभाव का तात्पर्य इस बात से है कि यह परमाणु क्लब के बाहर परमाणु प्रसार पर प्रतिबन्ध लगाती है। भारत ने परमाणु अस्त्रों का उत्पादन न करने, परमाणु शक्ति के शान्तिपूर्ण कार्यों के लिए विकास कार्यक्रम जारी रखने और अग्नि आकाश एवं पृथ्वी प्रक्षेपास्त्रों को स्थापित करने के रक्षा वैज्ञानिकों के आह्वान के बावजूद, प्रधानमंत्री इन्द्र कुमार गुजराल ने अगस्त 1997 में फिर यह दोहराया कि भारत प्रक्षेपास्त्रों तथा रासायनिक शस्त्रास्त्रों को तब तक स्थापित नहीं करेगा जब तक भारत की सुरक्षा के हित में ऐसा करना नितान्त आवश्यक नहीं हो जायेगा। प्रधानमंत्री का इस विषय में यह भी कहना है कि भारत उप-महाद्वीप में शान्ति बनाए रखने के लिए कृत संकल्प है। श्री गुजराल का तर्क था कि प्रक्षेपास्त्रों जैसे घातक शस्त्रास्त्रों को स्थापित किया जाना मात्र रक्षा अवधारणा नहीं है। ऐसा केवल असैनिक नेतृत्व के नियन्त्रण में करना सही है।

परमाणु परीक्षण निषेध वार्त्त

परीक्षण निषेध वार्ता—16 जुलाई, 1945 को संयुक्त राज्य अमेरिका द्वारा प्रथम आण्विक परीक्षण किया गया। पहली बार, 20,000 टन परम्परागत विस्फोटक को प्लूटिनम के अणु के रूप में परिवर्तित और परिष्कृत करके परीक्षण किया गया था। तीन सप्ताह पश्चात् अमेरिका ने जापान को पराजित करने के उद्देश्य से जापानी नगर हिरोशिमा पर एक अणु बम गिराया और तीन दिन पश्चात् उसी श्रेणी का एक अन्य बम नागासाकी पर भी गिराया गया। फलतः जापान में सर्वनाश की स्थिति बन गयी और जापान आत्म-समर्पण के लिए बाध्य हो गया।

पूर्व सोवियत संघ ने अमरीकी कार्यवाही को एक चुनौती के रूप में लिया। जैसे ही शीतयुद्ध आरम्भ हुआ, सोवियत संघ अणु बम की खोज में व्यस्त हो गया। जब 1949 में सोवियत संघ ने अपना प्रथम अणु विस्फोट किया तब अमेरिका को पछाडा। ब्रिटेन ने 1952 अणु विस्फोट किया तब अमेरिका का अणु एकाधिकार समाप्त हो गया। ब्रिटेन ने 1952 में, फ्रांस ने, 1960 में और चीन ने, 1964 में परमाणु बमों का निर्माण और परीक्षण किया, और ये पांचों देश परमाणु बल कहलाने लगे सन् 1995 तक संसार में कुल 2008 परमाणु परीक्षण किए जा चुके थे। इनमें भारत का एकमात्र परीक्षण भी शामिल है। अन्य विकासशील देशों की भांति भारत भी सिद्धांत रूप में परमाणु अस्त्रों के निर्माण, परीक्षण और धारण के विरुद्ध है। जब जापान पर पहले दो बम गिराए गए थे तब मानव समाज आतंकित होकर स्तब्ध रह गया था।

परमाणुधर्मीकरण के खतरों का पता तब चला जब अमेरिका ने 1 मार्च, 1954 को नामू द्वीप पर 15

मेगाटन के एक हाइड्रोजन बम का विस्फोट किया। यह परीक्षण अमेरिका के ऑपरेशन कासल नामक परमाणु परीक्षण शृंखला का एक अंश था। एक अधिकृत वक्तव्य के अनुसार, परमाणुधर्मीकरण से 28 अमरीकी नागरिकों और निकटवर्ती मार्शल द्वीप के 236 निवासियों के स्वास्थ्य पर विपरीत प्रभाव पड़ा। एक जापानी नौका का चालक इस परमाणु धर्मीकरण के गम्भीर प्रभाव के कारण मर गया। जब इन प्रयोगों से दूषित नौका जापान पहुंची तो लोगों में आतंक फैल गया। परिणामस्वरूप संसार में परमाणु परीक्षणों के बंद करने की मांग उठी। भारत ऐसा पहला देश था जिसने परमाणु परीक्षणों के पूर्ण निषेध की अधिकृत रूप से मांग की।

भारत के तत्कालीन प्रधानमंत्री नेहरू ने अप्रैल 1954 में संसद में कहा कि—"परमाणु परीक्षण मानवता के विरुद्ध अपराध है, वे मानव जाति के जीवित बने रहने के विरुद्ध अपराध हैं। किसी भी देश को अपनी सुरक्षा के नाम पर परमाणु सर्वनाश के अधिकार की अनुमति नहीं दी जा सकती।" नेहरू का कहना था कि परमाणु परीक्षणों को तुरन्त रोकने का एक समझौता किया जाए। उन्होंने कहा था कि परमाणु परीक्षण शस्त्रास्त्रों की दौड़ का प्रतीक है। इसका परिणाम सर्वनाश हो सकता है। दिसम्बर 1954 में भारत ने संयुक्त राष्ट्र महासभा में परमाणु परीक्षण रोकने के लिए एक औपचारिक प्रस्ताव रखा, परन्तु उसने उस पर मतदान के लिए मांग नहीं की। परन्तु, महासभा ने भारत के उस प्रस्ताव को, जिसमें उसने विकिरण के प्रभाव की जांच करने के लिए एक वैज्ञानिक समिति की स्थापना की मांग की थी, सर्वसम्मति से स्वीकार कर लिया।

परमाणु अस्त्र सम्पन्न राज्यों ने परमाणु परीक्षणों के संबंध में अपने विभिन्न तर्क प्रस्तुत किए जो निम्न हैं—

1. अस्त्र विकसित करके जमा किए गए हैं उनके प्रभावीपन और उनकी विश्वसनीयता निर्धारित करने के लिए परामाणु परीक्षण आवश्यक थे।
2. परमाणु अस्त्र सम्पन्न राज्यों को परीक्षणों के द्वारा अस्त्रों के आधुनिकीकरण करने में सहायता मिलती है ताकि वे अपने विपक्षियों से अधिक शक्ति-सम्पन्न हो सकें।
3. कुछ परीक्षण इसलिए भी किए गए ताकि परमाणु विस्फोटों के प्रभाव का मूल्यांकन किया जा सके।
4. जिन परमाणु अस्त्रों का विकास हो चुका है उनकी सुरक्षा सुनिश्चित करने के लिए परीक्षण आवश्यक थे।

परमाणु परीक्षणों के निषेध के अन्तर्राष्ट्रीय समुदाय द्वारा मांग किए जाने के भी कुछ मुख्य कारण थे। मार्च 1954 मे अमेरिका द्वारा किए परीक्षण से जब जापानी नौका चालक दल के एक सदस्य की विकिरण से मृत्यु हो गयी तो विश्व जनमत जागृत हो गया, और लोगों में व्यापक चिन्ता व्याप्त हो गयी। एशिया के देशों पर परमाणु परीक्षणों का सर्वाधिक प्रभाव पड़ रहा था। इसीलिए नेहरू ने परीक्षणों को तुरन्त रोकने की मांग की थीं। परीक्षणों के व्यापक निषेध की मांग करने के मुख्य कारण थे जो निम्न हैं—

1. सब प्रकार की परमाणु अस्त्र दौड़ पर रोक लगाना,
2. पर्यावरण को विनाश से बचाना(तथा

3. मानवता के सामाजिक आर्थिक उत्थान के लिए कार्य करना।

1991 में श्रीलंका ने आंशिक परीक्षण निषेध संधि संशोधन सम्मेलन में यह विचार प्रस्तुत किया कि—"यह सभी सभ्य मूल्यों के और नैतिक धारणाओं के विरुद्ध है कि करोड़ों लोगों को भोजन, कपड़ा, आवास तथा चिकित्सा जैसी मूल आवश्यकताओं तथा जीवन की अन्य मौलिक वस्तुओं से वंचित रखा जाए, जबकि अन्तर्राष्ट्रीय समुदाय विध्वंसक उद्देश्यों के लिए करोड़ों डॉलर व्यय कर रहा हैं"श्च

1963 में जब परमाणु शक्ति से संबंधित आंशिक परीक्षण निषेध संधि पर हस्ताक्षर किए गए तो वह प्रथम महत्वपूर्ण उपलब्धि थी। यह परमाणु परीक्षणों के विरुद्ध पहला कदम था। भारत द्वारा 1954 में महासभा में औपचारिक रूप से प्रस्तुत प्रस्ताव पर तो कोई कार्यवाही हुई ही नहीं थी। अन्तर्राष्ट्रीय स्तर पर परमाणु परीक्षण निषेध संबंधी वार्ता तब आरम्भ हुई जब सोवियत प्रधानमंत्री बुल्गानिन ने अक्टूबर 1956 में परमाणु परीक्षणों की समाप्ति का प्रस्ताव किया। परन्तु उन्होंने परीक्षण निषेध का अन्तर्राष्ट्रीय निरीक्षण बाले तथ्यों को अस्वीकृति दे दी।

दूसरी ओर, संयुक्त राज्य अमेरिका अन्तर्राष्ट्रीय निरीक्षण को परीक्षण निषेध की सफलता की एक आवश्यक शर्त मानता था। कई अन्य सुझाव भी दिए गए। जैसे—जनवरी 1957 में संयुक्त राज्य अमेरिका ने यह प्रस्ताव किया कि परमाणु अस्त्रों का उत्पादन तुरन्त बन्द किया जाए और तत्पश्चात् परीक्षणों पर प्रतिबन्ध लगाया जाए। ग्रेट ब्रिटेन ने परमाणु शक्ति के एक थर्मोन्यूक्लियर बम का परीक्षण किया(और इस आधार पर परमाणु परीक्षणों पर प्रतिबन्ध का विरोध किया कि उसके पास हाइड्रोजन बमों का बहुत छोटा भण्डार था और वह इन अस्त्रों को और विकसित करना चाहता था। फ्रांस ने उस समय तक परमाणु बम का निर्माण पूरा नहीं किया था।

समय-समय पर परीक्षण निषेध वार्ताएं होती रहीं। उनके मार्ग में अनेक कठिनाइयां उत्पन्न हुई।

1. 1 मई, 1960 को न्–2 नामक अमरीकी गुप्तचर विमान को बिना अनुमति सोवियत संघ के हवाई क्षेत्र में उड़ान भरते समय सोवियत वायु सेना ने मार गिराया, और उसके चालक को बंदी बना लिया। इस घटना से परीक्षण निषेध वार्ता को धक्का लगा।
2. फरवरी 1960 में, फ्रांस ने अपना पहला परमाणु परीक्षण किया था।
3. अप्रैल 1961 में बे ऑफ पिग्स काण्ड हुआ, जब अमेरिका के प्रोत्साहन से क्यूबा के विस्थापितों ने फ़िडेल कास्त्रों को अपदस्थ करने का असफल प्रयास किया।
4. अगस्त 1961 में सोवियत प्रेरणा से, बर्लिन को दो भागों (सोवियत-समर्थक पूर्वी और अमरीकी-समर्थक पश्चिमी बर्लिन) में विभाजित करने वाली एक दीवार का निर्माण किया गया, जिससे एक ही नगर के दो भागों के निवासी पराए हो गए।
5. 31 अगस्त, 1961 में परमाणु परीक्षणों की एक बड़ी शृंखला का आरम्भ कर दिया।
6. अक्टूबर 1962 में क्यूबा के प्रक्षेपास्त्र संकट ने अमरीका और सोवियत संघ को एक परमाणु युद्ध के कगार तक पहुंचा दिया। सोवियत युद्ध पोतों पर परमाणु प्रक्षेपास्त्र क्यूबा ले जाये जा रहे थे। अमेरिका के लिए ये अस्त्र एक भयंकर खतरा उत्पन्न कर सकते थे। अतः राष्ट्रपति कैनेडी ने सोवियत संघ से तुरन्त उन्हें वापस बुलाने को कहा और चारों ओर से अमेरिकी नौ सेना ने क्यूबा को घेर लिया। सोवियत संघ ने तुरन्त अपने जहाज वापस बुला लिए। संकट तो टल गया, परंतु यह अनुभव हुआ कि संसार परमाणु विनाश के कगार से वापस मुड़ आया था।

उसी दौरान संयुक्त राष्ट्र द्वारा गठित 18-देशीय निरस्त्रीकरण समिति की जिनेवा में हो रही बैठक में परमाणु परीक्षण पर चर्चा की गयी। इस समिति में परमाणु अस्त्र राज्य और गैर-परमाणु अस्त्र राज्य दोनों मिलाकर 18 सदस्य थे। निरस्त्रीकरण प्रयास में भारत एक गौर परमाणु अस्त्र राज्य था।

आंशिक परीक्षण निषेध संधि, 1963—क्यूबा प्रक्षेपास्त्र संकट के तुरंत बाद परीक्षण निषेध के लिए वार्ता की गति और भी तेज हो गयी। सोवियत राजधानी मॉस्को और अमरीकी राजधानी वाशिंगटन के मध्य सीधा दूरभाषा सम्पर्क स्थापित किया गया ताकि दोनों देशों के राज्याध्यक्ष सीधी बातचीत कर सकें। परीक्षण निषेध के विषय पर मॉस्को में एक सम्मेलन हुआ। इस सम्मलन के परिणामस्वरूप ब्रिटेन, अमेरिका और सोवियत संघ के विदेश मन्त्रियों ने एक आंशिक परीक्षण निषेध संधि पर 5 अगस्त, 1963 को हस्ताक्षर किए। इन देशों की सरकारों द्वारा पुष्टि के पश्चात् यह सन्धि 10 अक्टूबर, 1963 को कार्यान्वित कर दी गयी। इस सन्धि द्वारा विभिन्न स्थनों पर परीक्षण निषेध था जैसे—

1. धरती पर,
2. वायुमण्डल में
3. जल पर या जल के नीचे

खुले सागर और महासागर तथा सभी जल परमाणु परीक्षणों पर प्रतिबंध लगाया गया। इस संधि, ने उन परीक्षणों को भी निषेध कर दिया जिनका प्रयोग शांतिपूर्ण कार्यों के लिए था, जो संधि पर हस्ताक्षर करने वाले देशों के क्षेत्राधिकार में आते हैं। इनमें जो क्षेत्र निषेध सीमा में आते हैं वे हैं—वायुमण्डल जिसमें बाह्य अन्तरिक्ष भी शामिल है, तथा भूगर्भीय जल जिसमें देश के सीमावर्ती सागर तथा खुला सागर दोनो शामिल हैं।

संधि में धरती के नीचे किए जाने वाले परीक्षणों पर प्रतिबंध नहीं लगाया गया। खुला सागर का उल्लेख विशेषकर इसलिए किया गया ताकि नहीं कोई परमाणु सम्पन्न देश किसी सागर या महासागर में यह कर कर परीक्षण न करे कि वह तो उसके क्षेत्राधिकार में है ही नहीं। यद्यपि धरती के नीचे किए जाने वाले परीक्षणों की अनुमति का प्रावधान था, फिर भी यह व्यवस्था की गयी कि ऐसा कोई परीक्षण नहीं किया जायेगा जिससे कोई दूसरा देश रेडियोधार्मिता से प्रभावित हो।

वैसे तो तीन ही देशों ने इस पर प्रारम्भिक हस्ताक्षर किए थे परन्तु अन्य देशों को इसमें शामिल होने के लिए आमंत्रित किया गया। यह भी व्यवस्था की गयी कि कोई देश जो इस संधि पर हस्ताक्षर करता है, परंतु बाद में किसी असाधारण कारण से इससे अलग होना चाहता है। वह ऐसा कर सकता है। इस संधि में कोई भी संशोधन किया जा सकता था, परन्तु यदि कुल सदस्य-देशों (ब्रिटेन, अमेरिका और सोवियत संघ) की स्वीकृति आवश्यक होगी। उनमें से किसी एक ही अस्वीकृति का अर्थ होगा उसके द्वारा निषेधाधिकार। वह संशोधन नहीं हो सकेगा। इस प्रकार आंशिक परीक्षण निषेध संधि के द्वारा (धरती के नीचे छोड़कर) सदा के लिए सभी प्रकार के परमाणु अस्त्र विस्फोटों पर प्रतिबन्ध लगा दिया गया था।

इसका निष्कर्ष यह निकला कि इसने और अधिक प्रभावत अस्त्र-नियन्त्रण उपायों के लिए मार्ग प्रशस्त किया। कुछ ही समय में संधि के तीनों प्रारम्भिक हस्ताक्षरकर्ता ने, तथा भारत सहित संयुक्त राष्ट्र के 98 अन्य सदस्यों ने इस आंशिक परीक्षण निषेध संधि का अनुमोदन कर दिया। इनके अतिरिक्त सात

अन्य उन देशों ने भी इसका अनुमोदन किया जो संयुक्त राष्ट्र के सदस्य नहीं थे। अतः भारत को भी इस संधि के प्रावधानों को मानना पड़ा।

परमाणु अप्रसार संधि, 1968—आंशिक परमाणु परीक्षण निषेध संधि (1963) के द्वारा पर्यावरण समस्या का समाधान तो मिल गया परंतु परमाणु अस्त्रों की गुणात्मक तथा मत्रात्मक दौड़, और परमाणु प्रसार की समस्या का कोई हल नहीं निकला। परमाणु शक्ति में बढ़ती हुई विश्वव्यापी रुचि ने परमाणु प्रसार के संकट को और भी गंभीर बना दिया। भारत सहित बहुत से देश केवल शांतिपूर्ण कार्यो के लिए परमाणु ऊर्जा में रुचि रखते थे, परंतु समस्या यह थी कि शंतिपूर्ण उद्देश्यों के लिए परमाणु ऊर्जा तथा परमाणु अस्त्र उत्पादन के मध्य बहुत ही पतली सीमा रेखा है। अतः, विश्व जनमत ने परमाणु प्रसार के निषेध की मांग उठानी आरम्भ की।

सन् 1967 में प्रकाशित एक रिपोर्ट के अनुसार, पांच परमाणु अस्त्र सम्पन्न शक्तियों के अतिरिक्त सात अन्य देश ऐसे थे जो शान्तिपूर्ण कार्यो के लिए परमाणु ऊर्जा पर अनुसंधान कर रहे थे। अतः वे सरलता से परमाणु अस्त्र निर्माण कर सकते थे। भारत इनमें से ऐसा एक प्रमुख देश था, जिसके पास परमाणु विकल्प उपलब्ध था। ऐसा अनुभव किया गय कि इन परिस्थितियों में यह आवश्यक था कि परमाणु अस्त्रों के प्रसार पर प्रतिबन्ध लगाया जाए। इसलिए, संयुक्त राज्य अमेरिका और सोवियत संघ ने परमाणु प्रसार को रोकने की एक संधि पर हस्ताक्षर किए। संयुक्त राष्ट्र महासभा में अमेरिका और सोवियत संघ ने दो अलग-अलग परन्तु एक जैसी संधियों का प्रस्ताव किया। महासभा ने सोवियत-अमरीकी प्रस्ताव का विशाल बहुमत से 12 जून, 1968 को अनुमोदन कर दिया। इसे सदस्य देशों के हस्ताक्षरों के लिए 1 जुलाई, 1968 से प्रस्तुत कर दिया गया। परमाणु अप्रसार संधि पर शीघ्र ही ब्रिटेन, अमेरिका, सोवियत संघ तथा 50 से अधिक अन्य देशों ने हस्ताक्षर कर दिए।

परन्तु भारत ने इस संधि पर हस्ताक्षर नहीं किए क्योंकि यह भेदभाव पर आधारित है। जहां यह संधि परमाणु-अस्त्र विहीन राज्यों को परमाणु अस्त्रों का निर्माण करने से रोकती है, वहां यह परमाणु अस्त्र सम्पन्न राज्यों को अपने अस्त्रों को समाप्त करने या उनका विघटन करने के लिए नहीं कहती। फ्रांस और चीन, जो स्वयं परमाणु शक्तियां हैं, उन्होंने भी कई वर्ष तक इस संधि पर हस्ताक्षर नहीं किए। चीन ने तो 1992 में जाकर इस संधि का अधिग्रहण किया। इससे अनेक वर्ष पूर्व अनुमोदन की औपचारिकताएं पूरी हो जाने पर 5 मार्च, 1970 को परमाणु अप्रसार संधि प्रभावी हो गयी थी।

परमाणु अप्रसार संधि आरम्भ में 25 वर्ष तक लागू रहती थी। उस अवधि की समाप्ति पर उन सभी देशों का एक सम्मेलन होना था जिन्होंने इस संधि पर हस्ताक्षर किये थे। यह सम्मेलन का विषय था कि इस संधि को असीमित अवधि के लिए, या किसी निश्चित अवधि के लिए बढ़ाया जाए। ऐसा सम्मेलन 1995 में संधि के 25 वर्ष पूरे होने पर बुलाया गया। इस सम्मेलन ने अनिश्चित काल के लिए संधि को लागू रखने का निर्णय किया। संधि का हस्ताक्षरकर्ता न होने के कारण भारत इस सम्मेलन में शामिल नहीं हुआ।

व्यापक परमाणु परीक्षण निषेध संधि एवं भारत

धरती के नीचे परमाणु परीक्षण को कभी भी किसी समझौते या संधि के तहत निषेध घोषित नहीं

किया। अपनी सुरक्षा के लिए तथा पर्यावरण की रक्षा के लिए मानवता की चिन्ता ने व्यापक परमाणु निषेध वार्ता को प्रोत्साहित किया। अमेरिका, ब्रिटेन और सोवियत संघ के बीच 1977 में परमाणु परीक्षण निषेध की एक व्यापक संधि के लिए बातचीत आरम्भ हुई। इन वार्ताओं को 1980 के अन्त में नव-शीत युद्ध की पृष्ठ भूमि में निलम्बित कर दिया गया। सभी परमाणु अस्त्र सम्पन्न देशों ने 1980 के दशक में बड़े स्तर पर (धरती के नीचे) परमाणु परीक्षण किए।

1960 के दशक में निरस्त्रीकरण सम्मेलन का आरम्भ तो हुआ था, परन्तु यह सक्रिय 1980 के दशक में ही जिनेवा में हुआ। अठारह राष्ट्रों की निरस्त्रीकरण समिति को निरस्त्रीकरण सम्मेलन के रूप में पुनगर्ठित किया गया। संयुक्त राष्ट्र महासभा के निरस्त्रीकरण संबंधी 1978 के प्रथम विशेष अधिवेशन में एक निरस्त्रीकरण समिति की स्थापना की गयी। आगे चलकर इसका ही नाम बदलकर निरस्त्रीकरण सम्मेलन कर दिया गया। भारत इस सम्मेलन का आरम्भ से ही सदस्य रहा और वह निरन्तर भेदभाव-रहित परमाणु निरस्त्रीकरण एवं अस्त्र-नियंत्रण के लिए प्रयास करता रहा है। व्यापक परीक्षण निषेध संधि पर गंभीर रूप से, 1968 में रेकेविक के रेगन-गौर्बाचोव शिखर सम्मेलन के समय विचार आरम्भ हुआ।

लम्बे समय की चर्चा का निष्कर्ष यह निकला कि उन सभी देशों का एक सम्मेलन बुलाया जाये जो कि 1963 की आंशिक परीक्षण निषेध संधि के हस्ताक्षरकर्ता थे। इस सम्मेलन का उद्देश्य आंशिक निषेध संधि में प्रस्तावित संशोधनों का विचार करना था। मुख्य प्रस्ताव यह था कि 1963 की संधि को एक व्यापक परीक्षण निषेध समझौते में परिवर्तित कर दिया जाए। उन सभी देशों का सम्मेलन, जो 1 से 18 जनवरी, 1991 सम्पन्न हुआ। परंतु इसमें कोई भी सहमति नहीं हो सकी।

भारत की स्थिति विभिन्न मंचों पर स्पष्ट की गयी। भारत पूर्ण परमाणु निरस्त्रीकरण में विश्वास करता है, परन्तु वह किसी ऐसे समझौते का समर्थन नहीं कर सकता जो कि भेदभाव पर आधारित होगा।

जेनेवा में हुए निरस्त्रीकरण सम्मेलन में 1991-96 की लम्बी अवधि में हुई परमाणु परीक्षण संबंधी गतिविधियों पर गहराई से विचार हुआ। यह विचित्र विडम्बना है कि भारत, जिसने 1954 में व्यापक रूप से परमाणु परीक्षण निषेध का प्रस्ताव किया था, 1996 में अंतिम रूप से स्वीकृति व्यापक परीक्षण निषेध संधि पर सहमत नहीं हो सका, और उसने उस पर हस्ताक्षर नहीं किए। भारत अबाध रूप से परमाणु निरस्त्रीकरण चाहता है, जबकि अमेरिका केवल यह प्रयास कर रहा था कि आंशिक परीक्षण निषेध संधि ने धरती के नीचे जिन परीक्षणों की अनुमति दी थी उन पर भी प्रतिबन्ध लगाया जाए। संयुक्त राज्य अमेरिका ने एक नई व्यापक संधि को 1996 के अंत तक सम्पन्न करवाने के लिए गम्भीरता से प्रयास किए। सन् 1993 में सम्पन्न हुई महासभा के तहत् भारत और संयुक्त राज्य अमेरिका ने संयुक्त रूप से, परीक्षण निषेध संधि के लिए एक प्रस्ताव किया था ताकि परमाणु अप्रसार एवं परमाणु निरस्त्रीकरण के दोहरे उद्देश्य को, प्रभावी योगदान देकर, प्राप्त किया जा सके। जिनेवा में हुए निरस्त्रीकरण सम्मेलन जिनेवा ने भी, अपने उद्देश्य-प्रस्ताव में, इन्हीं दोनों अपेक्षाओं का उल्लेख किया था। अमेरिका के राष्ट्रपति क्लिण्टन और भारत के प्रधानमंत्री नरसिंहा राव ने, 1994 में, मिलकर परमाणु अप्रसार और परमाणु निरस्त्रीकरण के उद्देश्यों के लिए व्यापक परीक्षण निषेध संधि का आह्वान किया था। परंतु जब 1996 में बातचीत निर्णायक दौर में पहुंची तब परमाणु अस्त्र-सम्पन्न शक्तियों ने अपना दृष्टिकोण परिवर्तित करके केवल परमाणु अप्रसार के लिए कार्य करना आरम्भ कर दिया और परमाणु निरस्त्रीकरण

के प्रश्न को नजर अन्दाज करने लगा। भारत इस पक्ष में नहीं था। उस समय (1996) तक अमेरिका ने परमाणु परीक्षणों के लिए प्रयोगशाला सुविधा उपलब्ध कर ली थी। इस प्रकार अमेरिका ने जहां, व्यापक संधि के द्वारा यह सुनिश्चित करवाया कि कोई भी अस्त्र-विहीन देश किसी भी रूप में परमाणु परीक्षण न कर सके, वहां उसने प्रयोगशाला में स्वयं परीक्षण करते रहने की स्वतंत्रता भी सुनिश्चित कर ली। 1997 (जुलाई) में अमेरिका ने अपना पहला प्रयोगशाला-परीक्षण करके, व्यापक संधि के महत्व को समाप्त कर दिया। जिससे भारत ने आपत्ति उठायी।

निरस्त्रीकरण सम्मेलन में भारत ने बार-बार यह कहा था कि वह ऐसी संधि पर हस्ताक्षर नहीं करेगा जिससे महासभा के प्रस्ताव के अप्रसार और निरस्त्रीकरण जैसे उद्देश्य प्राप्त न होते हों। निरस्त्रीकरण सम्मेलन के नेताओं ने भारत पर दबाव डालने के विचार से यह निश्चय करवाया कि प्रस्तावित व्यापक परीक्षण निषेध संधि तब तक लागू नहीं होगी जब तक उस पर परमाणु अस्त्र उत्पादन की क्षमता वाले सभी 44 देश हस्ताक्षर नहीं कर देंगे। इन 44 में पांच देश वह थे जो परमाणु ऊर्जा से सम्पन्न भारत ने इस शर्त को अपने विरुद्ध बल प्रयोग मानते हुए संधि का विरोध किया, और व्यापक परीक्षण निषेध संधि पर न केवल जेनेवा सम्मेलन में समर्थन देने और हस्ताक्षर करने से इंकार कर दिया, बल्कि जब संयुक्त राष्ट्र महासभा ने ऑस्ट्रेलिया के प्रस्ताव पर संधि को भारी बहुमत से स्वीकार किया तब भी भारत ने उस पर हस्ताक्षर नहीं किए।

जसजीत सिंह ने कहा किया था कि यह संधि परमाणु अस्त्र-सम्पन्न देशों को कम्प्यूटर द्वारा रचित अस्त्रों को प्रयोगशाला-परीक्षण की सुविधा उपलब्ध कराती रहेगी। ये देश नए युद्धोपयोगी अस्त्रों की खोज भी करते रहेंगे। उनका विचार यह भी था कि इस संधि के माध्यम से एक नई गुणात्मक अस्त्र-दौड़ को प्रोत्साहन मिलेगा। इस संधि ने परमाणु अस्त्र सम्पन्न देशों के द्वारा अस्त्र-विहीन देशों को परमाणु अस्त्रों के प्रमाणिक नमूने देने या परमाणु प्रौद्योगिकी के हस्तान्तरण पर कोई प्रतिबन्ध नहीं लगाया। यह संधि, भारत सहित, परमाणु अस्त्र-विहीन देशों के विरुद्ध निश्चय ही भेदभाव है।

जसजीत सिंह ने यह निष्कर्ष निकाला कि, "परमाणु अप्रसार संधि की भांति, यह संधि भी परमाणु शक्तियों को परमाणु अस्त्रों के सीधे प्रसार की छूट तो देती ही है, समतल प्रसार का भी कोई प्रभावी निषेध नहीं करती।" अतः, परमाणु शक्तियां नए अस्त्रों का उत्पादन और अन्य राज्यों का उनका हस्तान्तरण भी कर सकती हैं, इसमें परमाणु निरस्त्रीकरण की प्रक्रिया को प्रोत्साहन देने के लिए कुछ भी नहीं किया गया।

व्यापक परीक्षण निषेध संधि पर भारत की आपत्तियाँ—विश्व राजनीति में भी दोहरे मापदंड अपनाये जाते हैं। भारत जो आपक परीक्षण निषेध संधि के तीन प्रमुख शक्तियों में एक है के व्यापक विरोध के उपरांत भी इसे पारित किया गया है। भारत सरकार के दृष्टिकोण को देश के सभी वर्गों और दलों का पूर्ण समर्थन प्राप्त हुआ। व्यापक परीक्षण निषेध संधि पांच परमाणु शक्तियों तथा तीन प्रवेश-द्वार देशों को प्रत्यक्ष रूप से प्रभावित करती है। शेष सभी अस्त्र-विहीन देश अप्रसार संधि पर हस्ताक्षरकर्ता है ही नहीं। भारत तथा पांच अन्य देशों अर्जेण्टीना, ग्रीस, मैक्सिको, स्वीडन तथा तंज़ानिया ने 1984 में सभी राष्ट्रों से परमाणु परीक्षण रोक देने की प्रार्थना की थी। इन छः देशों के प्रतिनिधियों का 1985 में नई दिल्ली में एक सम्मेलन हुआ। उस समय केन्द्र सत्ता पर राजीव गांधी विराजमान थे। प्रधानमंत्री राजीव

गांधी ने सम्मेलन में कहा था कि, "वर्तमान समझौते परमाणु अस्त्र-विहीन राज्यों को शान्तिपूर्ण कार्यो तक के लिए भी परमाणु परीक्षण करने से रोकते हैं, जबकि वे परमाणु अस्त्र-सम्पन्न देशों को अपनी घातक क्षमता बढ़ाने से किसी भी प्रकार नहीं रोकते। भारत सदा ही इस प्रकार के भेदभाव की आलोचना करता रहा है।"

सितम्बर 1994 में निरस्त्रीकरण सम्मेलन में बोलते हुए भारतीय राजदूत ने प्रस्तावित व्यापक परीक्षा निषेध संधि की प्रस्तावना में अप्रसार संधि के उल्लेख पर आपत्ति की थी। उनका यह विचार था कि "क्योंकि हम परमाणु अप्रसार संधि के हस्ताक्षरकर्ता नहीं है, इसलिए उसका कोई भी उल्लेख हमको स्वीकार्य नहीं होगा।"

1995 में भारत की नई भारतीय राजदूत अरुंधती घोष ने इस बात पर बल दिया कि, "संधि की प्रस्तावना में, व्यापक परीक्षण निषेध संधि का परमाणु निरस्त्रीकरण की सामान्य रूपरेखा के साथ, स्पष्ट सम्बन्ध परिभाषित करना ही होगा।" अत: भारत ने परमाणु निरस्त्रीकरण को व्यापक निषेध संधि से सम्बद्ध करने के लिए प्रस्तावित संधि में अनेक संशोधनों के प्रस्ताव रखे। श्रीमती घोष ने 25 जनवरी, 1996 को पुन: भारत की स्थिति को स्पष्ट शब्दों में अभिव्यक्त किया और कहा, "हमारा यह विचार है कि संधि को विश्वव्यापी निरस्त्रीकरण के संदर्भ में जोड़ा जाए तथा संधि की भाषा के द्वारा समयबद्ध रूप से सभी परमाणु अस्त्रों के उन्मूलन की व्यवस्था की जाए।"

परंतु, अमेरिका तथा अन्य परमाणु देश अस्त्रों के उन्मूलन के किसी समयबद्ध कार्यक्रम को स्वीकार करने के विरुद्ध थे, इसलिए भारत ने प्रस्तावित व्यापक परीक्षण निषेध संधि के विरोध में मत देने का निर्णय किया। भारत निरस्त्रीकरण के आश्वासन मात्र से सहमत नहीं था। सम्मेलन में अरुंधती घोष ने का कहना था कि, "परमाणु अस्त्रों के उन्मूलन की अलिखित प्रतिबद्धता एक बिना हस्ताक्षर किया गया प्रतिज्ञापत्र (अर्थात् व्यर्थ कागज का टुकड़ा) होगा।" भारत ने इस बात के लिए खेद व्यक्त किया कि, उसके इस प्रस्ताव पर, जिसमें परमाणु निरस्त्रीकरण के लिए एक तदर्थ समिति स्थापित करने का सुझाव था, कोई आम सहमति नहीं बन सकी। इस समिति से यह अपेक्षा थी कि यह चरणों पर आधारित कार्यक्रम के आधार पर परमाणु निरस्त्रीकरण पर चर्चा अवश्य करेगी। 20 जून, 1996 को व्यापक परीक्षण निषेध संधि के प्रस्तावित रूप को अस्वीकार करने की घोषणा कर दी।

निरस्त्रीकरण सम्मेलन के अध्यक्ष जाप रामाकर ने संधि का जो प्रारूप पेश किया भारत ने उसे अस्वीकार कर दिया। इस संधि में एक 'लागू करने संबंधी अनुच्छेद' का प्रावधान किया गया था। उस अनुच्छेद में यह व्यवस्था थी कि संधि को तभी लागू किया जायेगा जब, भारत, सहित वे 44 देश इसका अनुमोदन कर देंगे जिनके पास परमाणु अनुसंधान की सुविधा है, तथा जिनके पास रीएक्टर हैं, अर्थात् जो परमाणु क्षमता सम्पन्न हैं। भारत के पास ये सभी सुविधाएं होने के कारण इसे प्रवेश द्वारा की संज्ञा दी जाती है। वह इसलिए भारत के संधि पर हस्ताक्षर और उसका अनुमोदन आवश्यक था। भारत दबाव में आकर भेदभाव वाली संधि पर हस्ताक्षर करने को तैयार नहीं था। संधि को, और उसे लागू करने वाली धारा को, अस्वीकार करते हुए भारत ने कहा कि "वर्तमान व्यापक परीक्षण निषेध संधि परमाणु अस्त्र-सम्पन्न राज्यों की प्रौद्योगिकी पसंद के अनुसार तैयार की गयी है, न कि परमाणु निरस्त्रीकरण की आवश्यकता के अनुसार।"

भारत ने लागू करने की धारा में एक संशोधन का प्रस्ताव किया था। भारत का विचार था कि 65 देशों द्वारा संधि का अनुमोदन करने और उसके दस्तावेज जमा करने के 180 दिन के पश्चात् संधि को प्रभावी बनाया जाए। यह समय संधि पर हस्ताक्षर आरम्भ करने से कम से कम दो वर्ष के पश्चात् होना चाहिए। भारत के दोनों ही प्रस्ताव को (संधि को, चरणों में परमाणु निरस्त्रीकरण के कार्यक्रम से जोड़ना और लागू करने की तिथि का उपर्युक्त प्रस्ताव) निरस्त्रीकरण सम्मेलन ने स्वीकृति नहीं दी। भारत ने यह बात अस्वीकार कर दी कि संधि को, भारत सहित 44 देशों द्वारा अनुमोदन के पश्चात् लागू कर दिया जाए। भारत ने निरस्त्रीकरण सम्मेलन में अपने दोहरे निषेधाधिकार का प्रयोग किया। भारत ने संधि के प्रारूप और प्रभावी (लागू) करने के अनुच्छेद, दोनों के विरुद्ध मत दिया। 21 अगस्त, 1996 को भारत के विपरीत मतों के कारण, संधि को, निरस्त्रीकरण सम्मेलन द्वारा प्रस्तावित रूप में सभी सदस्य देशों के सम्मुख रखने का कार्यक्रम भी रद्द हो गया। यह संधि सदस्य राष्ट्रों के विचार के लिए नहीं भेजी जा सकी, क्योंकि भारत ने इसका मार्ग अवरुद्ध कर दिया था। इस संकट से संधि को उबारने के लिए ऑस्ट्रेलिया ने संयुक्त राष्ट्र महासभा में प्रस्ताव रखा कि निरस्त्रीकरण सम्मेलन द्वारा प्रस्तावित प्रारूप को महासभा संधि के रूप में पारित कर दे। महासभा में किसी भी देश को निषेधाधिकार प्राप्त नहीं था। ऑस्ट्रेलिया ने प्रस्ताव को 126 अन्य देशों के साथ मिलकर महासभा में प्रस्तुत किया था। इस प्रस्ताव को महासभा ने भारी बहुमत से स्वीकार कर दिया। इसके पक्ष में 158 देशों ने और विपक्ष में 3 देशों ने मतदान किया।

केवल 5 ऐसे देश थे जिन्होंने किसी भी पक्ष में मतदान नहीं किया। वे देश थे तजनिया, लेबनान, क्यूबा, सीनिरया तथा मॉरीशन महासभा ने इसे सितम्बर 1996 में पारित कर दिया। इस प्रकार भारत के (निरस्त्रीकरण सम्मेलन) निषेधाधिकार को अप्रभावी कर दिया गया। भारत, भूटान और लीबिया ने विरोध में मतदान किया। मतदान में भाग न लेने वाले देश थे। यह संधि, भारत सहित, 44 देशों द्वारा अनुमोदन के 180 दिन के पश्चात् प्रभावी मानी जायेगी। यदि 44 देशों द्वारा अनुमोदन नहीं होता तो महासभा द्वारा प्रस्ताव पारित करने के तीन वर्ष पश्चात् अनुमोदन प्रक्रिया को गति देने के लिए, एक सम्मेलन बुलाया जायेगा। यह बात निसन्देह है कि भारत अनुमोदन नहीं करेगा, और संधि लागू नहीं होगी।

महासभा की स्वीकृति के पश्चात् संयुक्त राज्य अमेरिका ऐसा राष्ट था जिससे सर्वप्रथम संधि पर हस्ताक्षर किए। राष्ट्रपति बिल किलण्टन ने 24 सितम्बर, 1996 को संधि पर उसी कलम से हस्ताक्षर किए जिसका प्रयोग राष्ट्रपति कैनेडी ने 1963 में आंशिक परीक्षण निषेध संधि पर हस्ताक्षर करने के लिए किया था। इस प्रकार अमेरिका ने परमाणु परीक्षणों के विरुद्ध भावनात्मक प्रदर्शन किया। क्लिण्टन द्वारा हस्ताक्षर के पश्चात् शीघ्र ही 70 अन्य देशों ने भी संधि पर हस्ताक्षर कर दिए। जैसा कि भारत ने पहले ही घोषित कर दिया था, भारत ने संधि पर हस्ताक्षर नहीं किए, यद्यपि भारत पर दबाव डाला गया और राष्ट्रपति क्लिण्टन को उम्मीद थी कि भारत इस बात के लिये राजी हो जायेगा।"

पाकिस्तान भी एक प्रवेश-द्वारा देश था। उसने महासभा में तो संधि के पक्ष में मतदान तो किया, पर हस्ताक्षर नहीं किए उसका कहना था कि जब तक भारत संधि पर हस्ताक्षर नहीं करता, पाकिस्तान भी ऐसा नहीं करेगा। इज़राइल तीसरा प्रवेश द्वार था उसने अमेरिका का साथ देते हुए हस्ताक्षर करने का

निर्णय किया। इस प्रकार भेदभाव पर आधारित व्यापक परीक्षण निषेध संधि महासभा द्वारा स्वीकृत हो कर देशों के हस्ताक्षरों के लिए भेज दी गयी, परंतु भारत ने इस संधि का साथ बिल्कुल नहीं दिया। भारत को इस सैद्धान्तिक दृष्टिकोण के लिए तुरन्त "दण्ड भोगना पड़ा।" भारत का संयुक्त राष्ट्र सुरक्षा परिषद् की अस्थायी सदस्यता का प्रयास विफल हो गया। भारत के पक्ष में महासभा में मात्र 42 देशों ने मत दिए जबकि उसके विरुद्ध जापान के पक्ष में 142 मत पड़े। जब अस्थायी सदस्यता प्राप्त नहीं हो सकी तो भारत की स्थायी सदस्यता की निकट भविष्य में कोई आशा नहीं रह गयी। जैसा कि दिसम्बर 1996 में विदेश मंत्री इन्द्र कुमार गुजराल ने लोक सभा में कहा—"हमने अवज्ञा का मूल्य चुका दिया है, और हमें उसके लिए गर्व है।" उन्होंने इनकार किया कि भारत अलग-थलग पड़ गया था।

सन् 1999 में एक विचित्र घटनाक्रम में अमरीकी सीनेट ने व्यापक परीक्षण निषेध संधि को नहीं माना। स्वयं अमरीकी सीनेट द्वारा अनुमोदन न करने के फलस्वरूप इसके क्रियान्वयन पर प्रश्न चिन्ह लग गया। इसको न तो लागू किया गया, न प्रस्तावित अधिवेशन 3 वर्ष बाद बुलाया गया, और 2000 ई. के बाद किसी ने इस संधि का उल्लेख करना तक आवश्यक नहीं समझा।

भारत सम्पूर्ण निरस्त्रीकरण का समर्थक है। भारत को परमाणु परीक्षण निषेध से आपत्ति नहीं है—चाहे वह आंशिक हो या व्यापक। यह केवल सरकार की नीति ही नहीं है। यह सभी दलों की आम सहमति और जनता की आकांक्षा पर आधारित नीति है। भारत परम्परागत एवं परमाणु दोनों प्रकार के निरस्त्रीकरण के लिए कार्य करने को वचनबद्ध है। ऐसा होने पर ही भारत की सुरक्षा सुनिश्चित होगी।

रासायनिक अस्त्र समझौता 1925 में—दोनों विश्व युद्धों के अन्तराल में निरस्त्रीकरण के प्रश्न पर सामूहिक रूप से एक समझौता हुआ था। जिसमें रासायनिक शस्त्रास्त्रों के प्रयोग पर प्रतिबंध लगाया गया था। भारत ने उस समझौते का पूरा समर्थन किया था। यही उस रासायनिक अस्त्र समझौते का आधार बना जिस पर 1993 में विभिन्न देशों द्वारा हस्ताक्षर किए गए, और 1994 में इसका औपचारिक अनुमोदन भी किया गया। इस बीच, चीन, रूस, अमेरिका तथा अधिकतर अन्य रासायनिक अस्त्र-सम्पन्न राज्यों ने भी इस पर हस्ताक्षर कर दिए थे परन्तु, कई बड़े देश की दृष्टि इसका अनुमोदन करने में संदेहात्मक रही। यह निश्चित किया गया था कि रासायनिक अस्त्र समझौते को 29 अप्रैल, 1997 से प्रभावी (लागू) कर दिया जायेगा। मार्च 1997 संयुक्त राज्य अमेरिका ने इस समझौते का अनुमोदन नहीं किया था अत: यह शंका हुई कि रासायनिक शस्त्रास्त्र निषेध संगठन जो कि 29 अप्रैल, 1997 के पश्चात् स्थापित होना था, शायद अस्तित्व में आ ही न सके। चीन तथा रूस ने यह संकेत दिया था कि यदि अमेरिका समझौते का अनुमोदन नहीं करता तो वे भी अनुमोदन नहीं करेंगे। भारत इस दुविधा में था कि कहीं बड़ी शक्तियां अनुमोदन वापस न ले लें या उसका निलम्बन न कर दें। परंतु, अन्ततः राष्ट्रपति बिल क्लिण्टन ने अमरीका के उच्च सदन सीनेट को उसकी स्वीकृति के लिए राजी कर लिया और 29 अप्रैल, 1997 से कुछ ही दिन पूर्व अमेरिका ने रासायनिक शस्त्रास्त्र समझौते, का अनुमोदन कर दिया। इससे चीन एवं रूस द्वारा अनुमोदन का मार्ग भी प्रशस्त हो गया। भारत ने पहले ही इस समझौते का अनुमोदन कर दिया था। उसको यह आशा थी कि शीघ्र ही इस समझौते को सभी देश समर्थन प्रदान कर देंगे, और यह प्रभावी रहेगा। जून 1997 में भारत ने एक महत्वपूर्ण निर्णय किया कि उसके रासायनिक शस्त्र भण्डारण का अंतर्राष्ट्रीय निरीक्षण करना संभव है।

भारत की आगमी परमाणु नीति

परमाणु क्षमता प्राप्त करने तथा 1974 में परमाणु परीक्षण के पश्चात् भी यह बात चर्चा का विषय बनी रही कि भारत परमाणु बम का निर्माण नहीं करना चाहता था और वह पूर्ण परमाणु निरस्त्रीकरण का समर्थन करता था, फिर भी वह अपना परमाणु विकल्प खुला रखेगा। दूसरे शब्दों में, यदि भारत की सुरक्षा के हित में परमाणु अस्त्रों की आवश्यकता हुई तो वह अपने विकल्प का प्रयोग करने में संकोच नहीं करेगा। चीन एक परमाणु शक्ति है और भारत के साथ उसके संबंध लम्बे समय तक सामान्य और संतोषजनक नहीं हो पाए। पाकिस्तान के पास परमाणु क्षमता थी और उसे प्रवेश-द्वारा का देश माना जाता था। भारत के अनेक प्रयासों के बावजूद पाकिस्तान की भारत-विरोधी नीति में विशेष परिवर्तन नहीं हुआ था। चीन ने पाकिस्तान के परमाणु कार्यक्रम में उसका पूरा साथ दिया, ऐसी स्थिति में चीन और पाकिस्तान दोनों की ओर से भारत की सुरक्षा के लिए संकट उत्पन्न हो सकता था। अत: भारत आवश्यकता पड़ने पर परमाणु बम का उत्पादन कर सकने के अपने अधिकार को नहीं छोड़ना चाहता था।

कतिपय विपक्षी नेताओं द्वारा विपक्ष के कुछ नेताओं समय-समय पर यह मांग की गयी कि भारत को अपने परमाणु विकल्प का प्रयोग करने में देर नहीं करनी चाहिए परन्तु, सरकारी तौर पर भारत ने न तो इस विकल्प को छोड़ा था और न ही उसका प्रयोग किया है कि व्यापक परीक्षण निषेध संधि के विषय में भारत की बात नहीं मानी गयी, परमाणु निरस्त्रीकरण का कार्यक्रम नहीं बनाया गया, और भारत की सुरक्षा को खतरा बना रहा। इस स्थिति में भारत की जनता चाहती थी कि भारत को अपनी दुविधा की नीति छोड़कर परमाणु विकल्प का प्रयोग करना ही चाहिए।

भारत के परमाणु विकल्प पर एक आलोचनात्मक टिप्पणी करते हुए नीति अनुसंधान केन्द्र के ब्रह्मा चैलेनी ने लिखा था कि, भारत की 'निर्णय न करने की प्रवृत्ति' का परमाणु विकल्प से श्रेष्ठ और कोई उदाहरण हो नहीं सकता है। उन्होंने अगस्त 1997 में यह भी लिखा था कि–

"देश ने दृढ़ता और हठधर्मिता से, दशकों से अपने परमाणु विकल्प का सहारा लिया हुआ है, परन्तु इसको प्रत्यक्ष सुरक्षा सम्पदा के रूप में प्रयोग करने से घृणा करता रहा है। वह परमाणु व्यवस्था की भेदभाव प्रकृति का शोर मचाता रहा है, परन्तु उसने बढ़ते हुए भेदभाव और बड़ी शक्तियों की वर्चस्व आधारित प्रथाओं से उबरने का कोई प्रयास नहीं किया है। वह सहमे हुए, अपने न उपयोग किए गए परमाणु विकल्प के लिए बढ़ता हुआ, अन्तर्राष्ट्रीय मूल्य चुकाता रहा है, परंतु उसने न तो यह साहस किया कि इस विकल्प को छोड़ दे, और न यह कि बड़ी शक्तियों की नरसंहार प्रवृत्ति के विरुद्ध अपने इस विकल्प का प्रयोग करे।"

चैलेनी के इस विचार से भारत की आम जनता की भावनाएं जुड़ी थी। भारत को साहस जुटाकर इधर या उधर कोई निर्णय करना चाहिए था, और दुविधा की स्थिति से बाहर निकलना चाहिए था। भारत की स्वतंत्रता के एक वर्ष के भीतर ही नेहरू ने अणु ऊर्जा आयोग की स्थापना की थी। सुप्रसिद्ध वैज्ञानिक होमी भाभा इसके अध्यक्ष थे, और नोबेल पुरस्कार से सम्मानित सी.वी. रमण परामर्शदाता नियुक्त किए गए थे। नेहरू ने इस आयोग से कहा था कि "परमाणु शक्ति की नीतिगत प्रकृति को देखते हुए सभी मूल सामग्री का उत्पादन करना होगा। जिस प्रकार परमाणु दौड़ आरम्भ हो गयी थी उसको ध्यान में रखते हुए प्रत्येक देश को अपनी सुरक्षा के लिए आधुनिकतम वैज्ञानिक उपायों का विकास करना

होगा।" नेहरू के इस विचार के अनुसार, भारत के योग्य वैज्ञानिकों ने देश को प्रवेश-द्वार का राज्य बना दिया और हमें परमाणु सामर्थ्य उपलब्ध करा दी। भारत अब पूर्णत: परमाणु क्षमता सम्पन्न देश था परन्तु संकट हमारे सम्मुख था। परमाणु निरस्त्रीकरण की कोई सम्भावना नहीं थी। ऐसी स्थिति में भारत को संकोच छोड़कर शीघ्र अपने परमाणु विकल्प के संबंध में निर्णय लेना ही था।

1997 के मध्य पाकिस्तान के तत्कालीन विदेश मंत्री गौहार अयूब ने मध्य-1997 में यह प्रस्ताव किया था कि भारत और पाकिस्तान एक ऐसा समझौता करें जिसके द्वारा एक-दूसरे के विरुद्ध परमाणु अस्त्र प्रयोग न करने की वचनबद्धता हो। इससे पूर्व, 1994 में भारत ने पाकिस्तान को "प्रथम प्रयोग न करने" के समझौते पर हस्ताक्षर करने के लिए कहा था। उस समय पाकिस्तान ने सीधे ही, भारत के प्रथम प्रयोग न करने के प्रस्ताव को अस्वीकार कर दिया था। इन दोनों प्रस्तावों में मूलभूत अंतर है। प्रयोग न करने का आशय है कि परमाणु अस्त्रों का एक-दूसरे के विरुद्ध प्रयोग किया ही नहीं जायेगा। यदि ऐसा होता है कि पाकिस्तान के पास परमाणु अस्त्र रखने का औचित्य ही नहीं रह जायेगा। उसे अपना परमाणु कार्यक्रम समाप्त करना पड़ेगा, क्योंकि पाकिस्तान तो अपनी सुरक्षा को केवल भारत के विरुद्ध तैयार करता है। परन्तु पाकिस्तान का प्रस्ताव मान लेने पर भी, भारत को चीन के विरुद्ध परमाणु सुरक्षा के लिए तैयार रहना ही था। भारत के पहले परमाणु प्रयोग न करने के सुझाव में यह वचन दिया जायेगा कि भारत पहले परमाणु अस्त्र का प्रयोग नहीं करेगा।

परन्तु यदि दूसरा पक्ष इस समझौते की अवहेलना करके परमाणु युद्ध छेड़ देता है तब वह अपने संरक्षण हेतु इस सुरक्षा बल का प्रयोग करने का अधिकारी होगा। अर्थात् दोनों को अपने परमाणु विकल्प खुले रखने और परमाणु अस्त्र जमा करने की स्वतंत्रता भी होगी। इन दोनों प्रस्तावों में जो अंतर है उसका प्रत्यक्ष प्रभाव, अवरोधक स्थिति पर पड़ता है। चाहे वह भारत का "प्रथम प्रयोग न करने" का प्रस्ताव हो, या पाकिस्तान का "प्रयोग न करने" का सुझाव हो, एक बात स्पष्ट है कि दोनों देश अप्रत्यक्ष रूप से यह मानते थे कि उनके पास परमाणु अस्त्र उपलब्ध थे, या उनके निर्माण की क्षमता थे। परन्तु, भारत सदैव पाकिस्तान को शक की निगाह से देखता रहा। पाकिस्तान का सुझाव मान लेने से भारत, संयुक्त राज्य अमेरिका द्वारा सुझाए गए, उस मार्ग पर चल पड़ेगा जिसके अनुसार हमें अपनी परमाणु क्षमता पर पहले रोक लगानी, फिर उसे कम करना और फिर उसका उन्मूलन करना पड़ता। यह भारत के हित में कदापि नहीं था।

भारत ने पहला परमाणु अस्त्र परीक्षण पोखरन में किया परन्तु दुर्भाग्यवश 24 वर्ष से भारत ने अपना परमाणु विकल्प मात्र खुला रखा था। न तो भारत ने कोई अन्य परीक्षण किया था, और न ही परमाणु विकल्प बन्द किया था। अन्तत: भारत ने 24 वर्ष बाद अपने परमाणु विकल्प का उपयोग करके, मई 1998 में पांच परमाणु परीक्षण किए। इन्हें पोखरन-2, अथवा शक्ति श्रृंखला, के नाम से जाना गया। भारत के वैज्ञानिकों ने यह घोषणा की कि इन परीक्षणों के द्वारा उन्हें वे समस्त आंकड़ें तथा तथ्य प्राप्त हो गये थे जो कि भारत को परमाणु शक्ति-सम्पन्न राज्य बना सकने के लिए पर्याप्त थे। उनको अन्य कोई परीक्षण करने की आवश्यकता नहीं रह गयी थी।

अत: प्रधानमंत्री वाजपेयी ने यह घोषणा की कि भारत एक परमाणु-अस्त्र सम्पन्न राज्य बन गया था, तथा यह भी कि वह आगे कोई और परमाणु परीक्षण नहीं करेगा। उधर, पांच बड़े देशों (ब्रिटेन,

अमेरिका, फ्रांस और चीन) ने भारत को परमाणु-अस्त्र सम्पन्न राज्य मानने से, इन्कार कर दिया इसका आधार था कि 1968 की परमाणु अप्रसार संधि की परिभाषा के अनुसार केवल उपर्युक्त पांच देश ही अस्त्र-सम्पन्न देश थे क्योंकि अप्रसार संधि पर हस्ताक्षर होने से पूर्व केवल इन्हीं देशों ने परमाणु परीक्षण किए थे। भारत को यह परिभाषा स्वीकार्य नहीं थी। उसने तो अप्रसार संधि पर इसलिए हस्ताक्षर ही नहीं किए थे कि वह भेदभाव पर आधारित थी। भारत ने 1998 में यह कहा कि अब जबकि उसके पास अपने परमाणु अस्त्र हैं, तब उसको किसी से इस बात का प्रमाण-पत्र नहीं चाहिए कि वह परमाणु-अस्त्र-सम्पन्न देश है। यह तो सत्य है जिसे किसी की स्वीकृति आवश्यकता नहीं।

संसद में भारत के प्रस्तावित परमाणु सिद्धान्त की घोषणा सन् 1998 में तत्कालीन प्रधानमंत्री श्री वाजपेयी जी ने की। उन्होंने कहा कि भारत न्यूनतम परमाणु निवारक की क्षमता रखेगा(तथा प्रथम प्रयोग न करने के सिद्धान्त पर चलेगा। इसका अर्थ हुआ कि भारत मात्र उतने ही परमाणु अस्त्रों का निर्माणअ और भण्डारन करेगा जो उसकी सुरक्षा के लिए आवश्यक होंगे, और जो शत्रु के द्वारा भारत पर परमाणु आक्रमण के मार्ग में अवरोधक का कार्य करेंगे। इसके अतिरिक्त, भारत किसी भी परिस्थिति में किसी देश के विरुद्ध परमाणु अस्त्रों का प्रयोग नहीं करेगा जो कि परमाणु अस्त्र-सम्पन्न नहीं है। वह अन्य परमाणु-अस्त्र-सम्पन्न देशों के विरुद्ध भी परमाणु आक्रमण की पहल नहीं करेगा। वह केवल उसी स्थिति में अपने परमाणु अस्त्रों का प्रयोग करेगा जबकि उसके विरुद्ध किसी परमाणु शक्ति ने पहले परमाणु अस्त्र का प्रयोग करके आक्रमण किया होगा।

अप्रैल 1999 में राजनीतिक स्तर पर एक मत से लोकसभा में वाजपेयी सरकार की पराजय हो गयी। परन्तु, किसी वैकल्पिक सरकार का गठन नहीं किया जा सका। लोकसभा को भंग कर दिया गया(सितम्बर-अक्टूबर 1999 में नए चुनाव करवाए गए। इस बीच वाजपेयी सरकार कार्यवाहक रूप में कार्यरत रही। चुनाव का परिणाम यह निकला कि वाजपेयी जी ने इस चुनाव की प्रक्रिया के दौरान, राष्ट्रीय सुरक्षा परिषद् के राष्ट्रीय सुरक्षा सलाहकार बोर्ड ने भारत के परमाणु सिद्धान्त की रूपरेखा की घोषणा की ताकि उस पर सार्वजनिक रूप से चर्चा की जा सके। इस रूपरेखा के अनुसार यह व्यवस्था की गयी कि यदि भारत पर परमाणु आक्रमण की स्थिति में भारत को परमाणु अस्त्रों का जवाबी आक्रमण करना ही पड़ा तो उसका नियन्त्रण मात्र प्रधानमंत्री के हाथों में होगा।

सुरक्षा परिषद् के राष्ट्रीय सलाहकार बोर्ड द्वारा प्रस्तावित परमाणु सिद्धान्त को भारत सरकार ने 2002 में मामूली परिवर्तन के साथ करके औपचारिक रूप से देश के परमाणु सिद्धान्त की घोषणा कर दी। निम्न तथ्यों को घोषणा में शामिल किया गया—

1. भारत न्यूनतम परमाणु अवरोधक क्षमता तब तक रखेगा जब तक शेष परमाणु देश अस्त्र सम्पन्न रहते हैं,
2. भारत प्रथम प्रयोग न करने की नीति पर चलेगा—अर्थात् तथा वह कभी भी किसी ऐसे देश के विरुद्ध अपने परमाणु अस्त्रों का प्रयोग नहीं करेगा जिनके पास परमाणु अस्त्र नहीं है, तथा वह किसी परमाणु-अस्त्र-सम्पन्न देश के विरुद्ध भी तब तक अपने बम का प्रयोग नहीं करेगा जब तक भारत पर परमाणु आक्रमण नहीं किया जाता, परंतु यदि भारत पर परमुाण अस्त्र से प्रहार होता है तो भारत इसका पूरी परमाणु क्षमता से उत्तर देगा, और यदि कोई देश भारत पर रासायनिक या जैविकीय अस्त्रों

से आक्रमण करेगा तब भी भारत उसके उत्तर में अपनी रक्षा के लिए परमाणु अस्त्रों का प्रयोग करेगा,

3. भारत के परमाणु अस्त्रों को तीन रूपों मतें प्रयोग के लिए तैयार रखा जायेगा–वे होंगे: विमानों के द्वारा प्रक्षेपास्त्रों की व्यवस्था, पृथ्वी से मार करने की क्षमता (थल सेना के अधिकार में), तथा नौसेना की व्यवस्था, तथा
4. परमाणु सिद्धान्त की व्यवस्था के अनुसार, इन अस्त्रों के प्रयोग पर नियंत्रण और आदेश का अधिकार प्रधानमंत्री, या उसके द्वारा मनोनीत अधिकारी के पास होगा–अर्थात् न केवल परमाणु अस्त्रों पर अंतिम नियन्त्रण प्रधानमंत्री का होगा, बल्कि प्रधानमंत्री के आदेश पर ही शत्रु के विरुद्ध उनका प्रयोग किया जायेगा।

भारत की परमाणु नीति के सन्दर्भ में विभिन्न देशों की प्रतिक्रियाएँ

मई 1998 में जब पोखरन में परमाणु परीक्षण किया गया तो भारत तथा अन्य प्रमुख देशों के संबंधों में विशेष परिवर्तन दिखायी पड़ा। जापान के लिए चिन्तित होना स्वाभाविक था, क्योंकि वही एकमात्र ऐसा देश है जिस पर अमेरिका ने प्रथम दो अणु बम गिराये थे। वैसे, स्वयं जापान ने शान्तिपूर्ण कार्यो, जैसे ऊर्जा उत्पादन, के लिए परमाणु शक्ति का विकास किया है। परन्तु, दो ऐसे देश जो कि परमाणु–अस्त्र–सम्पन्न देश हैं, संयुक्त राज्य अमेरिका तथा चीन। अति तीव्र प्रतिक्रिया व्यक्त की। संयुक्त राज्य अमेरिका अब एकमात्र महाशक्ति रह गया है। वह संसार का प्रथम देश था जिसने परमाणु अस्त्र बनाए। उस देश ने अतीत में सामान्यतया पाकिस्तान का समर्थन किया, तथा भारत–विरोधी नीतियां अपनायीं। भारत के परमाणु परीक्षणों के बाद, अमेरिका ने सर्वप्रथम मई 1998 में ही भारत के विरुद्ध आर्थिक प्रतिबन्ध लगा दिए। अमेरिका ने भारत को परमाणु–अस्त्र–सम्पन्न देश मानने से इन्कार करते हुए, यह दबाव डाला कि भारत गैर–परमाणु शक्ति के रूप में परमाणु अप्रसार संधि तथा व्यापक परमाणु परीक्षण निषेध संधि पर हस्ताक्षर करे।

चीन भारत का पड़ोसी देश है। वह 1964 से परमाणु–अस्त्र सम्पन्न है, तथा संयुक्त राष्ट्र सुरक्षा परिषद् का स्थायी सदस्य भी है। लम्बे समय तक चीन के साथ भी भारत के संबंध मधुर नहीं रहे। सन् 1962 में भारत–चीन युद्ध भी हुआ। तभी से वह पाकिस्तान का घनिष्ठ मित्र बन गया था, तथा 1971 के पश्चात् उसने पाकिस्तान के परमाणु कार्यक्रम में सहायता दी। भारत के परमाणु परीक्षणों के बाद अमेरिका द्वारा अपनायी गयी भारत–विरोधी नीति का चीन ने पूर्ण समर्थन किया।

सबसे पहले ब्रिटिश प्रधानमंत्री टोनी ब्लेयर ने आठ औद्योगिक रूप से सर्वाधिक विकसित देशों की बैठक जून, 1998 में आयोजित की तथा इस बात का प्रयास किया गया कि भारत के विरुद्ध सामूहिक रूप से आर्थिक प्रतिबन्ध लगाए जाएं। परन्तु इस प्रस्ताव को रूस, फ्रांस तथा स्वयं ब्रिटेन ने ठुकरा दिया। अत: चीन तथा G-8 के समूह (G-8) के कुछ देशों ने व्यक्तिगत रूप से आर्थिक प्रतिबन्ध लगाए। परन्तु, पश्चिमी देशों को शीघ्र ज्ञात हो गया कि इन प्रतिबन्धों से भारत को मजबूर नहीं किया जा सकेगा, तथा उनका विपरीत प्रभाव पड़ सकता था। उनको यह भी स्पष्ट हो गया कि भारत की अर्थव्यवस्था इतनी सुदृढ़ थी कि प्रतिबन्ध उसकी कुछ भी क्षति नहीं कर सकते थे। इस बीच, G-8 के समूह की बैठक के शीघ्र बाद, अमेरिका की पहल पर संयुक्त राष्ट्र की सुरक्षा परिषद् ने 6 जून, 1998

के अपने एक प्रस्ताव के द्वारा, परमाणु परीक्षण करने तथा स्वयं को परमाणु शक्ति घोषित करने के आरोप में भारत की निन्दा की। यह एक ऐसा तथ्य था जिसका प्रमाण अंतर्राष्ट्रीय राजनीति में कहीं नहीं मिलता है क्योंकि परमाणु परीक्षण हेतु कभी भी किसी भी देश की सुरक्षा परिषद् द्वारा निन्दा नहीं की गयी थी।

संयुक्त राज्य अमेरिका ने भारत के विरुद्ध आर्थिक प्रतिबन्ध परमाणु असर निवारण अधिनियम 1994 के अधीन लगाए थे। इस अधिनियम में अमेरिका के परमाणु परीक्षण अप्रसार संबंधी विभिन्न कानूनों को शामिल कर लिया गया था। भारत की जनता ने यह अनुभव किया कि यह उसके, अर्थात् एक सम्प्रभु देश के विरुद्ध की गयी बदले की कार्यवाही थी। बदले की कार्यवाही इसलिए क्योंकि भारत ने सभी दबावों के बावजूद परमाणु अप्रसार संधि पर इसलिए हस्ताक्षर नहीं किए थे क्योंकि वह उसे भेदभाव पर आधारित मानता है। उसने व्यापक परीक्षण निषेध संधि का भी इसी आधार पर विरोध किया।

सन् 1998 में भारत ने अपने सम्प्रभु अधिकार का प्रयोग किया तथा परमाणु अस्त्र परीक्षण किंये अब भारत ने स्वयं को परमाणु–अस्त्र–सम्पन्न देश घोषित किया। इस निर्णय को अमेरिका तथा उसके मित्र देशों ने अपने विरुद्ध चुनौती के रूप में देखा। भारत के विदेश मंत्री श्री जसवंत सिंह ने स्पष्ट घोषणा की कि भारत (और पाकिस्तान भी) अब एक परमाणु–अस्त्र–सम्पन्न देश था। उन्होंने कहा कि यह एक ऐसी सच्चाई है जिसे कोई भी राष्ट्र अस्वीकृत नहीं कर सकता। परमाणु–अस्त्र–सम्पन्न राज्य होना किसी भी अन्य देश के द्वारा दिया गया स्तर या प्रमाण–पत्र नहीं है। "यह एक वस्तुनिष्ठ वास्तविकता है।"

भारत की परमाणु क्षमता उजागर होने के बाद पाश्चात्य देशों को ज्ञात हो गया कि भारत को दबाया नहीं जा सकता, तब अमरीकी सरकार ने भारत के साथ व्यापक बातचीत आरम्भ की। वह वार्ता विदेश मंत्री श्री जसवंत सिंह तथा अमरीकी उप–विदेश मंत्री स्ट्रोब टाल्बॉट के मध्य हुई। इसका उद्देश्य भारत को व्यापक परीक्षण निषेध संधि पर हस्ताक्षर करने के लिए राजी करना था। परन्तु, भारत पहले ही एक तरफा घोषणा कर चुका था कि वह कोई और परमाणु परीक्षण नहीं करेगा। अतः भारत कोई अन्य परीक्षण करने वाला था ही नहीं। परन्तु भारत इस समझौते पर हस्ताक्षर परमाणु अस्त्र सम्पन्न राष्ट्र के रूप में करना चाहता था कि अमेरिका के साथ अन्य राष्ट्र यह चाहते थे कि भारत गैरपरमाणु शक्ति के रूप में संधि स्वीकार करे पर भारत ने मना कर दिया।

संसार के प्रमुख देशों के दृष्टिकोण में 1999 का अन्त होते–होते महत्वपूर्ण परिवर्तन हो गया था। चीन ने भारत के साथ संबंध सामान्य बनाने की दिशा में महत्वपूर्ण कदम उठाए। उधर अमरीकी सरकार की नीति में भी उल्लेखनीय सुधार हुआ। उसने भारत के विरुद्ध लगाए गए अनेक प्रतिबन्ध समाप्त करने का निर्णय किया। परंतु जापान इस बात पर दृढ़ था कि जब तक भारत व्यापक परमाणु परीक्षण संधि पर हस्ताक्षर नहीं करता तब तक वह भारत को विकास संबंधी सहायता पुनः देना आरम्भ नहीं करेगा। यद्यपि भारत और जापान का रिश्ता पहले से घनिष्ठ हो चुका था, फिर भी परमाणु मुद्दे पर जापान की नीति में कोई परिवर्तन नहीं हुआ। विदेश मंत्री जसवंत सिंह की नवम्बर 1999 की जापान यात्रा, तथा रक्षा मंत्री जॉर्ज फर्नाण्डीस की जनवरी 2000 की यात्रा ने इस प्रक्रिया में महत्वपूर्ण योगदान किया। भारत और जापान सुरक्षा–वार्ता के लिए भी सहमत हुए, परन्तु जापान ने रक्षा मंत्री को परमाणु नीति के सन्दर्भ में अपनी पुरानी विचारधारा ही इंगित की।

भारत ने बार–बार यह स्पष्ट किया है कि वह परमाणु–अस्त्र–विहीन संसार के प्रति वचनबद्ध है।

परन्तु जब तक अन्य परमाणु सम्पन्न देश अपने अस्त्र नष्ट नहीं करते, भारत को न्यनूतम सुरक्षात्मक परमाणु अस्त्र रखने का अधिकार है। भारत की परमाणु नीति के अनुसार वह किसी भी देश के विरुद्ध पहले इन अस्त्रों का प्रयोग नहीं करेगा, और जब तक व्यापक परीक्षण संधि भेदभाव-रहित नहीं हो जाती वह उस पर हस्ताक्षर नहीं करेगा। जनवरी 2000 के आरंभ में अमेरिका ने भी यह स्वीकार कर लिया कि भारत को यह निश्चय करने का सम्प्रभु अधिकार है कि वह किस प्रकार के और कितने अस्त्र रखे ताकि उसकी सुरक्षा सुनिश्चित हो सके। यह अमरीकी नीति में एक नयी विचारधारा का समावेश था।

भारत-अमेरिकी सम्बन्ध

भारत और संयुक्त राज्य अमेरिका विश्व के दो सबसे विशाल लोकतन्त्र हैं। यह भले ही क्षेत्रफल तथा जनसंख्या की दृष्टि से एक दूसरे से भिन्न हो परन्तु कुछ कारणों से दोनों देशों में बहुत कुछ समानताएं हैं। इन समानताओं को दोनों के औपनिवेशिक अतीत में खोजा जा सकता है।

जैसे—दोनों पर ब्रिटेन का औपनिवेशिक शासन था चाहे काल भिन्नता अवश्य थी। अमेरिका के 13 मूल राज्य अंग्रेजों के अधीन उपनिवेश थे जब 4 जुलाई 1976 को उन्होंने अपनी स्वतन्त्रता की घोषणा की। अंग्रेजों ने अपना शासन बनाए रखने के जो प्रयास किए उनमें उनके विरूद्ध 13 उपनिवेशों के संघर्ष में उपनिवेशों की विजय हुई तथा उन्होंने स्वयं 1787 में एक संविधान का निर्माण करके, और 1789 में उसका अनुमोदन करके एक सम्प्रभु देश संयुक्त राज्य अमेरिका की स्थापना की। सत्रहवीं शताब्दी में अंग्रेज भारत में व्यापारी के रूप में आए और उन्नीसवीं शताब्दी के मध्य में इस देश के शासक बन बैठे। उस समय भारत एक प्राचीन इतिहास और सभ्यता का धनी था। भारत ने औपनिवेशिक शासन के विरूद्ध शान्तिपूर्ण संघर्ष किया और 15 अगस्त 1947 को स्वतन्त्र होकर वह एक प्रभुसत्ता सम्पन्न राज्य बन गया।

भारत ने 1949 में जिस संविधान को अंगीकृत किया, और 1950 में जिसे लागू किया उसमें और अमेरिका के संविधान में अनेक समानताएं हैं। दोनों देशों में जनता के निर्वाचित प्रतिनिधयों द्वारा संचालित लोकतान्त्रिक सरकारें हैं—दोनों ही देश गणराज्य हैं। दोनों देश अपनी अपनी जनता को वयस्क मताधिकार के आधार पर अपने प्रतिनिधयों को चुनने का अधिकार देते हैं। अमेरिका की भांति भारत में भी जनता की आकांक्षाओं के प्रति उतरदायी प्रशासन है।

दोनों देश शासन की मूल भावना और सरंचना की दृष्टि के साथ-साथ अन्य सामाजिक व्यवस्थाओं में भी समान हैं भारत तथा अमेरिका दोनों में बहुल समाज हैं, जहां मत भिन्नता को दबाया नहीं जाता है। जनता को स्वतन्त्र रूप से अपने विचार व्यक्त करने का अधिकार है, तथा उन्हें धर्म की पूर्ण स्वतन्त्रता है। इन अधिकारों और स्वतन्त्रताओं को अमेरिका के संविधान के प्रथम संशोधन और भारत के संविधान के भाग तीन में सुनिश्चित किया गया है। अभिव्यक्ति और प्रेस की स्वतन्त्रता दोनों गणराज्यों का आधार स्तम्भ है। दोनों ही देश में सरकारों की स्थापना जनता के मतों के आधार पर होती है। यदि वे उनकी अपेक्षाओं में पूरी न उतरें तब जनता की शिकायतों को दूर करने का भी भरसक प्रयास किया जाता है।

भारत और अमेरिका में व्यापार का आरम्भ 200 वर्ष पूर्व जब हुआ था जब अठारहवीं शताब्दी में यैंकी जहाज बौस्टन से बर्फ लेकर कलकत्ता पहुंचे और वहां से मसाले और कपड़े लेकर अमेरिका वापस

गये थे। दोनों देशों के मध्य उस समय राजनीतिक सम्बन्धों का आरम्भ हुआ जब 1970 में राष्ट्रपति जॉर्ज वाशिंगटन ने कलकत्ता में अपना एक वाणिज्य दूत नियुक्त किया था। अमेरिका से भारतीय स्वतंत्रता संग्राम के नेताओं और सेनानियों को मित्रता की भेंट प्राप्त होती है दोनों देशों के संबंधों के सरकारी आदान प्रदान, धार्मिक अनुभवों तथा पयर्टन ने निरन्तर विकास किया है।

भारत अमेरिका सम्बन्धों के मूल में अन्तर्राष्ट्रीय सम्बन्धों के दो महत्वपूर्ण तत्व विद्यमान हैं। प्रथम, राष्ट्रों के मध्य संबंधों में संघर्ष सदैव बना रहता है। यहां हमें संघर्ष तथा विवाद में राष्ट्र अन्तर समझ लेना चाहिए। संघर्ष मतभेद की ऐसी स्थिति है, जो व्यक्तियों की भांति, किन्हीं भी दो राष्ट्रों में स्थायी रूप से विद्यमान रहती है। राजनीति न तो पूर्ण सहमति की स्थिति में सम्भव है, और न ही पूर्ण असहमति, या मतभेद, की स्थिति में। अत: संघर्ष ऐसी असहमति है जिसका परिणाम युद्ध या सम्बन्ध विच्छेद नहीं होता। दूसरी ओर, विवाद किसी प्रश्न पर मतभेद की तीव्र स्थिति का परिणाम विवाद होता है जिसका कोई स्पष्ट कारण होता है।

अन्तर्राष्ट्रीय सम्बन्ध का दूसरा महत्वपूर्ण तत्व है परिवर्तन। परिवर्तन जीवन का सार है। अत: राष्ट्रों के मध्य भी संबंधों में परिवर्तन होते रहते हैं। भारत की स्वतन्त्रता के पश्चात 50 वर्षों में इन दोनों ही तत्वों ने भारत अमेरिका सम्बन्धों को प्रभावित किया है। दोनों देशों में तीव्र मतभेद (विवाद) उत्पन्न हुए हैं जैसे 1971 में बांगलादेश के प्रश्न पर दोनों देशों के दृष्टिकोण पृथक्-पृतक् थे। उसी प्रकार 1968 में परमाणु अप्रसार सन्धि पर और फिर व्यापक परमाणु परीक्षण निषेध सन्धि पर हस्ताक्षर के प्रश्न पर भारत और अमेरिका में भारी मतभेद बना रहा। अन्तत: 1996 मं भारत ने व्यापक परीक्षण निषेध सन्धि पर हस्ताक्षर करने से इनकार कर दिया। दोनों देशों के बीच मं संघर्ष की स्थिति अनेक प्रश्नों पर भिन्न थी जैसे–

1. परमाणु अस्त्रों के प्रश्न पर,
2. सैनिक सन्धियों और गठबंधनों के प्रश्न पर,
3. इजराइल पैलेस्टाइन सम्बन्धों के मुद्दे पर,
4. अफगानिस्तान में सोवियत हस्तक्षेप की समस्या को लेकर।

परन्तु दोनों देशों की विचारधारा में समय के साथ परिवर्तन होता गया जैसे– आरम्भ में अमेरिका ने भारत की गुट निरपेक्षता की नीति को सराहने योग्य नहीं पाया सोवियत संघ को भी वह नीति उचित नहीं लगी थी। दोनों महाशक्तियां भारत को विरोधी गुट से सम्बद्ध मानती रहीं। परन्तु जब भारत ने 27 जून 1950 के सुरक्षा परिषद् के उस प्रस्ताव को स्वीकार किया जिसमें उतरी कोरिया को दक्षिण कोरिया के विरूद्ध आक्रामक घोषित किया गया था। तब अमेरिका ने भारत के निर्णय की सराहना की परन्तु सोवियत संघ ने इसकी निन्दा की कुछ समय पश्चात जब संयुक्त राष्ट्र की सेनाओं ने दक्षिण कोरिया से उतरी सेनाओं को बाहर निकाल दिया और जनरल मैक्आर्थर ने चीन की ओर सेनाओं को कूच करवा दिया तब भारत ने उस अमरीकी सेनापति की निन्दा की। उस समय एकाएक सोवियत संघ ने भारत की सराहना की परन्तु अमेरिका की विपरीत विचारधारा थी।

1962 में चीन के भारत आक्रमण के समय अमेरिका ने केवल भारत के प्रति सहानुभूति ही नहीं दिखायी, वरन उसने भारत को युद्ध सामग्री देने का भी प्रस्ताव किया। परन्तु 1965 के भारत पाकिस्तान युद्ध में, पाकिस्तान की स्पष्ट आक्रामक कार्यवाही के बावजूद अमेरिका ने पाकिस्तान का साथ दिया।

1971 के बांगलादेश संकट के समय राष्ट्रपति निक्सन भारत के विरोध में थे तथा उन्होंने भारत को उसके विरूद्ध हस्तक्षेप करने की धमकी भी दे डाली। भारत पाक युद्ध 1971 के समय अमेरिका ने अपना अति शक्तिशाली सातवां नौसैनिक बेड़ा भी बंगाल की खाड़ी की ओर रवाना कर दिया। अमेरिका के इस सातवें बेड़े के पास परमाणु अस्त्र उपलब्ध थे, और इसे भारत को आंतकित करने के लिए भेजा गया था। भारत सोवियत मैत्री सन्धि के रहते अमेरिका वास्तव में परमाणु अस्त्रों के प्रयोग की बात सोच भी नहीं सकता था। अमेरिका की पाकिस्तान समर्थक नीति 1971 में अपनी चरम सीमा पर थी। निक्सन ने तो भारत के विरुद्ध हिमालय क्षेत्र में कार्यवाही करने के लिए चीन को बढ़ावा भी दिया।

वर्तमान काल में कितने ही मुद्दों पर भारत अमेरिका सम्बन्धों में तनाव बना हुआ है। जैसे—कश्मीर के प्रश्न पर अमेरिका भारत के संवैधानिक दृष्टिकोण की जानबूझकर अनदेखी करता है। उसकी नीति प्रायः पाकिस्तान समर्थक रहती है। भारत की गुट निरपेक्षता तथा 1971-1991 की अवधि में भारत सोवियत मैत्री, अमेरिका में तनाव उत्पन्न करती रहती है। भारत और अमेरिका की पश्चिम एशिया नीतियां, विशेषकर इजराइज के प्रश्न पर , परस्पर विरोधी रहीं हैं। परमाणु अप्रसार सन्धि और व्यापक परमाणु परीक्षण निषेध सन्धि पर भारत के कठोर दृष्टिकोण को अमेरिका ने कभी पसन्द नहीं किया। परन्तु वह परमाणु अप्रसार और परिक्षण के संदर्भ में भारत की नीति को बदल नहीं सका।

लेकिन शीतयुद्ध समाप्त होने के बाद भारत और अमेरिका का यही प्रश्न है कि वह दोनों राष्ट्र में संबंधों को सुधार सके तथा घनिष्ठ बना सके। शीतयुद्ध की समाप्ति ने भारत अमेरिका सम्बन्धों को दो ध्रुवीय विश्व की सीमाओं के बन्धन से मुक्त कर दिया है। परन्तु उनके सम्बन्ध परमाणु प्रसार प्रक्षोपास्त्रें के प्रसार, क्षेत्रीय स्थिरता, मानव अधिकार तथा आर्थिक नीति जैसे प्रश्नों पर मतभेद से प्रभावित हो रहे हैं । अमेरिकी विद्वानों के अनुसार, दक्षिण एशिया में अमेरिका का एक प्रमुख उद्देश्य परमाणु प्रसार को रोकना, तथा उनसे सम्बन्धित क्षेत्रीय तनावों में कमी करना है। संयुक्त राज्य अमेरिका ने भारत और पाकिस्तान को कश्मीर के सम्बन्ध में विश्वास उत्पन्न करने वाले उपाय करने की अपील की है।

भारत-सोवियत संबंध

आजादी के बाद तत्कालीन प्रधानमंत्री नेहरू ने सोवियत संघ तथा अमेरिका दोनों के साथ मधुर संबंध बनाने की कोशिश की भारत सोवियत मैत्री की जड़ें एक ओर तो उपनिवेशवाद एवं पश्चित् साम्राज्यवाद के विरुद्ध संघर्ष में पाई जाती थीं, और दूसरी ओर भारत के राष्ट्रीय हित में अर्थात्, यह भारत के हित में था कि सोवियत की दृष्टि से देखा और ऐसा कहा कि यह उभरती मित्रता, सोवियत संघ द्वारा दक्षिण एशिया में साम्यवाद विचार धारा का प्रसार करने का साधन मात्र थी। परन्तु, भारत ने इस प्रकार की शंकाओं को निराधार बताया।

दूसरी ओर, सोवियत संघ भी संदेह और पूर्वाग्रहों से मुक्त नहीं था। भारत के प्रयासों के बावजूद भारत और सोवियत संघ के संबंध स्टालिन के जीवन काल में उतने मधुर नहीं हो सके जितने नेहरू चाहते थे। भारत-सोवियत संबंधों में जो तनाव उत्पन्न हुए उनका प्रमुख कारण स्टालिन का कठोर दृष्टिकोण था। स्टालिन का विश्वास था कि वे सब जो साम्यवादी नहीं थे निश्चय ही सोवियत संघ के विरोधी थे। यह धारणा मिथ्या थी, परन्तु स्टालिन के विचारों को कौन परिवर्तित कर सकता था।

भारत का यह निर्णय (1949) कि वह गणतन्त्र बन जाने पर भी राष्ट्रमण्डल का सदस्य बना रहेगा, सोवियत संघ को अप्रसन्न करने के लिए पर्याप्त था। दूसरे, मलाया में सोवियत संघ के पक्ष मे जो घटनाएं घटीं वे भारत-सोवियत संबंधों में कटुता स्थापित करने का साधन बन गयी। अन्तिम, भारत की गुट-निरपेक्षता की मौलिक नीति को सोवियत संघ ने कभी पसंद नहीं किया। उसने इस गांधी सादी नीति को भारत की पश्चिम-समर्थक, या पूंजीवादी नीति की संज्ञा दे दी।

दिसम्बर 1991 में सोवियत संघ का विघटन 15 देशों में हो गया तथा उन 15 देशों में सबसे बड़ा और केन्द्रीय गणराज्य होने के आधार पर रूस सोवियत संघ का उत्तराधिकारी बना।

प्रधानमंत्री जवाहर लाल नेहरू ने सोवियत संघ को यह स्पष्ट कर दिया कि "भारत महाशक्तियों के संधर्ष से अलग रहकर गुट निरपेक्षता की नीति का पालन करते हुए सोवियत संघ के साथ दृढ़ मैत्री का इच्छुक है।" यद्यपि उपनिवेशवाद तथा निरस्त्रीकरण जैसे विषयों पर भारत और सोवियत संघ की मतैक्य था, फिर भी गुट निरपेक्षता के प्रश्न पर दोनों में सहमति नहीं थी। फिर भी ऐसे कई अवसर आए जब दोनों ने एक दूसरे का समर्थन किया। जब भारत ने संयुक्त राष्ट्र में दक्षिण अफ्रीका का आन्तरिक मामला कहकर टाल दिया, तब सोवियत प्रतिनिध विशिंस्की ने भारत का पक्ष लेते हुए कहा था, रंग भेद का प्रश्न आन्तरिक न होकर निश्चत ही अन्तर्राष्ट्रीय प्रश्न था। परन्तु जैसा ऊपर उल्लेख किया गया है, स्टालिन को भारत की गुट निरपेक्षता की नीति में पूंजीवाद-समर्थन की गंध आती थी। यही कारण था कि सोवियत संघ में प्रथम श्रीमती विजय लक्ष्मी पंडित अपने एक वर्ष के मास्को आवास में स्टालिन से एक बार भी नहीं मुलाकात कर सकीं। उस समय भारत के अधिकतर नेताओं के मन में भी सोवियत संघ के प्रति शंका व्यापक थी।

भारत ने निरन्तर सोवियत संघ की भ्रान्तिपूर्ण धारणाओं को दूर करने का प्रयास किया। भारत ने चीन में साम्यवादी क्रान्ति (1949) सम्पन्न होने के तीन मास के भीतर ही चीन के जनवादी गणराज्य (People's Republic of China) को मान्यता देकर यह सिद्ध कर दिया कि वह सत्य पर आधारित नीति का पालन कर रहा था।

सन् 1949 में ही भारत और सोवियत संघ के बीच एक व्यापारिक समझौता हुआ। इसके अनुसार सोवियत संघ ने भारत से चाय और कच्चे जूट का आयात करने और बदले में भारत को एक लाख बीस हजार टन गेहूँ तथा मक्का निर्यात करना स्वीकार किया। इस समझौते में तकनीकी विशेषज्ञों के आदान प्रदान का भी प्रावधान था। इस प्रस्ताव से भारत के बुद्धिजीवियों तथा अधिकारियों में क्रोध उत्पन्न हुआ। तत्कालीन गृह सचिव एच. वी. आयंगर ने विदेश सचिव के. पी एस. मेनन ने कहा था कि, इस प्रावधान से विशेषज्ञों की आड़ में, सोवियत गुप्तचर भारत की अर्थव्यवस्था को तहत-नहस कर देंगे। परन्तु विदेश सचिव ने उन्हें आश्वासन दिया कि ऐसा कुछ होने वाला नहीं था। 1953 में स्टालिन का देहांत हो गया। उससे पूर्व भारत और उसके दृष्टिकोण में निश्चित परिवर्तन हुआ था। भारत द्वारा साम्यवादी चीन को मान्यता, उसको संयुक्त राष्ट्र में प्रतिनिधित्व दिलवाने के लिए अथक प्रयास करने, 1951 की अमरीकी-जापान संधि का विरोधी करने, तथा कोरिया युद्ध में, प्रथम चरण के उपरान्त, स्वतन्त्र और निष्पक्ष नीति अपनाने के कारण, सोवियत संघ ने भारत की प्रशंसा की, और स्टालित ने हमारे राजूद डॉ. राधाकृष्णन से सहर्ष भेंट की। अर्थात् 1953 तक भारत-सोवियत संबंधों में सुधार दिखाई देने लगा था।

बोरिस येल्सिन के नेतृत्व में नवोदित रूसी गणराज्य ने भारत को मित्रता और सहयोग की उसी नीति पर चलने रहने का आश्वासन दिया जिस पर कई दशकों से भारत-सोवियत मैत्री-संबंध आधारित थे। सोवियत संघ के विघटन ने 1971 की मैत्री संधि (1991 में नवीनीकृत) की उपयोगिता समाप्त कर दी। उस के स्थान पर एक नई भारत-रूस मैत्री संधि आवश्यक हो गई। एक नई संधि पर रूस के राष्ट्रपति येल्तसिन तथा प्रधानमंत्री नरसिंह राव ने 1993 में हस्ताक्षर किए। इस संधि में निम्न प्रावधान किए गए—

1. दोनों में से कोई भी देश कोई ऐसा कार्य नहीं करेगा जिससे दूसरे देश के हितों पर कोई विपरीत प्रभाव पड़े।
2. दोनों देश एक-दूसरे की प्रादेशिक अखण्डता बनाए रखने के लिए वचनबद्ध रहेंगे।

सपष्टत: यह संधि उतनी महत्वपूर्ण नहीं थी जितनी कि बांग्लादेश के संकट के परिप्रेक्ष्य में 1971 की भारत सोवियत मैत्री संधि।

इस बीच, रूस के नए नेताओं को उग्र वामपत्थियों तथा उग्र दक्षिणपन्थियों दोनों की आलोचना और विरोध का सामना करना पड़ रहा था। ऐसी स्थिति में रूप ने 1992 से एक ऐसी सतर्क विदेश नीति अपनाई जिसके द्वारा वह पश्चिम के देशों तथा गुट निरपेक्ष देशों दोनों के साथ मित्रता रख सकें। इस पृष्ठभूमि में प्रेक्षकों को, भारत रूस संबंधों में तीन प्रमुख प्रवृत्तियों का आभास मिला वे निम्न थीं—

1. परम्परागत संबंधों के समर्थकों ने निरन्तरता की नीति (Policy of Continuity) पर बल दिया(
2. कुछ ऐसे विद्वान और राजनेता उभरे जो, अतीत की सभी वैचारिक अवधारणाओं से मुक्त, नए भारत रूस संबंधों के विकास पर बल दे रहे थे(तथा
3. कुछ ऐसे अमेरिका-समर्थन थे जो कि अमेरिका-रूसी मित्रता पर इतना बल दे रहे थे कि उन्हें परम्परागत मित्रों, जैसे भारत के हितों और भारत-रूस मैत्री को बलिदान करने में भी कोई संकोच नहीं था।

सन् 1992 में तो ऐसा लगा कि तीसरी अवधारणा का बोलबाला था और भारत-रूस संबंधों मं शिथिलता आ गई थी परन्तु 1993 में राष्ट्रपति बोरिस येल्तसिन की भारत यात्रा तथा 1984 में नरसिंहा राव की सोवियत यात्रा ने पुन: परम्परिक मित्रता की सम्भावना को उजागर कर दिया। रूस राष्ट्रपति द्वारा कश्मीर के प्रश्न पर भारतीय पक्ष का पूर्ण समर्थन, तथा पाकिस्तान को सैन्य सहायता देने से साफ इनकार करने से यह प्रतीत हुआ कि द्विपक्षीय संबंधों में कोई मतभेद था ही नहीं। शीतयुद्ध की समाप्ति के पश्चात् रूस और भारत के दीर्घकालीन हित एक समान हो गए थे। ओवचिन्नीकोव के अनुसार, दोनों ही देश विश्व की बहुध्रुवी संरचना में रुचि रखते थे। आर्थिक क्षेत्र में दोनों देशों की पारस्परिक निर्भरता बनी हुई थी। आने वाले लम्बे समय तक भारत को रूस की प्रौद्योगिकी तथा कलपुर्जों की आवश्यकता होगी तथा रूस को भारत से उपभोक्ता वस्तुएँ आयात करनी होंगी। भारत की भांति रूस भी अन्तर्राष्ट्रीय अर्थव्यवस्था की पुर्नसंरचना में रुचि रखता था।

सन् 1993 में रूस के राष्ट्रपति बोरिस येल्तसिन (Boris Yeltsin) ने भारत यात्रा की। परिणामस्वरूप भारत-रूस संबंधों में उत्पन्न शंकाओं में कमी आयी। जहाँ 1992 में रूसी प्रवक्ताओं ने कुछ ऐसे वक्तव्य दिए थे जिनके रूस का पाकिस्तान की ओर बढ़ता आकर्षण प्रतिबिम्बित होता था, वहाँ 1993 की रूसी

राष्ट्रपति की भारत यात्रा से यह स्पष्ट हो गया कि भारत के प्रति उस देश की नीति पूर्ववत् मैत्री की बनी रहेगी। येल्तसिन ने स्पष्ट और दुविधा-रहित शब्दों में कश्मीर के विषय में भारत की नीति के प्रति अपने समर्थन को दोहराया और कहा कि उनका देश पाकिस्तान को सैनिक तथा तकनीकी सहायता दने वाला नहीं था। भारत-रूस मैत्री संधि पर दोनों देशों की ओर से हस्ताक्षर किए गए। इसके द्वारा दोनों ने मित्रता को सुदृढ़ करने, एक दूसरे की प्रादेशिक अखंडता की रक्षा करने तथा एक दूसरे के सुरक्षा हितों के विरुद्ध कोई कार्य न करने का वचन दिया। इस यात्रा का एक महत्वपूर्ण परिणाम यह हुआ कि रुपया-रूबल समानता (Rupee & Rouble Parity) के समझौते के द्वारा भारत पर ;ण का भार लगभग 30 प्रतिशत कम हो गया। इसी यात्रा के दौरान सैनिक तथा तकनीकी सहयोग समझौते भी संपन्न हुए। इसके अनुसार भारतीय रक्षा बलों के लिए कल पुर्जों की आपूर्ति के संबंध में चली आ रही अनिश्चितता समाप्त हो गई।

राष्ट्रपति येल्तिसिन ने सार्वजनिक रूप से घोषणा की थी कि भारत के शांतिपूर्ण अंतरिक्ष अनुसंधान कार्यक्रम के प्रयोग में आने वाले क्रायोजेनिक इंजनों के संबंध में रूस प्रौद्योगिकी उपलब्ध करवाएगा। परन्तु शर्त की वास्तविक इच्छा के प्रति शंका पुन: उत्पन्न हो गई। प्रधानमंत्री नरसिंह राव की 1994 की मास्को यात्रा के समय भी, रूसी अस्थिरता के कारण, भारत-रूसी मैत्री की गहनता के विषय में संदेह बना रहा।

नरसिंहा राव की यात्रा के परिणाम पर टिप्पणी करते हुए सुमित चक्रवर्ती ने लिखा था कि, जनवरी 1993 क येल्तसिन की भारत यात्रा के समय ऐसा अनुभव हुआ था कि रूस, एक ओर भारत तथा दूसरी ओर पश्चिम एवं चीन के मध्य बराबर की दूरी रखना चाहता था, परन्तु सन् 1994 में यह संकेत मिले कि रूस बराबर की दूरी की नीति छोड़कर, भारत के निकट आना चाहता था। रूस भारत के साथ पारस्परिक मित्रता के लिए इच्छुक था। चाहे राजनीतिक क्षेत्र में परमाणु अग्रसर संधि जैसे विषयों में मतभेद भी थे, फिर भी दोनों देशों में मतैक्य के मुद्दे अनेक थे। आर्थिक क्षेत्र में भी रूस को यह विश्वास हो गया था कि अमरीकी विशुद्ध पूंजीवादी स्वतन्त्र-बाजार नीति की अपेक्षा भारत की मिश्रित अर्थव्यवस्था का अनुभव श्रेष्ठ सिद्ध हुआ था। अत: भारत के साथ आर्थिक तथा राजनीतिक दोनों क्षेत्रों में सहयोग वांछनीय था। रूस ने केवल अमेरिका पर निर्भर रहने के अपने प्रयासों में परिवर्तन किया था। इसका एक संकेत इस बात से भी मिला कि 1994 में जर्मन प्रधानमंत्री (चान्सलर) हैल्मट कोहल की रूसी राष्ट्रपति के साथ तेजी से मित्रता बढ़ रही थी।

तीन वर्ष पश्चात् मार्च 1997 में भारत-रूस शिखर सम्मेलन हुआ, जब तत्कालीन प्रधानमन्त्री एच. डी. देवे गौडा (H.D.Deve Gouda) ने रूस की यात्रा की, तथा राष्ट्रपति बोरिस येल्तसिन एवं प्रधानमन्त्री विक्टर चेर्नोमिर्दीन (Victor Chemoyrdin) के साथ विचार-विमर्श किया। यह यात्रा ऐतिहासिक सिद्ध हुई, और वार्ता के अंत में कई समझौतों पर हस्ताक्षर किए गए। जो निम्न हैं—

1. इनमें दोहरे करों को रोकने का समझौत,
2. सीमा शुल्क के क्षेत्र में सहयोग
3. पारस्परिक सहायता का समझौता,
4. एक प्रर्त्यापण संधि।

वार्ता के दौरान रूस के राष्ट्रपति ने प्रधान मन्त्री देवे गौड़ा को विश्वास दिलाया कि उनका देश

भारत के सुरक्षा परिषद् की स्थायी सदस्यता प्राप्त करने के प्रयासों का पूर्ण समर्थन करेगा। उन्होंने बिजली उत्पादन के क्षेत्र में भारत के साथ सहयोग करने की रूस की इच्छा भी व्यक्त की। भारत के लिए, सामरिक दृष्टि से, अत्यन्त महत्वपूर्ण यह था कि रूस ने पाकिस्तान को शस्त्रों की बिक्री पर पूर्ण प्रतिबन्ध लगा दिया है। इस प्रकार रूस ने भारत की मित्रता को पुनः सुदृढ़ बनाने के लिए विभिन्न प्रयास किए।

मार्च 1997 की भारत–रूसी शिखर वार्ता के फलस्वरूप भारत तथा रूस के संबंधों में घनिष्ठता आ गयी। इससे पूर्व उसने यह अनुभव किया था कि उसके साथ पश्चिमी शक्तियों ने धोखा किया था, क्योंकि न तो रूस को सात के समूह (Group of 7) की पूर्ण सदस्यता प्राप्त हुई और न ही कुछ दिन पूर्व, हेल्सिंकी में नाटों के विस्तार को रोकने के लिए अमरीकी राष्ट्रपति बिल क्लिंटन को सहमत किया जा सका।

गौड़ा–येल्तसिन वार्ता की समाप्ति पर रूस के राष्ट्रपति ने कहा कि, "हम कई दशकों से मित्र रहे है, और हम अब भी मित्र रहेंगे।" येल्तसिन ने घोषणा की कि दक्षिण एशिया क्षेत्र में भारत स्थायित्व प्रदान करने वाली शक्ति है। रूस के संसार माध्यमों के अनुसार उस देश की विदेश नीति निश्चय ही पूर्व दिशा की ओर मुड़ी है। रूसी राष्ट्रपति ने एक टी. वी. भेंट वार्ता में कहा था कि "मेरी याददाशत में क्लिंटन के साथ हेल्सिंकी की शिखर भेंट सब के अधिक कठित सिद्ध हुई थी। इस पृष्ठभूमि में भारत के प्रधानमंत्री के साथ रूस के नेताओं की वार्ता कहीं अधिक सुखद रही।

मार्च 1997 की येल्तसिन देवे गौडा की, शिखर वार्ता पर टिप्पणी करते हुए सिद्धार्थ वर्दराजन ने निम्नलिखित विचार व्यक्त किए।

"अतीत में भारत और रूस (या भूतपूर्ण सोवियत संध) के संबंध तीन स्पष्ट चरणों में विभाजित किए जा सकते हैं। स्टालिन युग में सोवियत संघ ने भारत से दूरी बनाए रखी थी, क्योंकि वह यह मानता था कि नेहरू का भारत, ब्रिटेन और अमेरिका से बँधा हुआ, एक प्रतिक्रियावादी राज्य था। दूसरी ओर खुश्चेव युग से लेकर गौर्बाचोव के आरम्भिक वर्षों तक निकट आर्थिक और सैनिक संबंधों के माध्यम से भारत–रूस संबंध बहुत मधुर रहे। शीत युद्ध की समाप्ति तथा आर्थिक अराजकता की लम्बी अवधि में भारत और रूस के संबंधों में नरमी आई क्योंकि येल्तसिन अमेरिका के नेतृत्व में कार्य करने के इच्छुक थे। परन्तु अब जबकि रूस–अमेरिकी संबंध अस्थिरता के चरण में पहुंच गए हैं, मास्को नहीं दिल्ली के साथ अपनी मैत्री के नवीनीकरण के लिए इच्छुक है।

इस प्रकार, मध्य–1997 में यह बात साफ हो गयी कि चाहे रूस अमेरिका के और अधिक निकट आने के लिए प्रयत्नशील था, फिर भी उत्तर–शीतयुद्ध काल में पहली भारत और रूस के संबंध उस परम्परागत मैत्री की ओर अग्रसर हो रहे थे जो कि भारत–सोवियत सौहार्द के दिनों में दिखाई पड़ती थी। कारगिल संघर्ष के दौरान तथा उसके बाद भी, भारत और रूस की पारस्परिक मैत्री दृष्टिगोचर हुई। इस संघर्ष के कारण, भारत और रूस के मध्य विकसित हो रही रणनीति भागीदारी (Strategic partnership) को और अधिक गति प्राप्त हुई। कारगिल संघर्ष के आरम्भ से ही रूस ने खुलकर भारत का समर्थन किया तथा पाकिस्तान से जोर देकर कहा कि वह नियन्त्रण रेखा के इस पार भारतीय प्रवेश में से अपने घुसपैठिए तुरंत वापस बुला ले। रूस के विदेश मंत्रालय ने तीन अलग–अलग वक्तव्यों के द्वारा कारगिल

में पाकिस्तानी कार्यवाही की निन्दा की तथा यह कहा कि किसी भी व्यावहारिक द्विपक्षीय वार्ता के लिए यह पहली शर्त थी कि नियन्त्रण रेखा की मान्यता को बहाल किया जाए। यह सत्य है कि लगभग सभी देश था जिसने निःसंकोच जम्मू-कश्मीर को भारत का एक राज्य कहा और इस पर हुए आक्रमण की निन्दा की।

एशिया मामलों के एक रूसी विशेषज्ञ प्रोफेसर ग्रिग्री बोन्दारेव्सकी ने इस विषय पर टिप्पणी करते हुए कहा कि, ''कारगिल में दो महीने तक चले भारत-पाकिस्तान संघर्ष ने भारत को जो शक्तिशाली बिना शर्त समर्थन दिया, उससे यह सिद्ध होता है कि यह देश (रूस) भारत के साथ रणनीतिक भागीदारी स्थापित करने के अपने घोषित उद्देश्य की पूर्ति के लिए गम्भीर उत्साह के साथ तैयार हैं।''

कारगिल संघर्ष में भारत द्वारा अपनायी गई संयम और स्वाभिमान की नीति को संसार में जो समर्थन मिला वह अभूतपूर्व था। भारत ने इस समर्थन के प्रति कृतज्ञता और सराहनीयता व्यक्त की। परन्तु इन सभी देशों में देशों में रूस की नीति तथा उसके द्वारा मिले समर्थन को विशेष रूप से सराहा गया। रूस ने बिना किसी संकोच के पाकिस्तानी घुसपैठ की निन्दा करते हुए उसके आक्रमण की संज्ञा दी। रूस ने कश्मीर समस्या के अन्तर्राष्ट्रीयकरण के प्रयासों का विरोध किया और बल देकर कहा कि भारत और पाकिस्तान के सभी विवादों का समाधान शिमला समझौते तथा लाहौर घोषणा के प्रावधानों और भावनाओं के अनुसार किया जाना चाहिए। रूस ने यह भी कहा कि कारगिल के संघर्ष के इस समस्त क्षेत्र के लिए गम्भीर परिणाम हो सकते थे।

प्रोफेसर बोन्दारेव्सकी ने कहा कि इस घटना से इस बात संकेत मिलता है कि इस्लामी कट्टरवाद (Islamic Fundamentalism) एक नई चुनौती के रूप में उभर रहा है जो कि केवल भारत के लिए खतरा है, बल्कि रूस सहित अन्य अनेक देश के लिए भी खतरा बन सकता है। यहाँ तक की चीन भी शिकार हो सकता है।

एक नए घटनाक्रम में रूस इस बात के लिए सहमत हुआ कि वह भारत को ऐसे नवीनतम शस्त्र देगा जो उसने अब तक किसी अन्य देश को नहीं दिये थे। यह निर्णय भी सिद्ध करता है कि भारत-रूस मैत्री क्षणिक न होकर, स्थायी और समय पर परखी हुई है। स्पष्टतः रूस भारत को अपना रणनीतिक भागीदार मानता है।

राष्ट्रपति बोरिस येल्तसिन द्वारा अचानक 31 दिसम्बर 1999 को अपने पद से त्यागपत्र देने के पश्चात् प्रधानमंत्री प्यूटिन (Putin) कार्यवाहक राष्ट्रपति बने। उनकी सरकार ने कहा कि रूस, भारत एवं चीन को अपना स्वाभाविक मित्र मानता है। नव-निर्वाचित रूसी राष्ट्रपति व्लाडीमीर प्यूटिन (Putin) तथा प्रधानमंत्री वाजपेयी की सरकरों ने आपस संबंधों को और भी घनिष्ठ बनाने की कोशिश की। अमरीकी राष्ट्रपति क्लिंटन की मार्च 2000 की अति सफल भारत यात्रा के कुछ ही मास पश्चात् राष्ट्रपति प्यूटिन भारत आए तथा आपसी सहयोग से पुराने रूसी-भारत समझौता को नया आयाम दिया। दोनों ने सामरिक सहयोग के नये समझौते पर हस्ताक्षर किए।

सामरिक सहयोग के समझौते में प्यूटिन और वाजपेयी ने यह वचन दिया कि उनके देश किसी ऐसे संगठन या संधि में शामिल नहीं होंगे जो सैनिक-राजनीतिक प्रकृति की हो, तथा किसी ऐसे सशस्त्र संघर्ष में भी भागीदार नहीं होंगे जो दोनों में से किसी एक देश के विरुद्ध होगा उनमें से कोई भी देश किसी ऐसी

संधि पर हस्ताक्षर नहीं करेगा। जिससे दूसरे पक्ष की स्वतन्त्रता, संप्रभुता, प्रादेशिक अखंडता अथवा उसके राष्ट्रीय सुरक्षा हितों पर आघात होता हो। दोनों देशों ने यह भी प्रतिबद्धता व्यक्त की कि वे मिलकर अंतर्राष्ट्रीय आतंकवाद के विरुद्ध संघर्ष करेंगे। राष्ट्रपति प्यूटिन (Putin) ने भारत की संसद को सम्बोधित करते हुए अपने विचारों का प्रस्तुतीकरण इस प्रकार किया कि भारत उसी प्रकार कश्मीर में अन्तर्राष्ट्रीय आतंकवाद का शिकार है जिस प्रकार रूस चेन्निया में। प्यूटिन के अनुसार यह वही व्यक्ति तथा संगठन हैं जो कि फिलिपीन्स से कोसावो तक आतंकवादी गतिविधियाँ चला रहें हैं। इनका शिकार कश्मीर, अफगानिस्तान से लेकर उत्तरी कॉकेसस तक सभी हैं। प्रधानमंत्री वाजपेयी ने भी आतंकवाद को एक गम्भीरर चुनौती बताते हुए सभी स्तरों पर इसके विरुद्ध संघर्ष करने का वचन दिया।

मई 2001 में नए अमेरीकी राष्ट्रपति जार्ज बुश ने यह घोषणा की कि अमेरिका अपने परमाणु अस्त्रों में एक तरफा कटौती करेगा। उनका यह भी कहना था कि उनका देश राष्ट्रीय रक्षा (National Missile Defence) की व्यवस्था भी करेगा। भारत ने तुरन्त इन घोषणाओं का स्वागत किया। नई प्रक्षेपास्त्र व्यवस्था सुरक्षात्मक व्यवस्था है जो रेगन की स्टान वार नामक प्रस्तावित व्यवस्था से कहीं अधिक श्रेष्ठ है।

राजा मोहन ने सही टिप्पणी की है कि, ''यह शायद दशाब्दियों में प्रथम अवसर है जब कि भारत ने परमाणु मुददे पर अमेरिका का इस प्रकार सर्मिन किया। जहां विश्व के अन्य देशों की प्रतिक्रिया दबी जबान में व्यक्त की गई थी, वहीं भारत की प्रतिक्रिया इस अपेक्षा से व्यक्त की गई कि भविष्य की रक्षात्मक प्रौद्योगिक का विकास अन्तर्राष्ट्रीय सहयोग पर आधारित होगा।''

अमेरिकी राष्ट्रपति क्लिंटन की तथा रूसी राष्ट्रपति ब्लाडीमीर प्यूटिन की भारत यात्रा यह इंगित करती है कि दोनों शक्तियाँ (अमेरिका और रूस) भारत को कितना अधिक महत्व देती थीं। यह दोनों बड़े देश उस भारत के सम्बन्ध और भी गहन करना चाहते थे जोकि लोकतान्त्रिक, विकासशील, धर्म-निरपेक्ष एवं परमाणु-शक्ति सम्पन्न देश हैं। भारत-रूस सम्बन्धों को ''समस्याओं से मुक्त'' कहा जाता है। इसी सम्बन्ध को मजबूत करने के लिए मई 2001 में रूसी विदेशमन्त्री इवानेव भारत आए। यह यात्रा अमरीकी राष्ट्रीय प्रक्षेपास्त्र रक्षा व्यवस्था की घोषणा के तुरन्त बाद हुई। इस यात्रा का उद्देश्य यह सुनिश्चित करना था कि भारत-रूसी सम्बन्धों में कोई कमी न हो। रूस की ओर से कहा गया कि भारत और रूस की मैत्री ठोस आधार पर स्थापित थी। रूस के अन्य देशों के साथ कैसे सम्बन्ध हैं, इसका भारत-रूस पर कोई प्रभाव नहीं पड़ता।